0-3岁婴幼儿
早期教养师上岗标准理论及实践研究

张家琼　李　雪　编著

西南大学出版社
SWUP
国家一级出版社　全国百佳图书出版单位

图书在版编目(CIP)数据

0—3岁婴幼儿早期教养师上岗标准理论及实践研究 / 张家琼,李雪编著. — 重庆:西南大学出版社,2022.6
ISBN 978-7-5697-0310-8

Ⅰ.①0… Ⅱ.①张… ②李… Ⅲ.①婴幼儿-早期教育-研究 Ⅳ.①G61

中国版本图书馆CIP数据核字(2020)第129279号

0—3岁婴幼儿早期教养师上岗标准理论及实践研究

0—3SUI YINGYOU'ER ZAOQI JIAOYANGSHI SHANGGANG BIAOZHUN LILUN JI SHIJIAN YANJIU

张家琼　李　雪　编著

责任编辑:张浩宇
责任校对:张　丽
封面设计:闰江文化
排　　版:李　燕
出版发行:西南大学出版社(原西南师范大学出版社)
网　　址:http://www.xdcbs.com
地　　址:重庆市北碚区天生路2号
邮　　编:400715
电　　话:023-68868624
经　　销:全国新华书店
印　　刷:重庆华数印务有限公司
幅面尺寸:185mm×260mm
印　　张:19
字　　数:450千字
版　　次:2022年6月 第1版
印　　次:2022年6月 第1次印刷
书　　号:ISBN 978-7-5697-0310-8

定　　价:88.00元

前言

PREFACE

2001年联合国秘书长安南提出:每个儿童都应该有一个尽可能好的人生开端。这里的人生开端就是指的生命早期0—3岁。3岁以下婴幼儿的照护服务是保障和改善民生的重要内容,事关婴幼儿健康成长,事关千家万户。

在实施"三孩生育政策"的背景下,婴幼儿照护服务的社会需求日益强烈。2019年5月,国务院办公厅印发了《关于促进3岁以下婴幼儿照护服务发展的指导意见》,明确了促进婴幼儿照护服务发展的基本原则、发展目标、主要任务等,为促进婴幼儿照护服务有序健康发展提出了具体措施。在当前的人口政策和经济社会政策背景下,3岁以下婴幼儿照护服务的适度发展不仅是家庭所需、民生所系、政府所思,也是中国社会经济可持续发展和国家"三孩生育政策"落实的必然要求。新时代婴幼儿照护服务事业的质量最终必须依靠早期教养人员的专业知识和能力。然而我国婴幼儿早期教养照护人员的培养还处于探索时期,没有统一的教材、没有课程体系、没有课程标准等,这些问题成了业内人士探讨的重点和焦点。

本书从照护的角度对早期教养人员的上岗标准进行了较深入系统的研究,为0—3岁婴幼儿早期教养人员的培训、考核、评价提供科学指导。全书共分九章,第一章从分析0—3岁婴幼儿的特点入手引入对早期教养人员的专业化上岗标准的探讨,第二章探讨了早期教育的前沿理论,第三章在实践调研的基础上归结出早期教养人员的工作特征,第四至第九章探讨了0—3岁早期教养人员在引导婴幼儿认知、动作、语言、情感和社会性发展,观察记录,保育保健,营养喂哺方面的能力表现。本书出版的意义和目的主要表现在以下几点:

第一,早期教养人员专业照护能力的完整呈现。本书涵盖了婴幼儿的动作、认知、情感和社会性、语言发展的全貌,聚焦0—3岁婴幼儿早期教养人员的照护能力的完整呈现,帮助读者正确而全面地了解早期教养人员的专业化能力表现。

第二,案例翔实、操作性强。本书在明确0—3岁婴幼儿发展规律的基础上呈现早期教养人员的上岗标准,并通过翔实案例进行佐证,提供工作思路,环环相扣,互相观照,以期为早期教养人员的专业素养提升提供新思路,也为指导婴幼儿家庭教育工作提供可借鉴、可操作的实践方案,提高指导效率。

第三,兼顾理论与应用,强调实用性。本书既可以从理论方面形成早期教养人员的教育理念、丰富相关的理论基础，又可以从实践方面指导早期教养人员的照护策略，以期帮助早期教养人员把理论转化为实践能力，更好地实现专业化发展。

本书力图从读者的角度出发，面向早教机构人员、社区服务人员、家庭教育服务人员，具有较强的实操性。可作为高等院系早期教育的研究用书，也可作为早教机构工作者的学习用书，还可作为广大婴幼儿家长的参考用书。

重庆第二师范学院一群热爱学前教育事业、具备一定的学前教育理论以及一线教学经验的教师为本书贡献了智慧和汗水，她们是张家琼、李雪、王瑜、胡红梅、胡秋梦、王书、江楠、代娅丽、谢丽、谢运洁。本书是重庆市人文社科重点研究基地“重庆市统筹城乡教师教育研究中心”项目“0—3岁婴幼儿早期教养师能力标准及认证制度研究”的研究成果之一，同时也是重庆第二师范学院校级科研平台“0—6岁儿童家庭教育研究中心”的建设成果之一。本书撰写过程中参考了大量的文献和同行的研究成果，在此深表感谢。最后特别感谢西南大学出版社的搭肩挽扶。

尽管我们力求全面地呈现早期教养人员专业的照护能力的各个方面，但鉴于水平的局限以及分析、处理问题的视角的局限，书中肯定不乏错误与疏漏，敬请广大读者原宥。

著者

目录

CONTENTS

第一章

认识0—3岁婴幼儿的特点

第一节

认识0—1岁婴儿的特点

人生中从来没有哪个阶段像0—1岁婴儿期那样发展、变化得那么快，这个阶段的发展完全可以用“飞速”来形容。若将新生儿与1岁的婴儿相比，短短一年时间，简直判若两人：1岁时婴儿的体重是出生时的3倍；1岁时的婴儿已经能通过与照顾者咿咿呀呀地“说话”或者用丰富的身体语言完美地表达自己的需求……最明显的变化就是到1岁时，他们已经能够借助东西自己站立，甚至颤颤巍巍地走上几步了。难怪有人说处于婴儿期的孩子用短短一年的时间演绎了从爬行动物到直立行走的人所经历的变化。从某种意义上说，0—1岁时期的婴儿每分钟都在发生变化。

一、0—1岁婴儿的生理特点

婴儿生理发展是指其大脑和身体在形态、结构及功能上的生长发育过程。神经系统和感官的活动是心理活动的基础，婴儿的生理发展直接影响并制约着婴儿心理的发生发展过程。需要注意的是，婴儿的生长发育过程受遗传和后天环境的影响，个体之间在身高、体重或其他生理发展方面存在很大差异。因此，不能凭婴儿某一时期某一方面发展的过早或过晚，就断定婴儿发育异常，只有连续、系统、综合地观察才能得出客观正确的结论。

（一）0—1岁婴儿的生理发育

婴儿刚出生时，被称为“新生儿”。新生儿是指胎儿娩出母体并自脐带结扎起，至出生后满28天这一段时间的婴儿。临床上一般将新生儿分为三类：足月儿、早产儿和过期产儿。足月儿是指胎龄满37周至不满42足周的新生儿。早产儿是指胎龄满28周至不满37足周的新生儿。过期产儿是指胎龄满42周以上的新生儿。新生儿免疫功能低下，体温调节功能较差，因而极易感染，早教人员护理时要遵循细心、科学、合理的原则。

新生儿刚出生时，呈外伸和屈曲姿势。手紧握，小腿略内弯，膝向外，足底扁平。头相对较大，占身长的1/4，体重为2.5—4.0公斤，身长47—53厘米，胸围约32厘米。其脊柱呈直形，尚无前凸和后凸的正常弯曲。骶尾略凹，四肢短小。需要注意的是，新生儿在出生后一周内，特别是2—4天内，体重常会有正常的生理性下降。这个时期，新生儿体重可以下降6%—9%，最多不超过10%，一般在10天左右恢复至出生体重，也有的晚至第三周才恢复到出生体重，但这并不影响后期发育。在正常喂养情况下，到5个月时婴儿体重翻了1倍，12个月时增加了2倍，此后增长速度放慢。另外，新生儿身高与其成年以后的身高没有密切关系。

（二）0—1岁婴儿的大脑发育

婴儿出生后，身体各系统发展不平衡。与人体的其他器官和组织相比，大脑的发育相对比较早。总的来说，大脑的结构初具雏形，但功能还很不完善。

1.脑重与头围

婴儿大脑从胚胎时期开始发育，出生时已重达350—400克，是成人脑重的25%，而这时体重只有成人体重的5%。此后第一年内脑重增长最快，6个月时已达700—800克，约为成人脑重的50%。12个月时已达800—900克；24个月时增加到1050—1150克，约为成人脑重的75%；36个月时脑重已接近成人的脑重；此后发育速度变慢，15岁时才达到成人水平。这些发展变化在一定程度上反映了各个阶段大脑内部结构发育和成熟的情况，与大脑皮质面积的发展密切相关。

婴儿头围也存在类似的发展变化。刚出生时头围达34厘米左右，约为成人头围的60%；12个月时达46—47厘米；24个月时达48—49厘米；此后增长速度变慢，10岁时才达52厘米。新生儿如果头围过小，即小于32厘米，或3岁后仍小于45厘米，又称小头畸形，则其大脑发育将受严重影响，智力发育易出现障碍。新生儿如果头围过大，即超过37厘米，又称巨头畸形，则表明婴儿可能患有脑积水等脑部病变，必须尽快去医院检查。当然，也有个别婴儿头围过大或过小纯粹是由体重过大或过小引起，而不存在其他病因。

2.大脑皮质

胎儿六七个月时，脑的基本结构就已具备。出生时脑细胞已分化，细胞构筑区和层次分化已基本上完成，大多数沟回都已出现，脑岛已被邻近脑叶掩盖，脑内基本感觉运动通路已髓鞘化（白质除外）。此后，婴儿皮质细胞迅速发展，层次扩展，神经元密度下降且相互分化，突触装置日趋复杂化。到2岁时，脑及其各部分的相对大小和比例已基本上类似于成人大脑。白质已基本髓鞘化，与灰质明显分开。其中，大脑的髓鞘化程度是婴儿脑细胞成熟状态的一个重要指标。整个皮质广度的变化与髓鞘化程度密切相关。

二、0—1岁婴儿的心理特点

（一）无条件反射奠定生存基础

婴儿的无条件反射动作属于原始反射，是与生俱来的先天性本领。这是婴儿最早出现的动作，对其具有重要的生存意义，使之能更好地适应环境。同时，这些无条件反射动作为婴儿的后天动作学习打下了基础，有利于后期的抓握、爬行、行走等能力的发展。大部分无条件反射会随着婴儿的生长发育而逐渐消失。需要注意的是，一些无条件反射动作是否在特定的时间里消退，可作为检验婴儿神经系统是否发育正常的指标。

1.觅食反射

觅食反射又称搜索反射，用指尖轻轻触碰婴儿的脸颊、嘴唇或者嘴角，婴儿会自动张口并把脸转向被碰触的那一边。若轻触其上嘴唇，婴儿的头会往后仰；轻触下嘴唇，下巴则会向下压，试图寻找碰触的来源。

觅食反射是婴儿出生后为获得食物而表现出的求生需求。当婴儿饥饿时，觅食反射会特别明显。当婴儿长大到3—4个月之后，会认识到当肚子饿时，用哭来表现就会有人来喂奶，于是慢慢改以行为表现来表达需求，一般6个月左右这种反射就会消失。

2.吸吮反射

将手指放婴儿的口中，他会自然地吸吮，这便是吸吮反射。婴儿还喜欢吸吮自己的手，甚至直接吸吮接触到嘴唇的东西。吸吮反射和觅食反射是配套的反射反应，新生儿的咀嚼功能尚未发育完全，只能通过吸吮动作来摄取母乳或配方奶。稍大的婴儿喜欢叼着奶瓶、奶嘴睡觉，实质上是婴儿与生俱来的吸吮反射发展成了一种心理安慰需要。吸吮反射一般不会消失，但会随着成长而变成一种可自我控制的能力，并从吸吮进展到咀嚼阶段。

3.游泳反射

让不到6个月婴儿俯卧在床上，托住肚子，婴儿会抬头、伸腿，做出游泳姿势。把婴儿俯卧放在水里，他会表现出协调很好的不随意游泳动作。在水中，他肺部的管道会自动关闭，同时他还会张嘴，睁眼睛，用手和脚来游动。如果落水，这种动作反射有助于婴儿存活。满6个月以后，游泳反射会消失。

4.踏步反射

当婴儿被竖着抱起，把他的脚放在平面上时，他会做出迈步的动作。具体而言，从婴儿背后将手放在婴儿手臂下方，并以拇指扶住其头部背侧，使婴儿直立后，以其足部接触地面，小心不可使其足部向足底弯曲，婴儿就会做出踏步的动作。当轻缓地移动婴儿向前走时，以其一脚置于地面，另一脚会举步向前，产生几个一连串步伐交换的运动。这一反射在新生儿出生后不久即出现，6—10周时消失。若8个月后仍有踏步反射，则可能有脑部疾病。

5.抓握反射

将手指触及新生儿手心时，新生儿会马上将其握紧不放。这种抓握十分有力，甚至可以使婴儿自己的身体悬空起来。该反射一般在出生后4—6个月消失，并被自主抓握取代。

6.拥抱反射

当突然改变新生儿的姿势时，或者当其听见大的声音时，新生儿会出现两上肢向两侧外展伸直、手指伸开、两下肢伸直，然后两上肢向胸前屈曲内收，呈拥抱姿势，有时伴有啼哭。需要注意的是，该反射一般在出生后4—5个月时消失。如果9个月后仍然出现拥抱反射，则是大脑慢性病变的特征。

（二）爱用口唇手触摸世界

曾经有家长疑惑："我家宝宝5个多月，吃奶时特别爱用牙咬，她还啃桌子、啃手、咬玩具，我该怎么办？""孩子7个月了，特别喜欢抓东西，逮着什么揪什么，毛绒玩具、水、沙子、大人的头发，甚至还有他拉的臭臭，要不要阻止他？"……上述疑惑皆是因为不了解婴幼儿的成长规律导致的。

心理学家弗洛伊德认为，婴幼儿从出生到1岁半左右是口唇期。婴儿依靠吮吸、咀嚼、吞咽、咬等口腔活动，探索外部世界，获得快感与满足。若婴儿在口唇期的口腔活动中获得满足，长大后会有正面的口腔性格，如乐观开朗。反之，若此时期的口腔活动受到过分限制，使婴儿无法从口腔活动中获得满足，长大后将会滞留下不良影响，孩子容易依赖他人、悲观、退缩、猜忌。

如果说嘴是婴儿探索世界的主要器官，那么手就是其最佳助手了。婴儿正是在啃咬中不断挖掘和激发手的功能的，也是在不断地探索物体的形状、大小等的过程中，逐步提升了自己认知世界的能力。进行照护时，早教人员不仅不应阻止孩子手的动作，还应在保证卫生的前提下给予婴儿充分的满足。当然，与其让婴儿随意抓、啃不卫生的东西，不如给他们提供一些安全卫生的物品，如磨牙玩具或磨牙饼干等，既满足了婴儿的心理需求，也有助于婴儿出牙和锻炼口腔肌肉。同时，早教人员还应借助这些动作，有意引导婴儿抓握能力、手眼协调能力的发展。

（三）感知觉萌发，刺激认知发展

感知觉是婴儿与照护他的早教人员建立情感联结、获取周围信息的源泉。从出生起，婴儿就时刻动用着他们的五官（视、听、嗅、味、触）接受并整合这个世界的信息。但在不同的时期，婴儿的感知觉能力是不同的，也是不断发展的。这就要求早教人员抓住婴儿成长的关键点，给予积极的刺激和引导。

就视觉来说，刚出生的婴儿视力发展还不完善，眼睛所能看到的只是一个模糊、明暗相间的世界。出生两个月时，他们仅能感受到黑与白的反差，所以应给这个阶段的婴儿看黑白对比强烈的物品。四个月之后的婴儿逐渐有了色彩的感觉，且能手眼协调地做一些简单的动作，如吃奶时扶奶瓶（需要早教人员协助），能将玩具或手准确送到嘴里等。在此阶段，早教人员须引导婴儿多进行与手相关的动作，比如吃手等。同时，尽量让婴儿穿得舒适，将双手解放出来，保证其自由活动。

六个月的婴儿能坐了，开始注意身边的人物和物品，特别是注意照护者。这个阶段的婴儿常盯着人脸看，特别爱看妈妈的脸。因为这个阶段的婴儿开始意识到自己与他人不是一体的，慢慢地，他们会出现陌生人焦虑。具体表现就是：妈妈离开时，婴儿会大哭；不愿意让陌生人抱。早教人员引导妈妈多跟婴儿面对面地交流，陪他咿咿呀呀地说上一段，既可以缓解分离焦虑，又可以促进婴儿语言、认知的发展。

早教人员还可给婴儿准备一面镜子，让他跟镜中的“自己”做游戏。早教人员可分别点着婴儿的鼻子和小嘴告诉他：“这是宝宝的鼻子，能呼还能吸，呼一呼，呼——；这是宝宝的嘴巴，能吃好吃的，啊呜啊呜——真香啊。”（罗静，2016）早教人员绘声绘色的表演，不仅能帮婴儿认识自己的五官，建立自我的概念，还能吸引他的兴趣，训练他的听觉能力。（罗静，2016年）

八九个月的婴儿有了空间感，开始喜欢重复地丢东西。这一方面是婴儿练习和发展手臂手腕能力的需求，另一方面也是视觉发展的结果。早教人员此时可给婴儿准备一些不易摔坏的玩具，让他随意丢，并鼓励婴儿自己爬着去拿回来。需要说明的是，喜欢这一游戏的状态有可能会持续到1岁半。

1岁左右的婴儿，视觉成像已经基本发育成熟，早教人员可给婴儿准备一些稍精细的玩具或物品来锻炼婴儿的手眼协调能力，如穿木珠、抓小东西等。

当然，婴儿的感知觉发展不是独立的，而是交织在一起的。如婴儿在妈妈怀抱中吃奶时，他不只看到妈妈的脸，还会听到妈妈的说话声和怦怦的心跳声，会闻到妈妈的味道，感受到妈妈的体温等。早教人员在照顾婴儿的过程中，不妨从上述多个角度给予婴儿积极刺激，更利于婴儿感知觉能力的发展。

（四）动作发展奠定生活基础

动作发展是人类个体极其重要的一个发展领域，是婴儿早期智慧形成的基础。正是因为大动作的存在，扩大了个体与周围环境交往的范围，使婴儿能够多角度、深入地探索其周围的物质世界与社会环境，从而给婴儿带来大量新的经验。因此，要充分重视婴儿运动经验的获得，实现粗大动作和精细动作的协调发展，促进其感觉运动系统机能的平衡发展。

大多数婴儿的动作技能发展呈现相同的顺序，并出现在大致相同的年龄。动作发展的规律表现为：

（1）由全身性的、笼统的、散漫的动作，逐渐分化为局部的、准确的、专门化的动作。比如，新生儿无论身体任何一个部位受到刺激，都会出现哭喊等全身性反应。随着月龄段的增长，婴儿的动作才会逐渐分化为更为准确的局部反应。

(2)从身体的上部动作逐渐发展到下部动作。如大动作的发展顺序是抬头、翻身、坐、爬、站、行走等,体现了动作发展的从上至下。

(3)从大肌肉动作到小肌肉动作。动作可以分为大肌肉动作和小肌肉动作。大肌肉动作是运用大肌肉或大肌肉群的随意动作,常伴有强有力的大肌肉收缩、全身运动神经的活动以及肌肉活动的能量消耗。小肌肉动作是由手和手指等部位的小肌肉所产生的随意动作,一系列小肌肉动作构成了协调的小肌肉运动技能。婴儿往往先发展躯体的大肌肉动作,如头部动作、躯干动作、双臂动作、腿部动作等,再发展手部精细动作和手眼协调动作等。

(4)从中央部位动作发展到边缘部位动作。婴儿的动作发展有着"近远规律",靠近头部和躯干的部位的动作先发展,然后是远离身体中心部位动作的发展。比如,当婴儿在抓取物品时,开始是用肩头与手肘,然后才学会用手腕及手指。

三、0—1岁婴儿的社会性特点

0—1岁婴儿最主要的社会性特点体现为与母亲(主要照护者)建立紧密的情感依恋。

情感依恋是指婴儿和母亲(主要照护者)之间的一种亲密的情感联结。弗洛伊德曾说:婴儿和母亲之间的关系是独一无二、无可比拟的,作为最早,也是最稳固的爱的对象,以及今后所有爱的关系的模式,母婴关系一旦建立,就一生不变。(王振宇,2007)婴儿对母亲的早期依恋正是婴儿心理健康的表现。心理学家鲍尔比在《母亲照看与心理健康》一文中提道:儿童心理健康的关键是婴幼儿应该与母亲建立一种温馨、亲密而又持久的关系,在这种关系中,婴幼儿既获得满足,也能感到愉悦。另一位美国心理专家埃里克森也认为:早期婴儿在和母亲共处中,用嘴吮妈妈的乳汁,不仅获得生理需要的满足,而且也获得爱的感受,感到特别的温暖和满足,婴儿会获得一种精神上的归属感和心理上的信赖感。有关研究还认为,儿童与托幼机构中的早教人员的情感交流、早期关系等可以预测儿童与同伴的关系、儿童的行为问题和日后在学校的学业成绩。

(一)婴幼儿依恋的发展阶段

英国心理学家鲍尔比把婴幼儿的依恋发展分为四个阶段:

1.第一阶段:无分化阶段(出生至3个月)

婴儿开始探索周围环境,尤其是人,表现为倾听、追视、吸吮。婴儿对人的探索只能借助于哭泣、微笑和咿呀语等。一旦照护者给予回应,或是留在婴儿身边,或是抱起婴儿,都能使他高兴、兴奋,感到愉快、满足。这个时期,婴儿对人的反应的最大特点是不加区分,没有差别,婴儿对所有人的反应几乎都是一样的。此时,所有人对婴儿的影响也是一样的,婴儿还未能实现对人际关系客体的分化,典型表现是,婴儿不介意被陌生人抱。

2.第二阶段:低分化阶段(3—6个月)

婴儿继续探索环境,开始识别熟悉的人(主要照护者)与不熟悉的人,也能区别一个熟悉的人与另一个熟悉的人。他们对熟悉的人更为敏感,能够通过不同的微笑和发声区别不同的人。他们在母亲面前表现出更多的微笑、咿呀学语、依偎、亲近,而在其他熟悉的人面前这些反应要相对少一些,在陌生人面前就更少或者没有。此时的婴儿虽然能从人群中找出母亲,仍然不介意和母亲分开。

3.第三阶段:依恋形成阶段(6个月左右—2岁半)

这段时间,婴儿对母亲的存在尤其关注,特别愿意与母亲在一起。与母亲在一起就很高兴,而当母亲离开时则非常不安,表现出一种分离焦虑。当陌生人出现时,婴儿则会显得谨慎、恐惧甚至哭泣、大喊大叫,表现出怯生、无所适从等特点。大约在9个月到1岁左右,婴儿慢慢明白成人不在视线范围内后还会继续出现。在这之前,婴儿的逻辑非常简单:你在眼前,你就在;你不在眼前,你就不在。等婴儿开始习得客体永久性的概念,他们开始以母亲为安全保障,在新环境中探寻、冒险,然后又回来寻求保护。这个阶段开始表现出分离焦虑和陌生人焦虑。

4.第四阶段:修正目标的合作阶段(2岁半以后)

2岁半以后,随着认知水平和语言能力的提高,幼儿的自我中心减少,能从母亲的角度看待问题。亲子之间形成了更为复杂的关系。鲍尔比认为,幼儿这时把母亲视为一个“伙伴”,能认识并理解母亲的情感、需要、愿望,知道她爱自己,不会抛弃自己。这样分离焦虑降低了许多。具体表现是,当母亲需要干别的事情而离开一段时间时,幼儿会表现出理解,而不会大声哭闹,他们甚至可以自己较快乐地玩耍或通过语言与母亲交谈,相信母亲肯定会回来。

(二)婴儿依恋的类型

心理学家艾斯沃斯依据婴幼儿在陌生环境中的表现(也称陌生情境实验)将依恋分为四种类型。

回避型依恋:这类婴幼儿,母亲在不在身边对他们没有什么大的影响,母亲离开也不会有很大的情绪变化,母亲回来时没有反应或者只是稍微依恋一下母亲然后就去玩自己的。这类婴幼儿常常能接受陌生人对他们的安慰,对母亲没有表现出明显的依恋现象。研究者将这类依恋称为回避型依恋。这类对母亲没有形成特别密切的感情联结的婴幼儿称为无依恋婴幼儿。

安全型依恋:这类婴幼儿将母亲视为探索的安全基地,即以母亲为中心去探索环境,不时通过靠近或是眼神接触的方式同母亲交流,获得安全感。当母亲在时,婴幼儿感到足够的安全;当母亲离开时,婴幼儿会表现出不安和焦虑。当母亲回归时,婴幼儿直奔母亲以寻求安慰和接触,并能迅速被安慰,重新投入到游戏当中去。

矛盾型依恋:这种类型的婴幼儿在新的环境中玩耍时要么与母亲紧紧挨着,不去探索新环境；要么在玩耍时很警惕，很关注母亲的下落。当母亲离开时，他们表现出非常沮丧而焦虑的情绪。当母亲回来之后会立即去接近她，但又伴随着对母亲的踢打和号哭，看上去对母亲的离开还在生气。即使母亲表现出关切和情感的回应，此类婴幼儿的情绪也难以被安抚。

混乱型依恋：这种类型的婴幼儿在母亲离开之前就开始焦虑，生怕母亲离开，因此不能尽兴地玩游戏。母亲离开后他们更加不安，当母亲回来后，他们的行为又很矛盾：一方面想亲近母亲，一方面又尖叫踢打来拒绝母亲。

这四种依恋类型中，安全型依恋是良好的、积极的依恋。其他三种被认为是不安全依恋，是消极的、不良的依恋。依恋的发展是一个双向的过程，是婴儿与成人相互作用的产物。早教人员要重视婴儿安全型依恋的建立，必须时常关心婴儿正在做什么，当婴儿发出各种信号时，能积极给予敏感的反应，主动调节自己的行为以适应婴儿的行为，而不是把自己的行为习惯强加给婴儿。

四、0—1岁婴儿的养育须知

（一）正确识别啼哭信号

生命早期的婴儿主要通过表情和动作来表达需求，啼哭便是表达需求的重要手段。早教人员需仔细观察婴儿的啼哭表现并排除原因，努力找到根源，并“对症下药”。如婴儿饥饿时，哭声一般很洪亮，头会来回活动，而且不停地寻找。只要一喂奶，马上停止哭泣，并且吃饱以后，喜欢到处张望。婴儿太冷的时候，一般哭声比较小，并且面色苍白，手脚冰凉，身体会缩在一起。给婴儿加衣服或者盖被子，婴儿暖和后就不再哭泣。婴儿突然大哭，有可能是受到了惊吓，或者是哪里突然不舒服，还有可能是睡觉时做了噩梦。这个时候照护者抱一抱，安抚一下会好很多，哭声减弱。还有一种情况是4个月前婴儿常见的肠绞痛，这种哭闹比较剧烈，持续时间较长，并可能伴随有呕吐现象。照护者可以尝试以飞机抱的姿势帮婴儿缓解。婴儿还会因为太热，或者要尿尿、拉臭臭、求关注等而哭闹。照护者要理解啼哭是此阶段婴儿表达需求、进行交流的手段，并积极观察、及时发现婴儿需求，帮婴儿解决问题。

（二）保证充足的睡眠

充足而良好的睡眠对婴儿的健康成长来说特别重要。充足的睡眠能有效促进身体的生长发育，增强对疾病的抵抗能力。不同年龄的婴儿有不同的睡眠规律和特征，年龄越小的婴儿睡眠时间越长。如新生儿日均需要的睡眠时间为16—18小时，6个月到一岁半的婴幼儿需睡13—15小时。1—3个月的婴儿，白天可能需要3—6次小睡。一方面，此时的婴儿还没学会完全分辨白天和黑夜，他的睡眠极不规律，什么时候会睡很难预料。另一方面，婴儿胃的容量很小，吃奶后通常只能坚持2—3小时，所以会经常醒来吃奶。

美国儿科学会建议0—1岁的健康婴儿应尽量仰卧睡眠，因为这种睡姿可以减少婴儿猝死综合征的风险。而婴儿猝死综合征是美国1岁以下婴儿死亡的首要原因。婴儿睡眠的床上不应该有大枕头、毛绒玩具、松软的棉被等物品，这些物品可能捂住宝宝口鼻阻碍其呼吸。

早教人员应学习科学的睡眠知识，切不可盲从网上的信息，做出伤害母婴利益的事情。照护0—1岁婴儿的睡眠是很令人头疼的事情。但每个婴儿都有个体差异，有些婴儿会比同龄孩子睡得多，也有些会睡得少。早教人员应全面考察婴儿的生长发育和心理健康等各方面，做出合理的判断，千万不可盲目地与其他孩子做横向比较，导致无谓的困扰。

（三）如厕训练不宜太早

目前流行的观点是不要早于1岁进行如厕训练，因为1岁前的婴儿尿道括约肌和肛门括约肌还没有发育成熟，过早进行如厕训练，就好比婴儿还不会坐就希望他走。太早训练没有发育好的肌肉，会造成排尿反射缺失。

（四）支持婴儿的爬行活动

婴儿十分喜爱爬行，但很多家长往往意识不到"爬行"在婴儿成长发育中的重要意义，担心婴儿在地上爬不卫生、不安全，舍不得让婴儿爬，为图省心省力，常把婴儿放在学步车里或抱着，导致很多婴儿的爬行练习不足。早教人员要帮助家长充分认识到：爬行是婴儿内在的需要；爬行是婴儿成长的重要方式；爬行有利于婴儿的生长发育。

早教人员可以为婴儿创设一个安全、卫生的爬行环境，给婴儿穿着适宜爬行的服装，运用各种方式逗引、支持婴儿爬行。爬行练习还应从婴儿的实际出发，确定适宜的爬行时间和距离。爬行后及时帮助婴儿洗手、整理服饰、喝水、补充食物和精神鼓励等。

第二节

认识1—2岁婴幼儿的特点

和0—1岁的婴儿相比，1—2岁的幼儿"本领"更大了：他们的运动能力迅速发展，从学会走路到随意行走；能上下台阶；逐渐掌握蹲、跑、跳、踢、钻、爬、攀登、平衡等基本动作；精细动作、手眼协调和准确性也相应得到发展。注意力和观察力得到了提高，对词语的理解力发展迅速；会说的单词逐渐增多，常接触到的人与物的名称和相关动作名称能轻松说出，还能说出简单的短句；喜欢学儿歌，能认识周围常见的物品，能辨别简单的图形；开始对周围事物感兴趣等。

一、1—2 岁幼儿的生理特点

(一)1—2 岁幼儿的生理发育

在 1 岁后，幼儿身高和体重虽然继续增加，但不如出生最初几个月那么快。比如，在 4 个月左右体重增加了 1.8 千克的婴儿，在第 2 年的体重增加总量可能只有 1.4—2.3 千克。在 2 周岁时，女童的平均身高是 87.2 厘米，平均体重是 11.92 公斤；男童的平均身高是 88.5 厘米，平均体重是 12.54 公斤。1—2 岁的幼儿头围生长速度也减慢，一年内头围有可能只增加 2.5 厘米，到 2 岁时，其头围将达到成年时的 90%。相比而言，1—2 岁的幼儿容貌的改变比身高体重的变化大得多。1 周岁时的婴儿虽然会走路或会说几句话，但看起来仍像一个婴儿。头部和腹部仍然是身体的最大部位。站立时，婴儿的腹部仍然突出，臀部偏小，他的腿和胳膊既软又短，好像没有肌肉，面部软而圆。但随着婴幼儿活动量的增加，上述情况会发生变化，其肌肉逐步发育，脂肪逐渐减少。胳膊和腿逐渐增长，走路时，脚尖不再扭向两边呈八字形，而是朝前了。脸变得比以前更有棱角，下巴也显露了出来。到 2 周岁时，幼儿的外貌慢慢地向 3—6 岁段的幼儿变化了。

(二)1—2 岁幼儿的牙齿发育

婴儿一般在 4—7 个月时开始相继萌出乳牙。一般来说，两颗门牙先长出来，也称中切牙。有的上门牙先长，有的下门牙先长。紧接着是上下的侧切牙，然后是磨牙和尖牙。需要注意的是，婴儿的乳牙不一定是成对长出的，有的是一个接一个萌出，或者跳着萌出。需要指出的是，每个婴儿出牙的顺序、时间和数量各不相同，甚至有的婴儿可能先长出侧切牙，都是正常的。民间传说，某种出牙方式不吉利等都是错误的说法，早教人员需要引导家长正确认识此类现象，切不可增加家长的负担。一般而言，婴儿的出牙数量=婴儿月龄-4（或 6）。例如 10 个月的婴儿，乳牙应为 4—6 颗；在 1 岁时，应该有 6—8 颗乳牙；2 岁时乳牙应出齐，共为 20 颗。

乳牙萌出的前几天，婴儿可能会有一些异常表现，如哭闹，口涎增多，喜欢咬手指、妈妈的乳头、奶嘴和硬的东西，睡眠不好，食欲减退等表现。一旦得不到满足就烦躁和哭闹。有的还有低热、轻度腹泻，局部牙龈可能充血、肿大。一般来说，以上现象持续 3—4 天，乳牙就穿破牙龈萌出了。乳牙的牙釉质、牙本质薄，钙化度低，抗酸能力弱。因此，早教人员需要引导家长注意做好婴幼儿的口腔卫生。

二、1—2 岁幼儿的心理特点

(一)大动作能力进一步发展

1 岁左右，婴幼儿的腿部肌肉已经足以支撑本身的重量，并且婴幼儿能够灵活地转移身体各部位的重心，协调四肢。这个时候，婴幼儿开始学习独立行走。最开始，婴幼儿还需要扶着东西行走，接下来就能放开手跌跌撞撞地走两三步。到14个月左右，幼儿可以熟练走路，或者蹲下来再站起，甚至有的能够倒退一两步拿东西。15个月左右的幼儿可以自由行走，大部分幼儿能够走得比较熟练，喜欢边走边推着或拉着玩具玩。也有的幼儿到16个月大时才能自己走。

跑是幼儿在走的基础上，加大步伐和频率的一种行动方式。跑可以增强幼儿四肢肌肉及腰腹肌肉的力量，身体的爆发力也进一步提高。同时，跑可以刺激幼儿的前庭器官，促进感觉综合功能发展和平衡能力的提高。幼儿在13—18个月的时候开始学会跑，但是此时四肢动作并不协调，摇摇晃晃，步幅小、步子快。只有跑的外形，而没有跑的腾空阶段。这其实是幼儿在练习走时，身体重心较靠前，不得不加快步伐的频率，以类似“跑”的动作来代替走。到2岁过后，幼儿基本上可以迈开步子奔跑了，还可以追逐跑、绕障碍物跑。

约18个月大时，幼儿可以两足交替走下台阶，或者用一脚跨过低障碍物。19—24个月大时，幼儿可以并足往前跳一步和原地跳跃。30个月大时，幼儿能够单脚原地跳或从楼梯的梯末并足跳下。30—36个月大时，幼儿能双脚离地腾空连续跳跃几步，并足跳远，以及双脚交替上下楼梯。

（二）精细动作尚很稚嫩

精细动作以发展双手手指协调、控制能力以及手腕和手指的协调平衡能力为主。12个月大的婴儿能够全手握住笔在纸上留下笔道，能把小食品投入瓶口直径约2.5厘米的瓶中。15个月左右大时，幼儿能够打开非螺纹的盒子，能倾斜瓶子倒出其中的小物件，然后用手去捏。18个月左右大时，幼儿可以用小线绳穿进大珠子或大扣子孔，可以叠起四块积木不倒。21个月左右可以模仿画线条，可以叠起八块左右积木不倒。24个月左右可以一页一页地翻书，能转动门把手把门打开。总的来说，在前期抓握能力发展的基础上，这一阶段幼儿的双手协调能力和手眼协调能力得到了进一步发展。

（三）喜欢看书、听故事和念儿歌

进入1岁以后，幼儿开始对语言感兴趣。婴幼儿在生命早期学习语言的方式就是通过重复性地接收将话语与事物、场景进行联系和记忆。成人给婴幼儿讲故事的过程和婴幼儿早期语言学习的环境非常类似。因此，从语言学习的角度，早教人员应创造机会多给婴幼儿讲故事。好的故事还可以帮助婴幼儿更清晰地理解他们感知的生活与世界。心理学家认为，婴幼儿有几种很重要的情感需求，这些情感的满足，将使他们的心理素质得以成长。这几种重要的情感需求是：被爱、被理解、被尊重、被信任。优秀的绘本，最终都会凸显这些情感诉求。婴幼儿在听这些故事的过程中，能体验到这些情感的满足。

当早教人员作为故事的讲述者进行故事的讲述时，婴幼儿的四肢和眼睛得到解放，可以在聆听的过程中进行更多的探索，比方说模拟故事的发展，演练故事中的角色、剧情，也可以用眼睛同步观察书本的文字进行学习和记忆。因此早教人员应补充相关的绘本知识，为照护的婴幼儿提供大量的听故事、看书的机会，促进婴幼儿的成长。

（四）喜欢实物活动

实物活动是指操作实际物体的活动。1岁的幼儿已经具有运用感知觉反映客观世界的能力。但客观事物除了具有可被感知的特征和属性外，还有一些不能被直接感知的特征和属性。对幼儿来说，认识事物的这类属性的最好方式便是在照护者的指导下实际摆弄、操作物体，从而获得直接经验。

以幼儿学习自己用杯子喝水这样简单的活动为例。在多次从事这种活动中，幼儿获得了如何拿杯子不会掉下来，如何端杯子水才不会洒，应该怎样行动才能喝到水等重要的经验。同时，也认识到玻璃的属性——脆、易碎，杯子的用途——盛水的工具，水的性质——流动的液体，以及事物之间的因果关系——要喝到水，必须按一定顺序行动：取杯子——倒满水——端平至嘴边——稍微倾斜——喝到口中。缺少一道程序或顺序颠倒或某一环节出了问题，都不能达到行为目的。

（五）早期的思维活动显现

13—18月的幼儿出现了最简单的概括行为，但这种概括行为是根据事物最鲜明突出的外部特征进行的，还出现了试误行为。1—2岁的幼儿在遇到新问题时，会通过试误来寻找解决问题的方法。试误的出现说明幼儿有了初步的分析综合和判断推理能力。19—24月的幼儿，随着语言的发展，思维逐渐摆脱对动作的直接依赖，可借助事物的表象进行思考。思维工具逐渐由行为过渡到心理表象。但是，该月龄段的幼儿还没有形成一般化概念，不能掌握部分和整体的关系；一般只能考虑事物的一种个性，难以兼顾两种特征。幼儿多依据自己的经验来考虑和解决问题。

三、1—2岁幼儿的社会性特点

（一）喜欢假装游戏和角色扮演游戏

假装游戏是幼儿最感兴趣的活动之一，在其成长发展过程中具有非常重要的意义。在假装游戏中，幼儿需要利用一个现实物体来表示另一个不同的物体，或者赋予物体以新的特征，或者假想出一个现实不存在的物体，这其实是他们认知发展的一个表现。幼儿大约在18—24个月时开始出现假装游戏行为。由于幼儿在游戏情节中更能克服困难，完成角色所要完成的任务，因此假装游戏对幼儿具有巨大的吸引力。假装游戏能广泛地促进幼儿的记忆、语言、逻辑推理、想象和创造力的发展。早教人员如果会引导，还可以帮助幼儿在游戏中以适当的方式表达自己的情绪情感、学会认识并控制自己的情绪，进而使其形成良好的个性品质。

（二）自我意识显现，表现出占有欲和妒忌

1岁以后，幼儿逐渐开始用自己的名字来称呼自己，学会认识自己的身体和身体的各个组成部分，还能对自己身体的主观感觉，如“饿”“痛”等进行表达。这其实是幼儿自我意识的显现，他已经能把自己作为一个整体和别人区分开。大约两岁以后，幼儿学会使用“你”“我”这样的代词，标志着其自我意识又有了进一步的发展。他已真正地把自己作为一个主体而不是作为一个客体来认识。3岁以后，幼儿的自我意识继续发展，开始出现自我评价的能力，会对自己的行为给予好或者坏的评价。

随着自我意识的发展，幼儿会产生明显的“以我为中心”的表现。在一起玩耍时，孩子常常不打招呼就抱走对方的玩具。反之，他们却不肯将自己的玩具进行分享。他们死抱住玩具不肯放手或是互相用力撕打，抓挠对方，以维护自己占有的权利。一旦不能战胜对方，东西被抢走，他们会放声大哭，寻求支援。当遇到孩子抢夺别人的东西时，照护者不要大惊小怪，更不应责骂孩子自私自利，不能强迫孩子“慷慨大方”，应意识到这是帮助孩子建立所有权观念的机会，并进行正确的引导。

（三）开始关心和同情同伴

1岁以前的婴儿处于“客体中心”阶段，经常是单向的社交行为。12—18个月幼儿的同伴关系处于“简单互动”阶段，开始出现带有应答性特征的交往行为，即已经能对同伴行为做出反应，包括拿玩具、身体接触、玩和同伴相同或类似的玩具、互相拍打对方等。比如，第一个孩子因为不小心摔跤而大哭起来。第二个孩子会“同命相怜”“触景生情”，也跟着哭起来，第一个孩子看见第二个孩子跟他哭起来，反而停止哭泣观察第二个孩子。18个月以后的幼儿处于“互补性互动”阶段。这阶段，幼儿的社会交往变得丰富复杂了，模仿行为普遍出现，并且有互补或互惠的角色游戏。比如一个逃，一个追；一个藏，一个找。他们在发生积极的相互作用时，也会伴有消极的行为，比如打架、抓脸和争玩具等。

总的来说，在1—2岁阶段，幼儿随着运动能力的提高和语言交流能力的出现，同伴交往的内容和形式更加复杂，同伴间互动的时间也随之增长。在两岁左右，幼儿的社会性游戏迅速增加，逐渐超过了单独游戏。他们更愿意和同伴一起玩，而不是成人。同时，幼儿还逐渐把玩具融入游戏中，能够同时注意到物体和同伴。这一阶段的同伴关系发展，为后期“友谊”的出现打好了基础。

四、1—2岁幼儿的养育须知

（一）尊重幼儿的个性差异，因材施教

每个婴儿都是带着独特的先天禀赋来到这个世界的，不论是外在特征还是内在气质，每个个体都是独一无二的。依据神经活动类型的差异，有研究者将婴幼儿的气质分为3类：容易照看型、难以照看型和缓慢发动型。容易照看型婴幼儿生理节奏强，适应环境快，情绪状态好，注意力集中又肯合作，所以早教人员照护起来很方便，容易体会到愉悦和成就感，这种类型的婴幼儿也容易讨成人喜欢。而难以照看型婴幼儿几乎相反：生理节奏不规律、适应变化慢、负性情绪多、注意力集中时间短、不易与他人合作。对这类婴幼儿的照护过程就比较艰辛。早教人员需花更多的时间、精力、耐心来满足这类婴幼儿的高需求。即便这样，照护过程仍是一个充满挑战和挫折的过程。缓慢发动型婴幼儿的主要特征是适应环境慢，接受新事物和变化比较吃力，照护这类婴幼儿主要是要有耐心，要学会等待孩子的成长和进步。

虽然心理学一直认为，气质本身并无好坏之分，每种气质类型的儿童都有其适应的环境，但无法否认的是，早教人员在照护不同类型的婴幼儿时确有难易差别。当照护遇到困难时，不合格的早教人员更容易将情绪发泄到婴幼儿身上，严重的甚至会影响婴幼儿健康。所以建立早教人员的上岗标准是非常有必要的。如果早教人员认识到婴幼儿的气质属先天遗传，后天很难改变，成人照护时应以积极、宽容的心态调节自己的照护方式来适应婴幼儿，就能做出正确的照护行为。对于容易照看型婴幼儿，早教人员注意给予充分的关注，对婴幼儿提出的要求也要恰当。因为这类婴幼儿看起来总是很安静、听话，易受指导。所以，成人会不经意地忽视他们，并对他们提出高要求。对于难以照看型婴幼儿，早教人员则要做好打“持久战”的心理准备，放低要求，多了解孩子的喜好，灵活使用多种育儿技巧。照护缓慢发动型婴幼儿的重点在于放慢速度，别的孩子两分钟能完成的事情，这里要延长到5分钟，甚至10分钟。这就需要早教人员耐心欣赏孩子缓慢但坚实的成长脚步，只有用心地照护，早教人员才能深得婴幼儿的信赖和爱戴。

（二）多接触自然环境

1—2岁的幼儿对外界充满好奇，带孩子多接触丰富多彩的自然环境将有利于其认知、语言、动作的发展。例如草地是幼儿身边最常见的自然环境，它的空间一般较为开阔，没有太多障碍物，适合开展爬、走、跑等活动；草地的触感柔软而又毛茸茸的，与日常生活中经常接触的物品有所不同，草地中隐藏着小花、小昆虫，充满了未知的惊喜。此外，观赏花草、倾听大自然的各种声音等接触自然环境的过程，可以锻炼孩子各种感官的敏锐性，培养孩子的观察能力，提高他的感知能力。在高低起伏的草坪上玩耍还可以锻炼孩子的大动作能力、身体平衡能力。

第三节

认识2—3岁婴幼儿的特点

2—3岁是幼儿发展阶段中非常重要的一个阶段，此阶段的幼儿对身体的控制能力进一步增强，故显得特别活跃，就像有无限的活力。伴随而来的是对独立和自由的渴望，他们会有很多“自作主张”的行为，对任何事物品都想去看、去摸，越是禁止，越会引起他的好奇。通常这些行为会增加照护的难度。2—3岁孩子的认知、语言与社会交往等的发展也进入一个新的时期，上述新变化对早教人员提出了新的要求和新的调整。

一、2—3岁幼儿的生理特点

进入2岁以后，幼儿机体的发育开始变缓。这种变缓会一直持续到下一个发育高峰——青春期的到来。比如，3岁的男童体重平均为15.3千克，全年体重增加2.1千克。女童体重平均为14.8千克，全年体重增加2.2千克。男童身高平均为98.9厘米，女童身高平均为97.6厘米，男、女童全年身高增加均为7.7厘米。虽然生长率较前两年进一步放慢，但体重及身高绝对值的增加仍然明显。3岁时幼儿的脑重达900—1000克，约为成人脑重的2/3。婴儿出生时大脑神经细胞数目已基本与成人相同，约140亿个神经细胞，但细胞的分化仍在继续。2岁左右，脑及其各部分的相对大小和比例已基本上类似于成人大脑。白质已基本髓鞘化，与灰质明显分开。3岁时大脑皮质的6层结构分层大体完成。从脑科学角度来说，脑电波的变化常作为儿童脑技能发展的一个重要指标。脑电波的第一个飞跃变化——由δ波向θ波转变，一般在3岁前基本完成。

二、2—3岁幼儿的心理特点

（一）语言发展迎来“爆发时期”

2—3岁是幼儿学习语言和发展语言能力的关键时期，也是学习口语的最佳年龄。这时期他们已经掌握了最基本的词汇、词类和最基本的句型，所说的话也基本上符合语法，如会比较正确地运用代词你、我、他，会较合理地使用这里、那里，有了初步的语言能力。尽管说的话仍然以简单句为主，但是说话的内容、形式逐渐丰富，这期间他们说话的积极性特别高，还会唱上几句儿歌。到3岁左右时大多数的幼儿能运用语言进行一般的交流，说出的话不再完全是简单句，出现复合句，大部分的句子都有10个左右的字，已经掌握了与生活有关的最基本的词汇和语言。

随着幼儿对语言技能的运用，他们对语言的兴趣与日俱增，尤其是对跟他们直接相关的语言。如果早教人员的照护回应方式适宜，幼儿懂得的词会更多，他甚至可能会变成一个话匣子。比如，早教人员不能再用简短的语句来与幼儿对话，最好改用完整标准的语句来扩充他们的语言表达。如见到小狗后，不能只对孩子说“狗狗”“狗”，最好和孩子说“这是一只白色的小狗”“那是一只可爱的小狗”等。此外，为使幼儿的语言能力进一步发展，早教人员应有意识地创造相应条件，增强幼儿在日常生活中或活动游玩中的模仿练习，扩充他们的词汇量。

一些老年人说，孩子说话迟是好事，说话迟的孩子有福气，所以有“贵人语迟”的说法。但在幼儿成长的过程中，语言能力是按照一定的规律和顺序逐渐发展的。虽然，孩子之间语言发展存在很大差异性，有的孩子在1岁半时就会说许多话、背儿歌，另外一些可能到了2岁多还不太会说。但没有证据显示晚说话的小孩会比同龄儿童聪明。

（二）感知运动能力进一步增强

2岁的幼儿越来越有自己的主张，越来越不听成人的指挥了。其实，他们的不听话是自身能力增强的表现。具体表现包括：他们能单脚站立5—10秒，能双脚离地腾空连续跳跃2—3次，能双脚交替灵活走楼梯，能走直线，能跨越一条短的平衡木；能将球扔出3米多，能按口令做操，动作较准确，能用积木搭成较形象的物体；能模仿画圆，会扣衣扣，会穿简单的外衣，会尝试用筷子；能口数6—10，口手一致数1—5，认识黄色、绿色，懂得“里”“外”；能用纸折小飞镖，会问一些关于“什么”“何时”“为什么”等问题；能和别人一起玩简单的游戏，如玩“过家家”游戏；知道等待、轮流，但常常缺乏耐心。

（三）具体形象思维开始萌芽

具体形象思维是依赖事物的直观形象或表象进行的思维。具体形象思维在2岁半左右开始萌芽。皮亚杰认为，儿童的思维发生在感知、记忆等过程之后，与言语真正发生的时间相同，即2岁左右。2岁以前是具体形象思维发生的准备时期。2岁以前又被称为直觉行为思维时期，它是通过外部动作不断地“尝试错误”发展的。当用这种思维方式解决问题的经验积累多了以后，幼儿便不再依靠一次又一次的实际尝试来进行。多余的动作开始减少，甚至一些动作不用尝试即可在脑中通过表象进行加工，思维过程开始萌发出由外显转变为内隐的迹象。

（四）喜欢重复和模仿

2岁的幼儿特别爱模仿别人，看见别人玩什么，自己也想玩什么。心理学家认为，模仿是在没有外在压力下，个体受他人的影响仿照他人，使自己与他人相同或相似的心理行为现象。模仿是婴幼儿的主要学习方式，也是婴幼儿适应社会生活的一种行为表现。婴幼儿常常不自觉地模仿父母和早教人员，包括成人说话的声调、动作或常用词汇等。比如，成人看见饭菜里有胡萝卜时皱起眉头，表示不想吃胡萝卜，婴幼儿也会不想吃胡萝卜。2—3岁阶段的幼儿模仿现象增多，这是由于他们的动作和认知能力比以前有所提高。幼儿还喜欢重复地摆弄物品，喜欢听早教人员重复讲同一个故事。但在重复的活动中，幼儿逐渐认识物体的属性，进而发展语言、动作、思维等。

（五）喜欢涂鸦

在2岁以前，婴幼儿就喜欢拿起笔漫无目的地涂抹，一会儿在桌子上、一会儿在墙上随意画着各种图案。成人常常为此苦恼，斥责孩子“不懂事！”“爱捣乱！”其实，成人并不了解，孩子此时并不是在故意捣乱。涂鸦，对婴幼儿来说是一种很重要的表达方式，也是一种对婴幼儿身心发展非常有意义的活动。

由于婴幼儿手腕、手指的精细发育尚不完善，脑、眼、手还不够协调，所以他们常画的是一些无序的线条，且边画、边说、边玩。对于2—3岁的幼儿来说，这一阶段的涂鸦只是满足他们的动觉。经过了一段时间的涂鸦活动，幼儿逐渐发觉自己的动作跟画纸之间有了某种联结。于是，他们会尝试用视觉来控制自己的动作，即手眼协调。外在表现为出现了上下左右线段、锯齿、螺旋线等，不画到纸外，图形较集中。随着肩、肘、手腕关节的发育，幼儿能够画圆圈，同时能注视涂鸦时笔的运动方向，会画各种未封口的、封口的、螺旋的圆圈。

随着圆圈的变小，作品更精细，幼儿能朦胧地意识到线条与实物间的联系，他们会自言自语地对线条加以说明，给线条起名字。这种命名涂鸦并非是先想好主题再涂画，而是看到所画的符号像什么就赋予它相应的含义。所以涂鸦画的命名是其思维发展过程中的一个重要标志。观察画面形象并给它取名，表明幼儿已经从涂画的动觉思维发展到了形象思维，并具备了一定的视觉记忆。

涂鸦对于幼儿具有积极意义。但是，在幼儿涂鸦的过程中，成人常常会说以下的话语：“小狗不是这样画的。大人画一条小狗，你照着大人的画吧”，“太阳怎么涂成了这个颜色？太阳应该是红色啊”，等等。对于幼儿来说，涂鸦是一种动作表征，不是对物体的细致描绘。例如，幼儿所画的看上去很随意的一条线，可能代表狗在跑或气球在飞，所以不用太纠结幼儿画画的细节。有时候，成人无意的一句话，或者一个行为，反而会挫伤幼儿绘画的积极性，打击他们的自信心，约束其创造力的发展。早教人员应引导家长换一种方式去问：“你画的是什么呀？”或者“你能给我讲讲吗？”这样开放式的提问会更好。

还需要提醒一点的是，这一阶段女孩比男孩在绘画方面会发育得更早一些、更好一些。可能有的女孩在3岁的时候已经表现出即将度过涂鸦期，或者说涂鸦的图形看上去更像人、动物或房子、树木了。发展更快一些的女孩已经表现出能把思想与绘画活动联系在一起了。但3岁的男孩则更多地还停留在“乱涂乱画”的涂鸦阶段。

三、2—3岁幼儿的社会性特点

(一)“第一反抗期”的到来

很多成人发现,幼儿成长到2岁以后多了很多以前没有的“坏习惯”:打滚耍赖,一意孤行,占有欲强,自私霸道。其实,这是因为他们的自我意识在发展,但他们不懂得表达方法,甚至连自己有时候也不明白自己的意图。如果成人能把幼儿的这些“坏习惯”理解成孩子探索、学习的求知行为,那么就能更好地与孩子沟通与合作,孩子也更加愿意通过正常方式向成人表达诉求。

“第一反抗期”是幼儿心理发展的必经阶段,因为2—3岁幼儿的身体活动能力已经较强,日常生活中的很多事情都可以自己做。他们渴望扩大独立活动范围,不断尝试去独立完成新的事情。但这些要求往往会受到成人的阻拦和限制,因此幼儿就会产生反抗。其次,随着幼儿自我意识的发展,原先孩子还不能区分自己的意愿和别人的意愿,现在他们已经清楚地知道哪些事情是让“我”做的,哪些事情是“我”想做的。因此,他们就想顽强地表现自己的意志。但是这种表现往往与成人的规范相抵触,于是孩子就会有挫折感,从而导致反抗行为。

早教人员应引导家长做好相应心理准备和应对策略,让家长知道会说“不”是孩子成长的标志。第一,早教人员应协助家长理解孩子,尊重孩子,不轻易干涉,以平等姿态,征询孩子意见;第二,相信孩子,满足他们的好奇心和合理要求;第三,采取讲道理、转移注意、冷处理等方法终止孩子的不合理要求;第四,把握自己的言行,做孩子的榜样。

(二)攻击性行为增多

心理学将打人这种行为称为攻击性行为。攻击性行为在2岁以后的幼儿中是很常见的。幼儿产生攻击性行为的原因很多,但大多不带有真正的敌意。很多情况下,他们不知道如何用其他的方式得到自己想要的东西,或表达自己的不满和气愤,于是就采用最简单和直接的方式——攻击。

有研究证明,挫折是引起婴幼儿攻击性行为的重要原因之一。当婴幼儿的要求得不到满足,他的尝试和努力遭遇失败或者受到别人侵犯的时候,最容易爆发攻击性行为。比如,孩子正在聚精会神玩玩具的时候,别的小朋友干扰了他或者抢走了他的玩具,孩子就会采用口头的或者身体的攻击性行为对付侵犯者。长时间得不到关注也会引发孩子的攻击性行为。孩子被成人忽略后,会通过各种方式获得大人的关注和自我满足。最后,当孩子感到自己无能,希望获得更多权力时,也可能通过攻击他人以表现出自己的强大,满足追求成功的心理需求。

当孩子无法从别的方面得到表扬和重视时，通过打架来“出名”，让成人重视，使同伴惧怕，就成了孩子获得成就感的“渠道”。

通过对婴幼儿攻击性行为背后原因的探讨，早教人员可以理解孩子的攻击性行为，但千万不能助长孩子的这种行为。

（三）情绪变得丰富复杂

从2岁开始，幼儿开始出现了尴尬、同理心、羞愧、内疚、嫉妒和骄傲等情绪。这些情绪被称作次级情绪或者复杂情绪。进入2岁的幼儿情绪逐渐复杂化，一方面随着语言技能的提升，他们开始合理表达自己的需求，逐渐有了一定的情绪控制力，最初的一言不合就开始号哭的现象越来越少，和他们的相处变得容易起来。另一方面随着年龄的增长，大概2岁半左右秩序敏感期的到来，幼儿的性情又会经历一次很大的波动。成人会觉得照顾这个阶段的孩子是一件非常困难的事，尤其是孩子暴躁、愤怒、固执己见的时候。这也是“terrible two”名称的来源。

随着自主能力的增强，2岁的幼儿已经能够体验到自己成功完成一件事情的喜悦。他们会经常骄傲地提到自己新获得的一个技能或新创作的一个作品。他们表现出一种趋势：渴望自己的成就获得成人赞扬，并因受到赞扬而喜悦。这个年龄段幼儿的开心不再仅仅建立在吃饱喝足等生理上的满足。他们开始明白和遵守一些简单的规则，喜欢和其他小朋友一起玩，开始留意其他人的需求。

3岁左右的幼儿理解情绪的能力已经不仅仅局限在当下，而是开始能够识别引发情绪的情境，甚至对他人的情绪进行预测。他们还会尝试对情绪产生的原因进行解释甚至是评价，并且他们还能将情绪和引发情绪的情境联系起来，并对其有一定理解，但他们还不理解愿望具有主观性，因此还不能够根据结果是否符合行为者内在的主观愿望来判断其情绪。这个年龄段的幼儿还能够预测自己的行为或者某些事情的发生对他人情绪可能产生的影响，并向可能会给他人带来快乐情绪的方向调节自己的行为。

随着语言能力的发展，幼儿不仅可以观察到别人的情感变化，而且可以用语言表达他们的“开心”“难过”“生气”等情绪，他们会亲热地拥抱和亲吻成人，用柔柔的声音对成人说：“××，我好喜欢你。”当看到妈妈生气的时候，又会抱着妈妈说“不要生气”等。早教人员应引导幼儿多用语言表达自己的情绪，增加良性的亲子沟通。

（四）出现真正的同伴交往

2岁以后的幼儿对其他孩子的兴趣开始有了迅速而稳定的提高，并且越来越多地与其他小伙伴开展真正意义上的社会交往。在与同伴交往的过程中，有些两岁的幼儿已经能区分出自己的东西和别人的东西，他们常常会努力地向他人证明自己拥有某东西。随着幼儿的自我意识增强,他们对东西的占有感也随之增强。当其他的孩子拿他们的玩具时,他会叫道:“这是我的!”早教人员应理解幼儿的这些行为是自我意识发展的结果。因此,当要求这个年龄的幼儿和同伴友好地分享玩具时,应该先说“那是你的玩具”,然后再鼓励他:“你能让其他小朋友和你一起玩这个玩具吗?”而不是一味简单粗暴地坚持要他和别人分享。

另外,此阶段的幼儿语言表达能力还不能让他们很好地表达自己的意图,自己协商解决问题。因此,开展同伴交往时,早教人员不能直接把幼儿扔在社交环境中,让孩子自己去解决问题。比如,某孩子遇到小霸王欺负人,成人要出面保护孩子的安全。某孩子被欺负了要及时分开,让对方道歉。无论双方怎么回应,这个行为会让孩子们知道什么是对、什么是错。对于个别不知道怎么与其他孩子交往的幼儿,早教人员的直接参与是需要的。比如,有两个小朋友在玩过家家的游戏,早教人员先带孩子参与进来,说“我们是修理工,可以帮你们修厨房”。等孩子们一起玩耍后,可以说“我还有事,请这位小修理工帮你们修吧”,然后自己再退出。还可以教给孩子具体的交往技巧等。

四、2—3岁幼儿的养育须知

(一)重视幼儿的同伴交往

在生命之初的日子里,婴幼儿接触最多、最亲密的是自己的父母,但并非意味着整个0—3岁婴幼儿时期没有或不能开展同伴交往。交往能力的培养是一个循序渐进的过程。同伴交往能为婴幼儿掌握社会规范、学习社会行为打下良好的基础。在同伴交往中,不同的婴幼儿具有不同的生活经验和认知基础,他们在共同活动中也有不同的行为表现,这为婴幼儿提供了分享知识经验、互相模仿、学习的重要机会。同时,同伴交往也为婴幼儿提供了大量的同伴交流、直接教导、协商、讨论的机会。这些都非常有助于婴幼儿扩展知识,丰富知识,发展自己的思考、操作和解决问题的能力。

没有同伴的婴幼儿会产生消极情绪。长期没有同伴,消极情绪会稳定为一种不良的自我感觉,将严重阻碍婴幼儿心理发展,阻碍个体社会化的进程。同伴交往能使婴幼儿产生安全感和归属感,从而心情轻松、活泼、愉快。观察发现,婴幼儿在同伴交往中经常表现出快乐的情绪,因为在交往中有许多创造快乐的因素。

在同伴交往中,一方面婴幼儿发出社会行为,如请求、邀请等,根据对方的反应作相应的调整,自我调控能力得到了发展。另一方面,同伴的反馈往往直接和坦率。如果婴幼儿发出的是友好、合作、分享等积极的行为,同伴会做出肯定和喜爱的反应;而如果婴幼儿做出抢夺、抓人、独占等消极行为,同伴则会做出否定、厌恶和拒绝的反应。这种丰富的、直接的反馈有利于发展婴幼儿良好的行为,并使之转化为一些稳定的交往技能。因此,心理学家认为,交往技能是在同伴交往中发展起来的一种综合能力,也是一种实际操作能力。

(二)进行适宜的“早期阅读”

很多人认为0—3岁的婴幼儿以发展口头语言为主,不必进行早期阅读;也有人虽然让孩子进行了早期阅读,但选择的图书内容不适合该年龄段婴幼儿的特点,或盲目地教婴幼儿认字和识字。

其实当婴幼儿的视力发展成熟时,他们就展现了早期阅读的兴趣和行为,就可以进行适宜的“阅读”活动了。早教人员应引导家长认识到早期阅读的价值,如:能给予宝宝脑部良性的刺激,使大脑更好发育;亲子阅读可以加强父母与孩子之间积极的情感交流,对孩子人格健全发展非常有益。早教人员还需指导家长为不同年龄段的婴幼儿提供合适的阅读内容和材料;可以每天在固定时间段与孩子一起进行亲子阅读;亲子阅读中可采取多样化的阅读指导方式等。

第二章

婴幼儿早期教养的基本理论及认证制度研究

第一节

心理学视域下的早期教养理论

一、认知发展理论

认知发展是个体心理发展的一个重要方面，认知发展主要是指个体出生后在适应环境的活动中，对事物的认识以及面对问题情境时的思维方式与能力表现，随年龄增长而逐渐改变的历程。①瑞士婴幼儿心理学家皮亚杰的认知发展论揭示了婴幼儿在认知发展方面的规律。

皮亚杰认为婴幼儿是主动思考者，他们总是试图去理解认识世界，但是不同年龄阶段的婴幼儿认识世界、解决问题的思维方式是不同的，婴幼儿从出生到成人的认知发展不是一个简单的累积过程，而是伴随同化和顺应，认知结构不断螺旋式上升构建的，从而认知结构也出现不同，每个阶段都有其独特的认知结构。各阶段出现的先后顺序是不变的，所有个体都遵循这一发展顺序，阶段具有普遍性，也会因为环境、教育等因素具有差异性。

（一）认知发展的机制：同化与顺应

皮亚杰认为，婴儿出生后，就开始主动运用他与生俱来的一些基本行为模式来对环境中的事物做出反应，从而获取知识。这种以身体感官为基础的基本行为模式，就是他了解周围世界的认知结构，皮亚杰将之称为图式。早期婴幼儿认知世界、获得知识主要是靠感觉动作模式，比如刚出生的婴儿具有吮吸图式和抓取图式。图式是人吸收知识的基本结构，那么感觉和动作就是婴儿认识世界、获得知识的基本结构。

为了解释婴幼儿认知发展历程，皮亚杰引入了两个概念：组织和适应。组织是指个体在处理其周围事物时，能统合运用其身体和心智的各种功能，从而达到目的的一种身心活动历程；适应则是指个体的认知结构或图式因环境限制而主动改变的心理历程。一种历程叫同化，即个体运用已有的图式处理面对的问题，将新知识纳入已有图式和认知结构中；一种历程叫顺应，即当已有图式或认知结构不能同化新知识时，个体为了符合环境要求，主动改变已有的图式或认知结构，从而获取知识的心理历程。

婴幼儿经过不断同化新知识，或为了获得新知识改变认知结构而发生顺应。个体的图式

① 张春兴.教育心理学[M].杭州:.浙江教育出版社. P84

或认知结构就会发生一次又一次的改变，吸收到更多的知识，认识水平也随之螺旋上升。皮亚杰认为，同化与顺应机制在人的认知发展中比较稳定，换言之，无论是婴幼儿，还是成人，在认识世界和获取新知识时都具有同样的机制，但是认知图式会随着年龄的增长而改变，这种改变不只是量的改变，还有质的改变。比如1岁的幼儿与6岁的幼儿，他们在认知方式上就存在着区别。

（二）认知发展阶段与特点

皮亚杰以“运算”为概念来谈认知或者思维的发展。他把婴幼儿的认知发展分为了四个阶段：感知运算阶段、前运算阶段、具体运算阶段、形式运算阶段等四个阶段。

1.感知运算阶段（0—2岁）

这一阶段的婴幼儿主要依靠自己的感觉和知觉来获得动作经验、建构图式，从而认识世界、解决问题。初生的婴儿只有一系列无条件反射，但在通过感官与动作与周围事物互动的过程中，逐渐建构周围事物的图式、概念，从而认识世界。从出生到一个月左右，婴儿具有吞咽、吮吸、抓握等无条件反射行为，此阶段他们靠看、听、触摸、吮吸、抓握等动作和感知觉来认识周围的世界，建构自己与周围世界的联系。他们在不停地踢腿、用嘴巴咬东西、寻找或追踪铃声中建构图示，比如他无意间碰触到毯子，慢慢地会建构一条图示，即毯子是软的，很暖和、很舒服。随后的发展便是组织自己的感觉与动作以应付环境中的刺激。通过不断的学习与训练，更多新的刺激和客体被同化。

到这一阶段中期，有目的的智慧动作逐渐形成。比如皮亚杰曾经做过一个实验，在桌子上铺上桌布，桌子中间放一个布娃娃。在此阶段中期的婴幼儿希望得到这个布娃娃时，他会通过拉动桌布从而使布娃娃靠近的方式去获得布娃娃。

在这一阶段末期，婴幼儿会逐渐形成物体永存性观念，这是这个阶段婴幼儿认知发展的一个重要特征。物体永存性即当一客体从婴幼儿视野中消失时，婴幼儿知道该客体并非不存在了。婴幼儿大约在9—12月获得物本永存性，而在此之前，婴幼儿认为不在眼前的事物就是不存在了，并且不再去寻找，物本永存性是今后认识活动的基础。皮亚杰也曾经做过这样一个实验，当着2岁左右幼儿的面将一个球扔到沙发背后，虽然幼儿看不到球，但他的眼睛会追看沙发背后的玩具。

2.前运算阶段（2—7岁）

这个阶段幼儿的各种感知活动图式开始内化为表象或形象模式，特别是语言的出现和发展，使幼儿日益频繁地用表象符号来代替外界事物，不再像感知运算阶段的婴幼儿依靠实际动作对当前感知到的事物进行思考，但他们的语词或其他符号还不能代表抽象的概念，思维仍受具体直觉表象的束缚，难以从直觉中解放出来。处于这一阶段的个体尚未获得认知运算，他们进行的是半逻辑思维。他们解决问题时会思考，但又运用得不太合乎逻辑。

这一阶段的个体认知有以下几个特点：一是泛灵论倾向。这个阶段的幼儿往往无法区分有生命的事物与无生命的事物，认为外界的一切事物都是有生命的，无生命的事物同样也具有情绪、动机等生命特征。这个时候也是我们对幼儿进行生命教育的开端。二是自我中心主义。自我中心主义是指个体只从自己的观点看待世界，难以从别人的角度来看待问题和事物。皮亚杰的"三山实验"证明了个体的自我中心的倾向。比如：这个阶段的幼儿在躲猫猫时会将头藏到被子下，而将大部分身子都露在外面，从他的角度感觉已经藏好了，这些现象其实都是自我中心认知特点的表现。三是表象思维。这个阶段的幼儿思维受表面现象的影响很大，不能透过现象认识事物的本质。皮亚杰曾做过一个液体守恒的实验。在实验中，向儿童呈现两只相同的玻璃杯，杯中装有等量的液体，在儿童确知两只杯中的液体是等量的之后，实验者把其中一杯液体倒入旁边一只较高、较细的杯子中，液面升高，然后问儿童新杯子中的水比原来杯子中的水多一些还是少一些，还是一样多。结果发现，大多数3—4岁的幼儿会回答"多一些"，因为他们只注意到了杯子的高度；5—6岁的幼儿处于守恒的转折阶段，他们似乎已经意识到必须同时考虑杯子的高度和粗细，但在比较时却出现困难；8岁以后的儿童能够意识到一个维度的变化总是伴随着另一个维度的改变，水的总量不变。所以，皮亚杰认为，处于前运算阶段的幼儿在思维上没有达到守恒。

3.具体运算阶段(7—11岁)

这个阶段的儿童的认知结构中已经具有了抽象概念，已经获得长度、重量、面积和体积等的守恒，能凭借具体事物或从具体事物中获得的表象进行逻辑思维和群集运算。但这一阶段的儿童的思维仍需要具体事物的支持，在形成概念、发现问题、解决问题上都必须与他们熟悉的物体或场景相联系，还不能进行抽象思维。因此在这一阶段，直观性教学原则被经常使用到。

4.形式运算阶段(11—15岁)

这一阶段儿童的思维更具有灵活性、系统性和抽象性，超越了对具体的可感知事物的依赖，使形式从内容中解脱出来。这个阶段孩子的思维发展水平已接近成人的水平，具备了假设演绎推理、命题推理及组合推理的特征。

(三)认知发展理论对本研究的启示

对于0—3岁婴幼儿早期教育，我们从皮亚杰理论中得到以下启示：一是教育应适合婴幼儿当前的发展，不应"超前教育"。教育要适合不同逻辑发展水平的婴幼儿的发展，不同阶段的婴幼儿有不同的身心发展特征，教育只有遵循婴幼儿身心发展规律才是科学的教育。二是教育要重视婴幼儿的自主建构。教育要促进婴幼儿自主建构知识的过程。强调婴幼儿自主的活动，强调提供实物让婴幼儿动手去操作。三是早教人员应结合皮亚杰认知发展理论编制相应的早期教育活动方案，促进婴幼儿的认知发展。

二、社会文化发展理论

苏联心理学家维果茨基肯定了皮亚杰理论比传统心理发展理论前进了一大步。但是他同时也认为皮亚杰从生物学角度，将婴幼儿心理发展看成是受内部力量驱使的、由内在逻辑支配的过程，这忽视了社会文化和环境对婴幼儿发展的影响，因此不可能真正理解和认识婴幼儿发展的本质，于是维果茨基提出社会文化发展理论。

（一）社会文化影响认知发展

根据维果茨基的看法，人的心理发展的源泉与决定因素是历史过程中不断发展的文化，而“文化”则是人的社会生活与社会活动的产物。（余震球，1994）婴幼儿从出生到成人都生活在社会中，社会中的一切，诸如风俗习惯、宗教信仰、生活中的衣食住行、前辈留下的历史文化、社会制度、行为规范等，构成了人类生活中的文化世界。[①]这些文化无时无刻不在熏陶和影响着一代一代人的发展，促进了婴幼儿由自然人向社会人转变，成为符合当地社会文化要求的一员。这种转化是人发展的重要部分，也是教育的重要本质和意义。

维果茨基特别强调社会因素中的自我中心语言对认知发展的重要性。维果茨基认为幼儿期（相当于皮亚杰所指的前运算阶段）思维方式带有自我中心倾向，这个阶段的幼儿在谈话时也常常是以自我为中心的。他曾观察到，一名幼儿绘画时需要蓝色的笔，找了几遍没有找到，自言自语道：“笔在哪里？我需要一支蓝笔。没有关系，没有找到就用红笔好了。用红笔画了然后用水把它打湿，使它变暗一点，看起来就会有点儿像蓝色。”他认为以上现象就是幼儿用自我中心语言在帮助思维发展。维果茨基认为，一旦婴幼儿获得语言支配能力后，语言与思维就能形成交互作用，共同促进婴幼儿认知的发展。

（二）最近发展区理论

在教育教学与婴幼儿发展的关系上，一般存在两种理论：一种是以皮亚杰为代表的把教学与发展当作两个互不依赖的过程，教学似乎只是附加在成熟之上的观点；另一种是以詹姆斯和桑代克为代表的把教学与发展两种过程等同起来，混为一谈的观点。（余震球，1994）在维果茨基看来，教育与发展是相互影响、相互依赖的过程，教育教学应适应婴幼儿身心发展水平。婴幼儿有两种发展水平：一是婴幼儿现有心理机能的发展水平（婴幼儿的实际发展水平），它标志着婴幼儿一些官能的成熟；二是在成人的指导和帮助下所能达到的解决问题的

① 张春兴．教育心理学［M］．杭州：浙江教育出版社．1998：113

水平（婴幼儿潜在的发展水平）①。这两种发展水平之间的区域就是维果茨基所说的最近发展区。适应婴幼儿最近发展区的教育教学水平则是最佳的。成人能够给予婴幼儿的指导和帮助则被称为鹰架作用。

（三）对婴幼儿早教人员上岗标准的启发

最近发展区理论对于婴幼儿早教人员上岗标准的研制启示在于：一是早教人员应掌握婴幼儿身心发展的特点和知识水平，把握其最近发展区，树立科学的早期教育观。早期教育应该在遵循婴幼儿身心发展的基础上，引导发展，但不能过多地以发展成熟为目标。二是早教人员应建立新型的因材施教观。每个婴幼儿的实际发展水平和潜在发展水平都是不同的，早教人员除应该了解婴幼儿的实际发展水平外，更重要的是要了解其潜在发展水平，寻找其最近发展区，把握教育最佳期，从而引导婴幼儿潜能的发展。三是早教人员应能为婴幼儿发展提供适宜的“鹰架”，促进婴幼儿更好发展。

三、脑与婴幼儿身心发展

从发展心理学角度，人们对0—3岁婴幼儿大脑及神经系统的研究非常关注，这为我们认知婴幼儿打开了新的窗口，提供了新的视角。从脑科学角度进一步认识婴幼儿的发展，也为早期婴幼儿教养工作提供了更为科学的研究和实践基础。同时脑科学与婴幼儿教养方式的结合，为教养工作者提供了提高质量与效率的方法。

（一）0—3岁婴幼儿大脑的发育迅速，可塑性强

从脑重量来说，婴儿出生时脑重平均约为350克，约为成人脑重的28%，出生后短短的一年内，脑重增加最快，从平均390克增加到660克，约为成人脑重的47%，而2.5—3岁的时候，则增加到990—1100克，相当于成人脑重的2/3 。3岁婴幼儿的脑重，若跟成人的脑重比较，不过相差400克左右。婴幼儿的大脑在胎儿期就开始发展，出生时，脑细胞已经分化，脑细胞数量已经接近成人，在生命早期，脑细胞每秒以数以千计的速度增长，并与其他脑细胞建立连接，构成一个复杂而又独特的神经网，以相互存储和传递信息。人的感知、记忆、思维等都是在生命头几年的神经网络里加工出来的。2岁时，脑及其各部分的相对大小比例已基本类似成人的脑，到3岁末期，大脑多数其余的髓鞘化基本完成。②正因为大脑不管从重量增加还是

① 王光荣.维果茨基的认知发展理论及其对教育的影响[J].西北师范大学学报（社会科学版）2004（6）：122-125

② 林崇德.发展心理学[M].杭州：浙江教育出版社，2002：160-161

神经元连接、大脑髓鞘程度，在3岁之前的发展都非常迅速，因此0—3岁婴幼儿要重视通过营养及早期教育促进大脑的发展。大脑是一个复杂的系统，也是一个动态的系统。受学习、训练以及经验的影响，大脑皮质会出现结构的变化和功能的重组，即出现所谓的可塑性①。

（二）0—3岁婴幼儿脑的发育需要有充足的营养

人脑的重量虽然只占全身体重的2%，但每月需要的血液量却占到人体总血液量的20%多，血液是供应氧气和营养物质的载体。研究发现，营养是脑发育的物质源泉，与人的智力有密切的关系。对于婴幼儿的大脑来说，由于早期的成长发育特别快，早期营养供给也特别重要。在胎儿期就要特别重视脑的营养。因为人在胚胎期第一个形成的系统就是神经系统，人脑的神经细胞在胎儿时期绝大多数已经基本形成。与身体的其他器官相比，脑的生长发育很早，特别是脑重量的迅速增长和神经胶质细胞的大量增殖主要发生在出生后两三年内。另外，虽然神经纤维的延长、突触数量的增多、髓鞘的形成以及神经网络的组成可以延续较长的时间，但在早期也是发展很快的。所以，应该特别注意早期婴幼儿的营养，尤其要注意母亲孕期的营养和婴幼儿出生后两三年内的营养。人类由于营养不良而导致大脑机能出现障碍的事例时有发生。那些生活条件极差，营养不良的婴幼儿出现严重记忆障碍、注意障碍、思维迟钝，甚至发生精神异常也十分普遍。

在哺乳期，母乳是目前发现的最好的婴幼儿食物。母乳中有大量的有利于婴幼儿大脑发育的营养物质。同时，母乳也有利于婴幼儿的消化和吸收，还可以给婴幼儿带来一些重要的抵抗疾病的抗体。在婴幼儿早期教育中，也要关注营养的合理搭配和摄入。值得欣喜的是，现在的婴幼儿家庭教养及早教机构已经注意到这一点，因此出现了非常多的食育课程培训，开始关注0—3岁婴幼儿食育对身心发展的促进意义。

（三）0—3岁婴幼儿脑的发育需要有适宜的刺激

0—3岁婴幼儿脑的发育不仅需要合理、充足的营养，更需要有适宜的刺激。神经科学研究发现，从婴儿出生开始一直持续到婴幼儿期这一段时期是大脑神经突触的显著增长时期。随着突触的显著增长期而来的是突触的修剪期。出生时，人类婴儿的大脑包含有联结脑细胞成为回路的突触。出生不满一个月的婴儿与成人相比，每单元的脑组织有较少的突触和较低的突触密度。然而从婴儿早期开始，大脑中有一个突触或者神经连接数目的显著增长过程，婴儿大脑开始形成的突触要远远超出成人的水平。换言之，0—3岁婴幼儿期大脑神经元之间的连接增长迅速，大脑神经元连接结构越复杂，婴幼儿大脑发育越好。婴幼儿早期是突触建

① 王亚鹏，董奇.脑的可塑性研究及其对教育的启示[J].教育研究，2005(10)：35-38.

立连结的关键时期，而适宜的环境刺激又是影响大脑突触联结的关键。

其实，人们很早就注意到环境对人发展的影响。例如我国春秋战国时期“孟母三迁”的故事，以及我们经常说到的“近朱者赤，近墨者黑”“染于苍则苍、染于黄则黄”等习语，都强调了环境对人发展的影响。环境影响大脑的发展主要是由于人脑的运作具有连贯性，一旦启用便会不停地自我连接。早期的经验不断地改变着大脑。婴儿所看见、听见、嗅到、触到和尝到的每一种东西都会影响大脑联络的方法。(艾利森·戈波尼亚，2004)创设联结的过程对于个体的发展是至关重要的。

因此，在0—3岁婴幼儿的早期教育中，早教人员应能为婴幼儿创设与婴幼儿生活经验紧密联系的、丰富多样的、稳定的、放松的、能提供反馈的，符合婴幼儿大脑学习规律的教育情境或环境，促进婴幼儿大脑的发展。

第二节

教育学视域下的早期发展理论

一、蒙台梭利吸收性心智理论

蒙台梭利是教育史上一位杰出的幼儿教育思想家，是意大利的第一位女医学博士，是现代幼教史上最伟大的教育家之一。她提出的吸收性心智理论对0—3岁婴幼儿早期教育有着重要的理论和实践价值。她认为每一个人从出生到24岁都会经过四个发展阶段，每个阶段都有其独特的心智特征、内在动力和成长挑战：第一阶段0—6岁对应的是婴幼儿时期；第二阶段6—12岁对应的是儿童时期；第三阶段12—18岁对应的是青少年期；第四阶段18—24岁对应的是成熟期。0—6岁婴幼儿阶段独特的心智是吸收性心智，吸收性心智帮助0—6岁婴幼儿适应环境、走向独立、自我建构。吸收性心智只存在于0—6岁婴幼儿中，特别是0—3岁，6岁后，吸收性心智和敏感期都逐渐消退。

0—6岁的婴幼儿心智有别于成人心智。蒙台梭利博士认为，婴幼儿出生后的一段时间中，会不加区别地全盘吸收周围环境中的感官信息，并储存于无意识的大脑中。吸收性心智是0—6岁大自然赋予婴幼儿的一股力量，就像海绵一样，放一块海绵到水里，无论这水是干净的或是脏的，海绵都会不加区别地吸收。

（一）吸收性心智的特征

1.阶段性

吸收性心智只存在于0—6岁婴幼儿中，0—3岁是大量吸收阶段，3岁时到达峰值，3—6岁吸收性心智的能量会慢慢消退，6岁以后这种心智就消失了，逐渐被推理性心智替代。如果你注意观察0—6岁的婴幼儿、特别是0—3岁的婴幼儿，他们通过所有感官，无时无刻、不知疲倦、无主观意识地，对周围环境发生的所有事件进行吸收。你会发现，他们总是在不停地、不知疲倦地到处张望、他们对环境里所有事物都非常感兴趣。成人的心智是需要休息的，但这个阶段的婴幼儿心智是不知疲倦的。蒙台梭利也称这个阶段的婴幼儿为感官探索者，因此这个阶段，早教人员为婴幼儿提供大量的感官环境，促进婴幼儿依靠吸收性心智适应环境、建构自我的个性是非常重要的。

2.普遍性

吸收性心智存在于所有0—6岁的婴幼儿身上，不管他们的肤色、国籍。这个阶段的婴幼儿正是依靠这种力量去适应环境、建构自我。他们吸收环境中的语言、行为等信息后逐渐转变为自己的一部分。比如，这个阶段的婴幼儿学习语言或者动作，一旦这些语言或者动作习得，将永远伴随婴幼儿一生，不会忘记。

3.整体性

这个阶段的婴幼儿对环境中的所有信息是不加选择和区别地吸收，不会因为不喜欢什么而不去吸收，然后进行内在的建构。在这一点上，婴幼儿的心智如同照相机，将环境中所有一切不加区别和选择地吸收，而成人心智则如同画画，选择性吸收环境中的要素。

（二）吸收性心智的工作机制——荷尔美、牧内美

蒙台梭利认为，成人心智与婴幼儿心智工作机制是不同的。成人心智有两种工作机制：智力和意志力，成人在智力和意志力的驱动下完成工作。婴幼儿心智也有两种特殊的工作机制：荷尔美（HORME）和牧内美（MNEME）。荷尔美（HORME）是婴幼儿具备的一种天生的或者本能力量，推动婴幼儿向前与环境接触并吸收所有感官印象，帮助吸收性心智工作。牧内美（MNEME）是婴幼儿具备的一种永久记忆机制，帮助婴幼儿记住环境的所有信息。6岁后，婴幼儿具备的荷尔美和牧内美会被意志力和记忆力代替。

因此，荷尔美和牧内美是支持促进吸收性心智对周围环境中的所有印象进行吸收，在此基础上促进婴幼儿适应社会、建构自我。

(三)成人的角色

动物刚出生就能很快适应环境,小牛犊出生很快就会站了、会叫,而人类的婴幼儿则需要6年才能真正适应融入这个社会。婴儿一出生只是具备语言、动作以及在群体中交往的潜能,吸收性心智帮助婴幼儿发展和建构这些能力。以语言建构和社会性建构为例,面对婴幼儿具备吸收性心智的特点,早期教育工作者应该为他们提供完备的环境。

1.语言的建构

语言发展主要指孩子出生后的一定时期内掌握本族语的过程,是一个连续性的、有规律的过程。语言主要包括口语和书面语言,0至3岁的婴幼儿重点发展口语,为将来发展书面语言打下基础。(姜晓燕,郭咏梅,2014)成人要学习一门新的语言非常困难,然而对于婴幼儿,只要提供了适宜的语言环境,他们能较容易习得一门新语言。蒙台梭利认为,正是因为吸收性心智的帮助,婴幼儿才能在环境中不加区辩、不知疲倦地吸收语言的整体信息(发音、语调,与语言有关的表情、动作等),从而快速得习得语言。

早教人员应该提供什么样的环境呢?第一,提供让婴幼儿接受丰富语言的环境。比如:家庭成员中即有说英语的也有说中文的,生活其中的婴幼儿也会用两种语言进行切换交流而不会混淆;环境中也可以提供诗词、歌曲、故事等多种形式的材料,引导孩子正确使用语言,累积更多的词汇。第二,提供有利于交流的语言。比如:交谈时,成人应使用完整的语言表达而不是婴儿般的语言表达,如饭饭、碗碗等。第三,提供鲜活的语言环境。成人在同样的高度,面对面地与婴幼儿交流而非给他们听视频、看电视。第四,成人做好优雅的行为示范。在婴幼儿面前早教人员语言、交流方式、动作都很重要。

2.社会性发展

社会行为指人与有生命、无生命的物体进行的交往和交流方式。0—6岁婴幼儿社会性建构的目的主要有三点:第一,婴幼儿需要有机会去解决社会问题;第二,婴幼儿要学习到恰当的社会行为方式;第三,婴幼儿需要追求被社会认同的规则准则。社会性发展健全的人,能够平衡个性与社会性的关系。个性即独特性,真正社会性健全的人,不是总可以避免冲突,而是即便遇到冲突,也能够达到个性与社会性的平衡。比如处理问题时能够在满足自己需求的同时考虑别人的感受。能够意识到每个个体是不一样的,去尊重个体的差异性。

针对婴幼儿社会性发展,早教人员应该提供什么样的环境呢?蒙台梭利认为,为促进婴幼儿社会性发展的环境应该具备如下特征:第一,混龄环境。蒙台梭利教育的混龄环境常常接收2.5—7岁左右的孩子,这样的混龄环境能更好地促进孩子产生间接学习、促进社会性发展。在混龄环境中,大孩子学会帮助小孩子、提升了自信、发展了社会性。小孩子因为大孩子的帮助能进一步熟悉环境、稳定情绪,建构个性。第二,教具的唯一性。环境中的教具不需要很多,数量适量,每类教具只提供一套。孩子工作完需要将教具整理好放回原处,其他孩子需要耐心等待,这也是孩子社会性发展的体现。第三,强调孩子对环境的照顾。婴幼儿处于动作协调敏感期、社会性发展的敏感期,蒙台梭利强调在环境中应该创设照顾环境的工作,通过教会孩子扫地、擦桌子、洗桌子等照顾环境的工作,发展其动作协调能力、独立性和社会性。第四,环境中的成人需要提供优雅的行为示范。0—3 岁婴幼儿因为具有吸收性心智,因此环境中的成人应该随时提供优雅的行为示范。

二、蒙台梭利敏感期理论

敏感期也是蒙台梭利 0—3 岁早期教育理论中重要概念。蒙台梭利认为大自然赋予 0—6 岁婴幼儿的力量,除了吸收性心智,还有敏感期。吸收性心智具有完整性,驱动婴幼儿不加区辩、不知疲倦、整体性吸收环境中所有感官信息。敏感期则具有选择性地帮助婴幼儿重点发展语言、动作、社会性、感官敏感性等方面。

(一)敏感期的概念

敏感期是指生物在其初期发育阶段所具有的一种特殊的敏感性,它是一种暂时的倾向,仅限于获得一种特殊的品质,一旦这种品质或特性获得后,这种特殊的敏感性就消失了。[①]

(二)敏感期的特征

敏感期存在普遍性、交替性、阶段性等特征。一是普遍性,敏感期存在于每个婴幼儿身上,不管这个婴幼儿是地域差别、肤色差别还是性别差别,每个婴幼儿都具有敏感期;二是交替进行,一个敏感期结束下一个敏感期开始,也可能几个敏感期同时出现,婴幼儿持续不断地进行习得;三是阶段性,蒙台梭利认为,敏感期在 0—6 岁婴幼儿阶段存在,3 岁达到峰值,6 岁之后完全消失。同样在 0—6 岁婴幼儿阶段,每个具体的敏感期也具有阶段性,仅存在一段时间后消失,但是通过敏感期、婴幼儿习得和发展的能力会永远存在。换言之,敏感期对于婴幼儿发展非常珍贵,若敏感期消退错过习得,意味着婴幼儿不完整的发展,后期也只可能进行修正和弥补。

(三)敏感期的分类

1. 秩序敏感期

婴幼儿对秩序渴望非常强烈。婴幼儿在子宫里,出生后,都要遵循一定的规律。大自然

---

① 姚伟:中外幼儿教育名著解读。南京:南京师范大学出版社,2007:140.

对婴幼儿赋予了生长发展的秩序,这是内在的秩序。外在的秩序指环境的秩序。婴幼儿对有秩序的生活非常感兴趣,所有发生在他们周围的事物都需要有秩序的出现,比如固定的照护者、稳定的一日生活流程。秩序感帮助婴幼儿熟悉周围环境、产生安全感、帮助他们发展预测能力,这些能力都是婴幼儿智力发展的基础。

2. 语言敏感期

语言是人类交流和沟通的方式,比如话语,文字,手语和身体语言。(潘雅伦,周丽新,2020)孩子从出生到6岁都对语言有敏感期,但语言敏感期的峰值在2岁左右。蒙台梭利认为在语言的习得上,婴幼儿要经历两个阶段:前语言阶段和口语阶段。婴幼儿这个阶段对语言的各个方面都感兴趣,2岁前吸收的所有语音相关信息在2岁突然爆发,因此2岁左右的婴幼儿语言发展特别迅速。2.5—6岁会不断精致化他的语言。

3. 动作敏感期

动作是指具有特定动机和目的并指向特定对象的运动系统。也是人类适应环境和社会并与之互动的结果,并且与人类的生理,智力,行为和健康发展密切相关。(耿培新,梁国立,2008)婴幼儿出生时虽然具备动作发展的潜能,但仅具备吮吸、踏步、抓握等本能反射动作。婴幼儿动作发展主要包括大动作和精细动作,大动作是指全身大肌肉的运动,伴随着强烈的肌肉收缩、全身运动神经的活动。比如:抬头,翻身,移动四肢,坐,爬,钻,走,跳和平衡等。精细动作是由小肌肉组成的随意动作,比如抓握、把弄、编织、搭积木、绘画等。在吸收性心智和敏感期帮助下,婴幼儿通过不断重复练习,动作得到迅速发展。

4. 社会行为敏感期

社会性从发展心理学和幼儿教育的角度来看,是个体适应社会生活的心理和行为特征,包括社会认知,社会情感,社会行为等。[①]社会性发展是促进0—3岁婴幼儿从自然逐渐过渡到社会的过程,对于其心理发展非常重要。婴幼儿需要去学习在所在文化的社会规范和准则,社会行为敏感期驱动他们去观察所在环境中人与人的互动,通过模范习得社会习俗。比如这个阶段的孩子特别喜欢玩过家家游戏,其实就是社会行为敏感期驱动下,孩子对成人社会习俗的模仿。社会性帮助婴幼儿获得社会认知、理解社会情感、习得社会行为。

5. 感官精致化敏感期

蒙台梭利认为0—6岁婴幼儿是感官的探索者,换言之,婴幼儿的学习方式是通过感官而非智力思维去学习。这个阶段的婴幼儿具有感官精致化敏感期,也就是说他们对感官的刺激非常敏感,这种内在的需求驱动他通过感官去尝、去闻、触摸,去探索周围的环境,同时这个过

① 孙瑜. 家庭教养方式与儿童社会性发展的思考[J]. 现代教育科学,2006,(06):121-122.

程也会让他感官感受能力得到发展。

6.微小事物敏感期

微小事物敏感期也是感觉精致化的延伸，只有感官精致化到一定程度，婴幼儿才会对微小事物那么感兴趣。在一岁左右的时候，婴幼儿具有行动力，探索的空间也逐渐增大，然而最吸引他们注意的是些小东西，如小石头、小草、昆虫等等，他们会捡起研究一下，然后放进嘴里。这些行为正是这个阶段婴幼儿微小事物敏感期的表现。

（四）蒙台梭利吸收性心智与敏感期理论带来的启示

1.0—6岁阶段是婴幼儿成长快速且重要的阶段

既然婴幼儿在0—6岁阶段，身体、心智等各方面发展这么迅速，而且又是敏感期，早期教育非常重要，如果能抓住这段时间，教育的效果则事半功倍。

2.0—6岁婴幼儿是主动的感官探索者

蒙氏理论告诉我们，0—6岁婴幼儿的成长不是成人教会的，而是他们在敏感期的作用下，利用吸收性心智，主动吸收周围环境的一切要素建构成长的。生命很神奇，受精卵在子宫里发展有其自身的规律，哪个月发展哪些部分，这些部分是怎么发展的，都有大自然赋予的规律。人哪个阶段进入婴幼儿期、儿童期、青少年期、成熟期，都遵循着大自然赋予的规律。卢梭也曾经说过人受制于三种教育，或受制于成熟，或受制于他人的教育，或受制于其他事物的教育，只有当后两者都服从于前者时，人的发展才能形成合力。在此基础上，卢梭提出了“自然主义”教育思想。既然0—6岁阶段婴幼儿成长非常重要，而0—6岁的婴幼儿的学习成长不是成人“教”会的，那么早期教育工作者更应该尊重婴幼儿身心发展规律、结合婴幼儿学习特点进行科学保教。

3.早教人员及家长应该成为婴幼儿成长的助力而非阻力

助力包括很多方面，但是提供有准备的环境是蒙氏理论的重中之重。第一，在蒙氏理论中，环境非常重要。她认为只要在“正常化”环境中，婴幼儿都会呈现出好奇心、探索等人类倾向。蒙台梭利提到0—6岁婴幼儿心智独特特征是吸收性心智，婴幼儿会无区别地吸收环境中的所有因素。因此环境非常重要。第二，成人应该为婴幼儿提供完备环境。成人在理解婴幼儿的基础上、跟随婴幼儿的发展，在观察分析的基础上，提供有准备的环境促进婴幼儿成长。这种环境必须既满足发展需求，又具有适宜挑战。第三，完备环境包括三要素：成人、婴幼儿和环境。熟悉蒙氏教育理念、掌握婴幼儿观察技巧、并能为婴幼儿发展创设完备环境的成人角色是一种重要环境。只有在有准备的环境中，婴幼儿才能在环境的主动探索中建构发展。

三、多元智能教育理论

20世纪80年代，美国哈佛大学教育教授霍德华·加德纳提出多元智能理论。该理论认为，每个人的智能是多元的，并有自己独特的智能组合。但因为多种原因可能会比较擅长其中几项智能，而其他智能相比较弱。八种智能包括：语言智能、逻辑数学智能、空间形体智能、肢体动觉智能、音乐韵律智能、人际关系智能、自处内省智能、自然博物智能。(沈致隆，1999)加德纳认为：在这八项领域中，都有其发展杰出的人才。多元智能理论认为传统教育偏重智力商数，这种“唯一机会的教育理论”，会造成许多孩子失去自信。加德纳认为，智能是一种人性整合的生活操作模式，是解决问题或创造的能力，而非只侧重 IQ ——智商。他强调：实践证明，每种智能在人类认识世界和改造世界的过程中都发挥着巨大的作用，具有同等重要性。每个人与生俱来都在某种程度上拥有这八种以上智力潜能，环境和教育对于能否开发和培育这些智力潜能至关重要。每个人的智力潜能的多元性决定了识才育才目标手段的多样性。每个人都有能力改进且扩展自己智能。

“多元智能”的基本信念是，人的智能有不同的范畴，这些范畴价值不分高下，都有进一步发展的可能。将多元智能的概念运用在0—3岁婴幼儿教育实践中，能帮助早教人员及家长真正认同有教无类、因材施教等理念，达到教育公平和开放。早教人员秉承“多元智能”的理念，在尊重每一个婴幼儿的自然个性基础上，才能激发婴幼儿的潜能，从而重建婴幼儿自信和兴趣，最终达到个人全面的改进和发展。

(一)多元智能理论带来新的教育观——人人都能成功

当承认智能的多样性时，就意味着我们必须允许、支持、鼓励多样化的存在。当我们用更科学、更宽泛的态度来理解人的智能和婴幼儿的学习能力时，我们就能更充分地肯定婴幼儿之间智能和学习能力的独特性，为早期教育的平等性提供理解。基于加德纳的多元智力理论，早教人员应该树立积极乐观的教育观：多种相对独立智力错综复杂地以不同方式、不同程度进行组合。每个婴幼儿都有自己的智力特点，有优势智力领域也有弱势智力领域，有自己的学习类型和方法。我们看待婴幼儿时应该时刻清醒地认识到，我们的教育中再也不存在一个婴幼儿有多聪明的问题，而只存在一个婴幼儿在哪些方面聪明和怎样聪明的问题。这样积极乐观的“教育观”一旦形成，就使得我们每一位早教人员关注婴幼儿的全面发展，乐于对每一位婴幼儿以积极、热切的期望，并乐于从多个角度来观察和接纳婴幼儿，并拓展婴幼儿的潜能。

(二)多元智能理论带来新的评价观——多维评价

评价是人们行为背后那只看不见的手，多维评价不再只关注婴幼儿现时的表现，更关注他们情感上的发展，使每个婴幼儿都具有自信和持续发展的能力。作为早教人员应该树立多维的评价观，在多元智能理论的积极儿童观下，婴幼儿发展评价可以通过多种渠道、采取多种形式、在多种不同的实际生活情景下进行，确实考查婴幼儿多方面的能力，如创造能力。早教人员应该从多方面观察、评价和分析婴幼儿的优势和弱势，并把这种从多方面观察、评价和分析得来的资料作为服务婴幼儿发展的出发点，以此为依据选择和设计适宜的早教内容和早教活动，使评价确实成为促进婴幼儿发展的照护服务的有效手段。

第三节

0—3岁婴幼儿师资专业发展理论

婴幼儿早教人员属于教师队伍的一个类别，其专业化发展阶段遵循教师专业发展阶段化理论特征及成人学习特点。因此应从教师专业化发展阶段理论和成人学习理论角度出发探讨婴幼儿早教人员的专业化发展，为早教人员上岗标准的建立提供理论基础。

一、教师发展阶段理论

教师发展阶段理论是一种以探讨教师在职前、入职、在职及离职整个职业生涯中呈现的阶段性发展规律为主旨的理论。（贺斌，2007）尽管对教师专业化发展阶段怎么划分，不同的研究者有不同的划分标准和方法，但都认同教师的发展遵循阶段化发展的特征。探讨教师专业发展阶段理论的研究成果主要有：富勒的教师教学关注阶段论、凯兹的教师发展阶段论、伯顿的教师生涯发展论、费斯勒的教师生涯循环论、斯特菲的教师生涯阶段模式论 以及休伯曼的教师职业生命周期论。

（一）富勒的教师教学关注阶段论

富勒（Frances Fuller）可以说是教师专业发展阶段研究的先驱者。富勒的研究从教师所关注的事物视角入手，以教师关注的不同重点为划分标准，来探索教师的发展阶段理论。

他通过研究认为教师从师范生到成为教师的过程中，所关注的事物是依据一定的次序更迭的，并显现出如下的发展阶段：一是教学前关注（Pre—teaching concerns）。此阶段是职前培养时期，其角色是师范生，师范生缺乏真实的教育教学实践经验，因此对教师角色的认识仅处于想象阶段，因此他们只关注自己。二是早期生存关注(Early concerns about survival)。此阶段是实习阶段，其角色是实习教师或者新手教师。在此阶段，教师们所关注的更多是自己的教学、班级控制、教学内容的熟练程度等生存问题，而较少关注到学生的情况，比如学生已有的经验、学生出现的困惑、师生互动中生成性资源等。因此在这个阶段，教师们都表现出明显的焦虑与紧张，感觉压力相当大。三是教学情境关注(Teaching situations concerns)。在此阶段，既关注生存，同时也会关注教学上的种种需要或限制以及挫折。教师关注较多的是自己的教学表现，如关注教学所需的知识、能力与技巧以及尽其所能地将其所学运用于教学情境之中，但仍不是学生的学习。四是关注学生(Concerns about students)。在这个阶段教师开始把学生作为关注的核心，关注他们的学习、社会和情感需要以及如何通过教学更好地影响他们的成绩和表现。

通过对教师关注阶段的研究，我们可以认识到教师专业化发展这一历程总是要经过由关注自身、关注教学任务，最后才关注到学生以及自身对学生的影响这样的发展阶段。

(二)凯兹的教师发展阶段论

美国学者凯兹根据自己与学前教师一起工作的经验，运用访问和调查问卷法，特别针对学前教师的训练需求与专业发展目标，将教师发展分为四个时期：一是求生期(Survival)。此时期大约持续一到两年的时间。此阶段教师原来对教学的设想与实际有差距，关心自己能否在陌生的环境中生存。此外，新教师在教学中需要得到各种技术上的协助。二是巩固期(Consolidation)。这一时期从求生期后持续到第三年。教师有了处理教学实践的基本知识并开始巩固所 获得的教学经验和开始关注个别学生以及思考如何来帮助学生，但还需要专家和学校领导提供建议和帮助。三是更新期(Renewal)，这一时期从巩固期后持续到第四年年底。在这一时期教师对重复、机械的工作感到厌倦，试图寻找新的方法和技巧。因此，该时期必须鼓励教师参加研究会，加入教师专业组织，参加各种进修活动等，去交换并学习新的经验、技巧和方法。四是成熟期(Maturity)。这个时期延续到第五年和五年以后。这一时期的教师已习惯教师角色，能够 深入地探讨一些教育问题。该时期教师适宜参加各种促进教师发展的活动，包括各种研究会，加入教师团体，进修学位，收集并阅读各种教育的相关信息与资料等。

凯兹所提出的教师发展时期论，为区分教师发展阶段的设想提供了有价值的见解。但凯兹以及和他同一时期的教师发展理论家，如昂鲁和特纳、格里乔克等人的研究中均存在这样一种局限，即把所有的成熟教师都混为一谈，没有做进一步的区分。资深的成熟教师继续成长和变化的观点，在这些早期研究中并未提到。

(三)伯顿的教师发展阶段论

伯顿、彼德森、纽曼以及弗洛拉在美国俄亥俄州立大学进行了一系列教师职业生涯发展的质的研究，提出教师发展的三阶段：一是生存阶段（Survival stage）。指从事教学的第一年。教师所关心的是班级经营、学科教学、教学技能的提高、教学内容的理解、做好课程与单元计划及组织好教学材料，做好教学工作。此阶段的教师已开始注意理解学生并与之相处。但是，此时的教师缺乏信心，不愿意尝试新的方法。二是调整阶段（Adjustment stage）。指从教的第二、三、四年。教师对教学有了进一步的了解，也更轻松了。他们开始理解学生的复杂性并寻找新的教学技术以满足更广泛的需要。教师和学生的相处变得更加开放和真诚，并感觉自己比以前更能满足学生的需求。三是成熟阶段（Mature stage）。指从教五年和五年以上。教师在教学活动中感到舒适，并能理解教学环境。教师有安全感，能处理教学中发生的任何事情，不断尝试新的技能，关注学生需要的满足，重视和学生的关系。

伯顿的教师发展阶段论以其对数据的处理、综合作为研究的基础，而使其研究成果更加引人注目。但他的观点仍然将所有成熟期的教师归为一类，没有对成熟期教师作进一步区分研究。

（四）费斯勒的教师生涯循环论

20世纪80年代以来，教师发展理论的研究也进入了蓬勃发展的阶段。美国学者费斯勒于1985年推出一套动态的教师生涯循环理论，从整体上探讨教师生涯的发展历程。一是职前教育阶段（Pre—survive）。这一阶段是教师角色的准备期，即教师的培养期，也包括教师接受新角色或工作时的再培训期。二是入门阶段（Induction）。这是教师任职的最初几年，他们会努力适应日常教学工作，努力寻求学生、领导的认可。三是能力建立阶段（Competency building）。此阶段的老师积极寻找新的资料、方法和策略，都渴望建立一套属于自己的教学体系，经常接受与吸收新的观念，学习欲望强烈。四是热心和成长阶段（Enthusiastic and growing）教师在此阶段已具备较高水平的教学能力，热爱工作，不断寻求进步，不断创新改进，丰富自己的教学，有较高的职业满意度。热心成长和高度的工作满足感是这一阶段的要素。五是生涯受挫阶段（Career frustration）。此阶段通常出现在职业生涯中期，教师在工作上遭遇挫折，工作满足程度逐渐下降，开始怀疑自己选择教师这份工作是否正确。六是稳定和停滞阶段（Stable and stagnant）。这一阶段的教师存在着“做一天和尚，撞一天钟”的心态，不会主动追求教学专业上的卓越与成长，缺乏进取心。七是生涯泄劲阶段（Career wind down）。这是准备离开教育岗位的低潮时期。在此阶段，有些教师感到愉悦自由，因为他们曾经有过辉煌的教学成绩并在心中留下了美好的回忆；对另一部分教师来说，则会以一种苦涩的心情离开教师岗位，因为他们是被迫离职或迫不及待地想离开工作岗位。八是生涯退出阶段（Career exit）。这是教师离开教职岗位后的时期。

费斯勒的教师生涯循环论，特别是其对教师发展的阶段描述，提供了一个较为完整的纵贯教师生涯的理论框架，具有重要的理论参考价值。

(五)斯特菲的教师生涯阶段模式论

美国学者斯特菲,依据人文心理学派的自我实现理论建立了教师生涯模式。所以,其提供的模式也可称为人文发展模式。斯特菲将教师生涯分为五个阶段:一是预备生涯阶段(Anticipatory career stage)。初任教职的教师,或重新任职的教师处于这一阶段。此阶段的教师,具有以下几个特征:理想主义、富有活力、富有创造力、乐于接受新观念等。二是专家生涯阶段(Master career stage)。这一阶段教师已具有较高的教学能力与技巧,在工作中能激发自我潜能,达到自我实现。三是退缩生涯阶段(Withdrawal career stage)。初期的退缩期:教师在教学上表现不好不坏,漠视教学的革新,绩效平平,沉默寡言,消极行事。如果给予适时、适当的支持与鼓励,则教师又会恢复到专家生涯阶段。持续的退缩:这一时期,教师表现出倦怠感,经常批评学校、家长、学生甚至教育行政部门,抗拒变革,独来独往或是行为极端。这些教师人际关系都不甚和谐,家庭生活有时也会出现问题。因此,这一时期的教师需要帮助。深度的退缩:这一时期的教师在教学上表现出无力感,甚至有时还会伤害到学生。但是这些教师并不认为自己有这些缺点,他们具有很强烈的自我保护心理。四是更新生涯阶段(Renewal career stage)。这一阶段的教师采取了较为积极的措施应对厌烦的征兆,如参加研讨会、进修课程或参加教师组织等。但此阶段的教师仍需要外在的支持,更需要学校行政部门的支持与协助。五是退出生涯阶段(Exit career stage)到了退休年龄或由于其他原因而离开教师岗位。一些教师开始安度晚年,而有一些则继续追求专业成长。

斯特菲的教师生涯阶段模式,可以说非常清晰明确地反映出了教师在整个职业生涯发展的特性。他所提出的"更新生涯阶段",更可弥补费斯勒理念的不足,即当教师处于发展的低潮时,如果给予教师适时、适当的协助与支持,教师是有可能度过低潮期而继续追求专业成长的。

(六)休伯曼的教师职业生命周期论

休伯曼等人通过对教师职业生涯周期的研究,把教师职业生涯归纳为以下五个时期:一是入职期(Career entry)。是教师教学的第一至三年,可以概括为"求生和发展期"。其中,"求生"和"现实的冲击"相联系,课堂环境的复杂性和不稳定性、连续的失误使得对自己能否胜任教学任务感到怀疑;同时又由于有了自己的学生,又表现出积极、热情的一面。二是稳定期(Stabilization phase)。大概是工作后的第四到第六年。此阶段教师初步掌握了教学法,由关注自己转向关注教学活动,不断改进教学基本技能,形成了自己的教学风格,表现出自信、愉悦和幽默。三是实验和重估期(Experimentation and reassessment)。大约是工作后的第七到第二十五年。随着教育知识的积累和巩固,教师们开始不满于现状,并重新审视自己所从事的职业。他们试图进行教改实验,不断地对自我和职业进行挑战。但也有一部分因年复一年的单调、乏味的课堂生活或者连续不断的改革后令人失望的结果而引发危机，重新评价并怀疑自己。四是平静和保守期（Serenity and conservation）。是教学的第二十六年至第三十三年左右。教师在经过怀疑和危机后开始平静下来，他们所拥有的教育经验和技巧使之对教师工作充满自信，同时也失去了专业发展的热情和精力，变得较为保守。五是退休期（Disengagement）。是工作后的第三十四至四十年前后。即教师职业生涯逐渐终结的阶段。

休伯曼的这个理论揭示了不同教龄的教师只要心理发展水平接近，仍可能达到相同的专业水平。而且这种理论框架也能更好地解释教师专业发展中的实际情况。

二、成人学习理论

教师的成长是一种成人的学习，应遵循成人学习的规律和理论。了解成人学习理论流派的基础上，梳理早教人员学习主张，理解成人学习的主要特征，为后续研究中建立早教人员上岗标准奠定基础。

（一）成人学习理论流派

成人学习理论主要分为4个流派，其中，认知取向的成人学习理论包含了自我导向学习理论以及非正式学习理论。自我导向学习主要是在人文主义思想的指导下，形成主要的3个教学目的，一是为协助个人发展自我导向的能力，二是启发个人的自省批判能力，三是解放个人，实现全人发展。社会文化取向的成人学习理论认为"社会本身就是一个大教室"，应该重视社会文化脉络对成人学习者的影响，因此我们需关注社会各种要素与成人学习者之间的互动。（张巧昀，2006）非理性的成人学习理论关注的是成人学习者的情感、意识、潜意识、肢体语言与成人学习者之间的关系。非理性取向成人学习理论主要包括了情感与想象学习理论和叙事学习理论等。（王湘瀚，2005）成人的身心发展与社会角色有别于婴幼儿和青少年，因此成人的学习方式也具有特殊性。在成人学习中，应帮助其成长，以适应生活的各个方面。同时还应视成人为主动的学习者，帮助其自我实现。

成人学习习性主要包括4个方面；其一，有明确的学习结果，成人认为学习活动应该得到一个确切的结果，如学习一种职业技能就应该立即应用到工作中；其二，成人学习以问题为中心，成人在工作或生活中遇到具有挑战性的问题，为寻求解答而进行学习；其三，以内化的学习动机为主，成人的学习动机主要是希望提升自我业务水平，提高生活的品质，而较少是由于一些外部的要求；其四，经验与成人学习有重要关系，成人由于具有丰富的经验，而这些经验都是新知识产生的生长点，然而这些经验也有可能使成人先入为主，产生思维定式，最终成为学习的阻力。

(二)教师学习主张

第一、教师学习是一个获得知识和技能的过程。比利特(Billett,2001)认为,教师学习是教师通过反思和行动培养技能、获得知识和专长的过程。凯利(Kelly,2006)认为,教师学习是教师旨在获得专业知识的过程,教师学习包含教师为了参加课堂活动而参与实践认知的过程,这种过程包含了在场的教师身份的发展。当然,把“教师学习”仅定义为获得知识和技能的过程肯定是有缺陷的,因为学习不仅是一个获得知识的过程,它还密切关系到个性、情绪及社会技能的发展,而且它的成功取决于学习者的情感、动机和信心。

第二、教师学习是一种基于学校情境的参与实践的活动。对于教师来说,学习发生在不同层面的实践中,包括在课堂中,在学校共同体中,在专业发展的课程和工作坊中,也可能发生在与同事交谈中,也可能发生在放学后与一个淘气学生的商讨中。所以,教师学习是不断参与教学实践的过程,通过这种参与活动而达到理解和认识教学的过程,教师学习可以界定为一种通过特别学校背景与个别教师学习实践的兴趣与性情之间的互惠合作。情境学习的视角给我们提供了强有力的研究工具,使得研究者能够关注教师作为个体的学习者,又能关注教师参与专业学习共同体的学习。

第三、教师学习是一个持续的统一体。约翰·斯克威尔等为教师学习构建了一个概念框架,即认为教师学习是一个持续的统一体(the continuum of teacher learning)。这一统一体由四个相互连接的阶段构成:(1)学徒身份的观察(apprenticeship of observation);(2)教师的职前准备(pre—service preparation of teachers);(3)入职(induction);(4)持续的专业发展(continuing professional development)。

成人学习理论对本研究的启示为:(1)经验对学习是丰富的资源。作为成人学习者,早教人员通常具备较为丰富的知识经验和较强的独立意识,在学习过程中,擅长以独立的自我经验从事各种学习活动及设定学习目标和结果。(2)学习需求与变化的工作环境紧密相关。变化的工作环境对早教提出挑战,作为学习者,早教人员应根据变化的工作,规划自己的学习需求,并根据需求设定合适目标,调整有效的学习策略。(3)以问题为中心进行学习。早教人员学习强调“用中学”。因为学习的内容与工作中的问题具有高度的关联性,因此学习以解决面临的问题为起点,早教人员会对可以直接应用的知识尤其感兴趣。

第四节

0—3 岁婴幼儿早教人员认证制度研究

一、上海市婴幼儿早教人员的认证制度

上海作为全国经济、教育很发达的地区之一，城市化进程具有典型性。同时，上海市在全国率先开展了以社区为依托的0—3岁婴幼儿早期教养服务的研究，出台了相关政策，将0—3岁婴幼儿早期教养工作纳入了社会公共服务体系。目前上海市关于3岁前早期教育的政策及其研究和实践都处于全国领先地位，故将其作为考察我国0—3岁婴幼儿早期教养人员认证制度的突破口。

（一）上海市婴幼儿早教人员的入职要求

上海市0—3岁早期教育机构分为公立与私立两大性质，不同性质的教育机构对0—3岁早教人员的资质要求有所不同。

1. 公立机构

上海市公立早期教养机构设立较早，布局较为全面。在全市各区县的教育、卫生、计生、妇联各系统均开设了0—3岁婴幼儿早期教养机构。不同部门所开设的机构对于早教人员的资质要求并不统一。

（1）教育系统中早教人员的资质要求

政府对早教人员资格的规定在不同阶段要求不同。2005年上海市卫生局、上海市教委发布的《上海市早期教养服务机构管理规定》：早期教养指导人员应具有高中以上的学历，有育婴师以上的职业资格或幼儿园教师的职业资格。对0—3岁以下婴幼儿实施早期教养指导人员必须经过育婴师职业资格培训。2006年上海市教委、卫生局和民政局又联合发布《上海市民办早期教育服务机构管理规定》，同时废止2005年发布的《上海市早期教养服务机构管理规定》。新规定对于早教人员依旧延续原先的资质标准。2011年上海市教委等11个政府机构联合发布了《上海市学前教育三年行动计划》。在这项指导性文件中指出学前教育的发展指标之一是“加强师资队伍建设，促进保教人员专业发展”。其中0—3岁早期教养工作领域的发展指标包括：早教指导人员持证上岗、专业能力得到发展。在0—3岁早期教养工作领

域，需继续开展0—3岁婴幼儿教养活动的研究，提高各区县早教中心和机构的服务与指导质量。探索0—3岁早教从业人员专业培养、培训机制，确保每个早教从业人员持‘双证’（教师资格证、育婴师资格证）上岗。该行动计划为2011—2013年间上海市0—3岁早教人员的认证提出明确要求，即应确保每个早教人员持教师资格证和育婴师资格证上岗。但相对而言规定较为模糊，尚未规定双证中教师资格证的类别以及育婴师资格证的级别。

上海市教育系统公办早教机构主要包括区早教中心和下设早教指导站两大类。在实际运行中，区早教中心的教师更多是由幼儿园具有低幼年龄保教经验的教师转岗而来，随着早教事业的发展逐渐招收高等院校毕业的学前教育大学生和研究生。早教中心的教师绝大部分具有幼儿教师资格证，少部分具有小学或者中学教师资格证。一些应届毕业的学前教育专业大学生和研究生在校期间就取得了高级育婴师资质。大多数早教中心的教师都在工作岗位上经过培训，也取得了中、高级育婴师资质，基本吻合所需的“双证”要求。由于各区经济条件以及对早期教育重视程度有所差异，对早教中心教师的教育资质及学历要求也有所不同。在经济条件较好、政府比较重视0—3岁早期教养的区，对于早教中心教师的教育资质要求已经达到学前教育研究生的标准。市郊区县对早教中心师资教育资质要求大多是大专或本科学历。早教指导站的教师基本由托幼机构教师兼任，比如设在幼儿园的早教指导站，公办幼儿园参加早教指导的教师都具有教师资格证书，且绝大部分是幼儿教师资格证。关于育婴师资格证的要求则各个区不尽相同，一些区要求参加早教指导工作的教师必须具有育婴师资质，也有一些区并没有对此进行要求。

（2）计生系统中早教人员的资质要求

在计生委系统中，一部分早教机构是和托幼园所合办，故早教人员即幼儿园教师，由教育系统所管理。另一部分是计生系统独立运营的机构，直属于计生系统。上海市计生委于2011年发布《上海市社区优生优育科学育儿指导服务示范单位创建标准》中，对示范单位的人员配备做了以下规定：服务点必须配备一名懂得科学管理知识的人口计生专职（或兼职）干部为管理人员，负责服务点的各项管理工作；服务点必须配备一名以上的专职指导员，具有育婴员以上的职业资格，具备幼教和儿保工作经验；并可根据业务需要，聘请若干名兼职指导员，或聘请妇幼保健和幼教专家作为顾问。指导员应具有科学育儿的专业知识和技能，能根据儿童发展的特点和差异，开展有针对性的指导服务，并具有与家长和看护人员交流沟通的能力；充分发挥社区人才资源，根据实际情况组织社区志愿者中的专业人员，承担有关咨询指导服务和培训工作。由此可见，对于社区优生优育科学育儿指导服务示范单位，只需有一名以上具有育婴员以上职业资格的专职指导员，除这个基本标准以外，其余标准由机构自行决定。

（3）卫生系统中早教人员的资质要求

在卫生系统中的早期机构主要由妇婴保健院以及下属的社区卫生中心的儿保医生担任0—3岁婴幼儿早教人员。儿保医生必须是在卫生局注册的儿童保健医生，具有医师执业资格。这与教育系统和计生系统对早教人员的要求具有较大差异。除此之外，还存在妇联系统举办以亲子园为形式的0—3岁早期教养指导机构，这些机构基本依托幼儿园开展活动，由幼儿园教师担任早教人员，对早教人员的要求等同于教育系统。

2.私立系统

私立早期教育服务是一种新型的商业行为，一般在工商局以教育咨询等名义注册，且教育咨询机构注册的门槛较低，一般具有10万元注册资金便可。受专业的局限性，工商部门并不能对于教育咨询机构内的教师资质、课程规范、收费标准、场所环境等进行规范。私立早期教育服务机构的人员资质都由机构内部定夺。私立早教中心的生存取决于市场，出于利润最大化要求，对机构设置讲求市场效应。同时，早期教育服务作为一种商业行为具有特殊性，作为接受服务的婴幼儿语言表达能力十分有限，家长无法通过婴幼儿对服务质量做出评判，且早期教育成效并非立竿见影，需假以时日，甚至是多年以后才能体现。因此私立早教中心的课程设置和师资招聘都会尽量投家长所好，音乐、美术、运动、外语等专门领域课程具有较强的形式感很容易吸引家长，对早教人员资质也主要看重这些专业技能。此外，本着“顾客是上帝”的思想，良好的服务意识也是私立早教中心对早教人员的一项重要要求。私立早教中心通常看重教师开朗活泼的个性，要求早教人员对幼儿及其家长具有较强的亲和能力，相对而言通常并不看重早教人员的学前教育专业背景及相关学历，更没有对早教人员有育婴师资质要求。不少早教机构成为纯粹商业机构而追求利益最大化，忽视了早教的“教育行业”本质。

（二）上海市婴幼儿早教人员的培训要求

1.公立早教机构

（1）教育系统中早教人员的培训要求

在教育系统中对于新入职的早教人员，都必须参加上海市统一规定的见习教师规范化培训，没有育婴师资格证的早教人员也需要参加相关培训取得证书。2012年，上海市教育委员会下发了“关于印发《上海市中小学（幼儿园）见习教师规范化培训的指导意见（试行）》的通知”，要求师范院校或其他高等院校相关专业毕业，在中小学及幼儿园首次任教人员需完成为期一年的入职培训。新教师培训由各个区自行安排的，幼儿园新教师可以安排到其他幼儿园，早教中心的早教人员也被安排到幼儿园进行基地培训。另外，新教师的规范化培训一部分是由区教育学院组织，大多以讲座的形式进行，培训的参与者包括了中小学、幼儿园、早教中心等各类学校的教师，培训内容包括职业感悟与师德修养、课堂经历与教学实践、班级工作与育德体验、教学研究与专业发展等，其中关于幼儿园教育教学的内容较少，0—3岁早教中心的内容几乎没有。

（2）计生系统中早教人员的培训要求

在计生系统，与托幼机构合办的早期教育机构中，早教人员培训由托幼机构负责。而计生委独立运营的早期教育机构，市计生委每年会安排两次针对骨干早教人员进行的业务培训，同时按批次组织开展育婴师资格培训，其他的培训由各区自行规定。由于计生委对于0—3岁早期教养的专业了解不多，通常都把培训要求直接下放给早教机构，由机构自行决定培训的时长和内容。

(3)卫生系统中早教人员的培训要求

卫生系统中0—3岁婴幼儿早教人员主要由各区妇婴保健院及下属社区卫生中心的儿保医生承担，按照上海市卫生局于2000年发布《上海市儿童保健门诊规范要求》的规定，新进人员必须经上海市儿童保健所专业培训，考试合格者颁发证书持证上岗，每个月会由妇婴保健院对社区卫生中心的儿保计生进行培训。

2.私立早教机构

私立早教机构大多主打不同特色课程，早教人员培训也基本以课程为中心。私立机构早教人员的培训通常时间很短，比如一些机构采用“蒙台梭利课程”，要求早教人员具有蒙台梭利教师资格。蒙台梭利教师需要经过专门培训，早教人员可以通过中国蒙台梭利协会、中国国际蒙台梭利研究会等不同的民间团体组织进行资格认证，认证机构不同，培训的时间和要求不同。现在存在不少蒙氏教师速成培训班：初级班仅需7天，中级班13天，高级班不过24天。私立机构的培训内容着重于课堂教学技巧，仅仅是让早教人员了解上课的程序，熟练上课的内容，要求早教人员背诵上课时使用的每一句话，对于其教育理论及教育思想很少涉及。通过统一培训的早教人员在课堂上表现整齐划一，针对同一年龄段的婴幼儿都是重复同样游戏、同样的教学用语。且个别机构之间课程雷同较多，比如音乐课主要是让幼儿跟随早教人员拍拍子，听音乐或玩一些玩具乐器；艺术课以玩橡皮泥为主；感统课多以爬行，玩各种感统玩具为主。

(三)上海市0—3岁早教人员认证制度的评析

1.公立早期教养机构以幼儿园教师兼职为主

公立早期教养机构受资源有限，由幼儿园教师兼职早教人员。首先，我国高等教育和职业教育中学前教育专业一直关注的是3—6岁幼儿教育，因此幼儿园教师的学历教育中缺乏0—3岁保教知识储备且幼儿园教师日常工作针对3—6岁幼儿，不少幼儿园教师直接将3—6岁的幼儿教育方式直接照搬到早教工作中，难以适应0—3岁婴幼儿教育的特殊性，难以把握婴幼儿的年龄特点，面对家长的育儿困惑也难以有效解答。其次，幼儿园教师兼职早教人员，更多是利用双休日开展早教工作，并非是日常工作。幼儿园教师本职工作任务繁重，除了带班工作，还要进行教研活动、外出培训、撰写一日活动记录、布置教室环境、自制教玩具、准备各种检查的材料、应付考核、学历进修……一些幼儿园还要求教师承担科研课题，这些工作已经压得教师喘不过气来。早教活动属于额外的工作任务，且许多幼儿园都不做且不纳入考评范围，大多数教师采取应付了事的态度，缺乏对0—3岁婴幼儿早期教养工作的热情以及持续钻研的动力。

2.早教人员“双证”要求值得商榷

《上海市学前教育三年行动计划》要求早教从业人员持“教师资格证”和“育婴师资格证”上岗。然而，拥有这两种资格证书是否代表从业人员已经具备了开展0—3岁婴幼儿早期教养工作所必需的知识和技能有待商榷。从教师资格的角度分析，拥有教师资格证无法反映早教人员的职业资质。首先，我国教师资格具有向下兼容的特点。我国的《教师资格条例》第五条规定“取得教师资格的公民，可以在本级及其以下等级的各类学校和其他教育机构担任教师。”幼儿园教育在我国的教育体制中处于“最低级”的位置，因此只要拿到任何级别的教师资格证，都可以担任幼儿园教师。其次，即便拥有幼儿园教师资格证，也不代表证书持有者具备顺利开展0—3岁婴幼儿早期教养工作的能力。对于师范院校学前教育专业毕业的幼儿教师，其学历教育中关于0—3岁婴幼儿早期教养的部分也十分缺乏或根本没有。何况一些非师范教育类专业毕业生在取得教育学、教育心理学、普通话测试等级等合格证书后，也可以申请幼儿园教师资格证书，而加试的考试内容并不涉及0—3岁早期教育的知识和技能。

从育婴师资格的角度分析，育婴师证书也不适合作为0—3岁早期教养人员的资格要求。目前，我国的0—3岁早教行业在没有职业资格标准的前提下，似乎都默认了育婴师培训作为一个暂时的替代，但是育婴师培训要求并不适用于早期教养人员。首先，育婴师培训的初衷并非0—3岁婴幼儿早教人员。育婴师这个劳动岗位，是指从事婴幼儿照料、护理、教育和辅助家长科学育儿的人员。在有些地方育婴师作为一项可以享受政府培训补贴的培训项目，主要作为对下岗待业人员进行的再就业服务。按照相关规定，失业、农村富余人员参加培训，鉴定合格后每年可享受政府补贴，还有一些希望取得育婴师资格证以获得更高收入的保姆。其次，育婴师的培训内容与早教实践不匹配。育婴师培训更侧重婴幼儿的“养”和“护”，对家长指导方面的内容涉及不多。再次，培训的实践环节薄弱，考核方式十分单一。育婴师的培训大多通过教师讲授方式进行，实践方式上还是拘泥于教师课堂示范、分组模拟练习、个人模拟练习等，很难把理论与真实的婴幼儿教育情景联系起来。最后，育婴师的培训师资不稳定、整体水平参差不齐，缺乏监控机制。目前育婴师培训由私立机构承担，由于对培训师资没有统一要求，承担育婴师培训的教师来源较为复杂，有医生和护士，有营养学专家，有婴幼儿教育专家、幼儿园教师等。各培训中心教学中所提供的婴幼儿养护知识因教师不同，其培训内容具有较大区别。

3.缺乏行业协会的制约致使私立的早教人员资格混乱

私立机构由于缺乏法律规范，也没有行业协会制约，0—3岁早教人员资格混乱状况尤其严重。首先，国家没有制定婴幼儿早期教养机构的准入标准和级别等级，使没有专业背景的婴幼儿家长很难判断机构的质量，尤其是早教人员的资质以及教学过程的质量。甚至一些家长认为装修豪华、价格高的应该质量较好，早期机构投其所好，对机构的环境布置十分注重，对于不易察觉的早教人员教学质量则容易忽视。其次，私立机构教学课时通常安排得十分紧凑，早教人员基本不可能进行脱产培训，早教人员的工作更多是种程序化的工作，通常按照预先设置的教学内容，用夸张的语言进行教学以吸引婴幼儿，早教人员对婴幼儿的反应不敏感，与婴幼儿的眼神交流、情感互动很少，按照程序把课上完。最后，私立早教机构在工商注册，其师资不受工商局监管，同时受专业性限制，工商局也无法判断早教人员的资质标准和教学水平是否合格，工商局通常会认为这是教育部门的事情，而教育部门则认为这些私立机构没有在本部门注册，当然就不属于本部门的监管范围。

二、美国婴幼儿早教人员认证制度

美国0—3岁婴幼儿教养项目也有公立与私立之分，公办项目是早期提前开端项目(Early Head Start)，私立项目是日托中心(Day Care)。

(一)早期提前开端计划的早教人员从业资格规范

提前开端计划是一项为低收入家庭3—4岁儿童设立的教育补偿项目，旨在为低收入家庭儿童提供在法定入学年龄前接受提前教育的机会，使他们能做好必需的入学准备，充分发挥潜能，提高学业成绩，从而保障儿童未来发展的公平，打破贫困的代际循环。从创立伊始，提前开端计划的主要服务对象一直是低收入家庭的3—4岁儿童。随着提前开端计划的扩展，1994年在克林顿主政期间，根据《提前开端法》重新授权，早期提前开端项目正式开始实施。早期提前开端项目是大的提前开端项目整体的一部分，主要为低收入怀孕妇女和婴儿、学步儿家庭提供所有发展领域的综合服务。

早教人员被称为“教师”或“主要照顾者”(Primary Caregiver)，没有教育者和保育者之分，身兼教育和保育双重职责，为婴幼儿提供一体化的连续服务。早期提前开端计划早教人员的资格规范包括入职要求和儿童发展助理(Child Development Associate Credential，CDA)培训两个部分。

入职要求包括：

第一，身心健康。根据美国《公共福利法》规定，所有提前开端计划的工作人员必须经过初步健康检查(包括肺结核检查)才能予以录用，就职期间还必须进行定期体检复审。常规志愿者也必须经过肺结核检查。此外，提前开端机构必须具有工作人员的心理健康信息，工作人员应具有良好的心理健康状况。这些要求均适用于早期提前开端计划。

第二，无犯罪记录。《提前开端法》规定，全美所有早期提前开端计划的工作人员在就职前必须通过州、部落或者联邦的犯罪记录审查，还必须通过机构所在地行政管辖区法律所要求的州、部落或者联邦的犯罪记录审查或联邦法律规定的其他犯罪记录审查，通过犯罪记录审查的人员才有被录用的可能性。

第三，熟悉非英语母语家庭的语言文化背景。早期提前开端项目认为，儿童是其本土文化的一部分。人们共同的生活方式，包括他们的信仰，他们的技术，他们的价值观和社会规范，通过人们一代代观察、学习得以传承。因此，应该支持婴幼儿自身的家庭语言，给予适应婴幼儿家庭和文化背景的早期教养服务，同时欢迎婴幼儿家庭参与自身发展规划。根据美国《公共福利法》的规定，所有提前开端计划的工作人员和项目顾问服务于非英语母语儿童及家庭时，必须熟悉其民族背景和传统。必须能直接或者通过翻译与儿童及其家庭进行有效的沟通。此外，当提前开端计划教室中大多数孩子讲同一种语言时，至少一个早教人员或家访员必须说他们的语言。

第四，具有一定的工作和培训经验。《提前开端计划执行标准》(简称《执行标准》)规定所有早期提前开端计划教师必须具有儿童成长与发展的理论和原则、婴幼儿早期教育、家庭支持等方面的培训经验。《执行标准》规定所有的早期提前开端项目执行机构必须为早期提前开端计划的教师、顾问、志愿者在入职前进行岗位培训，内容至少包括早期提前开端计划的目标及其基本哲学基础，还应该包括该机构实现这些目标的具体方法。《执行标准》还规定早期提前开端项目执行机构必须建立教师培训和发展计划。该系统的设计应着力于使早期提前开端计划教师获取或提高履行岗位职责所需要的知识和技能。《执行标准》规定提前开端计划项目必须为早教人员提供职前培训和在职培训的机会，帮助他们获取完成他们的工作职责所需要的知识和技能。这种训练必须是为了提高早教人员的实际能力为导向的。《公共福利法》则明确了早教人员的培训内容应包括婴幼儿发展、婴幼儿安全护理、与婴幼儿家长以及其他教师进行有效沟通的方法等。早教人员必须具有必要的经验，以便与婴幼儿建立连续的、牢固的、支持性的关系。《执行标准》规定早期提前开端计划的教师每年必须参加年度培训。内容包括常规培训和有针对性的培训两个部分。常规培训包括心肺复苏术、紧急救援，药物管理及防止虐待及忽视儿童等内容。有针对性的培训则是早期提前开端计划项目机构自行确定，培训内容通常基于本单位早教人员的实际需要和兴趣以及所服务家庭的需求。许多机构把重点放在早教人员对课程的理解和评价，儿童早期发展的知识和里程碑以及获得必要的教师资格的培训。一些培训机构提供的关于早期提前开端计划教师的培训内容有：适当的学习环境、照看者的作用、早期提前开端计划的一日常规、早期提前开端计划内的早期阅读计划、婴幼儿的活动管理、早期大脑发育、为期待的家庭服务、阅读准备、使用教与学的常规、婴儿和学步儿的情感发展、婴儿和学步儿的挑战行为等。

第五，至少具有CDA证书等级的教育资质。对于早期提前开端计划教师的教育资质，《提前开端法》做了循序渐进的要求：在2007年《提前开端法》颁布之前，早期提前开端计划教师的教育资质要求是在雇佣一年内必须具有婴幼儿证书或其他等效婴幼儿专业证书。2007年《提前开端法》规定：截至2012年9月30日，早期提前开端计划的所有教师均应接受过重点针对婴儿和学步儿发展的儿童早期发展领域的培训或者其他等效培训。

提前开端项目办公室2011年9月9日发布的提前开端计划教师的法定学历和资质中要求早期提前开端计划的替补合格教师应符合以下条件之一:①具有儿童早期教育和保育相关领域的证书而且经过了婴儿和学步儿的课程培训;②在过去的5年内,完成了至少120小时的儿童早期教育培训,内容包括一岁婴幼儿的发展;③在托幼机构0—3岁年龄组中工作,具有至少480小时专业经验;④拥有与儿童发展助理(CDA)同等效力的其他资格证书或研修了相关学位课程。

开端计划办公室指出:一些州立机构、委员会,以及受认可的高校开发的婴幼儿证书和学位课程,达到以下条件,经过提前开端计划办公室的认可,可被视作达到早期提前开端机构教师资质要求。这些条件包括:①证书或学位课程要求的大学学分累计近2学年,超过CDA的要求;②成功修完这些课程的学时达到或者超过120小时;③教育实践时间达到CAD的最低标准480小时;④证书必须明确包括婴幼儿早期护理和教育的相关内容。

(二)日托中心0—3岁早教人员从业资格规范

美国日托中心的管理主要由各州负责,州政府通过日托中心开办许可证的发放对其进行管理,关于日托中心教保人员的资格和培训标准,基本上由各州健康、福利、社会服务等部门制定。日托机构中最重要的工作人员是早教人员,也就是独立承担对一组儿童提供主要保教服务的人员。美国许多州都对日托中心的早教人员资格情况做了规定,但只有少数州规定了0—3岁早教人员需具备的特定资格,大多数州都对0—3岁的早教人员和3岁以上的幼儿教师做同等资格要求,将之统称为“日托中心教师”。对于日托中心教师,在日托中心的注册许可中通常规定资格要求包括:年龄、健康状况、背景审查情况、就职前的学历和培训要求、入职培训要求及其他事宜。

1.年龄和身体健康要求

大多数州规定了日托中心教师必须至少满18岁。全美32个州要求日托中心幼儿教师在入职前进行健康检查或者提供由医生出具的健康状况证明,38个州要求教师进行肺结核检查。

2.背景审核要求

一项完整的背景检查记录是为婴幼儿提供保护的关键措施,其内容应该包括:使用指纹比对的联邦调查局的犯罪记录检查;使用指纹比对的本州犯罪记录检查;核对本州的儿童虐待登记检查;核对本州的性犯罪登记检查。对日托中心工作人员进行儿童虐待登记检查有助于最大限度免除儿童在日托中心内遭受工作人员虐待和遭遇其他的潜在危险。因此有必要对日托机构从业人员进行单独的儿童虐待和忽视登记检查。全美已有13个州要求对日托中心工作人员进行联邦和州两个层面的、基于指纹比对的全面背景检查，包括犯罪记录检查、儿童虐待记录检查和性犯罪记录检查。

3.最低职前教育资质要求

在美国绝大多数州及地区的日托机构注册要求中，对于日托中心教师的教育要求基本徘徊于低于高中毕业或高中毕业学历水平，也就是仅处于最低的层级。美国大部分州都没有对0—3岁早教人员做特别的资质要求，只有17个州将日托中心0—3岁早教人员资质和3岁以上幼儿教师资质加以区分。就入职前教育资质而言，这17个州的0—3岁早教人员的教师资质都要低于3岁以上的学前班教师资格。

例如：夏威夷州

夏威夷州的3—4岁学前班（preschool）教师的教育资质必须符合以下条件之一：

（1）在经过认证的大学或学院取得儿童发展或儿童早期教育证书，并至少具有6个月在早期保教机构的工作经验。

（2）儿童发展领域大专学历或具有早期教育领域两年制大学（60个学分）的课程学习并具有一年在指导下进行的早期教育教师工作经验。

（3）在经过认证的大学或学院取得的小学教育领域的本科学历并在早期教育领域具有6个月的工作经验，还需要研修过6个学期小时或同等学时的儿童发展或早期教育培训课程（可以包括在文科或者理科学士学位课程内）。

（4）在经过认证的大学或学院取得任何学科领域的本科学历并在早期教育领域具有6个月的工作经验，还需要研修12个学期小时或同等学时的儿童发展或早期教育培训课程（可以包括在文科或者理科学士学位课程内）。

夏威夷州的0—3岁早教人员的教育资质必须符合以下条件之一：

（1）高中或者同等学历，研修过12个学分的早期教育或儿童发展培训课程，在经过认证的教师培训学院完成30个小时婴儿、学步儿发展课程作业。具有在经过注册的托幼机构12个月的针对3岁以下婴幼儿的全职工作经验。

（2）高中或者同等学力，在经过认证的教师培训学院完成30个小时婴儿、学步儿发展课程作业。具有在经过注册的托幼机构24个月的针对3岁以下婴幼儿的全日制实习工作经验。

（3）没有任何学力，在经过认证的教师培训学院完成30个小时婴儿学步儿发展课程作业。具有在经过注册的托幼机构36个月的针对岁以下婴幼儿的全日制实习工作经验。

夏威夷州对于日托中心3—4岁的幼儿教师的最低学历要求是在经过认证的大学或学院取得儿童发展或儿童早期教育证书，这些证书类似于CDA证书级别。而夏威夷州对日托中心0—3岁早教人员并没有最低学历要求，仅要求进行相关的培训以及具有较长时间的婴幼儿实际工作经验。

三、英国婴幼儿早教人员认证制度

英国已经在法律、管理、机构、师资、经费等各个方面完成了0—5岁保教一体化的制度设计,在《早期教育阶段法定框架》(EYFS)的指导下,以独立式幼儿园和托儿所为主体的多种类型的早期教育机构为0—5岁的英国儿童提供早期教育服务。英国的早期教育机构基本分为四大类型和若干种具体的机构,其中在政府注册的早期教育机构、儿童中心和学校附设的早期教育机构三种类型承担的是0—4岁儿童的早期教育任务。虽然英国政府鼓励学龄前儿童接受高质量的早期教育,但家长可以根据自己的意愿为4岁前的儿童选择是否进入早期教育机构,以及进入何种类型的早期教育机构。儿童5岁以后就必须进入第四种类型的早期教育机构——小学附设的学前班,进行为期一年的强制性早期教育。2013年英国国家教学和领导力联盟又颁布了《早期教育阶段教育工作者任职资格标准》(Guidance to the Standards for the award of Early Years Professional Status),并规定所有英国境内的早期教育机构从业人员必须达到这一基准职业要求。针对早教专业教师提出了6个方面的标准,规定了早教专业教师在此阶段应达到的标准和要求。

(一)专业知识和理解

早教专业的准教师必须对早教基础阶段有基本认识和理解,能够掌握早教基础阶段的基本理论、儿童在早教基础阶段的身心发展特点、国家和地方法律或法令在该阶段的规定或指南以及在工作领域其他人为学前事业发展所做的贡献等,这都将对促进儿童的发展有着重要的意义。

1.通过教育实践验证,对那些支撑教育实践的理论或尝试有一个正确的认识和理解,并能够指导他人。

2.了解早教基础阶段的原则和内容,以及如何利用它们来指导教育实践活动。

3.了解儿童从出生到早教基础阶段的发展和可能出现的差异性和多样性。

4.了解儿童的健康、发展、学习和行为等方面是如何受到内外部环境影响的,以及在受到影响之后又是如何发生变化的。

5.了解国家和地方有关儿童教育与服务工作,以及对早期教育环境创设的法定及非法定的主要规定和要求。

6.了解目前有关健康和安全方面的法律法规、国家政策和指南,保障儿童的健康和创设安全的早期教育环境。

7.了解其他专业人员在学前机构内外环境中所做的有益于儿童身体和情感健康、发展和学习的贡献。

（二）有效的教育活动实践

早教专业的准教师不仅要有理论知识的准备，更为重要的是要将理论和实践相联系。早教专业的准教师在实践活动方面的准备标准，比如如何为儿童创设学习环境；如何组织教育活动；如何让儿童在游戏中得以发展；如何在适宜的时候为儿童提供“脚手架式帮助”等。

1. 对儿童抱有高度的期望，有义务确保儿童的潜能得到全部实现。

2. 创设和维持一个安全的、开放的、有目的的、良性刺激的和鼓励的环境，让儿童能够充满自信心和拥有安全感地去学习和发展。

3. 提供兼具均衡性和灵活性的每日和每周日常安排，以满足儿童的需要，从而促使儿童的学习和发展。

4. 采用近距离观察和其他方法，对儿童的活动、取得的进步和发展进行系统的监控和测量，并利用此信息及时调整和改进所制定的教育实践方案。

5. 创设安全和适宜的活动环境，并创造具有启蒙经验的游戏机会，使儿童能够获得发展和学习。

6. 积极选择、准备并使用适合儿童年龄、兴趣和能力发展的一系列教育资源，在这些资源的利用方面，能考虑到其多样性，提倡平等权利和包容性的内容。

7. 与儿童一起工作时，要为儿童提供有效的个性化条件；对儿童的行为做出适当反应，了解儿童如何发展和学习，并明确理解今后下一步可能的发展和学习方向。

8. 积极支持儿童语言和交流技能的发展。

9. 持续不断地分享儿童的思想。

10. 通过采用有效的行为管理策略促进儿童自控、独立和积极行为的出现，培养儿童社会的、情感的和积极行为的技能。

11. 一切的教育实践活动都要有利于促进包容、尊重和保障儿童的权利，反对歧视。

12. 创设安全的环境，进行促进儿童健康和安全、身体和心理、情感和健康发展的教育实践。

13. 能够意识到一个孩子处于危险中或存在潜在危险的情况，并知道如何采取行动来保护儿童。

14. 评估、记录和报告儿童发展和学习的进展情况，并据此确定每个儿童的阶段性发展目标，制定符合每位儿童实际状况的发展与学习计划。

15. 提供建设性的敏锐反馈来帮助儿童理解他们所取得的成就，帮助儿童思考下一步需要做什么，并在适当的时候鼓励儿童思考、评价和改进自己的表现。

16. 确定和支持那些在自我成长、发展或健康保障受到个人情况影响而发生改变或遭遇困境的儿童，并知道如何寻求有经验同事或专家的支持和帮助。

17. 负责提供高质量的教育环境和条件。

(三)与儿童的关系

在教育实践活动中如何看待儿童,以一种什么样的态度与儿童相处,对于早教专业的准教师而言是非常重要的问题,因为在教育实践中,树立科学的儿童观将直接影响到教师对儿童的关注程度和认同程度。早教专业的准教师应该在教育实践活动中与儿童保持良好的互动关系,从而促进儿童更好地学习和发展。

1. 与儿童建立平等、相互尊重、相互信任、相互支持的建设性关系。

2. 与从出生到早教阶段后期的儿童进行富有成效的沟通。

3. 善于倾听,关注儿童所说的内容,然后进行反馈,并且尊重儿童的意见和观点。

4. 希望儿童拥有积极的价值观和人生态度,并遵循高水平的行为标准。

(四)同儿童的家人和照顾者进行交流与合作

儿童的成长离不开家庭和社会的关爱与支持,而作为"启蒙教师""第一老师"的父母或照顾者对于儿童产生的潜移默化的影响更是不能忽视,如何进行家庭与学前机构的交流与合作,共同为儿童的成长和发展提供一个良好的童年环境,是早教专业的准教师应该具备的素养之一。

1. 承认和尊重儿童的家人、父母及照顾者对儿童的发展、健康和学习产生的影响。

2. 与儿童的家人、父母及照顾者形成工作上的伙伴关系,一起培养儿童,帮助儿童发展。

4. 通过分享儿童健康、发展和学习的信息,为学前机构和儿童的家人、父母及照顾者提供正式和非正式的交流机会,达到资源和信息共享。

(五)团队精神和协作

知识爆炸是现代社会最大的特点,任何人都不可能掌握所有领域的知识,教学任务都需要与他人合作完成。因此,早教专业的准教师在学前领域的工作也需要与同事一起协同合作,为儿童的发展和成长提供最优质的教育服务。

1. 与工作的同事建立和构建一种协同合作的文化。

2. 确保一起工作的同事了解他们的责任,并提供适宜的支持使儿童达到预设的发展目标。

3. 参与学前机构中的政策制定和实施行动,共同承担政策实施时的集体责任。

4. 在团队工作中做出贡献,并协调和执行商定的方案和常规的基本要求。

(六)专业发展

21世纪是信息和科技高速发展的时代,现代社会对于教师的要求也日益提高,只有传统知识和能力已经不能满足当今社会对教师职业的要求,只有与时俱进,具有创新精神的专业型教师才是社会所需要的。早教专业的准教师也需要通过自己进一步的专业化发展,提升自身的综合能力，为学前事业做出自己的贡献。这些要求有：

1. 知道怎样运用读写算和信息通信技术方面的技能以支持自己的教学、丰富自我专业活动。

2. 反思和评估教育实践的效果，在必要时进行调整，并负责确定和达到职业发展的需求。

3. 采取有创造性、建设性的方法对待创新，能接受、适应被证实的创新实践。

四、认证制度对早教人员上岗标准研制的启示

（一）0—3岁婴幼儿早教人员不同于幼儿园教师

在服务对象上，0—3岁婴幼儿早教人员是专门服务于0—3岁婴幼儿托育和照护服务的群体，而幼儿园教师通常是对3—6岁幼儿进行保育和教育的群体。从专业知识结构要求上来说，由于婴幼儿的认知水平、语言和社会性发展水平尚低。因此，除了要不断加强婴幼儿护理相关知识的学习、加强对婴幼儿心理与动作发展的了解，同时也应该切实满足婴幼儿家庭与社区的托育需求，与婴幼儿建立良好的亲密关系，共同为婴幼儿营造健康温馨的成长环境。

（二）0—3岁婴幼儿早教人员不同于保育员

0—3岁婴幼儿早教人员与保育员在服务对象、职业发展范围上存在差异。保育员是幼儿园中实施保育工作的主体，是与幼儿园教师分工不同的学前教育工作者，其工作要求掌握基本的婴幼儿生理常识、常见疾病知识、安全常识等，同时协助幼儿园教师完成教育任务。而0—3岁婴幼儿早教人员是负责0—3岁婴儿照护、保育工作，既掌握着婴幼儿日常生活保健与护理知识，同时也要针对0—3岁婴幼儿思维、语言、想象等特点，科学地对婴幼儿进行智力开发与想象力培养。除了在早期教育机构、母婴护理机构、幼儿教育机构任职外，还可以担任对家庭、社区的育儿指导工作。

（三）0—3岁早教人员不同于月嫂

0—3岁早教人员与月嫂在人员来源、工作性质要求上存在不同。“月嫂”是其具有专业知识和操作技能、专门照顾产妇和婴儿的特殊保姆，一般由有生育经验的下岗再就业的中年妇女和从事妇幼保健工作的医生、护士担任，主要从事家政方面的工作。相比之下，0—3岁早教人员应该是“主动教育全过程”的教育工作者，而不是简单的家政服务人员，是具备早期教育专业理论知识及实践经验，能够为家庭及社区提供专业育儿指导的人员。因此，应该用严格的标准培训从业人员，来为广大婴幼儿家庭提供专业服务。

（四）0—3岁早教人员不同于育婴师

目前在0—3岁婴幼儿早期教养领域，纳入职业分类大典的是育婴师，其能力注重的是对

婴幼儿的养育与看护，目标是培养面向家庭从事个别化早期生活照料与教育的人。而0—3岁早教人员不仅是面向个别化家庭，更多是面向托幼园所、早教中心、婴幼儿教养门诊等机构，为婴幼儿及其养育人提供早期教养及教养指导的人员。二者在服务对象、服务场所和服务内容上相差甚远。

总而言之，0—3岁早教人员这一角色有其特殊性，是运用现代教育理念和科学方法服务于婴幼儿家庭、社区及早教机构，对婴幼儿进行生活照料、护理和教育指导工作的专门人员。应以设立0—3岁早教人员上岗标准为抓手加快培训合格的早教人才，整合现有的“育婴师”“保育员”“月嫂”等育儿相关职业，确立统一的早期教养人员职业名称，并对这一职业发展进行统一的规划。

第三章

0—3岁婴幼儿早期教养人员工作特征的调查研究

第一节

早教人员工作特征研究的目的及重要意义

一、重视早期教育的发展是必然趋势

随着神经科学从实证角度确立早期学习经验的重要性以来，0—3岁婴幼儿的早期教育引起了世界各国的重视。世界学前教育组织的“0—3岁婴幼儿优质教育”项目调查指出，近50%的国家有针对0—3岁婴幼儿的国家项目。《中国儿童发展纲要（2001—2010年）》就明确提出要发展0—3岁婴幼儿的早期教育，《幼儿园教育指导纲要》已明确将学前教育延伸到3岁前儿童。党的十九大报告把“幼有所育”作为需要取得“新进展”的七项重点民生任务之一，健全托育服务体系成为推进“幼有所育”的首要任务。2019年5月9日，国务院办公厅发布了《关于促进3岁以下婴幼儿照护服务发展的指导意见》，助力“幼有所育”这一任务的实现。

二、0—3岁婴幼儿早教人员的重要性及工作特征界定

0—3岁是人生的重要发展阶段，0—3岁婴幼儿教育决定着孩子未来发展的可能。0—3岁婴幼儿所接受的教育犹如人生的第一口染缸，给他们身心发展打上了一层“底色”，影响着他们未来进入学校或社会的表现和发展，甚至会影响他们的整个人生轨迹。0—3岁婴幼儿接受的教育不仅可以奠定其他教育的基础，还可以避免或消除学校教育和社会教育对个体发展的不良影响。0—3岁婴幼儿所接受的教育是为培养社会所需要的优秀人才奠定基础，影响着未来社会的发展。所以0—3岁婴幼儿所接受的教育对其一生成长十分重要。要为0—3岁婴幼儿提供科学、有效的照护服务，0—3岁婴幼儿照护人才是关键。工作特征是指工作本身具有的价值，典型的工作特征因素有趣味性、挑战性、可学习性、自主性、成就感、工作反馈等。0—3岁婴幼儿早期教养人员（简称早教人员）工作特征是指在0—3岁婴幼儿教育机构工作的具有的典型特征因素。因此本研究就早教人员的工作特征进行调查研究，以便为合格的早教人员的培养和培训提供建议。

三、0—3岁婴幼儿早教人员工作特征的研究现状

早教人员作为教师群体重要的组成部分，其师资问题一直是学界和政府关注的焦点。而

照护教育是为婴幼儿提供科学、合理的服务，目前存在很多问题。王颖蕙(2013)在研究0—3岁婴幼儿早教机构早教人员专业发展时发现0—3岁早教人员专业发展存在幼儿园早教人员摇身变成早教机构早教人员，育婴师直接成为早教机构早教人员，早教机构缺乏统一的早教人员准入标准，在职早教人员缺乏专业成长的环境等问题[①]。张建波等(2013)在对C市0—3岁婴幼儿早教人员现状的调查时发现该市早教人员队伍存在总体数量不足、缺乏专业人才、师资队伍不稳定等问题[②]。潘琼(2016)对上海市0—3岁早教专职人员的调查表明，上海市早教人员梯队结构合理，早教人员专业发展稳定，但研究能力有待提升；育婴师培训普及率高，但早教专项培训课程缺乏；早教从业的相关政策环境有待完善[③]。底会娟(2016)就石家庄市早教机构早教人员素质进行了调查，发现以下问题：早教机构早教人员性别比例严重失调、早教人员团队整体年轻化；早教人员学历以大中专为主，非学前教育专业早教人员比重大；早教人员明确职业道德、理念的重要性，但未转化为外在行动；早教人员的职业认同感普遍不高；早教人员的专业知识和能力有待进一步提高；早教人员专业发展意愿强烈，专业发展机会相对充足[④]。程芳(2013)等人对武汉市128名早教人员进行调查，发现早教人员群体存在的问题为：在专业培养上，早教专业设置缺失，社会培训机构缺位，早教机构培训功利化明显；在专业能力上，资深早教人员缺乏，早教人员专业能力不足；在工作上，早教人员职业倦怠严重且流动性大。[⑤]

课题组在重庆和四川地区开展调查，了解0—3岁婴幼儿早教的现状，通过分析现状，发现问题，来探索早教人员所必须具备的能力。为进一步推进0—3岁婴幼儿早期教育事业又好又快发展提出相应对策。

第二节

研究对象和研究工具的说明

一、研究对象

本研究以0—3岁早教人员为调查对象，采用问卷调查法和半结构式访谈对其进行调查研究。本研究主要从性别、学历、从业背景等为方面调查了重庆和四川地区(以下简称“川渝

① 王颖蕙.0—3岁婴幼儿早教机构早教人员专业发展的初步思考[J].教育与教学研究，2013，27(08)：111-113+125.
② 张建波，王曼雅.C市0—3岁婴幼儿早教人员队伍现状的调查与分析[J].长春教育学院学报，2013，29(23)：87-88.
③ 潘琼.上海市0—3岁早教人员队伍现状调查研究[J].上海教育科研，2016(02)：48-51.
④ 底会娟.石家庄市早教机构早教人员素质现状的调查研究[D].河北师范大学，2016.
⑤ 程芳，刘松年.武汉市早教人员群体的现状调查[J].教育与教学研究，2013，27(05)：15-18+26.

地区")早教人员队伍的整体情况。发放问卷300份,收回有效问卷252份,有效回收率为84%(如表3-1所示)。调查结果显示,该区域在职早教人员性别结构以女性为主,年轻老师、新早教人员居多,大专层次早教人员居多,专业背景多为幼教专业,但也存在师范类其他专业或非师范专业;从业现存问题是:任职资格不统一,仍存在未取得从业资格的人员;资格认证类型多,但大多数老师取得的是幼儿园早教人员资格证。

表3-1　研究对象的基本情况

类别	项目	人数	百分比
性别	男	29	11.51%
	女	223	88.49%
婚姻	未婚	103	40.87%
	已婚	149	59.13%
子女	有	118	46.83%
	无	134	53.17%
年龄	25岁及以下	83	32.94&
	26—35岁	91	36.11%
	36—45岁	55	21.82%
	46—55岁	23	9.13%
	56岁及以上	0	0%
教龄	5年及以下	114	45.24%
	6—10年	67	26.59%
	11—15年	26	10.32%
	16—20年	24	9.52%
	21年及以上	21	8.33%
最终学历	中职(中专)及以下	52	20.64%
	大专	101	40.08%
	本科	91	36.11%
	研究生	8	3.17%
职前所学专业	幼教	140	55.56%
	师范类其他专业	81	32.14%
	非师范专业	31	12.30%
职务	兼职早教人员	46	18.25%
	专任早教人员	206	81.75%

续表

类别	项目	人数	百分比
任职资格	接受过教育部门培训，有资质证明	210	83.33%
	接受过劳动部门培训，有资质证明	25	9.92%
	未接受过培训，也无资质证明	17	6.75%
资格类型（多选）	幼儿园早教人员资格证	180	71.43%
	育婴师资格证	54	21.43%
	蒙台梭利 0—3 岁早教人员资格证	28	11.11%
	其他资格证	107	42.46%
	暂无相关资格证	17	6.75%

二、研究工具

本研究采用问卷调查法，编制自编问卷《0—3 岁婴幼儿早教人员工作特征研究调查问卷》，包括四个一级维度和 11 个二级维度。一级维度是指师德、教学、育人、发展。师德是指遵守早教人员职业道德规范，具有依法执教意识，以立德树人为己任，立志成为有理想信念、有道德情操、有扎实学识、有仁爱之心的好老师。教学是指掌握通识知识和儿童发展知识，掌握学前教育专业领域知识体系、思想与方法。能综合实施教育活动，有针对性地指导学习过程，实施融合教育。能有效运用多种方法，进行学习评价。育人是指以树立“德育为先”理念，掌握幼儿社会性—情感发展的特点和规律，注重培育幼儿良好意志品质和行为习惯。掌握与家长及社区人员沟通合作进行幼儿教育的方法与要点，在家庭教育中引领家长。发展是指具有终身学习与专业发展意识，有团队协作精神，掌握沟通合作技能，能积极开展小组互助和合作学习。[①]同时在一级维度下又划分了二级维度，从而对早教人员专业素质能力现状进行调查，其维度划分如表 3-2 所示。

问卷涵盖 33 道选择题，所有题项均采用李克特五点量表计分方式（分为完全不符合、大部分符合、部分符合、大部分符合、完全符合五类，分别对应分值 1 至 5 分），并期望通过整体以及各层的平均数、标准差、T 检验及单因素方差分析等统计手段来探析 0—3 岁婴幼儿早教人员工作的总体现状和特点。调查结果运用 SPSS21 .0 进行统计分析。

① 教育部. 教育部关于印发《普通高等学校师范类专业认证实施办法（暂行）》的通知[EB/OL].http://www.gov.cn/xinwen/2017-11/08/content_5238018.htm，2017-11-8.

表3-2　问卷维度划分

一级指标	二级指标
师德	师德规范
	教育情怀
教学	课堂教学
	课程指导
	营养指导
	育婴指导
育人	课堂管理
	综合育人
	引领家长
发展	自主学习
	合作

三、问卷信度效度分析

(一)信度分析

信度是指问卷的可靠性,信度系数越高表明该问卷越可靠,越能反映真实的情况。本研究采用Cronbach's α系数进行信度分析,整个问卷内部一致性Cronbach's α为0.88,师德、教学、育人、发展四个分量表信度依次为0.71、0.93、0.86、0.72。其信度较高,表明量表的内部一致性良好。

(二)效度分析

1.内容效度

本问卷是在参考已有的相关问卷的基础上,结合我国0—3岁婴幼儿早教人员现状编制而成。在初步拟定问卷之后邀请教育学相关专家进行审查,同时发放30份问卷进行预测,根据相关专家们提出的修正意见以及问卷的预测结果对问卷进行修订,最终形成了包含有33道题项的调查问卷。这在一定程度上保证了问卷工具能够真实反映出当前早教人员工作的特点,因而具有良好的内容效度。

2.结构效度

本研究运用因素分析的方法来检验问卷的结构效度。结果显示,问卷各维度之间的相关系数在0.49—0.67之间;而总问卷与各维度之间的相关系数介于0.76—0.91之间,可以看出各个维度既存在一定的相对独立性，又存在一定的相关性。这表明问卷的各个维度能较好地反映所要测量的内容，问卷具有较高的结构效度。

第三节

研究结果与原因分析

一、总体情况分析

本研究从师德、教学、育人、发展四个维度，对不同性别、不同教龄、不同学历和不同区位的早教人员进行了比较分析，以此考察早教人员的总体水平和特点。

表3-3　0—3岁婴幼儿早教人员的总体表现

维度	平均值(M)	标准差(SD)
师德	4.42	0.55
教学	3.96	0.63
育人	4.20	0.61
发展	3.99	0.45
总体	4.12	0.49

由表3-3数据表明，早教人员总体平均值为4.05，在师德、教学(知识与能力)、育人、发展四个一级指标上的平均值分别为4.42、3.96、3.83和3.99。其中师德的平均值最高，育人的平均值相较而言最低。从图3-1中可以直观地看到早教人员在各个维度上的表现水平和变化趋势。

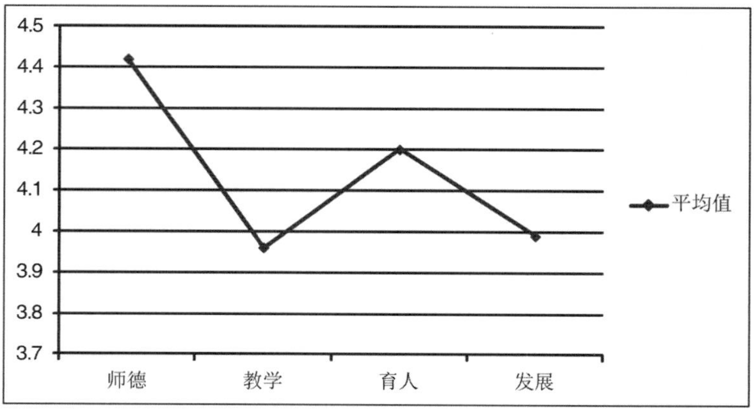

▲图3-1　0—3岁婴幼儿早教人员在各维度上的表现水平及其变化趋势

从图3-1中可以比较直观地看到，早教人员在师德、教学、育人、发展等四个维度的平均得分均在3.9以上，其中师德维度上的得分最高，为4.42，而教学的得分最低，为3.96。早教人员在各维度上的总体表现水平高低依次为：师德>育人>发展>教学。由此表明，在早教人员工作特征的总体表现水平上，教学的均值最低，这是目前早教人员的工作所存在的最主要问题。出现这一现象，问题可能出在教育理念上。通过访谈可以了解到该年龄段的早教人员并不重视教学，有的人认为家长将婴幼儿送来，只需带着孩子做游戏，保证孩子安全就行，并不重视孩子能否获取到知识和技能。有个别人认为，该年龄阶段的婴幼儿只需注重日常的健康养护，并不重视教学。

二、二级维度指标分析比较

表3-4　0—3岁婴幼儿早教人员现状的具体表现

一级指标	二级指标	平均值(M)	标准差(SD)
师德	师德规范	4.53	0.52
	教育情怀	4.31	0.70
教学	课堂教学	4.07	0.62
	课程指导	3.80	0.73
	营养指导	3.88	0.79
	育婴指导	3.98	0.77
育人	班级管理	4.24	0.66
	综合育人	4.38	0.60
	引领家长	4.07	0.72
发展	自主学习	4.33	0.59
	交流合作	3.13	0.58

（一）师德方面

在师德一级维度下，包括两个二级维度，分别是师德规范和教育情怀。[①]师德规范是指践行社会主义核心价值观，增进对中国特色社会主义的思想认同、政治认同、理论认同和情感认同。贯彻党的教育方针，以立德树人为己任。遵守中小学早教人员职业道德规范，具有依法执教意识，立志成为有理想信念、有道德情操、有扎实学识、有仁爱之心的好老师。在这方面，测得老师们的平均值是所有二级维度里面均值最高，为4.53。从单个选项来看，有91.27%的早教人员认为自己对婴幼儿的成长和发展是负有责任的。说明早教人员在师德规范上的表现是很好的。

① 教育部.教育部关于印发《普通高等学校师范类专业认证实施办法（暂行）》的通知[EB/OL].http://www.gov.cn/xinwen/2017-11/08/content_5238018.htm，2017-11-8.

教育情怀是指具有从教意愿，认同早教工作的意义，具有积极的情感、端正的态度、正确的价值观。具有人文底蕴和科学精神，尊重婴幼儿人格，富有爱心、责任心、事业心，工作细心、耐心，愿做婴幼儿健康成长的启蒙者和引路人。这一维度上的均值也较高，为4.31。有86.90%的早教人员会关注婴幼儿在日常生活中发生的细微变化。由此可以看出，该地区的早教人员在总体水平上具备良好的早教人员道德素养。

（二）教学方面

在教学方面，包括游戏与教学、课程指导、营养指导和育婴指导。这就是对应着早教人员在日常工作中扮演的角色，包括早教人员角色、课程指导师角色、营养师角色和育婴师角色。

第一个角色——早教人员角色（游戏与教学），主要是指早教人员应该具备的保教知识和保教能力。保教知识是指早教人员掌握通识知识和儿童发展知识，掌握早期教育专业领域知识体系、思想与方法，重点理解和掌握专业领域核心素养内涵；了解领域渗透与知识整合，对相关知识能理解并会初步运用，能综合领会并形成专业领域教学知识。保教能力是指能理解早教人员是婴幼儿学习和发展的促进者。在教育中以学习者为中心，根据婴幼儿身心发展规律和学习特点，整合各领域的内容，科学规划教学活动，习得基于核心素养的学习指导方法和策略，同时保障婴幼儿顺利健康成长。在这二级维度上，测得平均值为4.07。有88.00%的早教人员能针对婴幼儿需要调整活动方案。有62.30%的早教人员掌握各种早教游戏和早教活动的实际操作要求。

第二个角色——课程指导师角色（课程指导），即早教人员认真研究学习课程标准的基础上，以促进学生身心健康发展为指引，以加强托幼机构课程能力建设为重点，开展课程规划、课程开发、课程实施的理论与实践研究，使其形成合理、科学、多元、富有特色的课程体系，使托幼机构在课程开发、课程实施方面找准定位、明确方向、确立路径、形成特色、提升质量，不断提升课程建设能力。在这一维度上的平均值为3.80。有60.71%的早教人员具备编写早教教案、设计亲子课程的能力，有73.81%的早教人员能采取小组活动形式，并能运用个别教学指导活动。

第三个角色——营养师角色（营养指导），指导0—3岁婴幼儿合理饮食，通过提供营养教育、营养咨询、营养分析及营养管理服务，从而促进婴幼儿智力发展和生长发育。在这一维度上的平均值为3.89。有52.38%的早教人员知道婴幼儿的膳食怎样搭配才能保证摄取的营养合理均衡。有81.35%的早教人员能发现、纠正、培养婴幼儿不良饮食行为习惯。

第四个角色——育婴师角色（育婴指导），用现代教育观念和科学方法对0—3岁婴儿进行生活照料、护理和教育的专业人员。角色职责是对0—3岁婴儿照料、护理和对婴儿进行动作技能训练、智力开发、社会行为和人格培养等方面进行教育。在这一维度上的平均值为3.98。有69.05%的早教人员关注婴幼儿保健护理方面的指导，如常见疾病的预防与护理、意外伤害的处理等。有55.56%的早教人员能指导婴儿家长实施婴儿早期被动操、抚触操等。

（三）育人方面

在育人方面，其中包括三个二级维度，分别是班级管理、综合育人和引领家长。班级管理是指早教人员掌握托班建设、托班教育活动组织、婴幼儿发展指导、综合素质评价等托班常规工作的方法与要点。建立良好的托班秩序与规则，合理规划利用时间与空间，创设安全舒适的托班环境，充分利用各种教育资源，建立良好的同伴关系和师幼关系，营造尊重、平等、积极向上的托班氛围。在托班管理这二级维度上，测得平均值为4.24。在具体选项上，例如91.27%的早教人员能建立和谐的师幼关系；有86.11%的早教人员能促进婴幼儿同伴关系建立；有88.10%的早教人员能营造舒适的课堂环境；有73.81%的早教人员能正确处理意外事故。由此可以看出大多数早教人员都能很好地对托班进行管理。

综合育人是指树立德育为先理念，掌握婴幼儿社会性—情感发展的特点和规律，注重培育婴幼儿良好意志品质和行为习惯，使其获得积极体验。理解环境育人价值，理解园所文化和一日生活对0—3岁婴幼儿发展的价值。将社会性—情感教育内容灵活渗透在一日生活之中，通过环境影响感染婴幼儿。综合利用托育机构、家庭和社区各种资源全面育人。这一维度的平均值为3.42。在具体选项上，有89.69%的早教人员能在平时的教学中注重培育婴幼儿良好意志品质和行为习惯。

引领家长，教育不仅仅是早教人员的事情，家长同样发挥着重要的作用。家庭教育在人的成长中占据着重要的地位。所有的家长都在家庭中有意识或无意识地对孩子进行着家庭教育。早教人员除了具备照护婴幼儿的基本条件，还应具备与家长沟通交流的能力、指导家长育儿的能力、开展亲子活动的能力。0—3岁婴幼儿家庭教育奠定人生发展的基础，是孩子接受其他教育的基石。如果在家庭教育中父母的教育方式不当，将会对孩子一生的发展造成影响。引领家长是指早教人员能针对家庭教育中存在的问题、家长的困惑和家长自身的需要，给家长育儿提供帮助。最后能提高家长的育儿能力，形成良好的育儿观念。在这一维度上平均值为4.07，说明大多数人都注意到早期教育中对家长的引领作用。有76.19%的早教人员能帮助家长分析并解决婴幼儿出现的问题；有63.89%的早教人员能针对不同教养类型的家长进行有针对性的个别指导；有65.48%的早教人员能纠正家长错误的教育观念。这说明大多数早教人员都意识到了家庭教育的重要性，并具备指导家长科学育儿的能力。

（四）发展方面

在发展方面，有自主学习和交流合作两个二级维度，自主学习主要是指具有终身学习与专业发展意识。了解专业发展核心内容和发展阶段路径，能够结合就业愿景制定自身学习和专业发展规划。养成自主学习习惯，具有自我管理能力。早教老师在自主学习方面的平均值比较高，为4.33分，有92.06%的早教人员都愿意了解学前领域的前言知识和新思想理念。有90.08%的早教人员愿意参加专业进修培训等学习。有75%的早教人员有职业发展目标。这说明大多数人都愿意提升自己的各方面能力。交流合作是指理解学习共同体的作用,具有团队协作精神,掌握沟通合作技能,积极开展小组互助和合作学习。在交流与合作上均值为3.13,说明在这方面还要提高。通过调研发现,很多托幼机构都无法给其早教人员提供职后培训以及相应的机构之间的交流与合作。由于有的早教人员工作半年甚至一两个月就离职,因此托幼机构也不愿意在早教人员的培训上。

三、0—3 岁早教人员工作现状在性别方面的差异

为研究早教人员工作特征在性别方面是否存在差异,本研究分别对男性早教人员和女性早教人员在四个维度上进行了独立样本T检验(见表3-5)。

表3-5　0—3岁早教人员工作现状在性别方面的差异

维度	男(M/SD)	女(M/SD)	T
师德	4.22/0.60	4.45/0.53	-2.18
教学	3.91/0.70	3.97/0.62	-0.44
育人	4.07/0.64	4.22/0.61	-1.21
发展	3.86/0.53	4.00/0.44	-1.89*
总体	4.01/0.56	4.16/0.48	-1.51

注:*p<0.05,表示显著差异;**p<0.01,表示非常显著差异;***P<0.001,表示极其显著差异。

表3-5的数据表明,不同性别的早教人员在总体表现上不存在显著的差异,在师德、教学、育人三个维度上不存在显著差异,只在发展这一维度上存在显著差异。女性早教人员无论是在总体上还是在四个维度上的平均得分均显著高于男性早教人员。从图3-2中可以更直观地看到不同性别早教人员在各维度上的表现水平及其变化趋势。

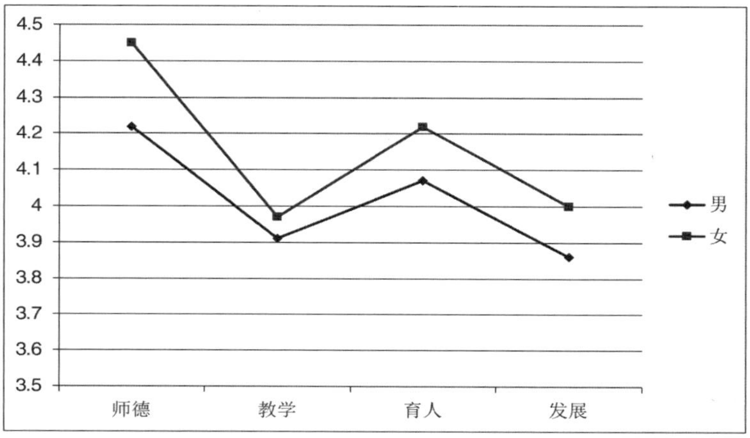

▲图3-2　不同性别的0—3岁早教人员在各维度上的表现水平及其变化趋势

由图2可知，女性早教人员在师德这一维度上的得分最高，为4.45；在各维度上的表现水平高低依次为：师德>育人>发展>教学。男性早教人员在师德这一维度也是得分最高的，为4.22；在各维度上的表现水平高低依次为：师德>育人>教学>发展。由此可知，女性早教人员在各个维度上的表现水平平均高于男性早教人员。

女性早教人员表现出较高的水平。由于受到我国传统儒家文化的影响，大多数女性呈现出“温婉、细致、朴素”的人格特质，这种人格特质有益于情绪的合理管理与积极调控。故与男性相比，女性在社会化历程中形成了更好的情绪表达和管理能力。因此，女性早教人员比男性早教人员在师德和育人方面具有更高水平。同时由于大多数女性早教人员相比于男性早教人员而言更喜爱和认同早教人员职业，女性早教人员在工作中能够获得较高的职业成就感和幸福感，并希望能在这一行业继续发展，进而在交流合作这一维度表现更好。

四、0—3岁早教人员工作特征在婚姻状况的差异

为考量早教人员工作特征在婚姻状况方面是否存在差异，本研究分别对未婚早教人员和已婚早教人员在四个维度上进行了独立样本T检验（见表3-6）。

表3-6　0—3岁早教人员工作现状在婚姻状况的差异

维度	未婚（M/SD）	已婚（M/SD）	T
师德	4.33/0.56	4.48/0.53	-2.15
教学	3.77/0.68	4.10/0.56	-4.24*
育人	4.00/0.64	4.34/0.55	-4.51*
发展	3.91/0.46	4.04/0.43	-2.32
总体	4.00/0.53	4.24/0.44	-3.90**

表3-6的数据表明，不同婚姻状况的早教人员在总体表现上存在非常显著的差异，在教学、育人两个维度上存在显著差异，而在师德、发展这两维度上不存在差异。已婚早教人员无论是在总体上还是在四个维度上的平均得分均显著高于未婚早教人员。从图3-2中可以更直观地看到不同婚姻状况的早教人员在各维度上的表现水平及其变化趋势。

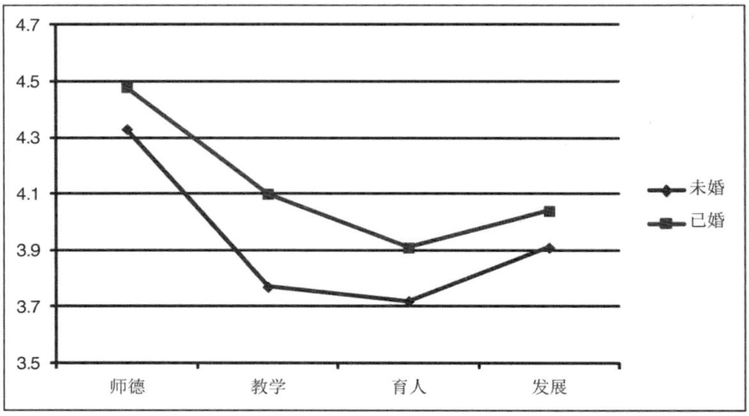

▲图3-3　不同婚姻状况的0—3岁早教人员在各维度上的表现水平及其变化趋势

由图3-2可知,未婚早教人员在师德这一维度上的得分最高,为4.33;在各维度上的表现水平高低依次为:师德>发展>教学>育人。已婚早教人员在四个维度中,在师德这一维度也是得分最高的,为4.48;在各维度上的表现水平高低依次为:师德>教学>发展>育人。由此可知,已婚早教人员在各个维度上的表现水平平均高于未婚早教人员。无论是未婚早教人员还是已婚早教人员,在发展这一维度上的分数都不高,对职业地位认识不足,缺乏自豪感和自信心。现阶段0—3岁婴幼儿早教人员,尽管都拥有"早教人员"称谓,但其身份特殊,他们享受不到早教人员职业的权利。有的人认为自己的职业是保姆,觉得自己工作的性质属于一般服务性行业,没有足够的职业自豪感和自信心,跳槽、改行现象十分普遍。工货待遇低、压力大,缺乏工作热情。0—3岁婴幼儿早教人员与正规的中小学早教人员相比,他们的工资待遇较低。很多早教人员每月收入不足两千元,而且大部分没有享受社会保障等福利。他们拿着微薄的工资却承担着教育众多孩子的重任,导致早教人员的职业认同度低,同时早教人员职业还要接受家长的监督,压力太大也影响其工作积极性。①

五、0—3岁早教人员工作特征在是否有子女方面的差异

为考量早教人员工作特征在是否有子女方面存在差异,本研究分别对有子女早教人员和无子女早教人员在四个维度上进行了独立样本T检验(见表3-7)。

表3-7　0—3岁早教人员工作现状在是否有子女方面的差异

维度	有(M/SD)	无(M/SD)	T
师德	4.53/0.52	4.32/0.55	3.01
教学	4.17/0.54	3.78/0.65	5.04*

① 王颖蕙.0—3岁婴幼儿早教机构早教人员专业发展的初步思考[J].教育与教学研究,2013,27(08):111-113+125.

续表

维度	有(M/SD)	无(M/SD)	T
育人	4.41/0.54	4.01/0.62	5.35
发展	4.07/0.45	3.91/0.43	2.75
总体	4.29/0.43	4.01/0.51	4.81*

表3-7的数据表明，有子女和无子女的早教人员在总体表现上存在显著的差异，同时在教学上存在显著差异，而在师德、育人、发展这三维度上不存在差异。有子女早教人员无论是在总体上还是在四个维度上的平均得分均显著高于无子女早教人员。从图3-4中可以更直观地看到有无子女的早教人员在各维度上的表现水平及其变化趋势。

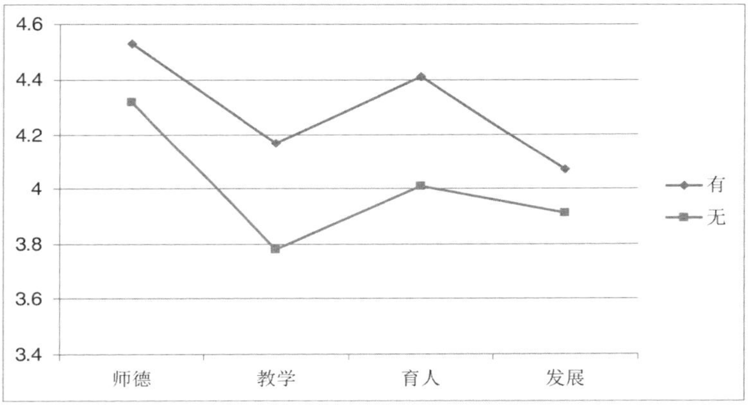

▲图3-4　不同家庭情况的0—3岁早教人员在各维度上的表现水平及其变化趋势

由图3-4可知，有子女早教人员在师德这一维度上的得分最高，为4. 53；在各维度上的表现水平高低依次为：师德>育人>教学>发展。无子女的早教人员在教学这一维度得分最低的，为3.78；在各维度上的表现水平高低依次为：师德>育人>发展>教学。由此可知，有子女早教人员在各个维度上的表现水平均高于无子女早教人员。其主要原因是，有子女早教人员在日常生活中会教育自己的孩子，会发现在教育中需要注意的问题，尤其是育婴、营养、育人等方面，他们会将在日常生活中对自己子女的教育迁移到工作中，在工作中对婴幼儿的教育会表现得比还尚未有子女的早教人员更好。

六、0—3岁早教人员工作特征的年龄差异

不同年龄阶段对于婴幼儿早教人员水平是有一定影响的，为此，本研究分别对25岁以下、26—35岁、36—45岁和46—55岁四个年龄阶段的早教人员进行问卷调查，对调查数据进行单因素方差分析，并在此基础上对结果进行了LSD多重比较。

表 3-8　0—3 岁早教人员工作现状的年龄差异

维度	25 以下岁(a)(M/SD)	26—35 岁(b)(M/SD)	36—45 岁(c)(M/SD)	46—55 岁以上(d)(M/SD)	F	Post Hoc
师德	4.35/0.57	4.41/0.52	4.49/0.55	4.42/0.55	1.29	
教学	3.79/0.70	3.93/0.57	4.22/0.59	4.10/0.50	6.04***	a<c，a<d，b<d
育人	4.02/0.66	4.17/0.55	4.38/0.60	4.47/0.51	5.56***	a<c，a<d，b<c，b<d
发展	3.93/0.44	3.97/0.42	4.04/0.51	4.11/0.43	1.25	
总体	4.03/0.53	4.12/0.44	4.29/0.51	4.31/0.49	4.16**	a<b，a<d，b<c

表 3-8 的数据表明，不同年龄阶段早教人员在总体表现上有着非常显著的差异，在教学和育人上有着极其显著的差异。在师德和发展上不存在显著差异。从图 3-5 中可以更直观地看到不同年龄阶段的早教人员在各维度和层面上的表现水平及其变化趋势。

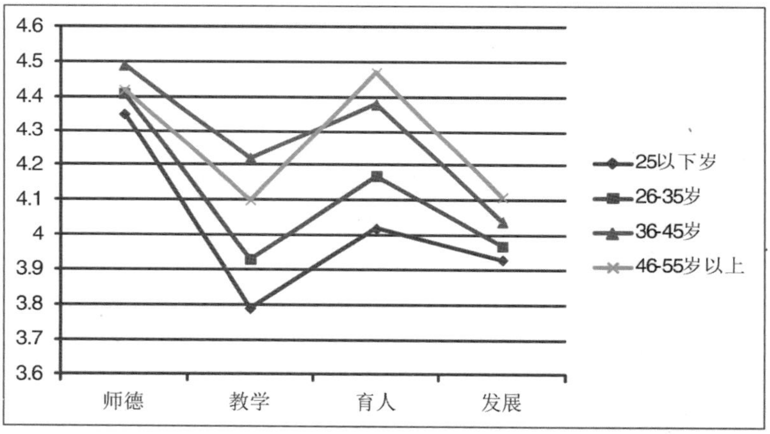

▲图 3-5　不同年龄段的 0—3 岁早教人员在各维度上的表现水平及其变化趋势

由图 3-5 可知，25 岁以下的早教人员，相比于其他年龄段的早教人员，在四个维度中的得分都是最低的。这可能是由于年龄的原因，由于年龄小，参加工作的时间并不长，对早教工作的体会和经历并不深，可能在各个维度上并不能很好地践行。36—45 岁早教人员在师德和教学两个维度上高于其他年龄段早教人员，得分分别为 4.49 和 4.22，在各维度上的表现水平高低依次为：师德>育人>教学>发展。46—55 岁以上的早教人员在育人维度高于其他年龄段的早教人员，得分为 4.47，在各维度上的表现水平高低依次为育人>师德>发展>教学。36 岁以上的早教人员，由于人生阅历的增加，对于早教工作有相比于年轻人不同的体会和感悟。即使最开始不是从事早教工作，但是由于岁月的积淀等各个方面的原因，他们会在这些方面表现得更加突出一些。

七、0—3岁早教人员工作特征的教龄差异

不同教龄的早教人员秉持着不同的教育教学价值观念。本研究分别调查了0—5年、6—10年、11—15年、16—20年以及21年以上五个不同教龄阶段的早教人员，对调查数据进行了单因素方差分析，并在此基础上对结果进行了LSD多重比较，显示教龄是影响0—3岁早教人员工作特征的重要因素之一。（见表3-9）

表3-9　0—3岁早教人员工作现状的教龄差异

维度	5年及以下(a)(M/SD)	6—10年(b)(M/SD)	11—15年(c)(M/SD)	16—20年(d)(M/SD)	21年及以上(d)(M/SD)	F	Post Hoc
师德	4.35/0.59	4.41/0.49	4.68/0.96	4.42/0.41	4.50/0.59	2.12	a<c，b<c
教学	3.84/0.69	3.90/0.55	4.26/0.46	4.14/0.64	4.24/0.50	4.43**	a<c，a<d，a<e，b<c，b<e
育人	4.56/0.64	4.12/0.54	4.58/0.56	4.33/0.57	4.57/0.44	7.15***	a<c，a<d，a<e，b<c，b<e
发展	3.92/0.47	3.94/0.42	4.12/0.45	4.03/0.38	4.27/0.40	3.48**	a<b，a<c，a<d
总体	4.04/0.54	4.09/0.44	4.41/0.38	4.23/0.45	4.40/0.35	5.13***	a<c，a<e，b<c，b<e

表3-9的数据表明，不同教龄的早教人员在总体表现和育人上有极其显著的差异。在教学和发展两个维度上也存在非常显著的差异。在师德方面不存在显著的差异。从图3-6中可以更直观地看到不同教龄阶段工作水平在各维度上的表现水平及其变化趋势。

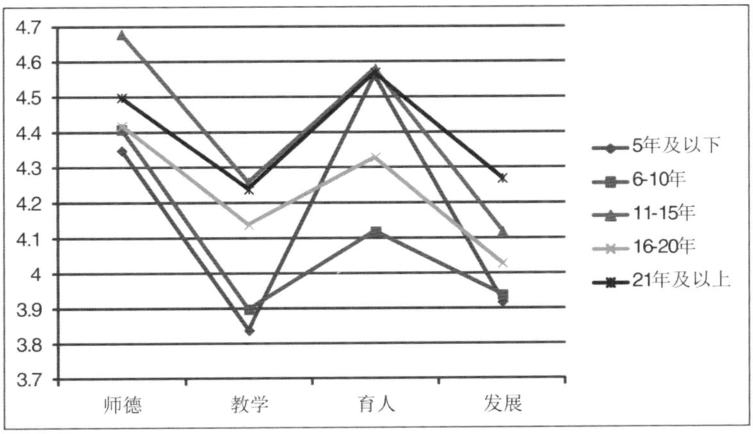

▲图3-6　不同教龄的0—3岁早教人员在各维度上的表现水平及其变化趋势

由图3-6可知，11—15年教龄的早教人员除在发展这一维度上低于21年以上的早教人员，在其他维度都高于所有年龄段的早教人员。由于这一教龄阶段的早教人员，除了有着较丰富的教学经验，还比较年轻，处于职业上升期，这一阶段的早教人员期望在工作中有一定的成就和建树，因此其会在多个方面都表现得较好。

八、0—3岁早教人员工作特征的学历差异

为研究学历对于中小学早教人员教学效能的影响，本研究调查了大专及以下、本科和研究生不同学历的早教人员，对调查数据进行了单因素方差分析，并在此基础上对结果进行了LSD多重比较（见表3-5）。

表3-10　0—3岁早教人员工作现状的学历差异

维度	中师（中专）(a)（M/SD）	大专(b)（M/SD）	本科(c)（M/SD）	研究生(d)（M/SD）	F	Post Hoc
师德	4.13/0.66	4.41/0.53	4.58/0.42	4.68/0.58	6.52***	a<b，a<c，a<e，b<c
教学	3.43/0.65	3.96/0.59	4.20/0.51	4.31/0.51	16.06***	a<b，a<c，a<d，a<e，b<c
育人	3.70/0.68	4.19/0.57	4.42/0.45	4.44/0.61	14.98***	a<b，a<c，a<d，a<e，b<c，b<e，c<e
发展	3.77/0.51	3.97/0.44	4.08/0.38	4.18/0.33	6.08***	a<b，a<c，a<d，a<e，b<e
总体	3.76/0.58	4.13/0.45	4.32/0.36	4.33/0.43	14.08***	a<b，a<c，a<d，a<e，b<c，b<e

表3-10的数据表明，不同学历背景的早教人员在工作中的总体表现存在极其显著的差异，在师德、教学、育人、发展四个维度上都存在极其显著的差异。从图3-7中可以直观地看到不同学历背景的教学效能在各维度上的表现水平及其变化趋势。

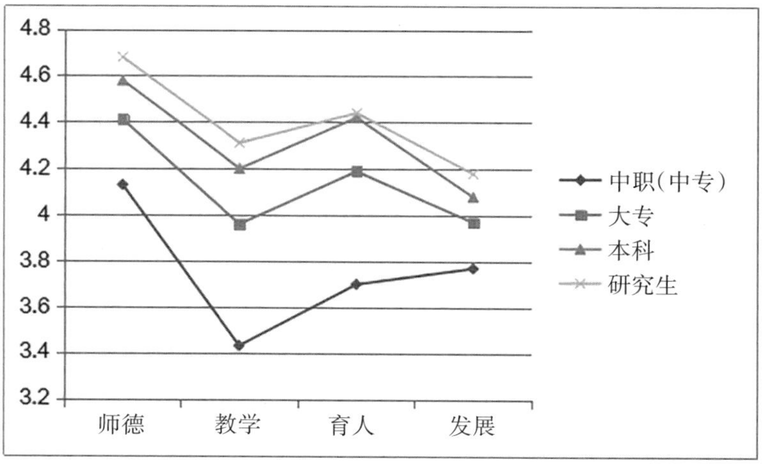

▲图3-7　不同学历的0—3岁早教人员在各维度上的表现水平及其变化趋势

由图3-4可知，无论从各个维度还是总体上，研究生学历早教人员在工作中表现好于本科、专科、中职学历的早教人员，其高低顺序依次为：研究生学历>本科学历>大专>中职及以下，表明早教人员学历越高，其工作表现越好。研究生学历早教人员的工作水平显著高于本科学历早教人员和专科及以下学历早教人员，可能是由不同学历阶段所接受的教育及其培养目标所导致的。研究表明，目前我国学前专业人才培养的学历层次和目标定位，主要分为三个层次，高职高专层次、本科层次和研究生层次。中职层次的人才培养标准应主要定位于培养能够在幼儿园、早期保育与教育机构从事0—6岁儿童教育工作的合格师资，强调早教人员应具备学习和运用专业知识、技能与婴幼儿积极互动，促进婴幼儿全面发展的专业素质。本科层次的人才培养标准主要定位于培养能够在幼儿园、早期保育与教育机构从事0—6岁儿童教育工作的优秀师资，强调教育教学能力研培养和研究能力培养并重，使其既能够胜任教育教学工作，又能够指导保育工作，还能结合实践开展教科研工作。研究生层次的人才培养标准主要定位于培养在早期教育理念引领和实践提升方面具有领导力的专业人员。对于学术硕士研究生，应注重学术性的训练，使其具有开阔的学术视野、较为扎实的理论基础，对相关理论和实践问题保持敏感性，具备研究能力。对于专业硕士研究生和有实践经验的教育硕士，应主要定位于培养专家型早教人员和高级管理人员，重点培养其运用理论知识改善教育教学工作和管理工作的能力。[①]由于培养目标不同，不同学历的早教人员在工作中的表现也不相同。

九、0—3岁早教人员工作特征的所学专业差异

为研究不同专业是否对早教人员工作产生影响，本研究调查了不同专业的早教人员。将其所学专业分为幼教类专业、师范类其他专业和非师范专业三类，对其调查数据进行了单因素方差分析，并在此基础上对结果进行了LSD多重比较（见表3-11）。

表3-11　0—3岁早教人员工作现状的专业差异

维度	幼教(a)(M/SD)	师范类其他专业(b)(M/SD)	非师范专业(c)(M/SD)	F	Post Hoc
师德	4.48/0.52	4.36/0.50	4.29/0.72	2.39	
教学	3.99/0.62	3.96/0.61	3.81/0.72	1.02	
育人	4.24/0.60	4.21/0.58	3.99/0.72	2.13	a>c
发展	4.05/0.38	3.99/0.43	3.71/0.67	7.66*	a>c，b>c
总体	4.19/0.47	4.16/0.45	3.95/0.65	3.12*	a>c

表3-11的数据表明，不同专业背景的早教人员在总体表现上存在着显著的差异，在发展这一维度上存在显著差异，在其他维度上不存在显著差异。幼教背景的早教人员在四个维度上的平均得分均高于师范类其他专业和非师范类其他专业，其高低顺序为幼教类专业>师范

① 张世义，顾荣芳.全美幼教协会早期教育师资培养标准变革及其基本经验[J].学前教育研究，2014(04)：20-27.

类其他专业>非师范专业。从图3-8中可以直观地看到不同专业背景的早教人员在各维度上的表现水平及其变化趋势。

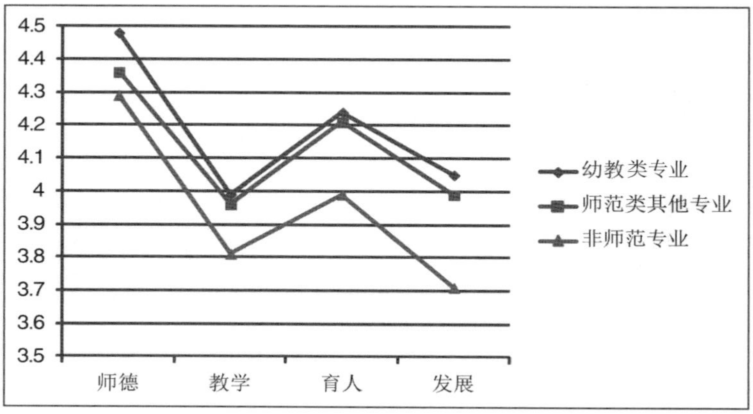

▲图3-8 不同专业背景的0—3岁早教人员在各维度上的表现水平及其变化趋势

图3-8可以看到有幼教专业背景的早教人员在各个方面的平均分都高于其他专业和非师范专业，可能是因为有些早教人员只是经过十几天的短期培训就直接上岗，但文化水平起点较低，不能灵活运用婴幼儿教育学、心理学理论知识，不善于观察和思考，①因此在工作中的表现较差。而具有幼教背景的早教人员无论是中职毕业还是专科、本科毕业，至少都接受了三、四年的学前专业教育，对幼教工作更加重视，无论在情感态度还是教学上的表现都比非师范专业的早教人员好，同时他们也希望在这个领域有更好的发展。

十、0—3岁早教人员工作特征的职务差异

为研究不同专业是否对早教人员工作产生影响，本研究运用独立样本T检验对兼职早教人员和专任早教人员的工作状况进行了分析（见表3-12）。

表3-12　0—3岁早教人员工作现状的职务差异

	兼职早教人员（M/SD）	专任早教人员（M/SD）	T
师德	4.18/0.62	4.48/0.51	-3.44
教学	3.70/0.65	4.02/0.62	-3.05
育人	3.86/0.60	4.27/0.59	-4.20
发展	3.71/0.56	4.04/0.39	-3.81***
总体	3.86/0.55	4.20/0.46	-3.88*

表3-11的数据表明，不同职务的早教人员在总体表现上存在着显著的差异，在发展这一维度上存在极其显著的差异，在其他维度上不存在显著差异。专任早教人员在四个维度上的

① 王颖蕙.0—3岁婴幼儿早教机构早教人员专业发展的初步思考[J].教育与教学研究，2013，27(08)：111-113+125.

平均得分均高于兼职早教人员，从图3-9中可以直观地看到不同职务的早教人员在各维度上的表现水平及其变化趋势。

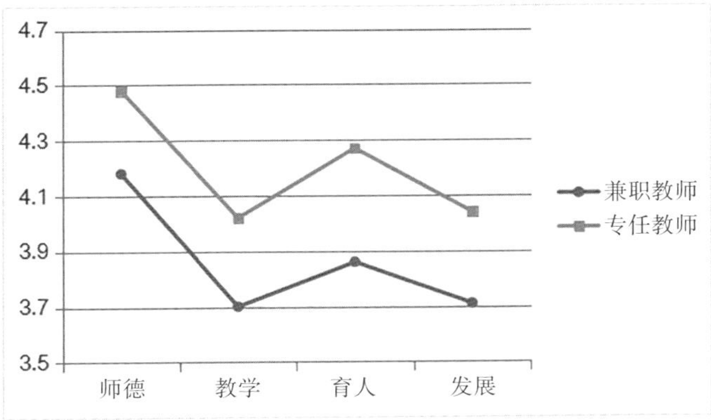

▲图3-9　不同职务的0—3岁早教人员在各维度上的表现水平及其变化趋势

由图3-9可以看到，在各个维度上，专任早教人员的平均得分均高于兼职早教人员。这是因为许多早教人员刚参加工作时满怀信心，要在早教这一新领域干出一番事业，后来内在需求出现很大的落差。如：有的公办园人手少，任务重，抽不出时间在职进修；托幼机构不肯花更多的财力培训早教人员，于是出现早教人员培训机会少、时间短、层次低等一系列问题。[①]从调查中了解到有的专任早教人员期望在早教方面的工作上走得更长远，而兼职早教人员对于是否以后长期从事早教工作态度不一。总体上来看，兼职和专职早教人员在早期教养工作方面存在显著差异。

十一、0—3岁早教人员工作特征的资格证明差异

为了研究任职资格对于早教人员在工作中造成的影响，本研究运用单因素方差分析的方法对不同任职资格的早教人员进行分析（如表3-13所示）。

表3-13　0—3岁早教人员工作现状的任职资格差异

	接受过教育部门培训，持资格证明(a)(M/SD)	接受过劳动部门培训，持资质证明(b)(M/SD)	未接受过培训，也无资质证明(c)(M/SD)	F	Post Hoc
师德	4.47/0.51	4.24/0.53	4.06/0.77	6.31**	a>b，a>c
教学	4.01/0.61	3.77/0.63	3.69/0.78	3.24	a>c
育人	4.26/0.58	3.97/0.61	3.75/0.75	7.73***	a>b，a>c
发展	4.05/0.39	3.81/0.54	3.50/0.59	16.06***	a>b，a>c，b>c
总体	4.20/0.45	3.95/0.53	3.75/0.66	9.26***	a>b，a>c

从总体来看，不同任职资格的早教人员在早教工作上存在着极其显著的差异。从各个维

① 王颖蕙．0—3岁婴幼儿早教机构早教人员专业发展的初步思考[J]．教育与教学研究，2013，27(08)：111-113+125.

度来看，在师德方面存在非常显著的差异，在育人和发展上存在极其显著的差异，而在教学方面不存在显著差异。未接受过培训且无资格证明的早教人员，无论在总体还是各个维度上平均分都低于其他持有资格证明的早教人员，其高低顺序依次为：未接受过培训也无资质证明<接受过劳动部门培训且有资格证明<接受过教育部门培训，有资格证明。表明接受过正规机构培训的早教人员在工作中还是优于未取得资格证明的早教人员。从图3-10可以看到不同任职资格的早教人员在各维度上的表现水平及其变化趋势。

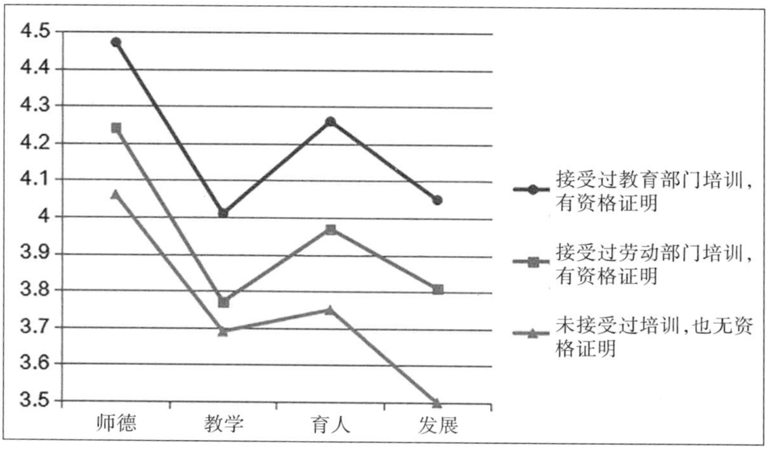

▲图3-10　不同任职资格的0—3岁早教人员在各维度上的表现水平及其变化趋势

从图3-10可以看到，未取得资格证明的早教人员显著低于接受过正规机构培训的早教人员，这是因为未取得资格证明的早教人员未经过系统培训，有的早教人员并没有学习早期教育的系统知识，没接受过如何上课、如何育婴、如何对0—3岁婴幼儿进行营养与喂哺。故在总体上显著低于接受过正规机构培训的早教人员。

第四节

二级维度重要指标分析

分性别、教龄、学历、专业背景等对一级维度进行分析后，本研究接着选取几个重要的维度，即选取教学一级维度中的课堂教学、课程指导、育婴指导、营养指导，育人一级维度中的引领家长、综合育人。这几个二级维度正是早教人员在工作中的特征，即所扮演的角色，早教人员、课程指导师、营养师、育婴师、家庭教育指导师等角色。

一、早教人员工作特征的性别差异

为了研究早教人员的不同性别是否对其工作产生影响，本研究运用独立样本T检验对不同性别早教人员在工作中的表现进行了分析（如表3-14所示）。

表3-14 0—3岁早教人员工作特征的性别差异

	男（M/SD）	女（M/SD）	T
课堂教学	3.93/0.70	4.09/0.60	-1.28
课程指导	3.69/0.83	3.81/0.72	-0.86
育婴指导	3.94/0.69	3.99/0.78	-0.33
营养指导	3.87/0.75	4.00/0.91	0.74*
引领家长	3.89/0.75	4.09/0.71	-1.43
综合育人	4.25/0.66	4.39/0.59	-1.18

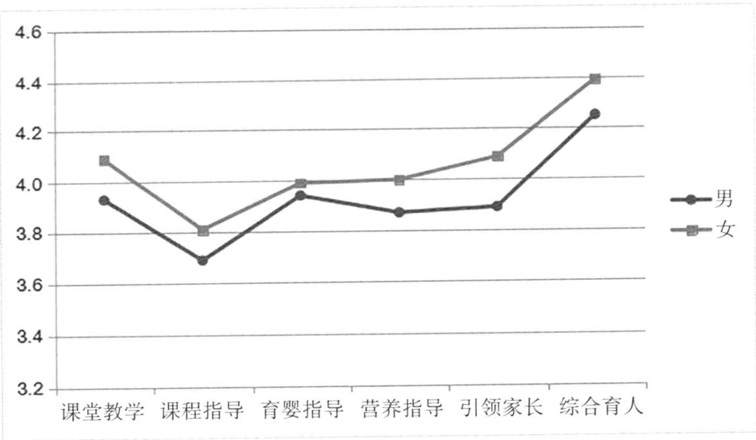

▲图3-11 不同性别的早教人员在各维度上的表现水平及其变化趋势

性别因素在课堂教学、课程指导、育婴指导、引领家长和综合育人上不存在显著差异，只在营养指导这一维度上存在着显著差异，女性早教人员的得分（M=4.00）明显高于男性早教人员（M=3.87）。由调查研究可知，这是因为大多数女性早教人员在日常生活中比男性更注重营养与健康管理，故可将其特点迁移到教学中，在对婴幼儿的照顾中更加重视营养指导。而性别因素没有对早教人员在课堂教学、课程指导、育婴指导、引领家长和综合育人这五个方面造成影响。

二、早教人员工作特征的婚姻差异

为了研究早教人员的婚姻情况是否在工作中有影响，本研究运用独立样本T检验对不同婚姻状况的早教人员在工作中的表现进行了分析（如表3-15所示）：

表3-15　0—3岁早教人员工作特征的婚姻状况差异

	未婚(M/SD)	已婚(M/SD)	T
课堂教学	3.93/0.65	4.17/0.57	-3.19
课程指导	3.48/0.76	4.02/0.62	-5.90**
育婴指导	3.75/0.85	4.15/0.66	-4.01**
营养指导	3.65/0.86	4.04/0.70	-3.84*
引领家长	3.81/0.74	4.25/0.64	-4.90*
综合育人	4.27/0.61	4.45/0.59	—2.39

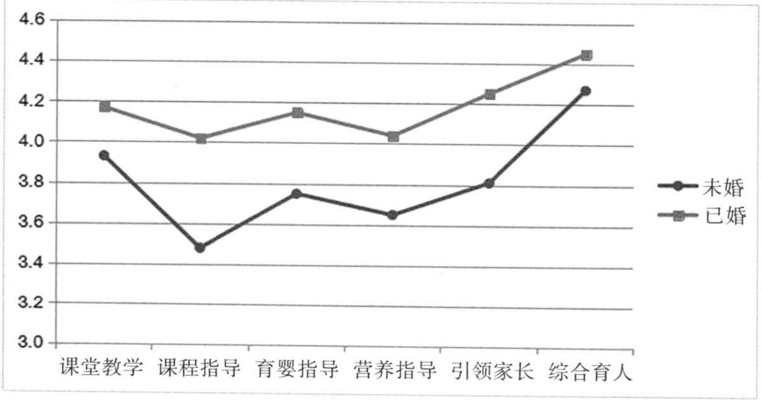

▲图3-12　不同婚姻状况的早教人员在各维度上的表现水平及其变化趋势

由表3-15的数据可以看到，婚姻状况在课堂教学和综合育人方面不存在显著差异。在课程指导和育婴指导维度上存在非常显著的差异。在营养指导和引领家长方面存在显著差异。由图3-12可知，从各个维度来看未婚早教人员的得分都低于已婚早教人员。可能是因为已婚早教人员相比于未婚早教人员而言，更具有家庭责任感，他们可以通过切身的体会感受到早期教育对婴幼儿发展的重要性，故在工作中的各个方面表现得更好。

三、早教人员工作特征的是否有子女差异

为了研究早教人员是否有子女的情况对其工作产生影响，本研究运用独立样本T检验对的有子女和无子女的早教人员在工作中的表现进行了对比分析(如表3-16所示)。

表3-16　0—3岁早教人员工作特征的子女情况差异

	是(M/SD)	否(M/SD)	T
课堂教学	4.21/0.57	3.94/0.63	3.57
课程指导	4.10/0.61	3.53/0.73	6.67

续表

	是(M/SD)	否(M/SD)	T
育婴指导	4.25/0.61	3.75/0.82	5.48***
营养指导	4.14/0.68	3.66/0.81	5.11
引领家长	4.32/0.63	3.85/0.71	5.50
综合育人	4.51/0.58	4.26/0.60	3.40

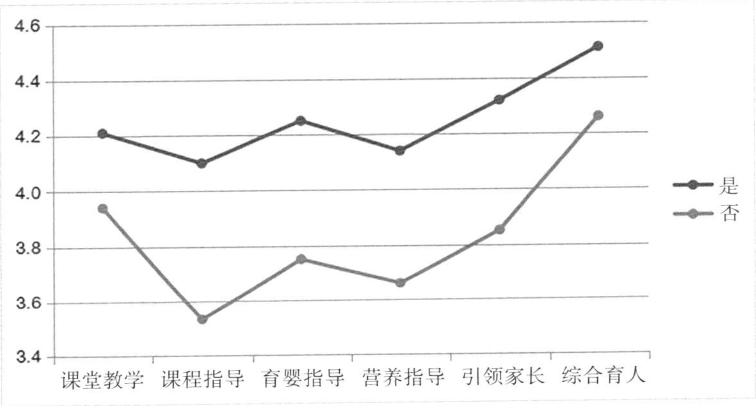

▲图3-13　不同婚姻状况的早教人员在各维度上的表现水平及其变化趋势

由表3-16的数据可以看到,是否有子女在课堂教学、课程指导、营养指导、引领家长和综合育人方面不存在差异。在育婴指导方面存在极其显著的差异,有子女的早教人员得分显著高于无子女早教人员。这表明是否有子女这一因素对课堂教学、课程指导、营养指导、引领家长和综合育人这五个方面没产生影响,只是在育婴指导上产生影响。且由图3-13可以看到,在各个维度上有子女的早教人员在工作中的表现都优于无子女早教人员。这可能是由于有子女的早教人员在平时的日常生活中会贮备育婴知识,并通过照顾自己的子女积累育婴方面的经验,那么就相比于无子女的早教人员在育婴方面更加有经验,所以在育婴方面的表现显著优于无子女早教人员。

四、早教人员工作特征的教龄差异

为了研究不同早教人员的教龄是否对工作现状存在影响,本研究运用单因素方差分析的方法对不同教龄早教人员的工作状况进行了分析,并在此基础上对结果进行了LSD多重比较。表3-17所示:

表3-17　0—3岁早教人员工作特征的教龄差异

	5年及以下(a)(M/SD)	6—10年(b)(M/SD)	11—15年(c)(M/SD)	16—20年(d)(M/SD)	21年及以上(e)(M/SD)	F	Post Hoc
课堂教学	3.96/0.67	4.01/0.54	4.37/0.49	4.19/0.63	4.35/0.48	4.07**	a<c,a<e,b<c,b<e
课程指导	3.61/0.80	3.74/0.62	4.15/0.58	4.20/0.58	4.15/0.55	7.40***	a<c,a<d,a<e,b<c,b<d,b<e
育婴指导	3.91/0.85	3.87/0.71	4.28/0.56	4.15/0.70	4.20/0.61	2.33	a<c,b<c
营养指导	3.72/0.86	3.83/0.67	4.22/0.60	4.10/0.78	4.25/0.68	4.26**	a<c,a<d,a<e,b<c,b<e
引领家长	3.89/0.75	4.03/0.65	4.52/0.50	4.14/0.68	4.49/0.64	6.66***	a<c,a<e,b<c,b<e
综合育人	4.27/0.63	4.28/0.57	4.68/0.50	4.53/0.55	4.68/0.50	4.85***	a<c,a<e,b<c,b<e

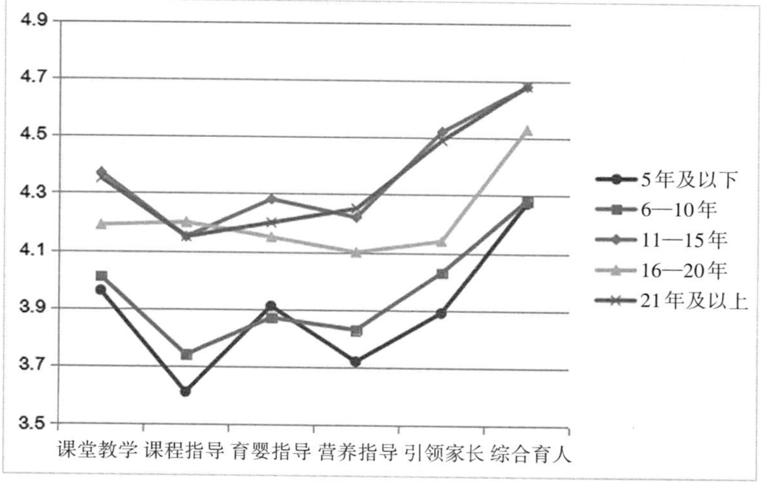

▲图3-14　不同教龄的早教人员在各维度上的表现水平及其变化趋势

教龄因素会影响早教人员工作方面的表现。研究结果表明，教龄在课程指导、引领家长和综合育人方面存在极其显著的差异。在课堂教学和营养指导方面存在非常显著的差异。只有在育婴指导上没有明显差异。从整体来看，21年以上教龄早教人员在各方面的表现显著优于其他教龄段的早教人员；5年以下教龄的早教人员在工作中的表现显著低于其他教龄段的早教人员。从图3-14中可以更直观地看到不同教龄阶段早教人员的工作表现在各维度上的表现水平及其变化趋势。0—5年教龄阶段的早教人员课程指导、营养指导方面都显著差于其他年龄段的早教人员，这可能是由于新进早教人员所特有情况所决定的。新进早教人员由于刚从学校毕业，没有实际的教学经验，不能很好地将学校所学的专业知识运用到实际教学中，故在各方面的表现差于其他专业早教人员。

五、早教人员工作特征的最终学历差异

为了研究早教人员的最终学历是否对其工作状况造成影响，本研究运用单因素方差分析方法对不同学历的早教人员的工作现状进行了分析，并在此基础上对结果进行了LSD多重比较（如表3-18所示）。

表3-18　0—3岁早教人员工作特征的学历差异

	中师（中专）(a)（M/SD）	大专(b)（M/SD）	本科(c)（M/SD）	研究生(d)（M/SD）	F	Post Hoc
课堂教学	3.60/0.64	4.06/0.57	4.28/0.52	4.31/0.42	13.22***	a<b，a<c，a<d，a<e，b<c，b<e
课程指导	3.25/0.84	3.74/0.68	4.10/0.55	4.25/9.24	14.39***	a<b，a<c，a<d，a<e，b<c，b<d
育婴指导	3.31/0.76	3.99/0.77	4.27/0.53	4.28/0.66	17.58***	a<b，a<c，a<d，a<e，b<c，b<e
营养指导	3.31/0.81	3.91/0.73	4.10/0.71	4.34/0.77	10.16***	a<b，a<c，a<d
引领家长	3.49/0.72	4.06/0.68	4.34/0.56	4.25/0.84	14.45***	a<b，a<c，a<d，a<e，b<c
综合育人	4.02/0.70	4.36/0.60	4.54/0.48	4.63/0.45	7.52***	a<b，a<c，a<d，a<e，b<c

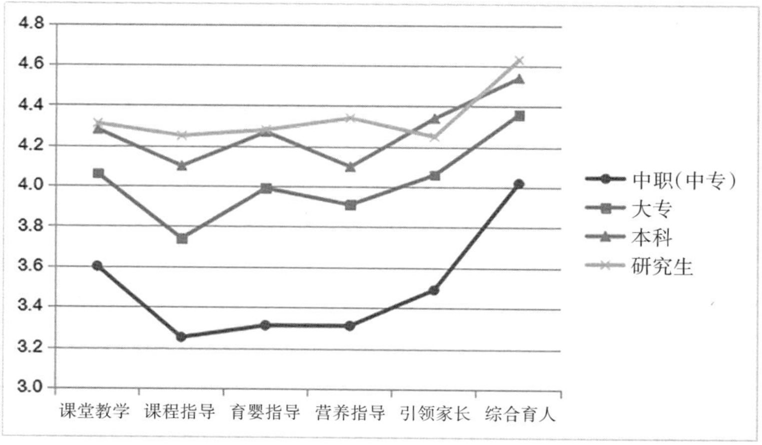

▲图3-15　不同教龄的早教人员在各维度上的表现水平及其变化趋势

表3-18的数据表明，不同学历早教人员在工作中存在极其显著的差异，即在课堂教学、课程指导、育婴指导、营养指导、引领家长和综合育人六个方面存在极其显著的差异。从图3-15中可以更直观地看到不同学历早教人员在各维度上的表现水平及其变化趋势。在各个维度上，中师学历早教人员的工作水平低于大专学历和本科学历的早教人员，研究生学历早教人员的工作水平高于专科及以下学历的早教人员。研究生学历早教人员的工作水平显著高于本科学历早教人员和专科及以下学历早教人员，可能是由不同学历阶段所接受的教育所导致的。研究生学历的早教人员经历了本科阶段和研究生阶段，而每一阶段所接受教育的知识、思维的广度和深度不同。在本科阶段，主要学习操作性和实践性较强的知识与技能；在研究生阶段，主要培养科研能力和创新思维能力。①因而研究生学历的早教人员与本科学历、大专及以下学历早教人员相比，能够在课程指导、课堂教学、营养指导等各个方面表现更好。

六、早教人员工作特征的专业背景差异

为研究不同专业是否对早教人员工作产生影响，本研究调查了不同专业的早教人员，将其所学专业分为幼教类专业、师范类其他专业和非师范专业三类，对其调查数据进行了单因素方差分析，并在此基础上对结果进行了LSD多重比较（见表3-19）。

表3-19　0—3岁早教人员工作特征的专业背景差异

	幼教类(a)(M/SD)	师范类其他专业(b)(M/SD)	非师范专业(c)(M/SD)	F	Post Hoc
课堂教学	4.15/0.57	4.05/0.59	3.78/0.78	4.74**	b>c
课程指导	3.84/0.71	3.82/0.72	3.59/0.83	1.50	

① 罗生全，孟宪云.中小学早教人员教学效能的现状及提升策略[J].课程.教材.教法，2015，35(05)：12-20.

续表

	幼教类(a)(M/SD)	师范类其他专业(b)(M/SD)	非师范专业(c)(M/SD)	F	Post Hoc
育婴指导	3.99/0.78	3.99/0.74	3.94/0.77	0.05	
营养指导	3.86/0.80	3.90/0.77	3.95/0.80	0.20	
引领家长	4.11/0.70	4.07/0.70	3.86/0.81	1.54	
综合育人	4.44/0.57	4.36/0.60	4.13/0.73	3.48*	a>c

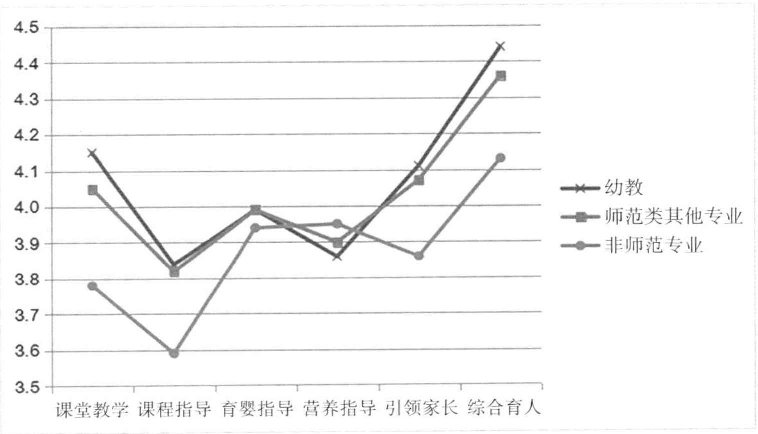

▲图3-16 不同专业背景的早教人员在各维度上的表现水平及其变化趋势

表3-19数据表明，不同专业背景的早教人员在课堂教学方面存在非常显著的差异，在综合育人上存在显著差异，而在其他维度上不存在显著差异。总体上来看，幼教背景的早教人员在四个维度上的平均得分均高于师范类其他专业和非师范类其他专业，其高低顺序为幼教类专业>师范类其他专业>非师范专业。非师范专业背景的早教人员在各个维度上的平均得分都低于其他两个类别，这可能是由以下几点原因造成的。首先，由于非幼教背景的早教人员系统地未接受过专业学习，缺乏课堂教学技能、婴幼儿教育相关专业知识。其次，存在这样的现象，有的早教人员文化水平起点较低，只是经过十几天的短期培训就直接上岗，欠缺相关的婴幼儿教育学、心理学专业知识。最后，可能存在这样的现象，非幼教背景早教人员选择这个行业可能是由于现实条件的限制，使其不得不暂时选择这个行业，当时机成熟，可能会选择到其他行业就业，故在专业发展上缺乏动力。

七、早教人员工作特征的职务差异

为研究不同专业是否对早教人员工作产生影响，本研究运用独立样本T检验对兼职早教人员和专任早教人员的工作状况进行了分析（见表3-20）。

表3-20　0—3岁早教人员工作特征的职务差异

	兼职早教人员（M/SD）	专任早教人员（M/SD）	T
课堂教学	3.72/0.66	4.15/0.58	-4.42
课程指导	3.40/0.85	3.88/0.67	-3.58*
育婴指导	3.86/0.72	4.01/0.78	-1.15
营养指导	3.68/0.79	3.93/0.78	-1.92
引领家长	3.73/0.68	4.14/0.70	-3.57
综合育人	4.02/0.61	4.45/0.58	-4.50

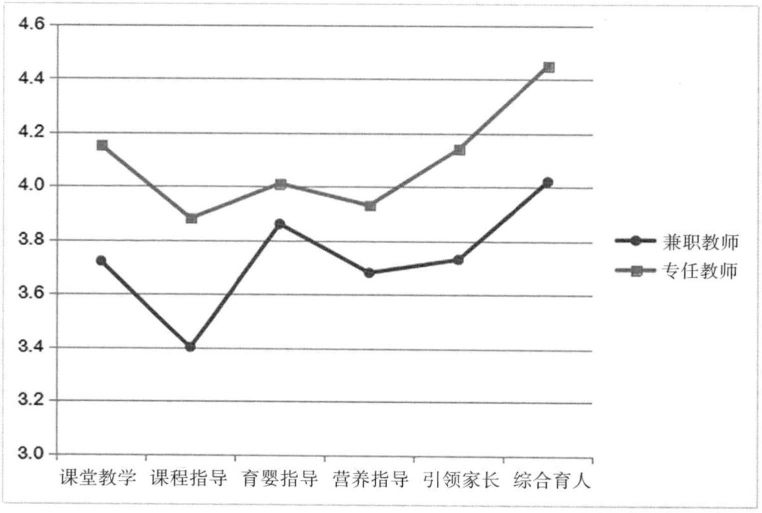

▲图3-17　不同职务的早教人员在各维度上的表现水平及其变化趋势

由表3-20可知，职务差异在课堂教学、育婴指导、营养指导、引领家长和综合育人方面不存在显著差异，只在课程指导上存在显著差异。专任早教人员得分显著高于兼职早教人员。由调查研究可知，早教人员的基本技能包括其应该具备的保教知识、保教能力、上课的基本技能和教态等。能掌握早期教育专业领域知识体系、思想与方法，了解领域渗透与知识整合，根据婴幼儿身心发展规律和学习特点，整合各领域的内容，科学规划教学活动。兼职早教人员由于还要从事其他工作，在早教人员角色这一工作中有可能就会分身乏术，没有过多的经历将早期教育方面的理论知识渗透到日常的教学中，提高教学水平。兼职早教人员由于自身具有流动性，托幼机构不肯投入经费对其进行培训。故在这方面的表现差于专任早教人员。

八、早教人员工作特征的任职资格差异

为了研究任职资格对于早教人员在工作中造成的影响，本研究运用单因素方差分析的方法对不同任职资格的早教人员进行了分析，并在此基础上对结果进行了LSD多重比较（表3-21所示）。

表3-21 0—3岁早教人员工作特征的任职资格差异

	接受过教育部门培训,有资格证明(a)(M/SD)	接受过劳动部门培训,有资格证明(b)(M/SD)	未接受过培训,也无资格证明(c)(M/SD)	F	Post Hoc
课堂教学	4.14/0.58	3.82/0.66	3.63/0.76	8.21***	a>b,a>c
课程指导	3.88/0.67	3.36/0.86	3.53/0.95	7.13***	a>b
育婴指导	4.01/0.78	3.92/0.63	3.79/0.83	0.70	
营养指导	3.90/0.78	3.77/0.80	3.79/0.86	0.44	
引领家长	4.13/0.69	3.83/0.73	3.66/0.85	5.09**	a>b,a>c
综合育人	4.44/0.57	4.16/0.63	3.88/0.67	9.13***	a>b,a>c

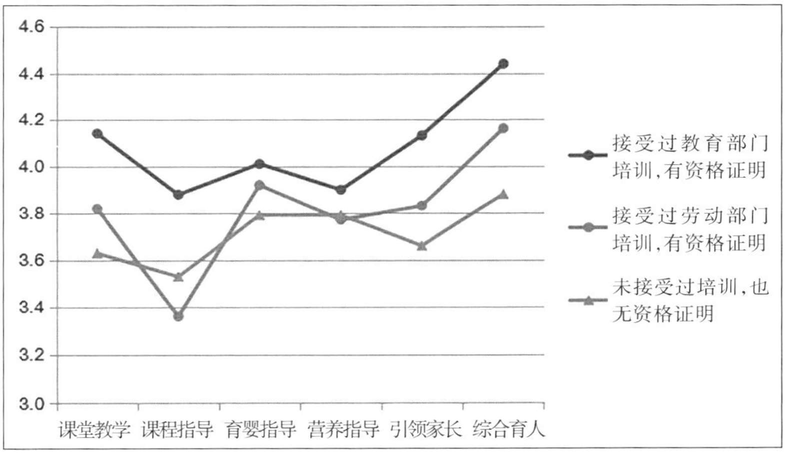

▲图3-17 不同任职资格的早教人员在各维度上的表现水平及其变化趋势

由表3-21可知,不同任职资格的早教人员在课堂教学、课程指导和综合育人三个维度上存在极其显著的差异,在引领家长这一维度上存在非常显著的差异,而在育婴指导和营养指导上不存在显著差异。除营养指导这一维度外,未接受过培训且无资格证明的早教人员在各个维度上平均分都低于其他持有资格证明的早教人员,其高低顺序依次为:未接受过培训且无资格证明<接受过劳动部门培训且有资格证明<接受过教育部门培训且有资格证明。表明接受过正规机构培训的早教人员在工作的表现中还是优于未取得资格证明的早教人员。这可能是因为以下几点原因:一是未取得资格证明的早教人员未经过系统培训,有的早教人员并没有学习过早期教育的系统知识和相关师范类专业技能。二是一些未经过专业培训或只经过短期培训的早教人员在课堂教学、课程指导、引领家长方面的表现较差。三是早教人员入职后缺少职后培训体系,没有相应的措施来确保早教人员的专业成长。这些原因导致了未经过培训且无资格证明的早教人员在工作中的表现差于接受过培训且有资格证明的早教人员。

第五节

研究结论及对策建议

一、研究结论

通过上述对0—3岁早教人员工作现状的调查分析，得到以下几条研究结论：第一，早教人员性别结构以女性为主，年轻老师、新教师居多，大专层次早教人员居多，存在师范类其他专业或非师范专业早教人员。当前0—3岁早期教育专业机构存在早教人员专业化程度低，新手早教人员多，早教人员任职资格不统一等问题；第二，早教人员的工作状态不存在显著的性别差异，即早教人员的男女性别差异并未对其工作造成显著的影响。第三，早教人员的工作状态在教龄、学历、任职资格三个方面存在极其显著的差异，即教龄长的早教人员优于教龄短的早教人员，学历越高的早教人员在工作中的状态越好，取得任职资格的早教人员在工作中的表现优于未取得任职资格的早教人员。第四，早教人员的工作状态在专业背景和职务情况两个方面存在显著的差异，即幼教专业及师范类专业在工作中的表现优于非师范专业，专任早教人员优于兼职早教人员。基于此，为促进婴幼儿早教人员工作整体水平的提升，进而促进早期教育又好又快地发展，本书提出以下建议。

二、对策建议

(一)发挥政府部门职能，制定早教人员上岗标准

针对我国早教市场鱼龙混杂，权责不明确等问题，迫切需要政府出台相应的法律文件，对托幼机构环境、师资、课程、评估进行规范，促进我国托幼机构又好又快地发展。相对于办幼儿园来说，开办一个托幼机构不需要多种办学资质，除了对环境、设施、场地等有硬性要求外，只需要在工商部门办理相应的营业执照。这样一来，很多托幼机构实际上并无办学资质。更令人担心的是法律方面的空白，教育局及劳动部门在进行监管时面临着无法可依的尴尬局面。[①]对于当前0—3岁托幼机构中早教人员专业化程度低，新手早教人员多，早教人员任职资格不统一等问题提出如下几点建议：第一，政府相关职能部门联合高校专家共同制定早教

① 底会娟.石家庄市早教机构早教人员素质现状的调查研究[D].河北师范大学，2016.

人员上岗标准,从早教人员的专业背景、年龄结构、任职类型、任职资格方面进行规范。对于非幼教专业的早教人员如果任职,要经过专业培训后,培训合格取得相应资格后才能任教。同时建议托幼机构选用专任早教人员,减少聘用兼职早教人员,避免人员的不稳定性。第二,政府行政部门要制定相应的政策法规。对托幼机构定期进行检查,若发现托幼机构选用未取得相应资格证的人员任教,要进行行政处罚,严重的停止招生并进行整顿。我们可以借鉴南京市的做法:南京市出台了一系列为规范早教市场的文件。例如针对托幼机构的登记与注册的办法,权责明确,操作性强。该法案明确表示只要某家托幼机构是在南京市开办,就必须先向人口计生部门申请,经过人口计生部门的登记注册后,法人登记由民政部门进行;如果是社会力量兴办的托幼机构,会专门针对收费进行管理;对于托幼机构师资的管理,要严格按照《南京市0—3岁婴幼儿早期教养机构设置基本条件(试行)》对早期教育人员准入资格的要求选聘早教人员。保证机构内所有早教人员都能持证上岗,即同时取得两个证书——育婴师资格证和早教人员资格证。[①]第三,完善婴幼儿早教人员职业道德规范,明确婴幼儿早教人员的师德行为标准,将师德纳入婴幼儿早教人员聘任的基本条件之中,加强教育主管部门的监管力度,建立早教人员信息数据库,每位早教人员信息平台上都有记录,以此规范早教人员的行为,促进婴幼儿园师德师风的建设。

(二)增加经费投入,提高早教人员的社会地位

由于个别地方对早期教育重视不够,使得早教人员缺乏职业认同感,社会地位不高且享受不到相应的工资待遇以及政策保障,从而制约了早期教育师资队伍的数量和质量。提高早教人员认同感和社会地位十分必要,而依法落实早教人员的地位和待遇,切实维护其权益,必须有充足的经费保障。政府应该加大财政对早期教育的投入,努力提高早教人员的工资待遇,使早教人员承担的社会责任和收入成正比,这样才能使广大婴幼儿早教人员积极、主动地投身到早期教育工作中,师资队伍才能稳定。建立经费投入机制,一方面要调整教育经费的支出结构,政府不仅要增加教育总经费,还要调整教育经费的支出结构,设立早教专项经费,为0—3岁婴幼儿早期教育事业提供必要的经费保障;另一方面要鼓励社会办学,鼓励优质幼儿园举办托幼机构,支持企业办学。形成政府、企业、社会、个人多元办学的局面。同时增强职业认同感,体现早教人员价值。托幼机构的早教人员大多分为主教和助教,不同岗位有不同的岗位职责,也决定了每人承担的角色。我们建议建立早教人员从助教—主教的角色体验的成长模式。每位早教人员通过不同岗位角色体验,不断熟悉职业特性,进一步增强职业认同感,体现早教人员的价值。经过助教、主教不同岗位角色的体验,不仅全面熟悉早教工作,也可将其看作是对早教职业逐渐接纳和认同的过程,是增强早教人员专业发展意识的一个重要环节。[②]

---

① 底会娟.石家庄市早教机构早教人员素质现状的调查研究[D].河北师范大学,2016.

② 卢筱红,陈里霞江西省0—3岁早教机构早教人员专业能力的调查研究[J].早期教育(教科研版),2015,10:14-17.

（三）重视早教人员专业发展，提高早教人员育人水平

针对早教人员专业素质能力提升中存在的小组活动少，专业学习途径少，专业发展方向不清晰，专业发展动力不足等问题。提出以下几点措施：一是托幼机构应为其早教人员提供专业发展平台，完善职后培训体系。如定期举行公开课，集体备课，参加培训等方式。定期进行业务辅导和帮助，例如组织不同园所机构就亲子活动组织形式和手段进行研讨，交流指导家长的心得，托幼机构加强与高校、科研机构的合作，邀请早教专家对机构中的早教人员进行培训，请专家撰写专业的培训教材，来园进行专题讲座或个别指导等，拓宽专业学习的途径，明晰专业发展方向，让早教人员有归属感。二是托幼机构设立相应制度，对新进早教人员实行"导师制"，由教学经验丰富的老早教人员带新老师，一对一地进行指导，帮助新老师快速成长，成为单位发展的中坚力量。亲子园应安排系列活动，激发早教人员的探索精神。如：营造真诚、宽松的氛围，让年轻早教人员回顾与评价自己的进步和遇到的新问题，然后大家一起分析讨论，帮助年轻早教人员明确下阶段的努力方向。新老早教人员也可以一起选择教材、研讨方法、外出听课学习等，这种指导符合早教人员的成长规律，能有效地促进早教人员的专业成长。①三是鼓励早教人员提高学历，继续深造。鼓励中职早教人员去读专科，专科早教人员去读本科。四是把托幼机构早教人员职后培训的成绩与托幼机构的考核与评价挂钩。切实执行以上措施才能实现早教人员的专业认同和自我价值，提高早教人员整体育人水平，保障早教人员良性的发展态势。

（四）开设早教专业，发挥高校育人功能

开设早教专业，培养专业人才。目前高校开设的学前教育专业主要都是针对的3—6岁儿童，即幼儿园就读的儿童。针对0—3岁阶段婴幼儿早教师的教材和课程较少，高校要根据当前0—3岁婴幼儿教养师资的发展需要，编写专业教材，在制定培养方案的时候加强对学生的早期教育专业课程学习。例如开设婴幼儿心理学、0—3岁婴幼儿观察与评估、0—3岁婴幼儿营养与喂哺、0—3岁婴幼儿早期教育、0—3岁亲子课程设计、亲子园筹建与管理等课程。将必修课和选修课相辅相成。必修课包括公共课和专业课。开设必修课能使学生获得早期教育的基本知识，保证培养规格和质量；开设选修课则有利于早教专业学生根据兴趣有选择性地学习。必修课与选修课是一个相辅相成的关系，没有必修课就不能保证教学的基础与均衡性；而没有选修课则没有个性的培养与发展，充其量是一种平庸的"训练"，而非人性化的教育。所以两者决不能偏废，既要保证培养人才的质量，又要满足学生的不同需求。专业基础课和专业技能课并重。对于早期教育而言，所面对的主要是托幼机构的婴幼儿，因此先进的教育理念、科学的教养方法非常重要。我们不仅要注重提高学生专业理论基础，以扎实的专业理论武装学生，同时还要使学生掌握应有的教育技能，运用娴熟的教育技能施教。理论课

① 王颖蕙.0—3岁婴幼儿早教机构早教人员专业发展的初步思考[J].教育与教学研究，2013，27(08)：111-113+125.

和实践课融合。由于幼师及其他高职早教专业的职业性和师范性，决定了其更为要重视旨在形成学生专业技能和专业能力的实践性课程。它包括校内实践课程和校外实践课程两部分：校内实践课程主要是教学法课程等，校外实践课程主要指见习、实习。[1]同时还要开展针对早期教育活动设计的实践课程、建设实训教室，如建设感觉统合训练室、奥尔夫音乐教室、蒙台梭利教室等，培养出数量足够的优质早期教育人才。此外，建议高校与相关部门联合办学，进行统筹规划、规范管理，达到相应要求后统一发证。从而使从事早教工作的早教人员具备扎实的专业知识和娴熟的专业技能。这样从根本上解决目前早教人员专业欠缺的问题，从而提高早期教育早教人员的质量。

① 王颖蕙. 早教人员培养课程设置研究[J]. 教育与教学研究，2011，25(06)：1-2+7.

第四章

婴幼儿早教人员保育保健工作的上岗标准

0—3岁婴幼儿尚不具备独立生存的能力，缺乏自我照护、自我保护的能力及经验，必须依赖成人提供生活环境和条件，给予精心照顾与养育，这是婴幼儿得以生存和健康成长的重要保证。因此，提供照护服务的0—3岁婴幼儿早期教养人员（简称早教人员）必须认识到0—3岁婴幼儿保育保健的重要性，掌握0—3岁婴幼儿保育保健的知识和必备技能，为其提供正确的、符合其身心需求的生活环境、物质条件及情感照护，保证其身心的健康成长。

第一节

早教人员保育保健工作上岗标准的研制意义

一、有助于我国婴幼儿早期保育保健工作的开展

近年来,0—3岁婴幼儿保育和保健工作得到越来越多的重视。自20世纪60年代至90年代,国际上对0—3岁婴幼儿的保育与保健的研究在服务体系已趋于完善。我国对0—3岁婴幼儿的保育保健工作也已给予高度重视。2003年3月,国务院办公厅转发教育部、全国妇联等部门《关于幼儿教育改革与发展的指导意见》,将0—3岁婴幼儿教育纳入整个国民教育体系进行统筹规划,将全面提高0—6岁婴幼儿家长及看护人员科学育儿能力纳入我国幼儿教育发展总目标。2010年5月,国务院颁发的《国家中长期教育改革和发展规划纲要(2010—2020年)》正式将0—3岁婴幼儿教育纳入我国教育改革发展规划之中,强调对0—3岁婴幼儿的教育要予以重视。2011年国务院印发《中国儿童发展纲要(2011—2020年)》指出,要积极开展0—3岁婴幼儿科学育儿指导,通过积极发展公益性普惠性的婴幼儿综合发展指导机构,以幼儿园和社区为依托,为0—3岁婴幼儿及其家庭提供早期保育和教育指导。加快0—3岁婴幼儿早期教育专业化人才的策略,达到“促进0—3岁婴幼儿早期综合发展”的教育目标。近年一些学前教育专业已将0—3岁婴幼儿的保育保健知识纳入课程体系当中,不但提高了学前教育在校生的素质,也为社会培养了一些婴幼儿照护人才。国家的重视、社会的发展促进了国内专家、学者对婴幼儿保育保健的研究,也使得一些家长意识到早期保育保健的重要性,进一步通过图书、杂志、报纸、网络以及托幼机构等各种途径获得婴幼儿照护知识和技能。与此同时,一些托幼机构也应运而生,大有方兴未艾之势。这反过来也对我国开展婴幼儿早期保育保健工作起到了促进作用。因此,相关人员保育保健工作上岗标准的制定有助于其工作的专业化,保证相关工作开展的科学性。

二、有助于婴幼儿的健康生长

无论是生物学,脑科学还是心理学的最新研究都表明:0—3岁是人发展的第一个黄金时期,其生理和心理发展速度相对更快。0—3岁包含0—1岁婴儿期及1—3岁幼儿期两个重要阶段。婴儿期是生长发育的第一个高峰期,其身高、体重、头围、胸围、脑部等的发育都是一生

中最快的。幼儿期虽然生长发育相对减缓，但仍然处于生长发育的关键时期，活动范围增大，对营养物质等需求也是相对较大的。同时，婴幼儿各器官、系统发育不够成熟，机体组织比较柔嫩，功能不完善，对自然环境的调节力和适应力较差，对疾病的抵抗力弱，容易受到外界环境的影响。因此，维护和增进婴幼儿身体健康是婴幼儿时期的首要任务，是实现婴幼儿全面、和谐发展的基础和重要条件。

（一）0—3岁是一生发展最迅速的时期

从生理和心理发展速度来比较，0—3岁是人一生发展最迅速的时期。如：3—4月是视觉发展的关键期；4—5月是听力发展的关键期；7—9月是爬行训练的关键期；12—14月是行走的关键期；14—16月是行走搬运物体的关键期；0—2岁是感知和动作的最佳发展期；2—3岁是口语发展的最佳期。此外，0—3岁婴幼儿还表现出对次序的喜爱，急切以双手和舌头探究环境，乐于走路，对微小精细的东西感兴趣，对社会性学习发生兴趣等。

（二）0—3岁是智力发展的快速期

从人的智力发展的时机来看，3岁前是人的智力发展的快速期。伴随着大脑快速发育，婴幼儿的智力发展也呈现出惊人的发展速度。美国心理学家布鲁姆通过对近千名儿童从出生一直到成年的追踪研究结果表明：人的智力在周岁以前形成50%，在3周岁以前形成80%，在5周岁以前形成95%。也就是说人在周岁以前形成其智力的大部分，人类学习的第一个黄金时期是3岁以前。

（三）0—3岁是性格形成的最佳期

从人的性格养成的时机来看，0—3岁是性格形成的最佳期。1980年英国伦教精神病学研究所教授卡斯比同伦敦国王学院的精神病学家们进行了试验观察。（程准，2009）他们的研究对象是当地的1000名3岁婴幼儿，测试结果将这些婴幼儿分为充满自信、良好适应、沉默寡言、自我约束和坐立不安五大类。到了2003年当这些婴幼儿长到26岁时，卡斯比等再次与他们进行了面谈，并且对他们的朋友和亲戚进行了调查，又在2005年对以上的试验结果进行了总结。总结上说，3岁婴幼儿的言行可以预示他们成年后的性格。这一结论为老话提到的“三岁看大”的说法提供了强有力的证据，在国际育儿学术上引起了轰动。3岁是通往个性人生的出发点，3岁前将确定性格基础，到3岁时婴幼儿在性格上已出现了明显的差异，正如我国伟大的教育家孔子所说：“少年若天性，习惯成自然。”性格一旦形成，便具有相对的稳定性，较难彻底改变。

因此，0—3岁的婴幼儿的保育保健至关重要，它将为婴幼儿的各项发展打下健康的基石。如果错过了这一时期，即使以后投入再多的精力和方法，效果也会大打折扣。

三、有助于婴幼儿的全面发展

（一）养成好的生活习惯

习惯决定命运，好的习惯应从小养成。0—3岁婴幼儿保育保健是促进个体养成好习惯的重要措施。包括主动进餐、安然入睡、讲究卫生、和谐交往、独立玩耍、懂得礼貌、喜欢读书等。主动进餐包括不挑食、不偏食、按时吃饭、尽量不吃零食等习惯。安然入睡包括在固定的时间很快入睡，睡前不用大人抱、拍、摇，不含奶瓶入睡等，同时也包括按时起床、主动穿脱衣服等。讲究卫生包括外出归来及餐前和便后洗手，睡觉前刷牙、洗澡或洗脚、洗屁屁，整理自己物品等。懂得礼貌包括不讲脏话、不抢其他宝宝的东西、见面主动问好、分别时摆手说“再见”等。和谐交往包括主动且快速融入群体、关心爱护他人、爱护玩具和小动物、乐于分享、不自私等。这样的好习惯有助于形成亲密的人际关系，也能促进语言能力的发展，还能培养婴幼儿良好的社会情感。喜欢阅读包括喜欢听故事、儿歌，喜欢“读”书或翻动一些色彩鲜艳的图书、卡片等。独立玩耍可以培养宝宝的独立、自信、创造力以及语言能力。在保障安全的前提下，早教人员应该给婴幼儿提供独立玩耍的机会，让他享受独处的快乐。

（二）养育健康的身体

“保教融合，以养为主”应是婴幼儿照护服务的重要原则。保障0—3岁婴幼儿正常的生长发育是婴幼儿照护服务的核心，也是婴幼儿照护服务最基本的意义之所在。在《中国儿童发展纲要》中一直都把婴幼儿的健康作为保育的重要目标，并予以详细的阐述。无论何时何地婴幼儿照护服务的目标都应把婴幼儿的健康放在婴幼儿发展的首位。当前0—3岁婴幼儿的父母主要集中于80，90后的一代，他们具有一定的知识文化水平，愿意接受新知识新技能，又处于信息化高度发达的当代社会。但同时又受到传统思想和父辈“育儿经”影响，因此时常对一些育儿问题感到困惑，无从解决。早教人员要重视加强对家长保育、保健知识和能力的引导，要理解帮助缺乏经验的家长更好地照护孩子是保育保健工作的重要内容。

（三）早发现早干预

早期的保育保健可及时干预先天不足（先天生理缺陷、心理障碍或行为问题）的婴幼儿，防止早期问题持续恶化。由于大脑的可塑性和婴幼儿发展关键期的存在，在婴幼儿出生后的头几年，其身体器官、骨、神经系统等都处于迅速发育阶段，可塑性极大，只要适时地抓住这个关键阶段，尽早进行科学的喂养、照护和教育，实施“早期干预”等系列救助措施，就会更容易将问题消除在萌芽状态，防止早期问题持续恶化，并产生较好的弥补效果，甚至使问题得以完全改善，为婴幼儿的后续发展奠定良好的基础。

四、有助于人口素质的整体提升

（一）从源头上提高人口素质

0—3 岁婴幼儿保育保健的实施将提高人口素质的工作提前到生命的最初阶段，这样就必然为后续各阶段的健康教育和保育工作打好基础，为社会发展奠定人才基础，从源头上提高人口素质。

（二）提高家长保健技能，改善婴幼儿家庭环境

0—3 岁婴幼儿的保育保健与家长的联系是最密切的，因为家长本身就是 0—3 岁婴幼儿早期保育保健者。家长通过参与 0—3 岁婴幼儿保育保健活动，学习如何在家庭中对孩子进行基本的保育和保健，有助于家长早期发现孩子的异常现象，做到早发现早治疗，从而提高家庭教育的质量，促进孩子的发展。

（三）强化社区服务功能，促进社会的良性发展

近年来，随着我国市场经济的飞速发展，人们的生活节奏越来越快，客观上造成了社区内人与人之间的联系越来越少。原本社区应当具备的一些特点，如居民之间共同的意识和利益，以及较为密切的社会交往等都表现得越来越不明显。由于 0—3 岁婴幼儿早期保育保健主要依托社区进行，因此把不同的家庭集中到社区早期教育中心，通过围绕早期教育问题进行共同学习、互相探讨，能促进社区成员之间的深入交往和交流，从而强化社区的社会服务功能，促进社会的良性发展。

第二节

早教人员保育保健工作上岗标准的具体内容

早教人员除了应了解 0—3 岁婴幼儿保育保健的重要性和意义外，还应知道影响婴幼儿正常生长发育的因素，了解如何判断婴幼儿的异常情况，并熟练掌握婴幼儿保育保健的必备技能，帮助婴幼儿或协助家长为婴幼儿提供必要的营养物质、适宜的生活条件等，为进一步的身心发育奠定坚实的基础。

一、早教人员保育保健工作上岗标准一

理解0—3岁婴幼儿保育指导工作的相关原则

(一)保教融合,以养为主

早教人员是从事婴幼儿照护的专业人员,专业性要求早教人员具有保育与教育的双重特性。“教”主要是对婴幼儿认知、情感、社会等方面施加有意义的影响。“养”指为满足婴幼儿生长发育需要而采取的保障性措施,包括吃、喝、拉、撒、睡的生活照护。在实施过程中,保育和教育是相互影响,密不可分,融为一体的。但由于婴幼儿时期生长发育迅速,但又不成熟的特点,强调在开展照护工作时应将婴幼儿的身体发育、安全养育等工作放在首位。坚持保教融合,以养为主的理念。

(二)遵循规律,顺应发展

婴幼儿的生长发育具有程序性和阶段性,即生长发育是一个连续过程,由不同的发育阶段组成。各阶段间顺序衔接,前一阶段的发育为后一阶段奠定必要基础,任何阶段的发育出现障碍,都将对后一阶段产生不良影响。因此,早教人员应尊重婴幼儿生长发育规律和发展过程,创设符合婴幼儿身心发展的条件,顺应生长发育的顺序。在照护实践中,把握成熟阶段和发展过程中的特点,顺应婴幼儿的天性,让他们在适宜的、丰富的自然环境中和谐、充分发展。

(三)因人而异,尊重个体差异

婴幼儿的生长发育具有程序性,即婴幼儿的发育遵循基本一致的发展规律,如身体各部的形态发育顺序是:下肢先于上肢,四肢早于躯干,呈现自下而上,自肢体远端向中心躯干的规律性变化。大动作发育规律基本为3月能抬头,4月会翻身,6月能坐,8月可爬。但这种规律在一定的范围内是有差异的,不能一概而论。早教人员既需要关注婴幼儿发育的阶段性和程序性,密切关注,把握机会,提供适宜的刺激,引导多种经验的形成,挖掘相应阶段的潜能。同时,也需要理解和尊重婴幼儿发育的个体差异,提倡实施个别化保育,使照护工作以自然差异为基础。

(四)关爱婴幼儿,满足需求

早教人员除了要具备扎实的专业知识和技能外,最重要的是要爱岗敬业,具备良好的职业道德。热爱照护工作,具有强烈的爱心、耐心和责任心;具有高尚的情操和健康的身体素质。早教人员应注重婴幼儿的情感关怀,强调以亲为先、以情为主、关爱婴幼儿、赋予亲情,创

设愉悦宽松的氛围，尊重婴幼儿的意愿，满足其生理、心理和情感的需求，促使他们积极主动、健康愉快地发展，将关爱婴幼儿真正内化为早教人员的职业特点。

（五）重视亲职教育，提供专业服务

家庭是婴幼儿生活的主要环境，家长是与婴幼儿密切联系的重要个人，家长更应承担起维护和增进婴幼儿健康的重任。“亲职教育”一词由国外翻译过来，指对家长进行关于如何科学养育婴幼儿的教育和培训①，也指协助为人父母或即将为人父母者，了解自己的职责，提供有关婴幼儿、青少年发展的知识及正确的态度，使其扮演称职父母的教育过程。（张永红，2015）即教育好婴幼儿，首先要教育其父母。早教人员是经过专业系统培训和学习，具备专业知识和技能，通过考核认证的专门人才，其在对婴幼儿进行早期照护过程中，更应重视向其父母传授相关知识和技能，主要包括：指导父母扮演称职的角色，明确其职责。为父母提供调整亲子关系的具体策略，改善父母在照护过程中的不当言行。指导父母观察和识别婴幼儿的生理和心理需求，并帮助其提供对应的满足策略。提供专业化的服务，促使父母提升其照护婴幼儿的知识和技能。

二、早教人员保育保健工作的上岗标准二

了解0—3岁婴幼儿身体健康的主要特征

身体健康主要是指个体的身体生长发育正常、机能发展协调、体质强健。身体健康的婴幼儿应具备以下主要特征。

（一）生长发育良好，体型正常，身体姿势端正

1. 各项身体发育指标如身高、体重、头围、胸围、坐高等各项指标的数值均在该年龄组婴幼儿发展的正常值范围之内。

2. 个体体型端正，身体能保持正确的姿势（如站姿、坐姿等）。形态发育无异常，如无脊柱异常弯曲、无扁平足、身材的比例符合该年龄组婴幼儿发展的基本特点等。

3. 身体各器官、系统的无生理上的异常，各项功能指标正常，并处于不断完善的过程中。

4. 身体健康，无疾病和缺陷（如画齿、斜视、弱视、近视、佝偻病、贫血等）。

5. 食欲较好、睡眠较沉、精神较充沛、能与外界进行正常交流等。

（二）对内外环境具有一定的适应能力

1. 对疾病具有一定的抵抗能力，较少患病。

---

① 范洁琼. 国际早期婴幼儿家庭亲职教育项目的经验与启示[J]. 学前教育研究，2016(11)：3-16.

2. 对外界环境的变化，如炎热、寒冷、冷热交替等具有一定的适应能力。

3. 能适应多种体位的变化，如摆动、旋转、身居高处等。

（三）体能发展良好

1. 能根据情景适时进行身体的本能动作，如抬头、翻身、坐、爬、站立、走、跑、跳跃等。

2. 身体的活动能力，如走、跑、跳、投掷、攀爬等动作能力不断提高。

3. 肌肉力量符合相应年龄段的标准，身体动作协调，能保持平衡，反应准确、灵敏和协调。

4. 手眼协调能力发展良好。

三、早教人员保育保健工作上岗标准三

熟悉0—3岁婴幼儿生长发育的基本规律，能开展符合规律的保育保健工作

婴幼儿与成人最大的区别在于婴幼儿处于不断生长发育的过程中，有害的外界因素能对婴幼儿生长发育产生可逆或不可逆的损害。认识婴幼儿生长发育的基本规律有助于早教人员顺应婴幼儿发展，给予适宜的协助与支持。

（一）婴幼儿生长发育具有阶段性与连续性

婴幼儿的生长发育是连续不断进行的，每一天与前一天都有所不同，在每天的量变中，达到生长发育的质变。根据生长发育在不同阶段的差别和特点，人为地将婴幼儿生长发育过程划分为不同阶段，前一阶段的发育为后一阶段的发育奠定必要的基础，任何阶段的发育出现障碍，都将对后一阶段产生不良影响。

（二）婴幼儿生长发育具有不平衡性

婴幼儿的生长发育过程是连续的，但各器官系统的发育速度却不是匀速的，呈现快慢交替，波浪式上升。如神经系统最先发育，6岁时脑重已达成人的90%，生殖系统在童年时期进展缓慢，到青春期迅速发育，而淋巴系统第一个10年发育特别迅速，10岁左右达到高峰，而后发育速度减慢。

（三）婴幼儿生长发育具有程序性

生长发育具有一定的顺序和方向，每个婴幼儿朝着基本一致的规律发展，如0—3岁婴幼儿的体格发育遵循远近规律、头尾规律和大小规律等，既不会越级发展，也不会停滞不前（排除疾病因素的影响）。

(四)婴幼儿生长发育具有差异性

尽管婴幼儿生长发育具有程序性,但婴幼儿的生长发育受遗传、环境、营养、教育等多方面因素的影响,会在一定范围内呈现出个体差异,表现为发育的或早或晚,或快或慢等。

(五)婴幼儿生长发育的赶上生长

当婴幼儿出现疾病、内分泌障碍、营养不良等不利现象,会出现生长发育的迟滞,而一旦这些阻碍因素被克服,婴幼儿会立即表现出向原有生长轨道靠近和发展的强烈倾向,这种现象称为赶上生长。但赶上生长是否完全实现跟不利因素出现的时机、种类、持续的长短和程度等有关。

四、早教人员保育保健工作上岗标准四

熟悉婴幼儿八大生理发展系统的基本特点

人体分为运动、消化、呼吸、循环、泌尿、神经、生殖、内分泌等八大系统,但由于婴幼儿正处于生长发育期,其八大系统与成人有着很大区别,主要体现在位置不同、发育不全、功能欠缺和大小数量比例不同等方面。

(一)运动系统

婴幼儿生长发育迅速,其骨骼不断地生长、加粗。骨膜较厚,血管丰富,有利于婴幼儿骨骼的生长和骨组织的再生和修复。一些骨骼尚未融合连接成一个整体,骨骼数量多于成年人。骨骼柔软易弯曲,也很容易出现变形、弯曲,应避免受压或姿势不良。头部骨骼是逐渐愈合,封闭的,需要特别保护。随着脊柱的生理弯曲形成,婴儿可以抬头、独坐和行走,7岁以前脊柱生理弯曲不稳定,易受到损伤,7岁后随着韧带发育完善,生理弯曲才固定下来。新生儿腕部骨骼均是软骨,6个月左右才逐渐出现骨化中心,10岁左右腕骨才全部钙化完成,因此婴幼儿的手部力量小,不能拿重物。关节发育不全,容易发生关节脱臼,应避免用力牵拉。婴幼儿肌纤维细,肌肉的力量和能量储备少,肌肉收缩力较差,容易发生疲劳,不能负重。

(二)消化系统

消化系统包括口腔到肠的整个管腔和肝脏、胰腺。承担人体营养吸取、消化、转运的功能。婴幼儿生长发育快,代谢旺盛,对营养物质的需求多,而消化功能不成熟,容易发生消化紊乱和营养缺乏。早教人员应熟知婴幼儿消化系统的特点,以做好相应的保育工作。

口腔是消化道的起端,承担人的咀嚼、消化、味觉、感觉和语言功能。新生儿口腔没有牙齿,但是牙坯已经出齐,不能咀嚼,但能吞咽,因此添加辅食前婴儿应以母乳或者配方奶为主。

新生儿的黏膜比较薄嫩，血管丰富，唾液分泌很少，口腔黏膜比较干燥，易受损伤。因婴儿口腔小，口底浅，不能及时吞咽所分泌的全部唾液，常出现生理性流涎。当萌牙以后，口腔深度变大，流涎的情况就会逐渐好转。此外，3月龄以前的婴儿唾液淀粉酶含量不足，不宜喂淀粉类食物。

食管可推进食物和液体由口腔进入到胃，防止胃内容物返流。新生儿和婴儿的食管是漏斗状。弹力纤维和肌肉发育不全，食管壁黏膜中的腺体比较少。食管下段贲门括约肌发育不成熟，调控能力比较差，容易发生胃食管返流而呕吐。

婴儿的胃是水平位置，容量小，消化功能差，容易出现溢奶和呕吐。因此，月龄较小的婴儿每次喂完奶后应竖抱轻拍背部，以防止漾奶。婴儿胃黏膜血管丰富，腺体少，分泌盐酸、胃蛋白酶和各种的酶较小，易发生消化不良。

婴儿的小肠相对成人长度更长，更有利吸收。婴儿的年龄越小结肠相对越短，不利于吸收水分而使粪便不成形，排出快，所以小婴儿大便次数相对多且不成形。婴儿大脑皮层功能发育不完善，容易发生胃—结肠反射，进食的时候容易表现出边吃边拉，或者一吃完就拉。婴儿的肠系膜长，很柔软，肠系膜下的组织较松弛，肠壁固定差，容易肠套叠和肠扭转，应密切关注婴儿的表现，以早发现。

年龄越小的婴儿，肝脏相对越大。肝细胞发育不完善，肝功能不成熟，表现为容易受各种不利因素的影响，比如缺氧、感染、药物中毒，使肝细胞发生肿胀、脂肪浸润或者变性坏死，容易纤维增生而肿大。婴儿胆汁分泌少，影响脂肪吸收，消化不好。新生儿的肝脏酶系统没有完全发育成熟，常会发生一些病理现象，比如黄疸、灰婴综合征、酪氨酸血症等。

胰腺有内分泌和外分泌两大功能。内分泌指分泌胰岛素，主要参与调控糖代谢。外分泌指的是胰腺分泌的液体和酶，如胰蛋白酶、胰脂肪酶、胰淀粉酶。这三种胰腺酶在新生儿和小婴儿的活性都很低，对蛋白质、脂肪的消化吸收功能都不完善，容易发生消化不良。所以特别强调，小于3个月的婴儿不宜喂淀粉类的食物。

(三)呼吸系统

鼻是呼吸道的入口，起着清洁、湿润、加温空气的作用，所以应引导婴幼儿用鼻子呼吸。婴幼儿的鼻腔比较狭窄，鼻腔黏膜比较娇嫩，容易发生鼻堵塞。另外，由于幼儿鼻中隔前下部血管比较丰富，黏膜比较娇嫩，容易发生异鼻出血。

咽是呼吸和消化系统的共同通道，因此吃饭时不能大声说笑以免食物进入气管引起窒息或呛咳。鼻咽部通过鼻泪管与眼部相通，通过咽鼓管与中耳相连。婴幼儿的咽鼓管较为粗短平直，鼻咽部的感染容易经过咽鼓管进入中耳，引起中耳炎。幼儿咽部的功能尚不完善，容易形成气管异物。

案例 3岁的小男孩明明，近一月不停地咳嗽、咳痰，气急，气喘，还时不时地发烧。最初，明明妈妈认为明明只是普通感冒，去诊所开了感冒药吃，但症状一直持续没有缓解。明明妈妈特别着急，辗转几家医院后终于检查出，明明是由于误吞了笔头，笔头进入气道阻塞了右侧的支气管导致的持续性呼吸道症状。在呼吸内科、耳鼻喉科、麻醉科医生组成的医疗团队合作下，对明明实施手术取出了呛在气管内的笔头。

○该案例提示：异物吸入是非常常见的婴幼儿意外伤害，从误吸异物那一刻开始，直到异物取出之前，随时都有生命危险。据不完全统计，全国每年约有3000名婴幼儿死于气道异物。这种情况极其危险，随时可能窒息，而如果较小的异物进入支气管，可能会造成咳嗽，呼吸困难，胸部不适，如果不及时治疗会发生支气管肺炎等并发症，后果不堪设想。

婴幼儿发育与咀嚼功能不完善，咽喉反射功能不健全，如瓜子、花生、豆子、葡萄干等较小却质硬不易消化的食物，在跑、跳、嬉逗或者哭闹时就容易将这类食物呛入气道。而像案例中明明这样出于贪玩、好奇等原因误吞小玩具、针、钉、扣、笔帽等物品，造成气道堵塞的也很常见。因此，婴幼儿生活的环境中应注意尽量剔除此类较易导致误吸误食的物件，坚果豆子等食物最好是研磨后再拿给孩子吃。

与成人相比，婴幼儿喉部狭长，喉软骨较为软弱，如发生炎症，易发生呼吸困难。婴幼儿的声带较短，不够坚韧，声门肌容易疲劳，容易受到损伤。气管和支气管黏膜分泌黏液，可粘住灰尘和细菌，纤毛不断摆动可清除尘埃和异物，黏液中含有抑菌和抗病毒的免疫球蛋白。但婴幼儿气管和支气管管腔狭窄，黏膜娇嫩，纤毛运动能力差。所以，婴幼儿气管和支气管自净能力较差，容易发生感染。婴幼儿的肺血管丰富，肺泡数较少。所以，他们的肺含气量较少，肺功能较差，每次呼出和吸入的气量较小。但是，由于婴幼儿新陈代谢旺盛，对氧气的需求较大，容易导致肺的供给与身体需要的失衡。为满足身体的需要，肺只有加快呼吸频率，增加每分钟通气数。

早教人员应引导婴幼儿用鼻呼吸的习惯，充分发挥鼻腔的保护作用。教育孩子不要挖鼻孔，以防鼻腔感染或引起鼻出血。教给婴幼儿正确的擤鼻涕的方法，防止鼻咽部炎症侵入眼睛和中耳。不要让婴幼儿蒙头睡眠，以保证吸入新鲜空气。保持室内空气新鲜，不让婴幼儿待在有烟的地方。科学组织婴幼儿进行体育锻炼和户外活动。经常参加户外活动和体育锻炼，可以加强呼吸肌的力量，促进胸廓和肺的正常发育，增加肺活量。培养婴幼儿安静进餐的习惯，吃喝时不说笑，教育他们不要把物品放入鼻孔，不要玩塑料袋，以防他们套在头上。注意保护婴幼儿的声带，如不唱成人歌曲，保持空气清洁和湿润，不大声喊叫等。

（四）循环系统

婴幼儿心排血量小，而新陈代谢旺盛，为满足需要，心率比成人快。因此年龄越小，心率越快。婴幼儿的脉搏很容易受内外各种因素的影响而不稳定，如哭闹、进餐、发热、运动等都会影响脉搏。因此，测量脉搏应在婴幼儿安静时进行。做适合年龄的体育锻炼和户外活动，可以获得更多的氧气，加强心肌收缩能力，还可提高血色素和红细胞数。同时婴幼儿衣着要宽紧适中，避免衣着过多，束带过紧，影响血液循环。

(五)泌尿系统

婴幼儿肾功能较成人差,膀胱贮尿机能差,排尿次数多,尿道短,易发生上行性泌尿道感染。因此早教人员应注意帮婴幼儿养成及时排尿习惯,不要让其长时间憋尿。不要让婴幼儿长时间坐便盆,以免影响正常的排尿反射。时常保持会阴部卫生、预防泌尿道感染,帮助婴幼儿用专用毛巾和盆每晚清洗外阴。1岁以后活动自如的幼儿就可穿封裆裤,教育幼儿不要坐在地上。每天适量喝水,既可满足机体新陈代谢的需要,及时排泄废物,又可通过排尿起到清洁尿道的作用。教会幼儿大便后擦屁股要从前往后擦,以免粪便中的细菌污染尿道。

(六)神经系统

人体是一个复杂的统一体,体内各器官内部之间的活动是相互制约、相互联系、相互依存的。这一切主要是在神经系统的统一调度下进行。婴幼儿大脑皮层兴奋过程强于抑制过程,因此好动,注意力不集中,容易受外界刺激转移注意力且容易疲劳。应帮助婴幼儿建立合理的生活制度,使生活规律化,以保证神经系统的正常发育。为保护视觉神经,室内要有充足的光线,婴幼儿要有充足的睡眠以利于调节大脑的功能。婴幼儿神经系统的发育速度快,应供给足够的营养,尤其是优质蛋白,以促进其发育。早教人员要通过多种教养方式,发展婴幼儿的视觉、听觉、味觉能力。并给幼儿多抚摸、多接触的机会,以发展其触觉。

(七)生殖系统

0—3岁婴幼儿生殖系统尚未发育,注重外生殖器官的清洁卫生和保护。

(八)内分泌系统

内分泌腺所分泌的激素主要是调节机体的代谢、生长发育以及免疫功能,而婴幼儿是一个不断生长发育的个体,内分泌腺所分泌的激素不仅可影响其代谢过程,还能影响其生长发育及组织分化,从而造成机体形态、功能的改变及性的发育。因此,内分泌系统对婴幼儿的生长发育有着重要的意义。

五、早教人员保育保健工作上岗标准五

掌握评价婴幼儿生长的常用指标及测量方法,能合理开展相关测量工作

评价婴幼儿生长的指标可分为形态指标和生理指标。

(一)形态指标

形态指标即身体及各部分在形态上可测出的各种长度(如长、宽、围度以及重量等)。最

重要、最常用的是身高和体重。此外，代表长度的有坐高、手长、足长、上下肢长等；代表横径的有肩宽、盆骨宽、胸廓横径、胸廓前后径；代表周径的有头围、胸围、上臂围、大腿围、小腿围；代表营养状况的有皮褶厚度等。

身高、体重、头围和胸围是衡量婴幼儿生长发育是否正常的重要指标。早教人员应掌握测量和判定相关指标的方法，并能清楚准确的口述和操作测量方法和判定指标，以开展照护工作。

1. 身高/身长

身高/身长的推算

- 从出生起3个月增长3—3.5cm/月
- 4—6个月增长2cm/月
- 7—12个月增长1—1.5cm/月
- 一岁以后：身高(cm)=年龄(岁)×5+80(cm)

身高的测量方法：3岁以下婴幼儿，由于站立测量困难所以测量卧位身长。可用标准的量床或携带式量板，脱去婴幼儿鞋、袜、帽，仅穿单裤，仰卧于量床底板中线上，一人用手左右固定婴幼儿头部，使头顶紧密接触头板。另一人站在婴幼儿右侧，左手握住两膝，使两下肢并拢紧贴量床，右手移动足板使其紧贴双脚足跟，读足板处所示数字。测量时手法要非常熟练、快速，要注意婴幼儿头部不能歪斜，双腿不能离开量板，足底与量板呈直角，否则就会出现测量误差。身高无需天天测量，2—3周测量一次即可，并记录在生长发育曲线上，结合体重、月龄/年龄判定发育是否正常。准确测量身高尽量做到“四同”：相同的测量时间；相同的测量工具；相同的测量者(不同人测量时可能卡尺的松紧度有差异)；被测量者采用相同的姿势。

2. 体重

体重的推算

- 1—6月：体重(kg)≈出生体重(kg)+月龄×0.6
- 7—12月：体重(kg)≈出生体重(kg)+月龄×0.5
- 1岁后：体重(kg)≈年龄(岁)×2+7(或8)

体重测量方法：每次测试时保证空腹，并且排去大小便，测量时可以连衣物和尿布等一同称重。不过，测试完后要减去衣物和尿布的重量。1岁以内每个月测试一次体重，把每次的测试结果记录在生长发育曲线上，通过曲线的走向可以清楚地看出体重增长趋势，结合身高、月龄判定生长发育是否良好。1岁以内婴儿体重增长很快，但在此期间婴儿的体重增长不平衡，前6个月增加快，后6个月增加比前6个月少一些。

3. 胸围

胸围的大小反映胸廓、肺及胸部肌肉等的发育。出生时胸围小于头围，随着月龄的增长，胸围逐渐赶上头围。一般1岁时，胸围与头围相等。一个营养状况良好的婴幼儿，胸围赶上头围的时间往往提前。若到2岁半时胸围还比头围小，则要考虑营养不良或胸廓、肺发育不良。

胸围的测量：3岁以下婴幼儿测量胸围时取卧位，让婴幼儿平躺在床上，两手自然平放，将软尺零点固定于乳头下缘，使软尺接触皮肤，经两肩胛骨下缘绕胸围一圈回至零点，读取的数值即是胸围。由于营养状况、气候条件、性别不同，发育也有差别。

4.头围

婴儿1—3月内头围增长最快，约可增加5—6厘米，以后增长速度逐渐变慢。1岁时，男孩的头围约46.0厘米，女孩约45.5厘米。头围增长是否正常，反映着大脑发育是否正常，脑发育不全时，头围增长缓慢；而脑积水可使头围增长过快。

头围的测量：从右侧眉弓（眉弓即眉毛的最高点）上缘，经后脑勺最高点，到左侧眉弓上缘，三点围一圈。测量结果要精确到小数点后一位。具体步骤为①寻找宝宝两条眉毛的眉弓；②将软尺的零点放在眉弓连线的中点上，以此为起点，准备开始测量头围；③将软尺沿眉毛水平绕向宝宝的头后；④寻找宝宝脑后枕骨结节，并找到结节的中点，这是宝宝脑后的最高点；⑤将软尺绕过宝宝后脑结节中点，并准备将软尺绕回前脑；⑥将软尺重叠交叉，交叉处的数字即为宝宝头围；测量过程中应注意：测量用的软尺不能过于柔软，否则测出的数据可能会误差很大；测量时，手势不能过松或过紧，否则测出的数据也不会准确；女宝宝如果平时扎小辫的话，记得将小辫散开再测量，否则测量数据不准。

（二）生理指标

生理指标即身体各系统、各器官在生理功能上可测出的各种量度。常用的有：代表骨骼肌肉系统的基本指标如握力和背肌力；代表呼吸系统的基本指标如肺活量；代表心血管系统的基本指标如脉博和血压等。此外，还有一些临床上常用的生理指标，如血、尿等生理监测指标。生理指标由临床检查提供并判断。

六、早教人员保育保健工作上岗标准六

掌握评价婴幼儿发育水平的指标，对婴幼儿的发育水平做出适宜的评价

在生长发育指标的基础上选择合理的评价方法，才能正确地对婴幼儿生长发育水平进行评价，但目前尚没有一种方法能完全满足对个体和集体的婴幼儿发育水平进行评价的要求。因此，早教人员可根据体格检查、生活环境、健康和疾病状况寻求一种简单易行的方法，对婴幼儿的发育水平做出综合的评价。

1.Kaup指数/考普指数：

K值= [体重（g）/身高（cm）2]×10。用于衡量学前婴幼儿和婴幼儿的体格营养状况。判断标准：＞22为肥胖；22-19为优良；19-15为正常；15-13为消瘦。

2. 标准差平均法（又称Z评分法）

$$Z评分=\frac{(婴幼儿测量数据 - 参考标准的中位数x)}{参考标准的标准差SD}$$

◇**身高的判定方法**

--3	--2	-2-2	2-	3-
重度生长迟缓	轻度生长迟缓	正常	偏高	高身材

案例 小小，3.5岁男童，体重13.7kg，按国家标准该年龄段男童中位数体重为14.65kg，标准差为1.58kg。通过计算，其Z评分—0.6。一般来说，Z评分绝对值越大说明婴幼儿生长发育状况越好或越差，绝对值越小说明越接近平均水平，小小的身高判定为正常。

◇**体重的判定方法**

--3	--2	--1	-1-1	1-	2-	3-
重度消瘦	消瘦	偏瘦	正常	超重	肥胖	重度肥胖

七、早教人员保育保健工作的上岗标准七

了解0—3岁婴幼儿营养需求，能指导家长进行正确喂养

（一）0—1岁婴儿营养指导

1. 坚持母乳喂养

母乳喂养是婴幼儿最佳的喂养方法，是改善婴幼儿健康最有效的干预措施。母乳喂养不仅方便、经济、卫生，且有利于婴儿骨骼和智能发育、提高免疫力、降低成年后代谢性疾病的发生，还有助于母亲产后恢复、增进母子感情，降低母亲患骨质疏松、乳腺癌、卵巢癌等疾病的风险，对母亲及婴儿均具有近远期健康效益。世界卫生组织（WHO）建议：婴儿应纯母乳喂养至6个月，并继续母乳喂养至2岁。

早开奶指婴儿出生后半小时内进行母乳喂养，但不强调婴儿是否吃到母乳，而是强调皮肤早接触、早吸吮，即新生儿出生后30分钟内将新生儿裸体抱放在母亲（产妇）胸前，帮助新生儿含吮到乳头的过程。研究表明，早开奶对产后早期的母乳喂养有促进作用，且早开奶具有减少特异性感染，降低婴儿死亡率，促进母婴情感交流，增加母乳喂养持续时间等多种益处。

《6月龄内婴儿喂养指南》指出：产后尽早开奶，坚持新生儿第一口食物是母乳，这有助于预防婴儿过敏的发生，促进乳汁尽早分泌。

尽管新生儿出生后母亲不一定立马有乳汁分泌，但孩子出生后也不需要马上喂养。对于

刚出生的婴儿来说，哭闹并不一定是饥饿的征兆，哭闹往往是促进肺内液体回收。只要婴儿体重下降没有超过出生时的7%，就可以坚持母乳喂养。如果下降超过7%，母乳仍然不足(这种情况很少见)就应该考虑配方奶喂养，但应在婴儿每次吸吮母亲乳房每侧10—15分钟后。

WHO和UNICEF强调婴儿母亲应做到按需哺乳，即无论白天或是晚上，婴儿一旦有需要就要进行喂养。按需哺乳可及时排空乳房，防止因胀奶而导致乳腺炎，并通过频繁的吸吮乳房刺激垂体分泌更多的催乳素，使奶量不断增多，同时也可避免母亲不必要的紧张和焦虑。WHO建议：婴儿应纯母乳喂养至6个月，并继续母乳喂养至2岁。即没有特殊情况，婴儿在6个月内只需按需哺乳，无须额外添加其他食物，包括水。6个月左右根据婴儿具体情况添加辅食，并继续母乳喂养。

2.合理添加辅食

婴幼儿期的营养状况决定了婴幼儿近远期的健康结局。世界范围内五岁以下婴幼儿的疾病有45%与营养不良相关，这通常与1岁以前不合理喂养方式有关，因此，合理的辅食添加对婴幼儿的近远期健康非常重要。早教人员应充分认识辅食添加的重要性和方法，并能正确的将辅食添加原则与方法传达给(准)父母。

除母乳、婴儿配方奶粉和特殊婴儿配方奶粉外的所有固体和液体食物都属于辅助食品。辅食添加的目的包括：补充乳类营养的不足；利于食物性状的转换；促进小儿生长发育。

(二)1—3岁幼儿营养指导

1.合理安排膳食

1—3岁幼儿处于生长发育的旺盛阶段，对营养质和量的需求相对较高。其饮食要从乳类为主逐渐过渡到以固体食物和多样化食物为主。

2.食物多样化

幼儿准备食物时，应该注意食物品种的多样化，从谷物类、禽肉、鱼、蛋类、蔬菜、水果奶类等各类食物中选择适合幼儿的品种和烹调方式，安排好幼儿每天的膳食。

3.适宜的餐次比

幼儿胃容量有限，但营养需求旺盛，因此幼儿的餐次安排应实行三餐两点，即三次正餐之间应有适当的加餐。

4.培养良好的饮食习惯

注意培养幼儿对食物的兴趣和好感，引起幼儿旺盛的食欲，有助于消化腺分泌消化液，使食物得到良好消化。饮食要定时定点完成，避免边吃边玩。饮食要规律，保证正餐吃好，不要随意吃零食、糖果。正餐之间可以加1—2次点心。适时训练婴幼儿自己使用杯、勺、碗、筷；

自己用手拿饼干吃；不要让小儿用手抓饭、菜吃。

八、早教人员保育保健工作上岗标准八

熟悉0—3岁婴幼儿日常生活特点，提升家长的养育知识和技能

（一）婴幼儿睡眠特点

充足有效的睡眠是保证婴幼儿健康成长的必要条件，良好的睡眠有助于婴幼儿大脑发育，增强记忆力。同时使身体得到充分的休息恢复体力，减少能量消耗。睡眠状态下，生长激素分泌较多，有助于婴幼儿的生长发育。不同年龄的婴幼儿睡眠时间的长短不一样，随着年龄的增加，婴幼儿睡眠时间逐渐缩短，表4-1为各年龄段婴幼儿平均睡眠时间。睡眠充足标准为：清晨自动醒来，精神状态良好。精力充沛，活泼好动，食欲正常。身高、体重符合相应年龄段的生长发育情况。

表4-1　婴幼儿平均睡眠时间

月龄/年龄	平均睡眠时间（小时）
新生儿	20
2个月	16-18
4个月	15-16
8个月	14-15
1岁	13-14
1.5岁	12.5-13
2—3岁	12-12.5

（二）婴幼儿饮食特点

婴幼儿胃容量有限，消化功能发育尚不成熟，但由于婴幼儿生长发育迅速，对营养需求又相对较高。因此婴幼儿餐次相对较多，随着年龄的增加而逐渐减少餐次，增加每次摄入的食物量，并选择营养素密度高的食物。表4-2是婴幼儿饮食次数和间隔时间的参考。

表4-2　婴幼儿饮食次数和间隔时间的参考表

月龄/年龄	次数	间隔时间（小时）
新生儿-6个月，母乳喂养	按需哺乳	
新生儿-2个月，混合或人工喂养	7-8	3-3.5
2-4个月，混合或人工喂养	6-7	3-4
8个月	6	4

续表

月龄/年龄	次数	间隔时间(小时)
1岁	5-6	4
1.5岁	5	4
2—3岁	4	4

在进食吞咽时,声门会自动关闭,防止食物误吸到气管内。由于婴儿尤其是新生儿发育尚不成熟,容易引起呛奶的现象。轻微的呛奶婴儿自己会调适呼吸及吞咽动作,只需密切观察其呼吸状况及肤色即可。严重的呛奶会引起气道堵塞而窒息。因此,在喂养过程中应积极预防呛奶的发生。首先不要在婴儿哭泣或欢笑时喂奶,避免等到婴儿非常饥饿时才喂奶,哺乳时婴儿应斜躺在妈妈怀里,不要躺在床上喂奶。人工喂养婴儿时更不能平躺,应取斜坡位,奶瓶底高于奶嘴。人工喂养时奶嘴孔不可太大,倒过来时奶水应成滴而不是成线流出。泌乳过快时,用手指轻压乳晕,减缓奶水的流出。乳母的乳房不可堵住婴儿鼻孔。喂养时注意观察婴儿脸色表情,若嘴角溢出奶水或口鼻周围变色发青,应立即停止喂奶。喂完奶后,将婴儿直立抱在肩头,轻拍婴儿的背部帮助其排出胃内气体,最好听到打嗝,再放婴儿在床上。喂完奶后婴儿宜右侧卧30分钟,再平卧,不可让其趴着睡,避免婴儿猝死。如果婴儿呛奶时,应立即将婴儿趴在成人手臂或者大腿上,稍用力地拍其背;或用双手拢在其上腹部,冲击性向上挤压,使其腹压增高,借助冲击力,使气道呛奶部分喷出。

若婴儿平躺时发生呕吐,应迅速将其脸侧向一边,以免吐出物向后流入咽喉及气管。然后把干净手帕或者消毒纱布缠在手指上,伸入口腔中,将呕吐物快速清理出来,以保持呼吸道顺畅,然后用小棉花棒清理鼻孔。当婴儿憋气不呼吸或脸色变暗时,表示吐出物可能已进入气管,应让其俯卧在床上,用力拍打背部四五次,使宝宝能将奶水咳出来。或者用双手拢在其上腹部,冲击性向上挤压,使其腹压增高,借助冲击力,使气道异物喷出。

(三)婴幼儿排泄特点

大便特点:婴幼儿大便的次数和性状与其年龄和饮食息息相关,不同年龄以及不同的饮食条件下婴幼儿的大便次数和性状可能差别相当大,但可能都是正常的。大便可反映婴幼儿消化、排泄异常或疾病。新生儿出生3日内会排胎便。胎便呈黑绿、墨绿或深绿色,黏稠像沥青,无臭。纯母乳喂养的婴儿大便呈黄色或金黄色,均匀膏状或带少许黄色大便颗粒,偶尔稍稀而略带绿色,无臭。每日排便可以2—8次,也可能好几天才排1次。一般在逐渐添加辅食后大便次数减少,1岁后减为每日1次左右。人工喂养婴儿大便呈淡黄色或灰黄色,较干稠,因牛奶含蛋白质较多,有明显臭味,每日1—2次左右。添加淀粉类辅食后,大便量会增多,稠度稍减呈暗褐色,臭味加重。若加蔬菜水果,大便外观会逐渐接近成人。如婴儿出现黑色大便,可能是上消化道出血或服用铁剂。果酱样大便伴有异常哭闹或为肠套叠。脓血便可能为细菌性痢疾。大便带血丝可能为便秘或肛裂。异常大便时应及时就医。

小便特点：婴幼儿排尿次数较多，每日10—20次左右，应视为正常生理表现。尿液的量因天气、季节、饮水量等不同而不同，应注意观察婴幼儿的尿量，及时补充水分。出生后仅在最开始时排的尿液颜色可较深而带浊，在整个婴幼儿期新鲜尿液几乎是无色无味而透明的或淡黄色。当饮水不足或液体排出增加时，尿液的颜色加深，味道加重，尿量减少，应及时补充水分。当尿液出现红色、脓样或浑浊时应及时就医。

（四）婴幼儿生活环境特点

婴幼儿需要一个安全、卫生、舒适的生活环境，婴幼儿房间要安静、清洁、阳光充足、空气新鲜、温度适宜，居室温度冬季以18—21℃，夏季以25℃为宜，相对湿度不高于70%。经常开窗通风，使室内浑浊空气及灰尘、微生物排出室外。冬天避免门窗紧闭，开窗时要注意避免对流风。婴幼儿居室最好每隔2—3小时开窗换气一次，每次开窗时间15—30分钟。不能在婴儿室内吸烟、烧煤，最好不养宠物。

婴儿对声音的音域和强度都有一定的适应范围。噪声会使婴儿烦躁不安，损害听力。应注意不让婴儿处于噪声环境中，不要带婴儿去声音嘈杂的地方。家里的电视机、音响不要开得太响，不要让婴儿玩声音过大的玩具。节日远离爆竹等。婴儿只能适应柔和的光线，没有躲避强光的能力。因此不能用闪光灯对婴儿照相，不要让婴儿眼对着太阳，婴儿床上方不要装灯，不要抱着婴儿一起看电视。

九、早教人员保育保健工作上岗标准九

能根据婴幼儿的日常生活特点，对婴幼儿进行科学的护理与保育

日常生活作息时间是婴幼儿每日活动及具体时间的安排，编制婴幼儿日常生活作息表是为了根据婴幼儿日常生活的基本需要，有计划地的安排好生活活动、运动锻炼和各种游戏活动，在每天的生活中规定具体的时间，便于婴幼儿建立良好的习惯，也便于早教人员的工作开展。日常生活作息的编制原则：(1)必须以婴幼儿的生理性需要为基础；(2)根据年月（龄）进行调整；(3)活动安排动静结合；(4)为保证必需的生理需要，早教人员还要有灵活变通的经验；(5)根据季节的变化和家庭环境变化的实际进行调整；(6)便于早教人员进行全日工作的安排。

（一）婴幼儿睡眠安排及保育

婴儿每天约睡14—15小时，白天睡2—3次，每次2—2.5小时，夜间睡10小时。婴儿应单独睡一张小床，软硬适中，床边装有栏杆，不能有尖锐边角。被褥干净、柔软、干燥，婴儿不宜盖得太厚，不能包裹婴儿，不穿太多衣服睡觉。卧室温度以18—25℃为宜，空气清新，避免穿堂风。光

线不能太强，但白天尽量不拉窗帘，以区分白天和晚上。睡前不做剧烈运动，不过度兴奋。

不要让婴儿养成哄拍、摇动睡觉的习惯，要养成放在床上自动入睡。也不要让婴儿入睡时养成吸吮手指、吸奶嘴、咬被角等不良习惯，吮手指、奶嘴等都能使婴儿从中获得愉快与满足，但不能使婴儿熟睡，应及时纠正。

（二）婴幼儿饮食保育

婴幼儿的饮食安排见“前文标准七”。

婴幼儿饮食器具消毒是婴幼儿饮食保育中较为重要的内容。婴幼儿使用频率最高的餐具是奶瓶。奶瓶即使多次清洗，也难免会有残留奶渍，而奶渍营养丰富，容易滋生细菌，容易引起婴幼儿肠道问题，奶瓶的消毒至关重要。一般奶瓶的消毒方式可分为煮沸法及蒸汽锅消毒法，具体步骤如下：

①煮沸消毒法：不锈钢的煮锅里面装满冷水，水的深度要能完全覆盖所有已经清洗过的喂奶用具。（该不锈钢锅供消毒奶瓶专用，不可与家中其他烹调食物混用），水开后5—10分钟再放入奶嘴、瓶盖等塑胶制品，盖上锅盖再煮3—5分钟后关火，等到水稍凉后，再用消毒过的奶瓶夹取出奶嘴、瓶盖，待干了之后再套回奶瓶上备用。需注意的是塑胶制成的食具，都不宜煮久，所以建议在水开后再放入，也可以注意奶瓶上的耐温标示，如果不耐高温最好使用蒸汽锅消毒。

②蒸汽锅消毒法：目前市面上有多种功能、品牌的电动蒸汽锅，可以依照自己的需要来选择，消毒的方式只需要遵照说明书操作，就可以达到消毒的目的。但需注意的是，使用蒸汽锅消毒前，仍先将所有的奶瓶、奶嘴、奶瓶盖等物品彻底清洗干净，然后再一起放入，待其消毒完毕，电动工蒸汽锅会自动切断电源。

（三）大小便的训练

婴儿由于大脑发育不完善，不能有意识地控制大小便，早教人员应注意观察婴儿的排便情况以帮助清理会阴部，随时保持其会阴部的清洁和干爽。随着年龄的增长，大脑发育成熟，早教人员应耐心地指导和训练婴幼儿控制大小便。这并非一件容易的事情，需要长时间的练习。

开始使用尿布时，应注意勤换尿布，让婴儿感受干、湿尿布的区别，为婴儿感受尿意打下基础。在排泄时，早教人员可发出某种固定的声音让婴儿将声音与排便建立联系，并逐渐学会表达尿意。鼓励和引导婴幼儿自己排便，当发现婴幼儿有排便迹象后，应及时指导他们排泄，成功排便后予以表扬和鼓励，以增强其排便的信心。对于偶尔尿裤子时也不应指责。

婴幼儿一旦有排泄欲望就应及时排泄，避免膀胱过度充盈或出现便秘。培养婴幼儿良好的排泄习惯，包括用语言表达排便习惯、专心排便、便后使用卫生纸的能力和习惯，便后及时冲厕所洗手的习惯。

(四)婴儿换尿布

婴儿白天可以3小时换尿布一次,大婴儿可以4—6小时换尿布一次,晚上可以一夜换尿布两次或是换尿布一次。更换尿布要根据婴儿所处的月龄来调整,一般喂奶前、后;睡觉前、后。具体步骤:

(1)舒适和坚固的平面:将婴儿平放于地板、床或小桌上,使其感觉舒适安全,注意应时刻用手保护婴儿的身体以免摔伤。

(2)充分准备:在换尿布前将干净的尿布、尿布桶、护肤柔湿巾、护臀膏等准备好,以备更换尿布时使用,并且要清洁好双手。

(3)尿布更新:尿布一次使用两块,分别叠成长方形和三角形。使用时将长方形尿布放在三角形尿布之上,让它形成T"字形。让后取两块叠好的尿布一齐塞在婴儿臀部下面;将上面长方形尿布盖住会阴部,然后将三角形尿布的三个角在会阴部上方系在一起;再在婴儿臀部的上、下两面各垫一小棉垫子,这样既可以保证婴儿能够自由舒服地伸腿活动,又能避免尿湿被褥。

(4)使用婴儿护肤柔湿巾:最初的几个月,婴儿的娇嫩肌肤对一次性尿布中的护臀膏和润肤露成分是比较敏感的,因此在此阶段可清洁的、柔软的、温暖的尿布片是最佳的选择。等到婴儿稍微大一些,可使用一次性尿布或两种尿布同时使用。

(5)彻底清洁:打开尿布,用柔软的棉签或护肤柔湿巾轻轻擦拭婴儿的阴部和臀部。

(6)防止尿布疹:如果婴儿得了尿布疹,可使用护臀膏在婴儿的臀部建立一层保护膜以防止进一步的感染和过敏。

(五)婴幼儿着装

婴幼儿着装的要求除了能保暖和美观外,还应舒适、方便和安全。婴幼儿着装应根据季节和实际情况随时增减衣物,夏天应透气凉爽,冬天应保暖舒适,一般情况下,婴幼儿的衣着厚薄与成人的类似,不能因为觉得婴幼儿免疫力低或更弱小就增加衣物的厚度和数量。舒适的着装应大小、松紧合适,面料柔软、吸湿透气、款式简单、不妨碍婴幼儿的生活。安全的着装应确保衣裤配饰如扣子、带子、装饰物等不会导致意外,也不妨碍婴幼儿活动。方便的着装应便于婴幼儿穿脱和运动。早教人员除了教会婴幼儿穿脱衣物外,还应鼓励并帮助婴幼儿学习独立穿脱衣服,对年龄较小的婴儿,应在困难时给予帮助。

(六)婴儿沐浴

沐浴前的准备:对于新生儿应准备消毒脐带的物品,预换的婴儿包被、衣服、尿布,以及小毛巾、大浴巾、澡盆、冷水、热水、婴儿爽身粉等。早教人员洗净双手,同时脱去手上的装饰物并检查一下手指甲长短是否合适，以免擦伤婴儿。给婴儿沐浴时室温控制在25—28℃为宜。

沐浴时间的选择：选在两次喂奶之间，沐浴前婴儿最好是清醒的且情绪安稳。

沐浴的步骤：

第一步：早教人员洗净手，然后用柔软的毛巾轻轻地擦洗婴儿的脸并用棉球分别擦洗耳朵眼和鼻孔。

第二步：给婴儿脱掉衣服，擦拭一下臀部，以免把洗澡水弄脏，控制水温在37—39℃，轻轻把他放到温度适宜的水中，用手托着婴儿，轻轻擦洗身体。避免水进入眼睛和耳朵。

第三步：冲洗完毕，将婴儿从水中抱出，马上给他披上干燥而柔软的浴巾，轻轻而细致地将水擦干，特别要注意有皱褶的地方，如耳朵、颈部、腋窝、肚脐、外生殖器、脚趾缝隙等。

第四步：沐浴后最好进行抚触，抚触完后给婴儿穿上事先准备好的干净衣服。

应注意不要把婴儿独自留在澡盆里，不要让婴儿自己站在水里，不应将婴儿放在热水龙头下，如无法避免可用毛巾将热水龙头盖住。

不宜沐浴的情况：打预防针后暂时不要洗澡；频繁呕吐、腹泻时暂时不要洗澡；皮肤有外伤时不宜洗澡；喂奶后不应马上洗澡。

十、早教人员保育保健工作上岗标准十

认识0—3岁婴幼儿常见疾病，掌握常见疾病的防治及保育措施

（一）婴幼儿常见疾病与保育

1.缺铁性贫血

缺铁性贫血（IDA）是婴幼儿时期最常见的一种贫血，我国2岁以下儿童的发病率为10%—48.3%。其病因是体内铁缺乏，致使血红蛋白合成减少而发生的一种小细胞低色素性贫血。IDA的发病高峰年龄在6个月—3岁，患儿常有皮肤和黏膜苍白，软弱无力，心悸、气急、食欲差、不愿活动，精神不振，对环境不感兴趣，易烦躁、哭闹。年长儿可诉头晕、眼前发黑、耳鸣等。肝、脾、淋巴结可轻度肿大，常可见口角炎、舌乳头萎缩、肛门发炎、反甲、舌乳头萎缩等。严重者出现异食癖。贫血严重时可有心脏扩大和心功能不全。IDA患儿还可出现免疫功能低下，容易合并感染。在正常情况下，铁吸收和排泄基本是平衡的。如果铁的消耗超过体内所能供给的量，就会发生缺铁。引起缺铁的可能因素有：

（1）贮存铁不足：早产儿、母亲怀孕期严重缺铁、胎儿宫内失血等均可出现贮存铁不足。

（2）饮食中铁含量不足：以牛乳、米、面粉等食物为主进行人工喂养的婴儿，由于食物中含铁较少，不足以适应生长的需要，故易发生缺铁或缺铁性贫血，早产儿尤其如此。

（3）吸收障碍：消化系统的疾病如长期慢性腹泻、脂肪痢等均可影响铁的吸收。

(4)需要量增加:婴幼儿尤其是早产儿生长发育快,青春期前后发育也快,如饮食中无足够的铁供应,即可发生缺铁性贫血。

(5)失血:长期慢性失血见于消化性溃疡、钩虫病、多发性肠息肉、血瘤、梅克尔憩室炎或者炎症性肠病等,急性失血见于外伤、鼻出血等。

上述病因可单独存在,也可有2种或2种以上同时存在而导致缺铁。疑是有缺铁性贫血的婴幼儿或存在高危因素的婴幼儿应尽早就医,并进行正规治疗。

缺铁性贫血的预防:母亲在妊娠期间应常吃含铁丰富和富含维生素C的食物。婴儿应及时合理添加辅食(见前文标准七),首添的辅食应是含铁丰富的食物。

2.维生素D缺乏性佝偻病

维生素D缺乏性佝偻病是一种婴幼儿常见营养性缺乏病,占佝偻病发病数95%以上。其病因是婴幼儿体内维生素D不足引起全身性钙、磷代谢失常以致钙盐不能正常沉着在骨骼的生长部分,最终发生骨骼畸形。其主要特征为正在生长的长骨干骺端或骨组织矿化不全,或骨质软化症,多见于2岁以内婴幼儿。佝偻病虽然很少直接危及生命,但因发病缓慢,易被忽视,一旦发生明显症状时,机体的抵抗力低下,易并发肺炎、腹泻、贫血等其他疾病。近年来,严重佝偻病发病率已逐年降低,但轻、中度佝偻病发病率仍较高。维生素D缺乏性佝偻病表现为早期常烦躁不安,爱哭闹,睡觉易惊醒,汗多,特别是入睡后头部多汗,由于汗的刺激不舒服,故头常在枕头上摩擦,使脑后枕部半圈秃发,医学上称"枕秃"。以后逐渐出现骨骼改变,如前囟门闭合延迟(正常应在1.5岁前闭合),出牙晚,可晚至1岁才出牙,头较大呈方形,肋骨下缘外翻,鸡胸、"O"形腿等。到医院做血液化验可发现钙、磷含量偏低。

婴幼儿应做好维生素D缺乏性佝偻病的预防措施:(1)加强宣传工作。(2)推广法定维生素D强化食品。(3)加强婴幼儿合理喂养,母乳喂养应从2周后开始补充维生素D3,混合喂养和人工喂养应选择强化维生素D的配方奶,根据每日配方奶维生素D摄入量进行相应的补足。(4)加强户外活动增加紫外线照射以促进皮下维生素D的合成。

3.婴幼儿上呼吸道感染

上呼吸道感染是婴幼儿常见的感染性疾病,是指上部呼吸道的鼻、咽和喉部的呼吸道炎症,临床诊断的急性扁桃体炎、急性咽炎、急性鼻咽炎都属于上呼吸道感染(简称上感)。一年四季都会发病,但冬春季节交替时较多,婴幼儿最多见,每年常有数次,症状表现轻重度不同。轻度症状表现为低热、流涕、鼻塞、轻咳、打喷嚏、腹泻或轻度呕吐等,鼻黏膜充血水肿,分泌物增多,咽部稍红,颈部或颌下淋巴结可轻度肿大,精神状态良好,自然病程在3—7天左右。重者体温升高,常在39℃以上,症状表现为精神较弱、头痛、阵咳、咽痛、呕吐、乏力、畏寒、食欲下降等,有明显的咽部充血,扁桃体红肿,颌下淋巴结肿大压痛。炎症还可波及中耳、鼻窦和气管,引起中耳炎、鼻窦炎和气管炎。上感大多由病毒引起,少数为细菌或肺炎支原体引起。三个月以下婴儿发热轻微或无发热，因鼻阻及鼻阻所致的症状较突出。如哭闹不安、张口呼吸、吸吮困难、拒奶、有时伴有呕吐及腹泻。婴幼患儿表现：(1)全身病毒症状较重，病初突然高热39.5—40℃，持续1—2天，个别达数日，部分患高热同时伴有惊厥；(2)一般鼻塞、流涕、咳嗽或咽痛等症状较重；(3)常伴有拒食、呕吐、腹泻或便秘等消化道症状；(4)体检除发现咽部充血外无其他异常体征。上感患儿切勿随意吃药，应经正规医院诊断后，进行相应的对症或对因治疗。日常生活中应根据天气变化及时增减衣物。不去人群拥挤和空气不良的地方，感冒流行时，尽量避免去公共场所或接触患者。

4. 婴幼儿支气管炎

急性支气管炎在婴幼儿时期发病较多、较重，常并发或继发于上下呼吸道感染。发生支气管炎时，气管大多同时发炎，如果涉及毛细支气管，则其病理与症状均与肺炎相仿。发病可急可缓，大多先有上呼吸道感染症状，也可忽然出现频繁而较深的干咳，以后渐有支气管分泌物，重者发热38—39℃，偶达40℃，多2—3日即退，感觉疲劳，影响睡眠食欲，甚至发生呕吐，腹泻，腹痛等消化道症状，年长儿常自诉头痛及胸痛，咳嗽一般延续7—10天，有时迁延2—3周，或反复发作，如不经适当治疗可引起肺炎。一旦有疑似症状应及时就医。

5. 婴幼儿胃肠炎

胃肠炎是一种常见的消化道疾病。常因肠道内的细菌和病毒感染或因上呼吸道的炎症、肺炎、肾炎、中耳炎等胃肠道以外的疾病引发，以及不合理喂养方式、气候变化等原因引起。一般表现为：轻型腹泻，一般状况良好，每天大便在10次以下，为黄色或黄绿色，少量黏液或白色皂块，粪质不多，有时大便呈“蛋花汤样”。较重的腹泻，每天大便数次至数十次。大量水样便，少量黏液，患儿伴有恶心呕吐，食欲低下，有时呕吐出咖啡样物。如出现不规则低烧或高烧，烦躁不安进而精神不振，意识模糊，甚至昏迷应引起高度重视及时就医。婴幼儿胃肠炎一般进行对因治疗。平时应注意家庭卫生，如安装纱窗、扑灭苍蝇、蟑螂，保持环境清洁。避免带小儿到公共场所，避免吃生冷不洁的东西。婴幼儿餐具应注意安全及清洁。对婴幼儿进行个人卫生教育，指导其勤洗手，培养良好卫生习惯等。

6. 婴幼儿尿布疹

婴幼儿尿布疹是发生在裹尿布部位的一种皮肤炎性病变，也称为婴儿红臀，表现为臀部与尿布接触区域的皮肤发红、发肿，甚至出现溃烂、溃疡及感染，稍有轻微的外力或摩擦便会引起损伤。轻度尿布疹可发现在会阴部，肛门周围及臀部，大腿外侧，皮肤的血管充血发红。中度婴儿尿布疹会出现渗出液，并逐渐增多，继而表皮脱落，形成浅表的溃疡，并可伴随红斑、丘疹。重度婴儿尿布则发展为较深的溃疡，甚至褥疮，皮疹并可向外延及大腿内侧或腹壁等处，由于皮肤破损，细菌易繁殖造成局部感染，严重时细菌从感染的局部侵入血液，引起败血症。

预防尿布疹的要点：选择适宜尿布并勤更换尿布，尿布要洗涤干净。选择适合宝宝的尿布，如最好给婴儿使用棉尿布。因为棉尿布舒适、透气，而且可以重复使用。勤换尿布：一般是每次喂奶前先换尿布再喂奶，宝宝睡前、睡醒后换尿布，平时也要经常检查尿布、及时更换。时常清洗臀部，保持臀部清洁和干燥。若使用纸尿裤：每次换纸尿裤应注意将两边的胶粘对准腰的位置，分别撕开贴牢，可以防止尿液从背部漏出。宝宝尿多，尿液也有可能从两侧渗漏出来。最好使用防漏设计的纸尿裤，可有效地防止渗漏。宝宝使用纸尿裤虽然很方便，但一定要重视臀部的护理。纸尿裤使用时间不宜过长，需要通风换气，否则仍有可能得尿布疹。刚出生的宝宝肚子上有还未脱落的脐带，使用时可将纸尿裤往内折或往外翻，或专门使用肚脐凹形设计的纸尿裤，以免脐带根部与纸尿裤摩擦，使皮肤磨破、发炎、出血。

7.婴幼儿湿疹

婴幼儿湿疹又称“奶癣”，是婴幼儿时期常见的一种皮肤病，最早可见于2—3个月的婴儿，2岁以后发生的概率会减小。皮疹多见于头面部，如额部、双颊、头顶部，以后逐渐蔓延至、颈、肩、背、臀、四肢，甚至可以泛发全身。初起时为散发或群集的小红丘疹或红斑，逐渐增多，并可见小水疱，黄白色鳞屑及痂皮，可有渗出、糜烂及继发感染。患儿会烦躁不安，夜间哭闹，影响睡眠，常到处抓瘙。由于湿疹的病变在表皮，愈后不会留瘢痕。

婴儿湿疹的防治原则，主要是减少本病的诱发因素，减轻或缓解症状。尽量避免一切外来的刺激，如衣着要柔软、宽身，羊毛、化纤的衣服不要直接贴身穿着。尽量减少粉尘的吸入，避免接触猫、狗等动物。防止患儿因瘙痒而抓破皮肤。保护皮肤防止感染，但要避免过度的皮肤清洁，特别是避免用热水、碱性较强的肥皂或消毒药水洗澡，衣服、尿布等衣物要勤换洗，保持皮肤清洁。合理调整饮食，避免食用过敏性食物，坚持母乳喂养，及时添加辅食，避免刺激性食物。总之，对于婴幼儿湿疹应找出原因，对症治疗，合理喂养，精心护理，重视预防。

（二）0—3岁婴幼儿常见症状的保育

1.发热的保育

体温的正常范围：一般腋窝温度为36—37.4℃，超过37.5℃定为发热，俗称发烧。发热进一步划分为：37.3—38℃为低度发热；38.1—39℃为中度发热；39.1—41℃为高热；超过41℃为超高热。疾病因素或者非疾病因素都可导致孩子的体温发生变化，如小儿哭闹、吃奶等正常生理活动后，体温也会升高。而正常生理状况下，体温不会升得太高，多为37.5—38.0℃之间，而且由于生理或环境原因导致的体温升高，多在运动或环境原因恢复后很快降到正常水平。不能只根据体温作为确定异常的指标，只要孩子全身状况良好，又没有其他异常表现，就不应认为孩子在发烧。

体温的测量（1）腋温（体表）：腋下的温度和体表近似；对于较小的婴幼儿不建议测量腋温，因为孩子爱动，会导致腋下空气流动使得所测温度较不准确。（2）耳温（体表）：需使用耳温机。此法准确，能代表体温，推荐婴幼儿使用。测量方法：轻轻拉扯外耳道，耳温枪完全堵住耳孔，再打开开关。测量准确情况下，体温和耳温基本接近。(3)测肛温、口腔温度不好操作，在家里不建议采用。(4)额温测量不是特别准，但简单迅速。体温的测量应在不同的时间多次测量，取最高值。

正确认识发热：发热是许多疾病初期的一种防御反应，可以说适度的发热反倒是人体健康的卫士，可增强机体的抗感染能力，从而抵抗部分致病微生物对人体的侵袭，促进人体恢复健康。但持续的高热却对人体有害无益，造成人体内各器官、组织的调节功能失常。高热不仅会使大脑皮质处于过度兴奋或高度抑制状态，还会影响人体消化功能，导致食欲不振、腹胀、便秘或腹泻甚至脱水；持续的高热会加快物质的代谢，加重人体内器官“工作量”；最终导致人体防御疾病的能力下降，增加了继发其他感染的危险。因此，在确定孩子体温升高，又排除生理和环境原因时，应该采取相应措施。

发热的处理：物理降温的方法有：(1)大量饮温开水。发热会导致体内水分流失，尤其是伴有腹泻的发热体内水分流失更严重，因此饮水不仅可以补充体内流失的水分，还可以促进血液循环。另外大量饮水后尿液的排出也可帮助散热。(2)提高室温、适当减少衣服，促进散热。散热主要通过皮肤，衣服穿得太厚，不能正常散热。发热时，应在环境温度适宜的情况下，减少衣服以利于皮肤散热。捂汗(有感蒸发)不仅会导致水分大量散失，造成急性脱水的危险，还不利于皮肤的散热。但如果体温在上升期，孩子有寒战或者手脚冰凉的情况，应增加衣物、盖好被子以保暖。(3)温水浴。温水浴可帮助孩子降温。但温度不宜太低。不能用冰袋、酒精擦浴等方式降温，不仅效果不好，而且对孩子的刺激太大。(4)保持室内空气流通，避免穿堂风，室内温度不可忽冷忽热，最好维持在26℃或27℃。药物降温应注意：(1)同时选择两种不同成分的药物，比如美林和泰诺林，提倡两种药物交替使用，可以减少使用次数、副作用。中药效果不确切应慎用。(2)如果退热效果不理想，前期使用药物剂量不足的可以加足，也可以选择另外一种退热药物。如吃药后呕吐可考虑换药。(3)如果口服不理想，可直肠内使用栓剂，注射退热药没有明显优势。退热药的退热效果与婴幼儿体液有关，因此服药的同时必须及时补充水分。(4)退热剂只是针对退热而言，引起发热原因很多，要咨询医生，选择适宜的对因治疗。

除了降温外，发热婴幼儿的护理也很重要。发热时要尽量让孩子卧床休息，良好的休息可消除疲劳。小儿发热时，因消化道分泌液减少，消化酶活力降低，胃肠运动缓慢，导致食欲下降。这时孩子的饮食应清淡爽口、避免油腻食物，主要以流食为主，当体温下降，食欲好转时，可改为半流质，如面条、软饭等，并配一些易消化的菜肴。值得注意的是，孩子疾病期间，饮食量自然会减少，家长不必过于焦虑，千万不要强迫进食，以免引起呕吐、腹部不适和不愉快的进食经历。疾病恢复之后进食量自然会有所增加，不能因为疾病期间的不愉快进食经历反而导致孩子对进食的抵触情绪。

2.腹泻的护理

腹泻是一组由多病原、多因素引起的以大便次数增多和大便性状改变为特点的儿科常见病症。当婴幼儿出现腹泻时，最好将孩子的大便送到医院进行检查，以便寻找引起腹泻的原因，对症治疗。不仅是腹泻，如果孩子排便出现异常，比如稀水样、大便带黏液或血等情况，都需要将大便中最可疑的部分取出送检。留取大便标本要注意两点：留取的大便一定要存放于塑料瓶或保鲜膜中，千万不要放在纸尿裤中，因为大便中水分被纸尿裤吸收后，很难检测出大便中的异常情况；此外，大便要在1—2小时内送至医院检查，否则容易出现假性结果。

无论何种原因引起的腹泻，需要牢记的是不要盲目使用抗生素。腹泻期间需要做的最重要的事之一是：仔细观察。首先，无论孩子得什么疾病，精神状态都是第一位的，需要观察孩子是否有精神明显不济，嗜睡甚至昏睡的情况。其次，腹泻期间必须记录孩子出现腹泻的次数、时间，每次排出的大概量。最后，要观察排尿的情况。因为腹泻有大量的液体（水和一些电解质）从粪便中排出，一旦孩子出现脱水首先表现的就是尿量减少。因此成人必须向医生提供最后一次排尿的时间，以及尿液大概的颜色，尿色越黄说明脱水可能越严重。

腹泻的时候最要紧的是找到腹泻的原因，然后对症治疗，但绝对不是从字面上理解的“止泻”。真正的止泻药是抑制肠道蠕动的药，在腹泻的时候不应该立即使用。不管是病毒、细菌、还是其他原因引起的腹泻，最需要的是把这些东西快速排出体外。腹泻时在不刻意止泻的前提下，应积极预防和纠正脱水，及时补充营养，并针对腹泻原因适当用药 。

（1）病毒性腹泻的治疗原则：“预防和治疗脱水+适宜营养”。①腹泻时预防脱水可给孩子喝含有丰富的电解质的饮品，如苹果汁；放掉气的可乐（适用于3岁以上婴幼儿）；米汤。若出现脱水症状可在医师的指导下口服补液盐预防和治疗轻、中度脱水；②母乳喂养添加乳糖酶，配方奶喂养换成无乳糖配方；③服用益生菌等；④有发热等症状时用退热药对症治疗；⑤避免使用抗生素。

（2）细菌感染性腹泻治疗：这种腹泻相对病毒性腹泻较少发生，在确定细菌感染前，必须进行大便培养。一般大便培养至少需要3天才能得到结果，因此可先用抗生素，待培养结果出来后，再考虑继续、停止或更换抗生素。由于抗生素既可杀灭肠道内致病菌，也可杀灭人体的益生菌。所以，细菌性肠炎时，除了服用抗生素外，还需服用益生菌制剂。为避免抗生素与益生菌间作用的相互抵消，抗生素与益生菌服用应间隔至少2小时。

（3）乳糖不耐受性腹泻治疗：婴幼儿腹泻后因肠道黏膜受损，会使小肠黏膜上的乳糖酶遭到破坏，导致奶中乳糖消化不良，引起乳糖不耐受性腹泻。无乳糖配方是专为乳糖消化不良或不耐受婴儿所配制的特殊婴儿配方奶粉，其营养效果与普通配方相同，绝对能够满足婴儿需求。严重腹泻时，普通配方奶粉应换成不含乳糖的特殊配方奶粉。

腹泻的孩子体内营养物质丢失较多，所以应给他足够的食物。腹泻时吃母乳的婴儿应该继续母乳喂养，若为人工喂养，应该进食容易消化的食物，如米粥等。肉、鸡蛋等蛋白质含量高或油腻的食物，乳糖含量高的食物如奶制品，不应过多食用。水果或者根茎类的蔬菜，如胡萝卜、土豆则可以给孩子吃。腹泻恢复期，大便往往不可能即刻恢复正常，此时可添加益生菌。益生菌可调节肠道菌群，不仅可以保护肠道黏膜，还可排除肠道内的有害菌，有助于营养物的消化和吸收。建议腹泻初愈后继续服用益生菌1—2周。

腹泻应重在预防。培养孩子良好的卫生习惯，如饭前便后洗手。不让孩子吃手，如果不能杜绝也应为孩子洗干净手。避免过度对小儿的生活环境进行消毒，尤其是尽量避免用消毒湿巾擦手。尽量减少与外人的接触，尤其是不熟悉的人。母乳喂养、合理添加辅食，辅食质地应适合孩子发育的月龄，应采用安全卫生的方法制备家庭食品，辅食应单独制作，现做现吃。

3. 预防挑食偏食

挑食、偏食或拒食都是婴幼儿常见的不良饮食行为习惯。严重的挑食、偏食不仅会使孩子面临营养失衡的问题，更重要的是会影响到孩子的行为发展。预防孩子挑食、偏食的毛病应该从婴儿添加辅食时就开始，在1岁前不食用成人的食物，也无须添加盐、糖、味精等各种调味品。随着年龄的增加，孩子食物的质地可以逐渐转变成固体，但应注意每次给的食物要“小块、小量”，应给予他们机会尝试和适应各种味道。孩子吃饭时间应形成一定规律。最好保证三餐各间隔4—5个小时，一天一到两次加餐即可。控制吃饭时间也很重要，每次进餐最好控制在20—30分钟，加餐控制在15分钟。超过时间没有吃完，那这次就到此为止了，即使饭没有吃完，也要撤走。进食地点也应固定，最好是餐厅。对于1—3岁的孩子，进食习惯的培养要循序渐进，且必须要让孩子一开始就明白吃饭就要大家坐在一起吃。

培养良好的饮食习惯，食物的选择也很重要。对于婴幼儿来说，选择食物时应注意尽可能少选择果汁、饮料、过量的奶制品及汤类。婴幼儿最好的饮料是白开水，其他的饮料尽量不喝。饭前1到2个小时内不要喝牛奶或者果汁；可以选择睡前或早餐时喝牛奶，饭后喝果汁。喝水的时间可以随意。加餐建议在饭后2个小时左右，切忌过量加餐。食物选择可包括：酸奶、水果、高纤维素饼干；避免含糖饮料，过量的面包、火腿肠等。

应注意培养孩子对食物和进食的兴趣：(1)让孩子感受和认识食物的形状、颜色和味道。(2)以足够的耐心引导孩子接受食物。(3)避免总是吃单一味道的食物。(4)对孩子最喜欢的食物要控制吃的频率和量。(5)逐渐让孩子参与饮食制作的过程。(6)营造安静、愉快的进餐环境。(7)不要以食物或者进食作为奖惩孩子的手段。(8)合理安排膳食，不在孩子面前评论食物的好坏。

4. 牙齿的护理

牙齿是伴随我们每个人一生的重要器官，它关系到营养的摄取，语言表达的能力，甚至整个面部的美观。刷牙是保护孩子牙齿的重要方式之一，因此应该教会孩子如何刷牙。

0—6个月：乳牙长出前，漱口最关键。喂完奶后给婴儿喝些温开水，相当于漱口。也可以用纱布蘸上温开水给宝宝轻擦牙龈和口腔。

6个月—1.5岁：乳牙长出期间，要每天为孩子清除牙齿上的菌斑、污垢，保持口腔清洁，培养孩子的卫生习惯。可让孩子躺在早教人员怀中。早教人员用一只手固定孩子的头部和嘴唇，另一只手拿清洁的纱布或指套牙刷，蘸温开水为孩子清洁牙齿的外侧面和内侧面。擦的时候轻轻按摩孩子的牙龈，帮他缓解长牙带来的不适。

1.5岁—3岁：乳牙长全了，让孩子了解刷牙的过程和细节，为他日后自己刷牙做好准备。可让孩子站在或坐在椅凳上，成人在孩子的背后或一侧，用一只手固定孩子头部，另一只手握住牙刷蘸温开水为孩子刷牙（不用牙膏）。刷牙的顺序是：将牙刷的刷毛放在靠近牙龈部位与牙面呈45度角倾斜，上牙从上向下刷，下牙从下往上刷，刷完外侧面还应刷内侧面和后牙的咬面。每个面要刷15—20次，才能达到清洁牙齿的目的。由于这个时期乳牙排列较稀疏，牙冠较短，容易造成食物嵌塞。因此，在刷牙前要先检查孩子的牙缝中有无食物嵌塞，如有嵌塞，应先用棉签将食物清除后再刷牙。另外，要开始训练孩子自己刷牙，让他先模仿早教人员刷牙的动作，到了2岁，可以试着让他自己刷牙，此时不能要求孩子坚持太长时间，只要让他熟练这些动作就可以。

第三节

早教人员保育保健工作的实例运用

一、0—1岁保育保健工作的实例运用

（一）哺乳的指导

母乳可满足6月龄内婴儿的所有营养需求，母乳喂养有助于母婴的近远期健康。因此，正确的开启和维持母乳喂养对婴儿有极大的意义。早教人员在亲职教育中应向准父母讲授母乳喂养的益处及必要的技能，为乳母提供专业的咨询以帮助乳母维持母乳喂养。

1.对乳母第一次哺乳的指导

早教人员应指导乳母鼓励婴儿衔乳和吸吮，主要告知以下几点：
①出生后不间断的皮肤接触。

②延迟全身检查，称重，洗澡。

③拥抱和爱抚婴儿。

④让婴儿的鼻和嘴触碰乳头。

⑤每隔几个小时再试一次，直到婴儿成功吸吮。

⑥教会乳母识别哺乳迹象，如咂嘴、吃手、快速眼动等，及时开始母乳喂养。

2.指导乳母或准妈妈进行母乳喂养

吸吮是宝宝本能，哺乳是需要学习的技巧，正确的哺乳姿势是关键。哺乳姿势分为：摇篮式、橄榄球式、交叉式、侧卧式。早教人员应将各种姿势的适应人群及要点清楚讲授。

3.指导乳母识别婴儿饥饿的征象

①婴儿张开嘴，寻找乳房。

②发出吸吮动作或响声如咂嘴唇、伸舌头。

③吃手或转头。

④快速动眼或甚至闭着双眼。

⑤烦躁，或哭闹。

4.指导乳母识别婴儿吃好奶的征象

①哺乳前乳母有乳房充满感，哺乳时有下乳感，哺乳后乳房松软。

②婴儿慢而深的吸吮及吞咽是吃到母乳的重要征象。

③婴儿自己放开乳头，看上去满足而有睡意。

④婴儿停止吸吮，却仍含着乳头不松，可试着轻揉其耳垂或额头，若继续吸吮表明还要吃。

5.指导乳母与宝宝分离时如何维持泌乳量

①乳汁分泌稳定前，保证夜间吸乳，吸出母乳用储乳袋储存，标明吸乳日期、时间和吸乳量等信息，吸出后立即放入冰箱。

②双侧吸乳更能刺激泌乳量，使用电动吸奶器有助于更好地刺激泌乳量。

③有条件时尽量让宝宝多吸吮乳房。

6.指导母乳喂养的关键要点

①分娩后尽早开始让婴儿反复吸吮乳头。

②婴儿出生后的第一口食物应该是母乳。

③生后体重下降只要不超过出生体重的7%就应坚持纯母乳喂养。

④婴儿吸吮前不需过分擦拭或消毒乳头。

⑤环境温馨、心情愉悦、精神鼓励、乳腺按摩等辅助因素，有助于顺利成功开奶。

⑥纯母乳喂养能满足婴儿6月龄以内所需要的全部液体和营养，应坚持纯母乳喂养6个月。

⑦按需喂奶,两侧乳房交替喂养;每天喂奶6—8次或更多。

⑧坚持让婴儿直接吸吮母乳,尽可能不使用奶瓶间接喂哺人工挤出的母乳。

⑨特殊情况需要在满6月龄前添加辅食的,应咨询医生或其他专业人员后谨慎做出决定。

⑩母乳喂养应从按需喂养模式到规律喂养模式递进。

饥饿引起哭闹时应及时喂哺,不要强求喂奶次数和时间,但一般每天喂奶的次数可能在8次以上,出生后最初一段时间会在10次以上。

⑪随着婴儿月龄增加,逐渐减少喂奶次数,建立规律哺喂的良好饮食习惯。

⑫婴儿异常哭闹时,如非饥饿原因应积极就医。

⑬出生后数日开始补充维生素D,不需补钙。

⑭任何婴儿配方奶都不能与母乳相媲美,只能作为母乳喂养失败后的无奈选择,或母乳不足时对母乳的补充。

⑮不宜直接用普通液态奶、成人奶粉、蛋白粉、豆奶粉等喂养6月龄内婴儿。

⑯监测体格指标,保持健康生长。

(二)辅食添加的指导

1.指导辅食添加的时间

过早添加辅食,消化道发育还未成熟,会导致消化不良及母乳摄入量降低,从而导致营养不良和腹泻的发生。过晚添加辅食不能满足婴儿的营养需求还会影响嗅觉、味觉和咀嚼功能的发育,从而影响婴儿饮食类型向成人型过渡。研究表明,4—6个月是辅食添加的黄金时期。具体添加时间应根据婴儿的具体情况,出现以下情况可尝试给婴儿添加辅食:

①母乳喂养8—10次或配方奶量达1000ml,婴儿看上去仍显饥饿。

②足月儿体重达到出生时的2倍以上,低体重出生儿体重已达6kg,给予足够乳量后体重增加不满意。

③婴儿已经有一定的控制能力,倚着东西可以坐。

④开始对成人的饭菜感兴趣,如喜欢抓别人正要吃的东西,出现咀嚼的动作。

⑤用勺喂食物会主动张开嘴,吞咽泥糊状食物不会被呛。

2.指导辅食添加的顺序

①由少到多,注意观察婴幼儿辅食添加后的反应。注意婴幼儿的接受度,不要刻意给婴幼儿规定喂食的量。

②由细到粗,辅食质地应从泥糊状逐渐过渡到块状食物。

③由稀到稠,辅食应从含水量稍多的较稀食物逐渐过渡到较浓稠的食物。

④由一种到多种,添加辅食时每次只能给婴幼儿添加一种食物,观察添加这种食物后有无过敏等不适症状,但可以给婴幼儿喂食不过敏的混合食物。

（三）婴儿抚触操作方法的指导

对婴儿进行系统的抚触，有利于婴儿的生长发育，增强免疫力，增进食物的消化和吸收，减少婴儿哭闹，增加睡眠时间。同时，抚触可以增强婴儿与父母的交流，帮助婴儿获得安全感，发展对父母的信任。

早教人员应熟练掌握婴儿抚触的方法，并能向家长解释婴儿抚触的益处，准确清楚地口述操作过程。

评估	抚触在新生儿沐浴后或两次喂奶之间；新生儿出生24小时以后；早产儿在生命体征平稳后。
准备	环境：室温28℃以上，全裸，抚触台面温度30℃以上；播放柔和轻音乐。 物品：润肤油（露）、衣服、尿不湿、大毛巾、脐部护理用物。
操作	将婴儿放在柔软平台或床上，操作者双手勿离开婴儿。 褪去衣物、处理脐部及尿不湿（有大便要擦拭干净）。 抚触顺序：头、胸、腹部、上肢、下肢、背部、臀部，每个部位重复4—6次，动作连贯，力度适中，每次抚触时间5—15分钟，每天2—3次。 头面部：两拇指指腹从眉间向两侧推；两拇指从下颌部中央向两侧以上滑行，让上下唇形成微笑状；两手掌面从前额发际向上、后滑动，并止于两耳后的乳突处并轻轻按压一下。 胸部：两手分别从胸部的外下方（两侧肋下缘）向对侧上方交叉推进，至两侧肩部，在胸部划一个大的交叉，避开新生儿的乳头。 腹部：按顺时针方向按摩，依次从新生儿的右下腹至上腹向左下腹移动，呈顺时针方向画半圆，避开新生儿的脐部。 四肢：两手交替抓住婴儿的一侧上肢从上臂至手腕轻轻滑行，在滑行的过程中从近端向远端分段挤捏。对侧及双下肢做法相同。 手和足：用拇指指腹从新生儿掌面／足跟向手指／足趾方向推进，并抚触每根手指／足趾。 背部：以脊椎为中分线，双手分别平行放在脊柱两侧，向相反方向重复移动双手；从背部上端开始逐步向下渐至臀部；最后由头部沿脊椎摸至骶部、臀部。
注意事项	抚触前做好环境及物品准备；预防受凉；抚触者的双手应涂抹适量的润肤油或露，但要防止进入婴儿的眼中；抚触动作有节律、连贯、力度适中，并同时与婴儿进行语言和情感的沟通，如可播放舒缓的轻音乐；注意观察婴儿的行为反应，如有异常停止操作。

二、1—2岁保育保健工作的实例运用

（一）如厕训练的指导

如厕训练一般从12月龄开始进入准备期，18月龄时可尝试开始进行训练。如果婴幼儿还没有准备好，两岁、两岁半开始也是可以的，一般在三岁前完成就可以了，早教人员应告诉家长不必焦虑，每个孩子的情况不一样。

1.如宝宝有以下行为，可以考虑进行如厕训练：

- 能自己走到坐便器旁
- 能坐稳坐便器
- 能保持尿片干燥数小时

●会拉高拉低衣服

●能听懂成人的指令

●会模仿成人如厕

●能够口头或用行为表达排便的想法

进行如厕训练前，应告知家长进行前期准备，如选择婴幼儿明白的简单词汇来形容排便排尿和坐便器；频繁更换纸尿裤，让婴幼儿喜欢干爽的纸尿裤环境；让婴幼儿选择、装饰一个自己喜欢的坐便器。

2. 具体的训练过程如下：

●将坐便器放置在婴幼儿方便使用的地方

●和婴幼儿一起观看如厕训练的视频和绘本

●设定固定的时间段，鼓励婴幼儿如厕，如早上起床后或餐后

●每隔2—3小时提醒婴幼儿如厕

●鼓励婴幼儿告知如厕的想法

●不催促、不威胁、不言辞激烈地批评婴幼儿

●宝宝做不到，也不贬低羞辱婴幼儿

●男女婴幼儿都先训练坐式如厕，男婴幼儿稍后训练站立排尿

●可使用质量过关的拉拉裤

（二）饮食习惯培养的指导

1岁左右可以训练幼儿自己拿杯子喝水，1岁半开始训练幼儿自己用匙吃饭，2岁可以训练独立进食，但应予以协助。3岁左右可学会用筷子吃饭。

做好饭前准备，培养幼儿爱整洁的好习惯。如收拾玩具、饭前洗手、围上围嘴。进餐时保持愉快的心情，不要责骂孩子。鼓励孩子不挑食（饭、菜、鱼、肉都吃，干稀都吃）。饭前不吃零食。鼓励孩子多咀嚼，建议家长简单介绍餐桌上食物的相关知识。幼儿定时吃饭，合理安排游戏和休息时间。家长应以身作则培养婴幼儿良好的饮食习惯。

三、2—3岁保育保健工作的实例运用

（一）膳食安排的指导

谷物类：主食可以选择面条、面包、麦片等，每天选择2—3种，注意细粮和粗粮搭配。

蛋、鱼、禽肉类：蛋、鱼、瘦肉、动物肝脏等都比较适合幼儿，每天选择2—3种。

蔬菜：各种新鲜蔬菜都可以选用，其中绿叶蔬菜应多于其他浅色或根茎类蔬菜，每天至少

要吃1种绿叶蔬菜。豆类及豆制品含有丰富的蛋白质，可经常食用。

水果：婴幼儿每天需要吃新鲜水果2—3种。

此外，不同季节食物的品种有差别，不同地区食物的种类也不尽相同。在为幼儿准备食物时，应尽量选择新鲜、富含营养素的食物。

（二）食物选择的指导

不选择油炸、油腻、块大、硬质食物。

不要食用刺激性大的食物，如咖啡、浓茶、辣椒、胡椒等。

含粗纤维的蔬菜，如芥菜、黄豆芽、金针菇、甘蓝菜等2岁以下的婴幼儿不宜食用，2—3岁可少量食用。

尽量少吃羊、牛、猪的脂肪等。

带核水果宜去生食用。

整粒的坚果，如花生、核桃、杏仁、榛子等必须磨碎或制成酱方可供婴幼儿食用。

附录4.1 0—3岁婴幼儿膳食指南①

一、6月龄内婴儿喂养指南

(1)产后尽早开奶,坚持新生儿第一口食物是母乳。

(2)坚持6月龄内纯母乳喂养。

(3)顺应喂养,建立良好的生活规律。

(4)生后数日开始补充维生素D,不需补钙。

(5)婴儿配方奶是不能纯母乳喂养时的无奈选择。

(6)监测体格指标,保持健康生长。

二、7—24月龄婴幼儿喂养指南

(1)继续母乳喂养,满6月龄起添加辅食。

(2)从富含铁的泥糊状食物开始,逐步添加达到食物多样化要求。

(3)提倡顺应喂养,鼓励但不强迫进食。

(4)辅食不加调味品,尽量减少糖和盐的摄入。

(5)注重饮食卫生和进食安全。

(6)定期监测体格指标,追求健康生长。

三、2—6岁婴幼儿膳食指南

(1)规律就餐,自主进食不挑食,培养良好的饮食习惯。

(2)每天饮奶,足量饮水,正确选择零食。

(3)食物应合理烹调,易于消化,少调料、少油炸。

(4)参与食物选择与制作,增进对食物的认知与喜爱。

(5)经常进行户外活动,保障健康生长。

---

① 中国营养学会,中国居民膳食指南2016[M].北京:人民卫生出版社.2016:191-231

附录4.2 婴幼儿早教人员保育保健工作的上岗标准

婴幼儿早教人员保育保健工作的上岗标准	完全符合	比较符合	不符合
1.理解0—3岁婴幼儿保育指导工作的相关原则			
2.了解0—3岁婴幼儿身体健康的主要特征			
3.熟悉0—3岁婴幼儿生长发育的基本规律,能开展符合规律的保育保健工作			
4.熟悉婴幼儿八大生理发展系统的基本特点			
5.掌握评价0—3岁婴幼儿生长的常用指标及测量方法,能合理开展相关测量工作			
6.掌握评价婴幼儿发育水平的指标,能识别早期干预信号			
7.了解0—3岁婴幼儿营养需求,能指导家长和保育员正确喂养			
8.熟悉0—3岁婴幼儿日常生活特点,提升家长的养育知识			
9.能根据婴幼儿的日常生活特点,对婴幼儿进行科学的护理与保育			
10.认识0—3岁婴幼儿常见疾病,掌握常见疾病的防治及保育措施			

第五章

早教人员照护婴幼儿动作发展的上岗标准

第一节

早教人员照护婴幼儿动作发展上岗标准的研制意义

一、有助于规范早教人员的照护行为，提高科学性

党的十九大报告将“幼有所育”排在了7项民生需求之首，也就是说婴幼儿的照护服务是我国一个重大的民生计划。因为越来越多的人认识到，0—3岁婴幼儿阶段是孩子人生发展的关键时期，科学的照护服务能促进孩子全面健康成长。科学的照护服务应从0—3岁婴幼儿的全面发展出发，关注婴幼儿生命的整体性，促进婴幼儿在动作、认知、语言、社会性等方面的和谐发展。同时，科学的照护服务不仅要关注婴幼儿的体验，还要注重家长照护能力的提升，使科学的早期教育延伸到家庭中去。

有关研究表明，动作和运动在0—3岁婴幼儿早期发展中起着十分重要的积极作用。但目前0—3岁婴幼儿早期教养人员（简称：早教人员）的成长呈现“野蛮生长”的状态，大多数早教人员不知道、不清楚、不了解婴幼儿基本动作的发展序列以及动作发展特点，不知道如何纠正或指导以及促进婴幼儿的动作的发展。在开展婴幼儿相关动作领域活动时，早教人员要么只出于安全规范的提醒、规则强调，要么就是让婴幼儿自己玩。好一点的情况是早教人员虽然有对婴幼儿进行动作的示范、指导，但这样的指导一般是随意的甚至是错误的，不符合婴幼儿动作发展的特点，即没有在婴幼儿的最近发展区内提供指导，不能帮助婴幼儿动作的发展。而且早教人员提供的支持力度偏弱，方法简单，大多从成人的角度出发，延误或阻碍婴幼儿动作发生或发展的事例比比皆是。以爬行运动为例，很多早教人员不清楚爬行运动对婴幼儿心理、认知发展的重要性，不清楚爬行运动的指导，不能给予婴幼儿有效的爬行动作要领指导，最终不能帮助婴幼儿较好地掌握爬行动作。早教人员照护婴幼儿动作发展的上岗标准的研制，将规范早教人员相关的照护行为，提高照护质量。

二、有助于提升0—3岁婴幼儿照护的整体质量

随着脑科学、心理学等相关学科的迅速发展，0—3岁婴幼儿的早期教育开始在全世界受到前所未有的关注，人们已经深刻认识到开展0—3岁婴幼儿教育的必要性和紧迫性。据调

查，OECD国家3岁前婴幼儿进入正规照料机构的约占32%，丹麦甚至超过60%。但我国这方面的缺口还很大。十九大报告指出，我国社会发展进入新的历史时间，新时代的重要矛盾是人民日益增长的对美好生活的需求与不平衡不充分发展之间的矛盾。在新的人口政策背景下，不少家长对3岁前婴幼儿提供照护服务的需求迫在眉睫。0—3岁婴幼儿早期教育和照护已经成为我国社会关注的焦点。但目前对0—3岁婴幼儿的照护服务尚处于起步阶段。在课题组的前期调查中发现，能提供系统照护服务的机构数量不足，服务水平参差不齐，能提供照护服务的早教人员群体的专业素养堪忧。在动作照护方面，如果早教人员从婴幼儿动作发展的客观规律出发，创设适宜的环境，使用科学的方法，为婴幼儿提供必要的刺激与经验，帮助其动作获得充分的发展，将影响婴幼儿动作发展的速度、水平以及顺序和倾向等，进而促进婴幼儿身心素质的全面发展。

因此，研制科学的、适宜的早教人员照护动作标准，规范早教人员的照护动作，是提高0—3婴幼儿照护服务的重要举措，也有助于提高早教人员对婴幼儿动作发展重要性的认识，自觉矫正和防止过度教育和错误教育的倾向，端正早教人员的儿童观、教育观、照护观等，提高早教人员照护动作的指导效果。

三、有助于促进学前教育的纵深发展

在新的历史时期，社会服务领域已然成为民生福祉短板，而0—3岁婴幼儿照护教育更是短板中的短板。学前教育的发展需要服务地方经济，需要服务人民群众多样化的生活需求，这样的发展才能带来学前教育自身的繁荣和生命力。当前托幼一体化的研究趋势是学前教育向0—3岁婴幼儿教育方向纵深发展的回应。长期以来，在我国原有的教师培训体系中，均以培养3—6岁幼儿园师资为主，学历教育机构开设0—3岁婴幼儿早期教育也才刚刚开始（全国高校2010年才开设第一个早教专业。2018年全国高职院校、高等学校共开设婴幼儿照护专业点1151个，招生人数为29.6万人，但我国3岁以下婴幼儿在各类照护服务机构的入托率仅为4.1%，近80%的婴幼儿由祖辈看护和照料，“没人带孩子”成为阻碍出生率增长的现实困难。0—6岁是人生的初始阶段，是相对完整的年龄阶段，必须实施整体教育。当然，0—3岁和3—6岁儿童各自具有不同的发展需求。比如0—3岁阶段婴幼儿的照护，不仅涉及教育，还涉及医疗保健、儿童心理学等学科。婴幼儿的发展不仅有身体发展需求，同时还需关注婴幼儿的身体、动作、认知、情绪和社会交往的发展。教育要发展，关键看师资。对0—3岁婴幼儿早教人员上岗标准的研制，对于推动学前教育的发展，为社会输入合格的0—3岁婴幼儿教育人才具有重要意义。

第二节

早教人员照护婴幼儿动作发展上岗标准的具体内容

一、早教人员照护婴幼儿动作发展的上岗标准一

了解婴幼儿动作发展的基本规律，帮助家长理解婴幼儿动作发展的重要性和意义

在婴幼儿的身心发展过程中，动作是婴幼儿早期神经系统发育的重要指标，是早期心理发展的诱导因素和促进力量。对人脑的研究结果发现，与运动有关的大脑神经极为丰富，这些大脑神经又与视觉、听觉、记忆、思维和语言等密切相关。赫布（Donaid Hebb，1949）、考夫曼（Irving Kaufman，1979）和艾德尔曼（George Edelman，1987）都认为，婴幼儿自发的动作活动，才使得其精确的大小、形状、深度、方位等空间知觉成为可能；皮亚杰（1960）认为，动作是婴儿认知结构的奠基石；伯恩斯坦（Bernstein，1967）和艾德尔曼（1987）认为，婴儿早期动作活动的结果必然导致大脑感知运动控制系统的重组，这样使感知系统和运动系统共同作用以产生范畴化、记忆和总体适应功能[①]。因此，运动能力的发展水平在很大程度上影响了婴儿其他智能的发展。一般而论，运动能力发展水平较高的婴儿，其心理和智力的发育也较好，而运动能力发展迟缓对智力的发展则有不利的影响。

婴幼儿运动能力的发展是先天预置和后天练习的结果，是由神经系统支配的骨骼肌肉系统发育的结果。婴幼儿运动能力发展的顺序基本遵循如下规律：

（一）首尾规律

即由头部到尾端，由上肢到下肢的顺序发展动作技能。婴儿动作的发展，先从上部动作然后到下部动作。婴儿最先出现眼和嘴的动作，然后是手的动作，上肢的动作又早于下肢的动作；婴儿先学会抬头，然后俯撑、翻身、坐和爬，最后学会站和行走，也就是离头部最近的动作先发展。这种趋势也表现在一些动作本身的发展上，例如：婴儿学爬行，先是学会借助于手臂匍匐爬行，然后才逐渐运用大腿、膝盖和手进行手膝爬行，最后才是手足爬行，这就是首尾规律。

① 华爱华.婴幼儿发展的连续性和早期教养的阶段性[J].幼儿教育(教育科学版)，2006(7)：1-4.

（二）近远规律

即由身体中心向四肢远端发展动作技能。婴儿动作的发展先从头部和躯干的动作开始，然后发展双臂和腿部的动作，最后是手部的精细动作。也就是靠近中央部分（头颈、躯干）的动作先发展，然后才发展边缘部分（臂、手、腿、足等）的动作。例如：婴儿看见物体时，先是移肩肘，用整个手臂去接触物体，以后才学会用腕和手指去接触并抓取物体。这种从身体的中央部位到身体边远部位的发展规律，就是近远规律。

（三）大小规律

即先发展大肌肉粗大动作，再发展小肌肉精细动作。婴儿动作的发展，先是从活动幅度较大的粗大动作开始，而后才学会比较精细的动作，也就是从大肌肉动作到小肌肉动作。所谓大肌肉动作是指抬头、坐、翻身、爬、走、跑、跳、踢等大肌肉群所组成的动作。大肌肉动作常伴随强有力的大肌肉的伸缩、全身运动神经的活动以及肌肉活动的能量消耗；小肌肉动作如吃饭、穿衣、画画、剪纸、玩积木、翻书、穿珠等。从四肢动作而言，婴儿先学会臂与腿的动作，以后才逐渐掌握手和脚的动作，通常是先用整个手臂去够物体，以后才会用手指去抓。这种动作发展规律，称为大小规律。

（四）无有规律

即由无意识的活动发展出有意识的探索行为。婴儿动作发展的方向是越来越受心理、意识支配，动作发展的规律也服从于婴儿心理发展的规律——从无意向有意发展的趋势。

（五）泛化集中规律

即婴儿出生后的动作发展从泛化的全身性的动作向集中的专门化的动作发展。婴儿最初的动作是全身性的泛化动作；这种动作是笼统的、弥散性的、无规律的。例如：满月前的婴儿，在受到痛刺激以后，会边哭闹边全身活动；而后，婴儿的动作逐渐分化，向局部化、准确化和专门化的方向前进。这就是从整体到局部发展的泛化集中规律。

动作发展对婴幼儿的心理发展的影响是显而易见的。比如坐位就对婴儿的心理发展影响巨大。坐着观看物体对于形成物体的主体视像有很大好处，对婴儿视知觉的发展更为有利。因为仰卧时，只能看到屋顶，或者从侧面位置知觉物体，这时婴儿的视线与外界物体处于斜位方向；坐位视物时，婴儿的视线与物体处在相对平行的位置，有利于婴儿形成立体图像，即物体的近端和远端。坐位对婴儿听觉的发展也有类似的作用。因为当人处在直立位置时，双耳对外界物体也大体上处于对称位置，这有利于对音调的知觉。此外，坐位能使头部自由转动，声音进入双耳的时间差更有利于婴儿形成方位知觉。坐位的另一个重要作用是解放婴儿的双手，这对双手的协调操作和手指的精细动作的发展极为有利。

爬行比坐位对婴儿心理的发展的意义更为显著。婴儿爬行可以让婴儿的身体位置随意移动,这就扩大了婴儿的活动空间,增加了他们认识周围事物和与人交往的机会。爬行首先扩大了婴儿接触和探索环境的范围,为婴儿建立、扩大和深化对外部世界的初步认识创造了条件,进而促进认知能力、思维和解决问题能力的发展;其次爬行可将自己和其他事物区分开,认识了自己的身体,认识了自己的能力,认识了自己同周围人的关系等,可帮助婴儿建立起最初的主客体概念,促进婴儿"去自我中心化";再次,爬行促进其情感和社会性发展,有实验表明,有爬行经验的婴儿在遇到不确定情境时,产生迟疑,他们学会利用情境信息(从母亲的面孔表情和声音中)决定自己的行动。爬行还对婴儿脑的发育、空间概念的建立具有特殊意义。通过动作练习可以对智力落后者进行康复治疗。

独立行走使婴儿的躯体运动从被动转为主动,使活动具有一定主动性;而主动行走扩大了认知范围,增加了与周围人的交往机会,这使婴儿获得更多的物理经验和社会经验①。

早教人员应了解个体早期的动作发展规律,特别是动作在早期心理发展中的组织和建构功能,以及动作给个体所带来的各种认知、社会交往和情感经验的内在作用等。早教人员还应引导家长重视0—3岁婴幼儿时期的动作照护工作,出生起就对婴幼儿进行科学、系统的动作照护,不仅有助于最大限度地开发人的动作发展潜能,更有利于促进婴幼儿身心素质的全面和谐发展,为其今后一生的发展奠定良好的基础。

二、早教人员照护婴幼儿动作发展的上岗标准二

正确认识粗大动作的价值,了解婴幼儿粗大动作的发展规律

大动作,又称粗大动作,是大肌肉或大肌肉群所组成的随意动作,常伴有强有力的大肌肉收缩、全身运动神经的活动以及肌肉活动的能量消耗。粗大动作主要指头颈部、躯干和四肢幅度较大的动作,比如翻身、坐、爬、站、走、跳、身体平衡等各种运动能力。

粗大动作发展是婴幼儿大脑成熟的一项重要指标。人的动作是在大脑神经系统的支配下实现的,动作的发展在一定程度上反映了大脑皮质神经活动的发展。新生儿如果出生时有缺氧、窒息、脑伤等情况,会表现出动作发育迟缓和动作异常。婴幼儿时期是大脑发展的重要时期,粗大动作的适宜练习可以促进大脑发育的协调性,使人脑有关部位的神经联结更加丰富,更加精准。例如:练习双脚走直线的运动既锻炼视觉,又锻炼了双脚正确分步和平衡姿势的感觉等。还有爬行练习,被人称为不开颅的脑手术。著名心理学家皮亚杰在探讨儿童认知发展理论时认为,在儿童发展过程中,动作是一切知识的源泉。充分强调了动作发展的重要意义。婴幼儿粗大动作的发展还有利于平衡感的建立,对自信心的培养和独立性的形成具有促进作用。例如,婴幼儿从不会爬到会爬的过程,从不会走到会走的过程,都将对婴幼儿的自信心、独立性有促进作用。

① 谈谈儿童早期运动能力发展的几个要点https://www.sohu.com/a/6574280_126234

(一)粗大动作的发展规律笼统来说,分四个阶段:

第一阶段:0—6个月为原始反射支配时期,以移动运动为主,包括仰卧、侧卧、俯卧、翻身、蠕行、抱坐、扶坐等。

第二阶段:7—12个月为步行前时期,以移动运动为主,包括独坐、爬行、扶站、姿势转换、花样爬(障碍爬)、扶走等。

第三阶段:13—18个月为步行时期,以行走平衡感发展为主,包括站立、独立走(向不同方向走、直线走、曲线走、侧身走、倒退走)、攀登、掌握平衡等。

第四阶段:19—36个月为基本运动技能时期,以技能运动为主,包括跑(追逐跑、障碍跑)、跳(原地向上跳、向前跳)、投掷(投远、投向目标)、单脚站立、翻滚、走平衡木、抛物接物、玩运动器械(坐滑梯、荡秋千、蹬童车)等。

(二)粗大动作发展的具体表现如下:

1.抬头

0—1个月的新生儿,颈部肌肉没有力气,需要成人用手托住,辅助头部挺立。直到满月后,这一阶段的新生儿开始被称为婴儿。从2个月时,婴儿俯卧状态能够将头抬起,如果抱起婴儿,其头部可以短暂地竖立,头的转向也逐渐变得灵活。3个月时,婴儿能独立地竖直头部,并且可以自如地转动头部四处张望。4个月后,婴儿可以稳稳地直立头部,并且在俯卧时,能把头抬起和肩胛形成90°。

2.翻身

婴儿的翻身动作,具体包括婴儿从仰卧位到侧卧位,再从侧卧位到仰卧位,左右两边分别进行的完整动作。作为婴儿真正意义上的第一次全身运动,翻身需要调动头部、胸部、四肢的力量。因此,翻身动作是婴儿人生中最早的"大型"自主运动。翻身可以使婴儿更加积极地拓展自己的兴趣范围,标志着婴儿的身体机能和智力的发展迈上了一个新的台阶。翻身也是婴儿后续发展坐、爬、站、走等等大动作的基础。

3.坐

坐的动作对于婴儿来说,相当于开启了一扇新世界的大门。婴儿从躺着的视角转换到坐的视角,能够观察到的空间更广泛,婴儿探索的新世界从此开启。因此,坐对婴儿心理的发展来说,具有重要意义,尤其对感知觉和触觉的发展,具有重要促进作用。婴儿掌握翻身的动作后,背部、脊椎、腰臀部的力量都得到了新的发展,从翻身到坐的连贯动作逐渐形成。婴儿在5—6个月左右,会出现自己独立坐的意识,但由于各方面力量不足,有时也会是半坐半躺的状态。如果导向两边,需要成人帮他才能重新坐起来。7个月左右,婴儿能自己坐稳或从趴位自己坐起来。到婴儿8—9个月时,一般来说独立坐好基本没有问题了。

4.爬行

爬行是婴儿成长过程中的一个非常重要的阶段，也是婴儿大动作发展的一个重要里程碑。爬行，可以让婴儿接触到更广阔的世界，扩大婴儿的视野和接触的范围，通过感官的不断刺激，使认知不断发展，促进大脑的发育，智力的发展和各方面的协调。同时爬行是一项能量消耗特别大的运动，可以提升婴儿新陈代谢的能力，促进身体的快速发育。

婴儿的爬行往往是在5—6个月就开始积蓄能量，此时可以观察到婴儿趴在床上，以腹部为中心，借助肘部的力量左右挪动身体来获取周边的物体。到了7—8个月的时候，婴儿逐渐具备了爬的力量，此时就可以开始练习爬了。在练习爬的动作时，要以肌肉力量的发育为前提，只有婴儿具备了足够的肌肉力量，才能适应爬行练习的强度。爬行在成人看来很简单，但婴儿期爬行是在感知觉、手、眼以及脚的协调配合下，运用胳膊及手腕的力量支撑起上半身，并协调不同的肌肉群力量，借助上、下肢的交替协调运动才能有效完成的。

5.站立

站立是人类发展历史上的转折点，也是大动作发展的重要契机，为婴儿的视野和探索开阔了更广大的空间。婴儿在学会坐以后，往往就有了要站立起来的意识。如果用玩具逗引婴儿，还会发现婴儿会伸长手臂，屁股略微脱离座位要站起来获取的动作。此时，若早教人员用于扶在婴儿的腋下，婴儿就会伸直双腿站在座位上。7—8个月左右，婴儿可以靠着成人的帮助，站立几秒钟。

6.行走

行走，对于婴儿和照护的早教人员来说都是一个艰巨的任务，这是一项全身性的运动，对肌肉力量、协调能力和专注力的要求都非常高。同时，婴儿在初期开始行走时，往往表情比较严肃专注，肌肉紧绷，也透露出婴儿在尝试走的过程中即有兴奋感也有恐惧感。因此，行走的练习过程，要伴随成人的陪伴和鼓励。紧张的情绪会让婴儿畏惧不前，而充分的鼓励和信任，适当的帮助，是婴儿行走动作发展的必需。

7.上、下楼梯

大部分婴幼儿对楼梯有着天生的兴趣。从13个月开始，婴幼儿就尝试用四肢进行爬楼梯的练习。在掌握了独立行走的动作以后，18个月左右的婴幼儿可以借助成人或者楼梯栏杆的帮助，练习上楼梯。这个阶段，通常是单脚迈上一级台阶，然后另一只脚也迈上同一级台阶。24个月以后的婴幼儿可以独立地上下楼梯。30月龄左右，儿童上楼梯的能力增强，可以一步一个台阶地迈上楼梯，但是下楼梯的时候依然是两脚跳下同一级台阶。同时，儿童在下到末级楼梯时喜欢用双脚向下跳的动作。这一阶段，成人需要关注儿童下楼梯的安全，特别是当婴幼儿开始向下跳台阶时。3岁左右的婴幼儿，基本就可以独立地上下楼梯不需要栏杆和成人的辅助了。

8.跑步

跑是婴幼儿在走的基础上,加大步伐和频率的一种行动方式。跑可以增强婴幼儿四肢肌肉及腰腹肌肉的力量,身体的爆发力也进一步提高。同时,跑可以刺激婴幼儿的前庭器官,促进感觉综合功能发展和平衡能力的提高。婴幼儿在13—18个月的时开始学会跑,但是此时四肢动作并不协调,摇摇晃晃,步幅小、步子快。只有跑的外形,而没有跑的腾空阶段。这其实是婴幼儿在练习走时,身体重心较靠前,不得不加快步伐的频率,以类似“跑”的动作来代替走。到2岁过后,婴幼儿基本上可以迈开步子奔跑了,还可以追逐跑和绕障碍物跑。

9.跳跃

2岁左右的婴幼儿基本能掌握跳跃的动作。相对于走和跑而言,跳的动作难度更高,对身体的肌肉能力、平衡能力的要求也更高。 19—24个月的婴幼儿,开始能在原地做并足跳跃动作,还可以原地跳、向前跳等。2岁半时,婴幼儿能单脚原地跳,还能从楼梯末级跳下。2.5—3岁时,能双脚离地腾空连续跳跃2—3次,能跨越一条短的平衡木。3岁左右的婴幼儿能双脚交替上下楼梯,还能并足跳跃。

三、早教人员照护婴幼儿动作发展的上岗标准三

正确认识精细动作的价值,了解婴幼儿精细动作的发展规律

精细动作主要指手部小肌肉的活动,是婴幼儿主要凭借手以及手指等部位的小肌肉或小肌肉群的运动。具体包括抓握动作,以及在此基础上发展起来的握笔、绘画、书写和生活自理动作技能,还包括手的灵活性、手眼协调能力和双手协调能力。

手部精细动作的发展是婴幼儿早期最重要的发展成果之一,在0—3岁婴幼儿生理和心理发展上具有非常重要的意义。手部精细动作顺利发展有利于早期脑结构和功能成熟,是个体其他能力发展的重要基础,它扩展了婴幼儿获得信息的途径,丰富了婴幼儿探索环境的形式,使婴幼儿的探索行为更为主动和有效,从而影响个体的自信心、社会性发展等。因此心理学家皮亚杰说,“儿童的智慧在他的手指尖”。精细动作一般包括抓握动作和操作动作,具体表现如下。

(一)抓握动作

抓握动作是人类最基本的精细动作,是操作一切物体的初期动作。婴幼儿通过抓握增强了触觉和视觉的练习,促进了大脑的发育。通过抓握、抚摸来主动探索和认识周围事物。在抓握的基础上,婴幼儿进一步发展起翻书、写字、绘画等生活自理的动作技巧。

大概从3个月起,婴儿就开始了一种无意抚摸动作,他经常会无意地摸摸被褥、亲人或玩具。到第5个月左右,婴儿就会开始发展自主的抓握动作。6个月以后,手的动作可就更长进

了,动作丰富得令人欣喜。

国外有学者以一个红色立方体为实验工具,研究了1—13个月婴儿的抓握动作发展。结果发现,婴儿的抓握动作从最初的肩肘活动发展为指尖成熟动作,可以分为以下11个阶段:

第一,握拳。对于刚出生的婴儿来说,他们的手呈握拳状。当婴儿把自己的手放到嘴里时,这不仅是手眼协调的萌芽,也是精细动作的开始。

第二,看手。3个月时,婴儿仰卧时能在胸前看手、吃手。

第三,伸手够。约4个月大时,在婴儿面前放块红色积木,他还有些够不着。

第四,碰触。在5个月初,婴儿能碰触到红色积木,但不能抓握。

第五,手臂圈。被称为"原始抓握",发生在5个月末。婴儿用手臂圈住立方体,然后再在另一只手或者在胸部的支撑帮助下使立方体离开支持表面。这一动作,手指的动作并不占主导,所以不能成为真正的抓握。

第六,仿抓握。约6个月大时,婴儿会有手指弯曲的"包住"立方体的动作,这才是真正意义上的抓握。

第七,抓握。到7个月大时,动作形式虽然与第四阶段相似。但此时婴儿手指已经可以克服重力作用把立方体拿起,并且拇指与其他四指可以保持平行,抓握起立方体。

第八,对指。此时,婴儿拇指与其他四指可以相对地把物体抓握住,对指运动已经开始显现。

第九,手指间的协调。到8个月大时,婴儿的拇指与食指、中指已经可以达到一个水平面了,并可用三指力量把立方体拿起。

第十,手指对捏。到8—9个月大时。婴儿的拇指与食指已经可以相对起来抓握立方体了。

第十一,手指更灵活。到了13个月左右时,婴儿已经可以用指尖抓起立方体①。

(二)操作动作

满1岁以后,婴幼儿主要是学会玩比较复杂的玩具,学会拿东西的各种动作,开始把物体当作工具来使用,并且在游戏过程中能够初步运用分辨能力和发现能力。例如,12—15个月的婴幼儿,会双手合作打开瓶盖,进行两物对敲。也可以用一只手固定容器,另一只手从中取出或向其中放入物体。13—18个月的婴幼儿,会用双手将两三块积木垒高,能双手捧碗,并试着自己双手配合用勺进食,还能左手扶住纸张,右手抓住笔来涂画。19—24个月的婴幼儿,能双手合作把五六块积木搭成塔,并能双手配合用线穿进扣眼,还能自己用汤勺吃东西。他们可以用不同的方式摆弄各种物体。例如,把小盒子放在大盒子里,用小棒击打铃铛等。25—30个月的婴幼儿,会自己洗手擦脸,画垂直线、水平线,还能一只手摁住书,另一只手一页一页地翻书,会两手配合穿鞋袜、解衣扣、拉拉链等,进行简单的自我服务。31—36个月的婴幼儿,

① 张家琼、李雪.亲子园知识百问百答[M].北京:科学出版社,2017:111-114

能用积木搭成较形象的物体,能模仿画圆、十字形等图形,并开始使用筷子等。

四、早教人员照护婴幼儿动作发展的上岗标准四

理解婴儿抚触的目的,了解抚触的注意事项,能正确实施婴儿抚触

抚触是通过科学的指导对婴儿皮肤进行有序的按摩,让大量温和良好的刺激通过皮肤感受器传到中枢神经系统,从而有益于婴儿的生长发育的一种方法。早在分娩时,胎儿通过产道挤压,就是最初的抚触。而对0—1岁的婴儿做抚触,能在婴儿脑发育的关键期给脑细胞和神经系统以适宜的刺激,促进婴儿神经系统发育,促进生长及智能发育。

(一)抚触的益处

1. 抚触可以促进母婴情感交流。抚触可以增强妈妈与婴儿之间的亲密接触,安定婴儿的情绪。有利于融洽亲子关系,减少婴儿的焦虑。进而促进新生儿神经系统的发育,加快免疫系统的完善,提高免疫力等。

2. 抚触可以改善婴儿睡眠。抚触能够增加婴儿对于噪音的承受能力并能够使自己安静下来,对于入睡困难、易惊醒、睡眠方式多变等存在睡眠障碍的婴儿有良好帮助。

3. 抚触有利于婴儿的生长发育。抚触可以促进婴儿的胃肠蠕动增加,缓解结肠胀气,促进婴儿营养物质的消化吸收,进而使头围、身长、体重增长明显加速。

4. 抚触可促进早产儿神经系统的发育。早产儿在出生时大脑尚未发育成熟,出生后早期仍处于中枢神经快速增殖期,抚触的早期干预有利于中枢神经系统的发育。

(二)抚触的注意事项

因为0—1岁婴儿比较细嫩敏感,身体各方面的器官、系统功能还没完善,抵抗力比较弱,早教人员开展抚触活动时,不但要注意力度,而且对抚触的用品、环境也很有讲究。

1. 做抚触的最佳时段是在两次喂奶之间:时间最好在上午进行,切忌在婴儿过饱、过饿、过疲劳的时候抚触。每个抚触动作不需重复太多次,可先从5分钟开始,然后延长到15—20分钟。

2. 营造适宜的室内环境:室温保持25℃左右,选择比较安静、光线不太刺眼的地方。垫子应软硬适度,提前准备好婴儿的毛巾、尿布、干净的衣物,抚触结束后立即给宝宝换上。可以配有柔和的音乐或歌曲,激发婴儿的愉快情绪。抚触者的双手应保持干净,手指甲不宜过长,手的温度合适,无关的首饰应取下。开始抚触前最好先温柔地和婴儿聊一会,然后再开始抚触。

3. 注意婴儿的安全。双手捧起婴儿头部时,要注意他的脊柱和颈部的安全。涂抹润肤油时,要避开婴儿的眼睛。小婴儿的脐带还未脱落时,抚触一定要小心进行,避开肚脐周围。关节处是婴儿最容易感到不适的地方,所以不要对婴儿的手腕、肘部和肩部的关节施加压力。

4. 尊重婴儿的个别差异。抚触没有固定的模式，早教人员可以根据婴儿的情况不断调整，以适应宝宝的需要。只要婴儿没有哭闹就没问题。但婴儿情绪不好时应停止抚触，先找找婴儿情绪不好的原因。如果婴儿不喜欢抚触，可暂停一段时间，不可强制进行。

（三）抚触的基本顺序

目前常用的婴儿抚触的基本顺序是：头部—胸部—腹部—上肢—下肢。

1. 头面部

用两手拇指指腹从眉间向两侧滑动。两手拇指从下颌上、下部中央向外侧、上方滑动；让上下唇形成微笑状。两手的指腹从前额发际向上、向后滑动，至后下发际，并停止于两耳后乳突处，轻轻按压。

2. 胸部

两手分别从胸部的外下方（两侧肋下缘）向对侧上方交叉推进，至两侧肩部，在胸部划一个大的交叉，避开婴儿的乳头。

3. 腹部

两手依次从婴儿的右下腹至上腹向左下腹移动，呈顺时针方向画半圆，避开婴儿的脐部。

4. 四肢

两手交替抓住婴儿的一侧上肢从腋窝至手腕轻轻滑行，然后在滑行的过程中从近端向远端分段挤捏。对侧及双下肢采用相同方法。

五、早教人员照护婴幼儿动作发展的上岗标准五

能根据婴儿发展特点，提供抬头、翻身和坐的动作照护指导

处于这一阶段的婴儿还不会爬行，他们主动作用于外界环境的范围非常有限，范围的扩大必须依赖成人的帮助。

（一）抬头动作的照护指导

1. 俯卧抬头

帮助并让婴儿做俯卧抬头的练习，可以锻炼婴儿颈部和背部的肌肉力量，增加肺活量，促使婴儿感知到更多来自外部的刺激。新生儿在出生几日后即可俯卧，但由于这个月龄的新生儿颈部肌肉还没有力气，只能本能地挣扎，使面部转向一侧。2个月的婴儿可以稍稍抬起头和前胸部，3个月时抬头的动作逐渐变得稳定，至头与床面呈90°。此时将玩具移至婴儿头部的

左侧或右侧，婴儿的头会随着玩具的移动而转动。

照护动作要领：婴儿睡醒后，在精神状态良好的情况下，将他俯卧在床上，两臂内屈成曲肘式在胸前支持身体。早教人员在婴儿前方用声音呼唤，并辅以色彩鲜艳带有响声的玩具进行摇晃，吸引婴儿抬头。注意在逗引婴儿抬头的练习中，要保证床面的舒适和平坦，床面的硬度要适中，太软会导致婴儿无法用力，练习时间不宜过长。同时，注意选择练习的时机，最好是在两次吃奶的中间。

个别婴儿进行俯卧抬头练习时，可由一名早教人员在前面逗引，另一名早教人员在后面进行辅助抬头。具体的做法是，早教人员站立在婴儿后方，双手拇指轻轻抵住婴儿后颈，食指和中指从两侧轻轻抵住婴儿的脸颊两侧，缓慢并且轻柔地向上抬起婴儿的头部，注意时间不要太长，每次轻微抬起后缓慢放回，再进行下一次的练习。

2. 竖抱抬头

喂奶后拍嗝也是很好的练习抬头的时机。照护动作要领：在喂完奶以后，早教人员可将婴儿竖立抱起，将其头部靠在成人的肩上，掌心拱起，轻拍背部，促使婴儿打嗝。拍嗝结束后，不急着去帮婴儿托住头部，而是让婴儿的头部自然地直立一会儿，每次喝奶后利用拍嗝的间隙，如此练习，可以循序渐进地增强婴儿颈部肌肉力量。注意将婴儿的头部完全置于肩的上方，不要遮挡婴儿的视线。当婴儿看到感兴趣的事物时，就会尝试抬起头来观察。

3. 俯腹抬头

早教人员平躺或斜躺时，将婴儿放在早教人员的胸腹前，使婴儿自然舒适地趴在成人胸腹部。早教人员用双手在婴儿的背部进行按摩，并用语言和表情吸引婴儿抬起头来。注意这一方法必须在婴儿空腹时进行。刚开始时，早教人员斜躺的角度可以大些，降低婴儿抬头难度。之后早教人员逐渐加大难度，过渡到完全平躺的角度。

4. 坐位竖头

早教人员站立或者坐着时，将婴儿背部贴在自己的前胸，屁股坐在早教人员的一只手臂上，另一只手臂从前面扶住婴儿胸部位置，使婴儿面向外面的世界，帮助婴儿观察更广阔的空间，这样可以激发婴儿注视周围新奇事物的兴趣，有更强烈的抬头欲望。在使用这一方法时，注意确保婴儿的后脑勺贴在自己的胸前，但不要用手扶，让婴儿自己尝试控制头部。如果婴儿的颈部无力时，早教人员的上身可以适当后靠，让婴儿的头部借助依靠而自然地保持在直立状态，注意早教人员的身体不要前倾。

5. 转头练习

让婴儿进行抬头练习的同时，还需要让婴儿进行转头的练习。照护动作要领：在婴儿静卧时，可以利用鲜艳色彩且有声响的玩具在婴儿视线上方吸引婴儿的注意，缓慢移动至婴儿左侧和右侧，帮助婴儿在平躺状态下转头。此外，还可以采用抬头加转头练习的方式。在婴儿能够在一定程度上抬头后，利用婴儿感兴趣的物体在婴儿抬头的视线前方左右缓慢平移，吸引婴儿转头。注意，转头练习时，逗引物体的移动不要过快，角度不要过大，从练习小角度转头再到大角度转头。

（二）翻身动作的照护指导

老话流传的“三翻六坐八爬”的说法，是否就意味着每个婴儿都要从三个月开始练习翻身呢？其实不然。正确的照护动作指导原则是观察婴儿的具体情况。通常当婴儿有如下三个肢体动作出现时，就可以练习翻身了：能侧身躺，这说明婴儿有了翻身的意识，但由于没有掌握翻身的要领，所以会出现喜欢朝着一个方向侧躺的姿势；抬头动作稳定，当婴儿趴着时抬头已经能够坚持一定的时间，并且有明显想要用双手把自己撑得更高的意图；仰卧抬脚，当婴儿仰卧时双腿上扬，或者不停地摇晃双腿。

照护动作要领：通过抬头的练习，让婴儿趴在床上，双手支撑身体，借助婴儿感兴趣的玩具使婴儿尽量抬得高一些，撑起胸部，以此来练习婴儿两臂的力量，为翻身做好准备。当婴儿仰卧时，早教人员帮助婴儿把双腿交叉，如果右腿放在左腿上面，就向上牵引左手，逗引婴儿往左侧翻身。如果左腿在右腿上面，则向上牵引右手，逗引婴儿往右侧翻身。早教人员边做可边配合语言：“两腿交叉变剪刀，小手摸摸小耳朵，嘿哟”。这种能够很大程度上帮助婴儿掌握翻身的技巧。每次左右交替练习的时间控制在2—3分钟，每日3—4次即可。

最初，当婴儿无法完成完整的翻身动作时，需要早教人员从婴儿的后背、肩膀或大腿进行辅助。刚开始，早教人员用力大一点进行辅助，循序渐进，逐渐减小力度。切忌操之过急。待婴儿熟悉前面的动作要领后，可逗引婴儿自主翻身。当婴儿仰卧在床上时，早教人员借用婴儿感兴趣的玩具逗引他，使他转动身体去拿玩具，并且在婴儿转动身体的同时将玩具再放稍远一点，直到婴儿顺利翻身为止。

除了以上的练习方式以外，亲子翻身也是一种很好的既能促进亲子互动，又能进行翻身练习的方式。具体方法是，成人平躺在床上，让婴儿仰卧或者俯卧在成人胸腹部，由成人翻身带动婴儿翻身，注意翻身时不要压到婴儿。

（三）坐位动作的照护指导

最常用的坐位指导就是拉坐练习。将婴儿以仰卧的姿势放在平整的床面上，早教人员双手握住婴儿的两臂前端将婴儿向早教人员的胸前拉起，配合语言“一、二、三，坐起来”，一边说一边轻轻将婴儿拉至坐位。然后，把婴儿轻轻放回至仰卧姿势（注意护住婴儿的头部和颈部）。每日坚持练习数次。待婴儿的力量变大后，拉坐练习时可不再抓握婴儿的两臂，改为手指拉坐。早教人员将双手的大拇指插入婴儿的双拳中，待婴儿用力握住以后，用其他的手指轻轻抓住婴儿的手腕，让婴儿双手手心相对，手臂与肩同宽，伸直向前举，轻轻拉坐婴儿。在拉坐过程中，早教人员要逐渐引导婴儿用自己的力量尝试屈肘支撑坐起来。注意，如果在拉坐时婴儿的头部低垂，手无力屈肘时，表示婴儿的颈背肌肉和上肢肌肉还不足以进行这项练习，须先进行俯卧的练习。

婴儿在5个月左右时具有了一定的肌肉力量就可以进行靠坐练习了。将婴儿放在有靠背或者有扶手的椅子上，或者将婴儿放在床上，在其身后放一些枕头、棉被等让婴儿练习靠坐，然后逐渐减少婴儿背部靠垫的物品。每日1—2次，每次1—2分钟，逐步让婴儿熟悉坐位的动作。

六、早教人员照护婴幼儿动作发展的上岗标准六

重视婴儿的爬行动作，能提供适宜的爬行练习和场所促进婴儿爬行动作的发展

婴儿从约6个月开始，出现了最早的自主位移动作——爬行，这是个体在俯卧状态下的重要自主运动形式。爬行动作的正常发展不仅是婴儿神经系统发育良好的重要标志，而且是婴儿动作、认知、语言、社会性等各方面发展的重要促进力量。充分的爬行能锻炼手、腿、腰和背部的肌肉，有助于行走动作的发生和发展。爬行时，需要双手与双脚交替协调活动，这有助于发展婴儿手、眼以及手与脚的协调能力。爬行动作需要婴儿独立地移动身体的每一侧，但同时又保持着与身体另一侧活动的协调，因此有助于婴儿身体两侧肌肉的协调发展。爬行动作还扩大了婴儿接触和探索环境的范围，增加了与环境互动的机会，从而有利于婴儿认知能力发展；爬行中的抬头动作有效地刺激了颈部发声器官，为婴儿日后语言发展奠定了生理基础；同时，爬行使婴儿体验到行动的自主性，提升了婴儿的自信心和自主性，锻炼了婴儿的意志，有助于社会交往能力的发展。研究表明，爬行对婴儿的交往能力、空间知觉等能力方面的发展均有益处。此外有研究发现，爬行时手与头的距离大约为30cm，这正好是两眼焦距结合的部位。因而，让婴儿经常做爬行练习，有利于孩子长大后形成正确的阅读及写字姿势（严良地，2000）。

爬行的发展有一定顺序性，早期表现为腹部着地的匍匐爬行，此后能够进行腹部悬空的手膝爬行，再逐渐发展为滚爬、有坡度爬行、爬楼梯、障碍爬行等等。随着月龄的增长，婴儿很快就会长大，甚至跳过爬行期直接进入到学走路的阶段。错过了最佳的爬行期，婴儿的各项运动能力基础就会受到影响。为满足婴儿的个体差异和处于不同发展水平的婴儿的需要，在准备爬行活动的材料时，要提供难易程度不同的、多样的爬行环境，开展不同的爬行练习活动。

5个月开始，早教人员可有意识地多让婴儿练习俯趴和推爬。推爬的照护动作要领：首先让婴儿呈俯趴姿势。在婴儿前面放一个他喜欢的小玩具，不要放正前方，放在侧前方，手可以

够到的位置。弯曲婴儿膝盖,大腿和小腿夹角呈90°。让婴儿大脚趾摩擦地面,要注意的是,脚趾是向外不是向内。用一边手拇指或手掌抵住脚心,让婴儿可以借力蹬。然后左右脚交替推爬婴儿。

随着月龄增长,婴儿可以进行手膝爬的练习。手膝爬的照护动作要领:把婴儿俯卧放在地上,在他的胸前放一条毛巾,慢慢将婴儿拉起来变成手膝爬的姿势。注意毛巾一定是在胸前而不是肚子上。没有毛巾,也可以直接用手托着胸部。拉起来后,让婴儿慢慢适应这个姿势,要注意他的头是抬起并且在中间的。可以感受到他的手臂在用力支撑自己的重量。让婴儿慢慢体会爬的过程。

熟练后,早教人员可以把手放在婴儿大腿两侧,用手一左一右给婴儿一点指令,引导他自己往前爬。逐渐过渡到婴儿只是需要用手在大腿两侧轻轻扶一下,防止婴儿没有协调好把腿往外蹬了。

对于已经能够在平地自如爬行的婴幼儿,可以增加难度,为其提供攀爬架,鼓励其上下攀爬,提高婴幼儿爬行动作的灵活性和协调性,促进婴幼儿空间感的发展。练习用到的攀爬架,一定不能太高,必须是成人伸手就可以保护到婴儿的。梯子的材质最好是木质或橡胶的,台阶之间要比较平缓。梯子的表面不可以有明显的棱角。在练习的过程中,早教人员应从双手助力过渡到单手助力,最后过渡到站在一边进行观看。当婴儿第一次爬上梯子时,会有很大的成就感,也可能会对高度有一定的恐惧感,此时早教人员应对宝宝进行鼓励并适时给予指导。当婴儿能够独立地完成上梯子和下梯子的动作时,他会不断重复练习。早教人员应在旁陪伴,不宜打断。早教人员还可在平地设置若干障碍,比如让婴儿爬"独木桥"、爬过"大山"、爬过"山洞"等等,增强爬行活动的趣味性。

气温较低的时节,爬行活动在室内等较温暖的场地进行,可以选择床铺、地板、沙发、楼梯等等。还可以利用家庭中容易找到的资源进行简单设计,形成趣味性更强的爬行环境。比如,用桌椅、纸盒拼接成山洞,用沙发做成大大小小的山坡、用靠垫枕头做障碍物、用叠起的旧轮胎做小路和高低不同的小桥等等,使婴儿能尝试有一定坡度的爬行。在充分利用室内环境和资源的同时,一定要注意场地的安全性。比如在客厅里为婴儿开辟一个爬行场地,一定要仔细检查环境,移开尖锐的、易掉落的家具与物品,避免危险物品伤害到婴儿。

而气温较高的时节,可考虑在树荫下、水池旁、沙滩上或草地上进行爬行活动,此时婴儿的衣着较单薄,因此婴儿直接接触的爬行材料要安全适宜,避免对婴儿的皮肤造成伤害。婴儿在不同的材料上爬行,可接触到更丰富多样的事物,促使其感知经验变得更丰富。

婴儿爬行活动的照护指导应鼓励家长积极参与。婴儿可在家长的肚子下爬、在家长的背上爬等。家长利用空闲时间,采取多样的方式,发展婴儿的爬行动作,可促进家长和婴儿之间的交流,增强亲子感情。

七、早教人员照护婴幼儿动作发展的上岗标准七

能根据婴幼儿的特点开展行走、跑、跳的等大动作的照护指导

(一)站立动作的照护指导

在学站的过程中,切忌操之过急,最好的办法是让婴幼儿通过自己的手抓住栏杆等物体,靠下肢的力量自己站起来。因此,不宜使用站的被动练习。在现实生活中,常看见有家长让7、8个月的婴儿被动站立,这是不可取的。在婴儿10个月左右时,早教人员可通过逗引等方式,让婴儿主动运用自己的力量扶着物体站立。到婴儿11个月左右,就可以自己不依靠物体,独立站稳,为学习走路做好准备。此时还可以进行蹲和站的练习,由蹲到站,又由站到蹲的连贯动作,反复练习可以增强婴儿的大腿和膝关节的力量,为下一阶段的行走做准备。

(二)行走动作的照护指导

行走的动作练习与站立息息相关。当婴儿可以独立稳定站立时,就可以尝试练习行走了。学步车作为很多家庭依赖的婴儿行走练习工具,在选择上必须充分考虑其利弊,尽量选择婴幼儿手推的学步推车,而不是将婴幼儿放入其中的学步车。练习婴儿行走的方法遵循让婴儿主动行走的原则,不要强行提着婴儿的手臂练习走路,而是通过前面提到的蹲站等练习强化婴儿的腿部力量,直到婴儿可以自主地进行移步、扶着固定的物体走、推车走、独立行走。

行走动作的照护要领:婴儿扶着床沿或者沙发站立,早教人员在另一头用玩具吸引他,或者不断地重复:“宝贝勇敢,我们等你走过来”。也可让婴儿的双脚分别站在早教人员的双脚背上,握住他的双手,早教人员交替一步一步向前迈步,带动他交替向前迈步。

当婴幼儿能行走之后,他对走路拥有了绝对的自信,并且不满足于循规蹈矩地行走。他会边走边捡起脚边的小物件,有时是小石子、小树叶、小树枝等。早教人员应建议家长不要限制婴幼儿的行走意愿,让他按着自己想要去的方向行走,成人只需蹦跳做好对婴幼儿的安全保护工作。

踩线运动可以增强婴幼儿动作协调性和平衡能力,有助于此阶段婴幼儿的行走能力发展。先用粉笔在地上画一条直线,带领婴幼儿像踩钢索演员那样尽力地去稳住自己。通过这种方式,可以促进婴幼儿平衡能力的发展。

知识小资料

如何训练宝宝走路

训练宝宝走路需要注意一些问题。首先要把握好训练宝宝走路的最佳时期。训练宝宝走路并不是越早越好,宝宝的腿部肌肉力量要发展到一定程度才适宜,即当宝宝离开支持物,能够独立地蹲下去、站起来并保持身体平衡的时候,他才真正具备基本的学步基础。如果宝宝已经超越了这一发展水平,就可以练习宝宝走路了。注意要先培养宝宝走路的兴趣,比如在地上滚动皮球或者放一个会跑的小玩具,刺激宝宝追逐的欲望;选择平坦好走的道路,维护宝宝的兴趣和自信心;还要"保护+放手",学步的时候双手托着孩子的腋窝,防止关节脱臼,步伐稍稳后与孩子相距半米,大人在后面跟着防止宝宝摔着后脑勺。同时做好心理准备,宝宝不磕磕绊绊是学不会走路的。另外,如果条件允许,让宝宝光着脚丫在草地或沙滩上走走路,对宝宝的发育特别有好处。

资料来源:尹丽君.0—3岁婴幼儿早期教育百问百答.北京大学出版社,2013年.

(三)上、下楼梯的照护指导

当婴幼儿能行走之后,他对上下楼梯会充满兴趣。可加入上下楼梯的动作指导。首先可以引导婴幼儿从双手扶栏杆上楼到单手扶栏杆上楼,再到独立上楼。照护动作要领:先练习上楼再练习下楼,下楼的方式也是从双手扶栏杆下楼到单手扶栏杆下楼再到独立下楼。

2岁左右,婴幼儿逐渐脱离扶手的帮助,可以前后脚交替向上行进,可以在上楼梯的过程中停下并转身。此时早教人员需要适当地进行安全保护,但不干预婴幼儿自己完成上楼梯的动作,此时个别婴幼儿下楼梯的练习还是需要早教人员或者栏杆的辅助,早教人员应尊重婴幼儿的个别差异。

(四)跑跳动作的照护指导

1.跑步练习

首先,早教人员可以和婴幼儿"牵手跑"。即早教人员和婴幼儿面对面,牵着他的两只手,早教人员向后慢慢退着跑;接着可以只牵婴幼儿的一只手退着跑。熟练以后,早教人员可以从侧面牵着婴幼儿的一只手跑。需要注意的是,练习跑步时,早教人员不要用力握婴幼儿儿的手,而应尽量让他自己掌握平衡,以防用力不均使婴幼儿前臂关节脱臼。当婴幼儿"牵手跑"比较熟练的时候,早教人员可以让婴幼儿"放手跑"。即当婴幼儿向前跑时早教人员在他前方半米远处退着慢跑,以防他头重脚轻前倾时摔倒。最后,要练习婴幼儿"自动停稳跑"。婴幼儿跑时能自动放慢脚步平稳地停下来,才算学会了跑。早教人员可以在婴幼儿跑时用口令"一、二、三、停",使他学会渐渐将身体伸直、步子放慢而平稳地停下来。在跑步中停下来,对婴幼儿的肌肉控制能力和平衡能力要求更高。

2.蹦跳练习

在对婴幼儿进行蹦跳练习时，早教人员可以先做示范，双脚离地向上跳，让婴幼儿跟着跳。还可用“青蛙跳跳”“小白兔蹦蹦”“顶气球”等游戏来鼓励其练习双脚跳。在婴幼儿能稳定地双脚跳离地面的基础上，可教其从一级台阶上往下跳，开始练习时应选比较矮的台阶，待婴幼儿有一定的胆量，并能跳下站稳后，再逐渐增加台阶的高度。开始学跳时，如果婴幼儿不敢跳，早教人员可以给予一定的帮助，让婴幼儿拉着早教人员的手往下跳。在婴幼儿能双脚跳离地面、又能从台阶上往下跳后，可教婴幼儿在原地往前跳。早教人员在一小块空地上并足站立，作向前跳的示范，再让婴幼儿学样往前跳。对于只会跨、不会双脚离地跳的婴幼儿，早教人员可以抓住他的手，助其向前跳。在学习双脚跳时应注意以下几方面问题：第一，学习双脚跳应在草地、泥地、地板等有一定弹性，相对安全、平坦的地方进行。第二，练习双脚跳时，应注意对婴幼儿多加保护。第三，应教会婴幼儿正确的跳跃姿势：双脚并拢屈膝轻轻地跳起，脚尖先着地，两臂自然摆动。

八、早教人员照护婴幼儿动作发展的上岗标准八

正确认识抓握反射的价值，提供适宜的照护动作练习

在所有的动作技能中，抓握动作在婴儿认知发展中起着最重要的作用，因为它开拓了婴儿探索环境的新途径。但婴幼儿的抓握动作是逐渐发展的，因此，不可忽略生命早期的练习。婴儿0—3个月时候，处于抓握反射阶段，具有天生的抓握能力。早教人员可以经常帮助婴儿进行手指的被动操，每天2—3遍。还可将手指放入婴儿拳中让婴儿握紧，增强婴儿手指和各关节的感知度和灵活度。可以使用不同质地的物品放到婴儿手中，刺激婴儿的抓握反射。成人还要注意婴儿双手的清洁卫生。

4—7个月左右，早教人员引导婴儿抓取或击打眼前悬挂着的玩具。一方面婴儿感觉很有乐趣，另一方面能够促进婴儿手部精细动作的发育。可以经常更替玩具的质地，增强手部触觉的敏感性。这个时期，双手握住奶瓶自己喝奶也可以是抓握练习的一种，早教人员要注意帮初学的婴儿扶住奶瓶，以免由于奶瓶过度倾斜导致婴儿呛奶。等婴儿逐渐掌握力度和角度后，就能独立握住奶瓶喝奶了。5个月左右的婴儿，可以拿着一个发声的玩具一直做摇动的动作。可以引导婴儿把玩具从一只手换到另一只手，还可以让婴儿双手各执一个发声的玩具来回摇动。此外，借助敲打的玩具，让婴儿做敲打的动作也是这个月龄的婴儿感兴趣的事情。6个月以后，婴儿的五指逐渐有了拇指与四指分离的动作，大拇指的作用逐渐显现，对捏的动作练习就可以进行了。早教人员用婴儿感兴趣的小棒类玩具，示范并引导婴儿用拇指和其余四

指对捏的方式拿起玩具。再大一些的婴儿,可以尝试捏取木珠等动作。当添加辅食以后,早教人员可以把辅食切成小块引导婴儿进行捏取的动作练习。随着捏取动作的熟练,捏取的物品可以越来越小,早教人员一定要注意避免发生异物吞食的意外。

8—12个月,婴儿可以练习拿起和放下的动作。早教人员可以配合“拿起”“放下”的语言指令做示范,帮助婴儿理解动作,扩展婴儿的语言理解范围。大拇指和食指的精细动作练习也可在这个阶段进行。大拇指的练习主要通过抓取不同大小和形状的物品进行。食指的练习可以用食指拨动玩具以及抠洞洞来进行。这个阶段还可以引导婴儿开始拇指和食指配合的二指捏动作练习,引导婴儿用拇指和食指捏取盒子或者别的容器中的小物品,并反复捏取和倒入。在练习对捏的时候,如果婴儿总是用拇指和其余几个手配合抓起东西,而不是单独使用食指与拇指配合对捏,可以用手将婴儿的中指、无名指及小指握在早教人员的手里,让婴儿只能学着用拇、食指对捏,当然这个过程是用游戏的方式进行,切不可强制进行。

九、早教人员照护婴幼儿动作发展的上岗标准九

正确认识操作动作的价值,能在生活照护中进行操作动作的指导,提高婴幼儿的生活自我服务能力

(一)堆积木的照护指导

积木的垒叠动作看似简单,其实是锻炼手部小肌肉的控制能力和手眼协调能力,对婴幼儿来说是一种既有挑战又能收获成就感的活动。早教人员需要准备足够数量的不同形状、大小的积木,让婴幼儿有足够的空间来完成垒叠的动作,不限制其有序或固定造型。

刚开始进行垒叠动作时,不强求婴幼儿垒叠的数量。等婴幼儿掌握堆高技能后,积木的数量自然会增加。婴幼儿最开始搭建积木时,只能进行叠高高或排排队的造型,逐渐过渡到搭小桥或者搭房子等,这其实是婴幼儿初步的空间感的体现。早教人员应能理解婴幼儿堆积木的发展规律,在婴幼儿搭建的过程中,尽量保持不打扰婴儿,鼓励他们的尝试和探索行为。

(二)涂画动作的照护指导

1岁半左右,婴幼儿开始喜好在墙上乱涂乱画。早教人员可以提供婴幼儿用的画板或者纸和笔引导婴幼儿在规定的地方涂写。这一阶段婴幼儿还没有办法用正确的握笔姿势来涂写,早教人员只需要引导婴幼儿抓握住笔来涂画,只要他们对书写和绘画感兴趣就好。

2—3岁婴幼儿的涂画动作较之前更成熟,早教人员可引导婴幼儿使用拇指和其他手指拿笔,而不是像以前一样手掌抓握。在涂画的内容方面,早教人员可引导婴幼儿对圆形的涂画。3岁左右的婴幼儿能模仿画出更多的简单形状。早教人员一方面为婴幼儿涂画提供必要的条件;另一方面,要利用手指画、沙画、涂色、染色等活动来保持婴幼儿涂画的兴趣。成人要多让

婴幼儿自由发挥，不做过多限制。

（三）撕纸动作的照护指导

早教人员可以为婴幼儿准备各种材质、形状和颜色的纸，促进婴幼儿撕纸动作的发展。婴幼儿还特别喜欢可以粘贴的小花、小圆点等，通过练习撕开及粘上的动作，也可以达到锻炼的目的。对于婴幼儿而言，如果在撕纸的基础上加入了想象，这一活动会更有趣味。除了纸张，纸盒也是一种非常有价值的材料。有的婴幼儿十分愿意将纸盒撕开，探索里面装有什么，有时这个动作看起来像是破坏性的发泄，但其实只是婴幼儿一种专注的表现。早教人员应建议家长把快递盒、牙膏盒、药盒等废纸盒拿给婴幼儿撕玩，让他们从中感受撕的力度，体验把纸盒撕开的快乐。

（四）拧瓶盖动作的照护指导

拧瓶盖动作是生活中常见的动作，可以锻炼婴幼儿对"拧开""拧紧"动作的理解。早教人员为婴幼儿做示范动作时动作不宜太快，注意引导婴幼儿对"松开"的动作观察。在练习之初，婴幼儿并不明白如何用力、向哪个方向转动才可以把瓶盖打开或扣上。早教人员不要直接告知答案，引导婴幼儿积极尝试，当婴幼儿重复几次后，自然就会发现向哪个方向转动可以打开瓶盖，向哪个方向转动可以扣紧瓶盖。待婴幼儿熟练掌握这个动作后，再给他提供不同大小、材质的瓶子，供他巩固练习类似动作。除了瓶子还可以用螺丝螺帽来练习拧的动作。

（五）扣扣子动作的照护指导

在日常生活中，有意识地培养婴幼儿自己穿衣的能力有助于婴幼儿自信的建立。扣扣子这个动作涉及拇指、食指与其他手指的配合，还涉及左手与右手的配合。刚开始练习时，早教人员最好提供扣眼较大的衣服练习，可以让婴幼儿先试着给娃娃穿衣服和扣扣子。早教人员还可以故意将扣子扣错，鼓励婴幼儿找出错误，提高练习的趣味性。

（六）折纸动作的照护指导

折纸动作需要婴幼儿手指的捏、对齐、展开、压平等能力的配合，比较复杂。最开始的折纸动作其实不需要严格"边对边""角对角"的整齐对折。只要婴幼儿愿意用上述手指的动作完成折纸游戏就可以。待折纸动作比较熟练后，早教人员逐渐提高要求，引导婴幼儿将纸的边缘折叠得基本整齐。到3岁左右，婴幼儿能在早教人员引导下折成边角整齐且规则的形状，例如正方形、长方形和三角形等。

（七）剪纸动作的照护指导

婴幼儿学会使用剪刀是有一定的顺序的，刚开始使用剪刀的时候，婴幼儿的手指精细程度和配合能力，以及手眼协调能力都会影响婴幼儿操作剪刀，所以早教人员要让孩子从最简单的形状开始，不要一开始就让孩子剪一些高难度的形状。

刚开始使用剪刀的时候，婴幼儿有点力不从心：剪刀拿不稳、力气使不上、剪刀的角度不对、剪不下来等等。这个阶段，早教人员主要是引导婴幼儿学会正确使用剪刀的姿势，练习手眼协调，可以给婴幼儿一张纸让他胡乱剪，剪成什么样子并不重要，重要的是让婴幼儿熟悉剪刀。接着引导婴幼儿剪直线，也可以剪类似于毛线之类的东西。学会了剪直线以后，婴幼儿就有了一定的基本功。早教人员可以引导婴幼儿剪一些图形，如正方形、长方形等。接下来就可以练习剪弧线，剪的图形可以包括太阳、月亮、小鱼、小花等。婴幼儿想怎么剪就怎么剪。使用剪刀的过程中，早教人员一定要注意安全，避免发生意外。

十、早教人员照护婴幼儿动作发展的上岗标准十

了解并尊重婴幼儿在动作发展喜好上的个别差异，能开展适宜的照护指导

婴幼儿的动作喜好是与生俱来的本质，这种差异从婴儿时期就能显现出来。如每个婴幼儿哭泣的方式、强度会不同；试着想要做某些动作或触碰物品时，每个婴幼儿表现出的坚持度与勇敢性也不尽相同。又比如：两个在其他方面相似的婴幼儿学习走路的时间很不相同，一个在12个月就开始走，另一个可能要到16个月才开始走，但都属于正常范围。婴幼儿的每个动作从出现到发展成熟的个别差异很大。了解婴幼儿的动作发展和喜好上的差异是早教人员开展适宜照护工作的线索之一。

美国儿科医生托马斯和切斯，对100多名刚出生到3个月的婴儿进行了长期追踪研究发现，这些婴儿出生仅几天就表现出很多的差别，比如哭声大小、情绪好坏、睡觉和饥饿的规律性等等。他们从研究中总结了9个维度来考量婴儿的个别差异①。

活动水平：这是指婴儿在一天的活动中表现的动作节奏的快慢与活动频率的多寡。活动量是跟身体动作（也就是生理方面）比较贴切相关的。比如，平时活动量大的宝宝，他们所需要的睡眠时间相对就比较少，而活动量小的宝宝，所需要的睡眠时间却相对比较长。

趋避性：指婴儿对新事物刺激做出反应的特点。在第一次面对自己所接触的人、事、物、环境与情况产生好奇，有的婴儿会表示出接纳的态度，而有的婴儿则会表现出躲避的态度。前者通常来说，比较勇于去尝试，能够主动地学习新的事物、想方设法去适应新的环境；而后者则对新的经验有退缩，甚至躲避的倾向，不愿意去学习、接受新的事物，适应新环境的能力相对比较差。

---

① 天性不同、教养不同. https://www.douban.com/note/517743458/

规律性：指婴儿的饥饿、睡眠和排泄等生理机能是否有规律。如果婴儿在睡觉、起床、便便尿尿、肚子饿等方面都很准时的话，他就是一个规律性强的宝宝；反之，如果饮食生活不定时、不定量，就是属于规律性差的宝宝。

注意力分散度：指婴儿的注意力是否容易从正在进行的活动中转移。显然，分散度强的婴儿很容易分心，改变主意；相反，分散度弱的婴儿却会表现得更加固执。

心境：指婴儿在睡醒后几小时内的主要情绪。拥有积极心境的婴儿，醒来后常会笑，显得很愉快；拥有消极心境的婴儿，醒来后容易表现出不寻常的紧张反应，如大声哭叫、暴躁。

坚持度：指婴儿对任何事情采取一致态度、行为的持续性。坚持度高的婴儿更专注，也更容易固执，喜欢探索；坚持度低的婴儿就很容易改变，也会表现得更有弹性、更灵活。

婴幼儿动作发展存在很大的个体差异，了解上述差异，将有助于早教人员动作照护的科学性和准确性。

第三节

早教人员照护婴幼儿动作发展的实例运用

一、0—1岁的婴幼儿动作发展照护的实例运用

（一）游戏名称：翻一翻

▽ 游戏目的：促进婴儿向一侧翻身成侧卧的动作。

▽ 游戏过程：

1.让婴儿平躺在床上，并在婴儿身体的一侧放置婴儿喜欢的玩具。

2.早教人员将婴儿的右腿放到左腿上，再将左手放在胸腹之间，轻托其右边的肩膀，轻轻地在婴儿背后向左推，使婴儿转向左侧，用玩具吸引婴儿。

游戏指导：婴儿侧卧后，应让婴儿休息一会儿，再用同样的方法向另一侧侧卧。练习过程中，如果婴儿出现反抗、哭闹，应该抱起来安抚，切不可一味蛮干。婴儿完成侧卧后，早教人员要即时给予鼓励。

（二）游戏名称：起来坐坐

▽ 游戏目的：锻炼上身身体配合的力量，练习腰背部肌肉。

▽ **游戏过程**：

1.早教人员将婴儿放在柔软的地垫上，双手扶着婴儿的双肩，边说："宝宝起来坐坐。"边帮忙向上拉起。

2.早教人员边说："宝宝躺一躺。"边把婴儿放地垫上。如此反复几次。

3.待婴儿知道配合用力后，早教人员可以拉住婴儿的肘部和前臂，边说："宝宝起来坐坐。"边让婴儿坐起来。重复(2)。

4.早教人员可以让婴儿抓住成人的食指，边说："宝宝起来坐坐。"边让婴儿坐起来。

游戏指导：这是一个拉坐游戏。游戏最初，早教人员是用双手扶着婴儿的双肩开始拉坐，逐渐过渡到婴儿抓住成人食指，借力坐起。这样的练习是循序渐进的过程，一次不要练习太久，以免婴儿太疲劳。

(三)游戏名称：小青蛙

▽ **游戏目的**：发展平衡能力和节奏感。

▽ **游戏过程**：

1.早教人员双腿交叉坐在椅子上，婴儿分腿面对面坐在成人的腿上，抱住婴儿的胳膊周围的胸部。

2.随着节奏，早教人员边念儿歌《小青蛙》边上下抖动双腿，让婴儿感受震颤。

3.当说到儿歌的最后一句时，将婴儿抱起拥在怀里，早教人员与婴儿身体充分接触。

游戏指导：可以将婴儿喜欢的东西编在儿歌里，儿歌只要按成人喜欢的语气说念就可以。

儿歌：小青蛙，跳跳跳。
跳到上，跳到下。
小青蛙，跳跳跳。
跳到左，跳到右。
哈哈哈——

(四)游戏名称：手指游戏

▽ **游戏目的**：促进手指肌肉的发育

▽ **游戏过程**：

1.早教人员将婴儿的手心相对，并把婴儿的小手放在早教人员的手心里，轻柔地上下搓，绕圈搓。温柔地说："阿姨搓一搓小手哦。"

2.打开婴儿的手掌，依次轻轻按下拇指、食指……并念儿歌："大拇哥，二拇弟，三中娘，四小弟，五小妞妞爱开戏。"

游戏指导：该游戏的儿歌速度可以快慢变化，按摩力度也可以大小变化，以成人与婴儿能够快乐接受的程度为准。

(五)游戏名称:喂小鸡吃米

▽ 游戏目的:练习二指捏的动作和手眼协调性。

▽ 游戏过程:

1.早教人员出示小鸡(嘴巴挖空)的图片,示范用二指捏的动作捡起盘子里的玉米粒、小馒头粒等投喂小鸡。

2.请婴幼儿和成人一起来投喂小鸡。

游戏指导:游戏过程中如果玉米粒等掉到桌上,让婴儿捡到盘子里,也是练习二指捏的方法。游戏过程中需要注意避免婴儿吞吐物品。投喂的物品是可以替换的,但体积不可太大,否则不能练习婴儿的二指捏动作。

二、1—2岁的婴幼儿动作发展照护的实例运用

(一)游戏名称:踩影子

▽ 游戏目的:锻炼行走动作的协调性和灵活的应变能力。

▽ 游戏过程:

1.早教人员带着婴幼儿到户外,指着地上的影子告诉婴幼儿:"这是老师的影子,这是宝宝的影子。"

2.早教人员示范踩影子的动作,鼓励婴幼儿跟着踩。

3.鼓励多人参与互相踩影子。指导婴幼儿观察不同时间影子的不同。

游戏指导:如果婴幼儿起初不知道怎么踩,或者是平衡能力等还没有完全发育好,可以由早教人员牵引着去踩别人的影子。

(二)游戏名称:做饼干

▽ 游戏目的:练习撕纸,锻炼双手的精细动作。

▽ 游戏过程:

1.早教人员出示饼干图样的定形撕纸,说:"今天我们自己来做饼干,看谁的小手最能干。"

2.早教人员示范把饼干从小孔上撕下来,贴在准备好的盘子里。

3.鼓励婴幼儿大胆地撕纸。

游戏指导:刚开始撕纸时,婴幼儿可能有点困难。早教人员可以先帮着撕开一点再让婴幼儿撕纸。生活中需要双面贴的地方时,早教人员建议家长让婴幼儿来参与动手。

（三）游戏名称：串珠

▽ 游戏目的：锻炼婴幼儿手眼协调能力。

▽ 游戏过程：

1. 早教人员出示一串穿好的彩珠挂在胸前，让婴幼儿欣赏，还可让孩子佩戴。

2. 早教人员示范一头拿线、一头拿珠子进行串珠的动作。

3. 早教人员引导婴幼儿进行串珠活动，让孩子和父母一起观赏自己串的项链，体验成功感。

游戏指导：刚开始串珠时，早教人员应提供硬头的线给婴幼儿操作。待婴幼儿串珠的动作熟练后，早教人员可以提供软头的线给婴幼儿操作。

（四）游戏名称：拔夹子

▽ 游戏目的：锻炼婴幼儿拔夹子的精细动作。

▽ 游戏过程：

1. 早教人员出示身上夹满夹子的布绒玩偶，激发幼儿参与的兴趣。

2. 早教人员示范将夹子从布绒玩偶衣服上拔下来的动作，边做动作边说："拔夹子"。

3. 提醒幼儿将拔下来的夹子放在篮子里。

游戏指导：练习刚开始可以选择一些弹性比较松的夹子，根据婴幼儿的熟练程度，逐步增加游戏的难度。通过提供各种各样的夹子，早教人员还可以引导婴幼儿欣赏不同夹子的形状和颜色。

（五）游戏名称：剥鸡蛋

▽ 游戏目的：训练婴幼儿手指的灵活性和手眼协调能力。

▽ 游戏过程：

1. 早教人员出示鸡蛋，说出鸡蛋的外形特征及鸡蛋的益处。

2. 早教人员示范剥鸡蛋的动作，边做动作边说："剥鸡蛋。"

3. 婴幼儿动手练习剥鸡蛋。

游戏指导：刚开始剥鸡蛋时，婴幼儿可能会因为动作不熟练而把蛋白也剥下来很多，早教人员切不可就去代替婴幼儿剥鸡蛋。相信婴幼儿随着动作的熟练，会越剥越好的。

三、2—3岁的婴幼儿动作发展照护的实例运用

（一）游戏名称：瓶子里面有什么

▽ 游戏目的：发展婴幼儿的手指精细动作。

▽ 游戏过程：

1.早教人员出示几个分别装有石头、珠子、黄豆的塑料瓶，摇动瓶子让婴幼儿猜猜里面是什么。

2.待几个孩子猜过后，早教人员示范将瓶盖打开的动作，倒出瓶子里面的东西。

3.早教人员再示范将东西装入瓶子，并盖上瓶盖。邀请幼儿和成人一起来用其他物品装瓶子，并继续摇一摇和猜一猜的游戏。

游戏指导：游戏过程中注意提醒婴幼儿不要吞食物品，让婴幼儿多动手操作。刚开始拧瓶盖时，婴幼儿可能会辨别不清旋转方向。成人不必催促，让婴幼儿多尝试几次就好了。

（二）游戏名称：折哈巴狗

▽ 游戏目的：锻炼婴幼儿手的小肌肉群，学习折纸的技能。

▽ 游戏过程：

1.早教人员出示小狗图片，说："一群漂亮的小狗。"唤起婴幼儿折纸的兴趣。

2.早教人员先完整地示范一遍折纸的动作，再带领婴幼儿一起折纸。

3.早教人员将大家折好的小狗贴在地上，互相欣赏。

4.引导婴幼儿学习儿歌："一只哈巴狗，坐在大门口，两眼黑黝黝，向我点点头。"

游戏指导：幼儿刚学习折纸时，对齐的动作会很困难。早教人员或家长不必过于急躁地替代帮忙。多练习几次就好了。只要婴幼儿愿意折纸，成人就应该鼓励和支持。

（三）游戏名称：青蛙跳跳

▽ 游戏目的：练习双脚离地的跳跃，锻炼婴幼儿的双脚弹跳力。

▽ 游戏过程：

1.早教人员出示准备的荷叶道具和青蛙头饰，激发婴幼儿参与游戏的兴趣。

2.早教人员营造情境，示范青蛙在荷叶上跳来跳去的动作。

3.带领婴幼儿有序地向前跳。

游戏指导：刚开始游戏时，荷叶之间的距离可以很小。待到婴幼儿的跳跃能力提高后，逐步拉开荷叶的距离，增加游戏的难度。

（四）游戏名称：拼插雪花片

▽ 游戏目的：锻炼婴幼儿手指拼插的精细动作。

▽ 游戏过程：

1.早教人员给每个婴幼儿分发一小筐雪花片，带领婴幼儿观察雪花片的形状，激发婴幼儿参与游戏的兴趣。

2. 早教人员示范用雪花片拼插来做造型。可以先从简单的图形开始，拼插成一条线，拼插成一把小伞等。

3. 鼓励婴幼儿随意的拼插图形。

游戏指导：刚开始拼插时，婴幼儿的造型会比较简单。早教人员应以支持的态度鼓励婴幼儿的继续游戏。

(五)游戏名称：我会自己穿衣服

▽ **游戏目的**：锻炼婴幼儿的动手能力，增强自我服务的意识。

▽ **游戏过程**：

1. 早教人员提出问题，引导婴幼儿思考：可不可以自己穿衣服？

2. 早教人员把衣服发给婴幼儿，引导婴幼儿观察衣服。

3. 早教人员示范穿衣服：先找到衣服领子双手拿好，双手举起甩过头顶，别松手，一只小手伸进洞洞里，然后换手让另一只小手也伸进洞洞里，两只胳膊就穿好了。然后让婴幼儿练习。

游戏指导：婴幼儿刚开始练习的时候，动作不熟练，早教人员可以给予适当的帮助。只要婴幼儿学着早教人员的样子练习，就应该鼓励与赞扬。

附表　早教人员照护婴幼儿动作发展的上岗标准

早教人员照护婴幼儿动作发展的上岗标准	完全符合	比较符合	不符合
1. 了解婴幼儿动作发展的基本规律，帮助家长理解婴幼儿动作发展的重要性和意义。			
2. 正确认识粗大动作的价值，了解婴幼儿粗大动作的发展规律。			
3. 正确认识精细动作的价值，了解婴幼儿精细动作的发展规律。			
4. 理解婴儿抚触的目的，了解抚触的注意事项，能正确实施婴儿抚触。			
5. 能根据婴儿发展特点，提供抬头、翻身和坐的动作照护指导。			
6. 重视婴儿的爬行动作，能提供适宜的爬行练习和场所促进婴儿爬行动作的发展。			
7. 能根据婴幼儿的特点开展行走、跑、跳的等大动作的照护指导。			
8. 正确认识抓握反射的价值，提供适宜的照护动作练习			
9. 正确认识操作动作的价值，能在生活照护中进行操作动作的指导，提高婴幼儿的生活自我服务能力。			
10. 了解并尊重婴幼儿在动作发展喜好上的个别差异，能开展适宜的照护指导。			

第六章

早教人员照护婴幼儿语言发展的上岗标准

第一节

早教人员照护婴幼儿语言发展上岗标准的研制意义

语言发展在0—3岁婴幼儿发展中占有非常重要的地位。一方面,因为语言发展能够促进婴幼儿认知的发展,掌握了语言意味着可以脱离时间和空间的束缚,自由地学习人类古往今来的优秀文化知识,促进人类社会的繁荣发展。同时,语言的发展还可以促进动作、情感及社会性等方面的全面发展。另一方面,婴幼儿时期是语言发展的敏感期和关键期,这段时期的语言发展具有显著区别于其他阶段的特点。掌握婴幼儿语言发展的特点和规律、科学的语言教育方法与策略,对于提升早教人员照护婴幼儿的语言发展大有裨益。

一、有助于规范早教人员的专业行为,提高其行为的科学性

根据国内外对婴幼儿语言发展所做的大量实验研究表明,婴幼儿语言的习得需经历语言准备期、语言发生期、语言发展期3个主要阶段。在婴幼儿语言发展的过程中,每个阶段的语言发展都有一定的特点。0—3岁婴幼儿语言发展非常迅速,不同月龄的婴幼儿语言发展呈现出较大的差异。婴幼儿在词汇、句子及口头语言上发展速度各异,每个个体婴幼儿口头语言发展的情况怎样?一个婴幼儿叽叽喳喳地说个不停,他的词汇量是否达到了同龄的婴幼儿的平均水平呢?要做出准确的判断,必须依赖于早教人员对婴幼儿语言发展特点与规律等理论知识的掌握。当对这些知识有了掌握之后,就会发展出一种敏感性,能够从婴幼儿纷繁复杂的话语中找出有价值的信息,并为后续的引导和支持提供依据。

因此,研制科学的、适宜的早教人员语言指导能力标准,规范其语言指导行为,是提高其行为科学性的重要举措。它将有助于提高早教人员对婴幼儿语言发展重要性的认识,自觉矫正和防止过度教育和错误教育的倾向,端正早教人员的婴幼儿观、教育观、游戏观等,从而提高对婴幼儿语言发展的指导效果。

二、为早教人员专业能力评估与提升提供参考及依据

通过研制语言教育能力标准,对于早教人员职业发展具有重要的意义。一方面,语言领域的能力标准为早教人员正确地评估自己的专业能力提供了参考和依据。通过反思自己的教育教学行为与能力标准之间的差距,能够对自己的语言教育能力做出恰当的评估,评价的

目的在于改进，这为其进一步的学习与反思奠定了基础。因此，托育机构还可将早教人员语言教育能力标准作为评估指标体系的重要参考，用于考核其语言教育能力水平。另一方面，语言领域的能力标准为早教人员提升专业能力提供了目标与路径，为其促进婴幼儿语言发展提供了行动指南。早教人员的语言能力不仅仅指掌握婴幼儿语言发展的特点，还包括知道和掌握婴幼儿语言教育的方法以及开展教育活动的策略。因此研制语言教育能力标准，对于早教人员具有重要的意义。

语言能力标准的出台，意味着早教人员的语言教育教学就不再只是受经验指导，而是基于切实可行的建议的专业行为，让早教人员队伍的专业化成为可能。

三、有助于推动婴幼儿的健康发展

语言和婴幼儿的思维密切相关，语言发展是婴幼儿心智发展的重要组成部分。语言在个体认知和社会性发展中不可或缺，对个体心理发展意义深远。但是，语言是一个很复杂的结构系统，在现实中，对于一个认知能力还不成熟的婴幼儿进行语言发展的练习如何才能确保它的科学性和有效性是值得研究和探讨的问题。因此，婴幼儿语言发展的特点有哪些？婴幼儿语言发展的规律是什么？影响婴幼儿语言能力发展的因素是什么？成人如何给予幼儿在语言发展上的专业支持？诸如此类的问题都需要经过科学的研究来回答。

早教人员专业性除了体现在能够根据婴幼儿发展水平和特点，提供适宜的游戏和活动环境及互动行为外，还应该基于婴幼儿语言发展的特点及教育经验等及时甄别出有语言障碍的婴幼儿，并推动所有婴幼儿语言能力的健康发展。

第二节

早教人员照护婴幼儿语言发展上岗标准的具体内容

一、早教人员照护婴幼儿语言发展的上岗标准一

了解婴幼儿语言发展的基本规律，清楚婴幼儿语言发展所经历的不同阶段及特点

婴幼儿语言的发展可以划分为既有质的差异又有相互关联且有交叉的三个阶段：0—1 岁是婴儿语言发生的准备阶段，又称为前言语阶段；1—2 岁婴儿开始正式进入学说话的阶段，又

称为言语发生阶段;2—3岁是婴儿基本掌握口语阶段,这一阶段将持续到进入小学前。

(一)0—1岁的前语言阶段

前语言阶段,具体是指婴幼儿在掌握语言之前,有一个比较长的语言发生的准备期,一般是指从婴儿出生到说出第一个真正意义的词之间的这一段时期。通常这段时间为一年。这一阶段,虽然婴幼儿还不会说话,但不是消极地等待说话,而是积极地做说话前的准备工作。

该过程又可细分为三个阶段①:

1.简单音节阶段(0—3个月)

0—3个月是婴儿反射性发声阶段,新生儿的哭声中有时会出现"a、o、u、e"等韵母,这类韵母不需要唇舌的复杂运动,气流冲出口腔即可形成,这是一种本能行为,天生聋哑的婴幼儿在这个阶段也能发出此类声音。

在这一阶段,婴儿喜欢以哭来表达需求,哭也是婴儿为学说话而做的最初的发音练习。婴儿对环境中的各种声音如外界的说话声、妈妈吃饭的声音、肠蠕动的声音、呼吸声、心跳声等非常感兴趣。听觉较敏锐,具有一定的辨音水平。能发出一些简单音节,多为单音节。婴儿从2—3个月起,进入语言自发发生阶段。

2.连续音节阶段(4—8个月)

3个月以后,婴儿变得活跃起来,常常自动发音。如果有人逗引婴儿,婴儿会笑,笑声多为长而尖的"咯咯咯"的清脆声音。在这一阶段,婴儿已经可以发出连续的音节,故这阶段又被称为连续发音阶段。发音增多,经常发出连续的音节;由于发音的增多,有些音节和词的发音近似,所以婴儿开始发近似词的音。在用语音与成人对话时,婴儿出现与成人轮流"说"的倾向。与成人交往中出现学习交际"规则"的雏形。

3.学话萌芽阶段(9—12个月)

9—12个月的婴儿处于学话的萌芽阶段。婴儿的语言发展和先天成熟的速度是相对应的。随着婴儿发音器官的不断完善,他们可以发更多、更难的音节。婴儿的各种心理活动带有明显的直觉行动性,语言和思维都是在直接与该事物的接触或活动中展开的,离开了具体的事物,活动便不能进行。此阶段婴儿开始发出不同的连续音节,音节明显增多,音调也开始多样化,除了第一声之外,开始出现其他几个声调,语音开始变得抑扬顿挫,更接近成人的正常发音。近似词的发音增多,同时开始模仿成人的语言,使用摇头表示拒绝。当婴幼儿发这些近似词的音时,早教人员应及时帮助婴幼儿建立近似词与具体事物之间的联系,增强婴幼

① 袁萍,祝泽舟.0-3岁婴幼儿语言发展与教育[M].上海:复旦大学出版社,2011:51-55

儿对语义的理解和领悟。婴儿开始真正理解成人的语言,语言交际功能开始拓展。

(二)1—2岁的言语发生阶段

婴幼儿在1岁左右,进入语言的发生期。当婴幼儿可以自发性说出有意义的词汇时,表示进入口语期了,也就是初步掌握语言的阶段。

该过程又可细分为两个阶段,单词句阶段和双词句阶段。

1.单词句阶段(1岁—1岁半)

在此阶段,婴儿已经正式开始学说话,但常会用同一个单词代表许多不同的含义,或以单个词代替句子,故称单词句阶段。在词汇能力方面,以声音代物是1岁半以前婴幼儿说话的一个明显特点。在使用新词时会出现一种词义"泛化""窄化""特化"三种现象。词汇量增加,词组出现。喜欢讲"小儿语",常用省略音、替代音和重叠音。此阶段婴儿有一个特殊的语法系统,具有一个和母语相似而又不完全相同的音值系统。

2.双词句阶段(1岁半—2岁)

18—20个月期间,婴儿获得的词汇量大增,2岁达到增长高峰。这一阶段的婴幼儿以说简单句为主,能够简单地将词汇组合,听懂复杂句子,用短句夹带词汇来表达意思。这一阶段的婴儿每天都在增加新的词汇,能理解的词汇越来越多。掌握新词的速度突飞猛进,处于"词语爆炸"阶段。语言理解逐步摆脱具体情境的制约,可以准确把词与物体或动作联系起来。但2岁的婴幼儿所掌握的主要是简单句,而且句子都比较短。这一时期婴儿开始不断向成人提问,婴儿开始学会使用疑问句和否定句,并常把"不"挂在嘴边,这是婴儿否定句发展的第一阶段。

(三)2—3岁基本掌握口语阶段

2—3岁是婴幼儿语言发展的第二个关键期,他们听和说的积极性很高,喜欢与熟悉的人进行语言交流,爱听儿歌,爱听故事,一些婴幼儿还能背诵简单的诗句。3岁的婴幼儿词汇量迅速增加,可以达到1000个以上。词的种类也更加复杂,形容词、代词、副词都开始使用。婴幼儿也已经掌握基本语法,可以说出合乎语法习惯的简单句,并且复合句的运用也在不断增加。更重要的是,婴幼儿在这一时期显示出使用语言与人交往的强烈意愿。该过程又可细分为两个阶段,初步掌握口语阶段和目标口语初步发展阶段。

1.初步掌握口语阶段(2岁—2岁半)

这一阶段是婴幼儿语言的爆发期,新词汇源源不断地出现,还常常说出一些新奇的句子让成人感到惊讶。该阶段的婴幼儿对词的概括程度进一步提高。语言逐步稳定和规范,发不出的音节逐渐减少。能运用简单的句型,复合句逐步发展,疑问句逐渐增多。这个时期婴儿不管实际情况如何，只选用问句末尾的一些词语回答。

2. 目标口语初步发展阶段（2岁半—3岁）

这一阶段，婴儿词汇量迅速增加，开始逐渐喜欢故事和理解简单故事的情节，对新词感兴趣，对文学语言也很感兴趣。能抽象句子规则，常表现出系统整合的语言内化能力。到了3周岁的婴幼儿他们的说话方式基本和成人差不多，口语表达方面也能用完整的句子。这一阶段的婴儿经常出现说话不流畅的现象，有时结结巴巴，有时一句话破句现象严重，显得气喘吁吁，使人担心会患口吃，实际上是因为他们思维的速度往往超过说话的速度，说话跟不上思维，想说的东西太多所致。对于3岁婴儿，说话不流畅、重复是自然的现象。

二、早教人员照护婴幼儿语言发展的上岗标准二

正确认识语言发展的本质，能引领家长重视婴幼儿语言的发展

语言是什么？不同学科的回答不一定相同。即使是同一个学科，从不同角度或不同目的出发，也可以下不同的定义。语言与哲学、心理学、教育学、逻辑学等不同学科都有密切的关系。弄清楚语言的本质与内涵是我们理解婴幼儿语言重要性的前提，也是早教人员照护婴幼儿语言发展的必要条件之一。

（一）语言作为一种符号系统，帮助婴幼儿认识世界、表达自己

所谓符号，可以说是一种信号，代表一定的意义，也就是说代表特定的事物。语言作为符号系统具有其专有特性：从形式上说，是以人的发音器官发出来的声音为载体的；从内容上说，是以整个客观物质世界和主观世界为表征对象。这两点是不能分离的，是区别于其他所有符号系统包括交际符号系统的基础。语言符号的这种特性对婴幼儿的语言学习至少有以下两个方面的影响：一是婴幼儿的语言学习是后天的，成人对其语言的获得与发展有极为重要的影响，例如成人可以通过日常生活中的语言环境，或是通过直接教婴幼儿“这是树”“那是船”，这都是婴幼儿学习掌握语言的基本途径。否则，单靠婴幼儿自然成熟，也许他能形成一套自己的语汇用来表示自己的需要或情感，但他无论如何也不能说出别人能理解的词汇；二是由于语言符号系统本身具有地域的、民族的和阶层的差异性，这种差异性会导致沟通不畅。因此，婴幼儿的语言学习内容不仅有适合本地区、本民族的，还要有便于与外界交流的通用的语言，比如在中国国内需要幼儿学习普通话，同时，为了便于和促进国际间的交流与合作，还应积极创造条件让幼儿学习外国语。

（二）语言作为一种信息系统，帮助婴幼儿与客观世界更多地互动起来

语言是传递信息的重要媒介。信息必须是有意义的载体，即信息不是词或句，而是表现

语义的一个单一体。语言的信息性首先表现在它是客观物质世界和主观精神世界结合的中介，也即认识的中介；其次，它对客观和主观世界起着表征的作用，又是信息的载体。在学会说话之前，婴幼儿已经能通过各种非语言手段向成人传递自己需要的信息，如不同的哭声、各种体态语等。但是，由于受生活环境和生活经验的限制，成人常常不能及时满足婴幼儿的各种需求。而当婴幼儿具备了一定的语言能力之后，他们传递的信息才逐渐解决了准确性、精确度和有效性等问题。

（三）语言作为是一种交际和思维工具，促进婴幼儿良好的情感及社会性发展

语言交际和思维的功能是统一的功能，语言作为抽象思维的承担者，在交际过程中使思维成果外化和物质化。语言作为思维的介质，从思维的整体过程来说，首先是实现思维的工具；其次，整个思维过程以及思维的成果都要由语言来体现；再次，思维必然要通过语言来表现。婴幼儿与成人和同伴之间的交际、思维，因为形象思维还有其他实现和体现的手段或工具。婴幼儿与成人和同伴之间的交流要用到语言，他们形成思维和思想也要运用语言。因此，语言既是婴幼儿的交际工具，也是婴幼儿思维的工具。要想认识婴幼儿语言的本质，必须正确理解语言与思维的关系。语言对思维过程有一定的影响，思维的结果需要借助语言才能储存和传递。

（四）语言作为婴幼儿学习的对象，促进婴幼儿的认识发展

语言与认识密切相关，相互促进，相互发展。一个人的语言行为只有与认识行为协调时，他的语言能力才是完整的。语言学习是婴幼儿语言发展中非常重要的一个方面，它不是一种可有可无的虚饰的附加物。语言不仅可以使幼儿直接认识事物，而且还能间接地、概括地认识事物。婴幼儿期是人一生中掌握语言最迅速的时期，也是最关键的时期。婴幼儿在1～5岁之间逐渐从非言语交际转向言语交际，其语言是依靠生活在言语交往的环境中自然获得的。

三、早教人员照护婴幼儿语言发展的上岗标准三

了解语音发展的阶段特点，能对婴幼儿的语音理解和语音模仿开展相应照护指导

语音是口头语言的物质载体，是由人类发音器官发出的表达一定语言意义的声音。婴幼儿语音系统的发展可分为两个阶段：语音发生发展阶段和语音知觉发展阶段。（李宇明，2004）

（一）语音发生发展阶段

1.非自控音阶段（出生—20天）

新生儿，离开母腹的第一声啼哭，是第一次发音，并表明发音器官已经为语音的发生做好

了最基本的准备。在这一阶段新生儿的发音以哭声为主,也有一些是咳嗽声和吃奶时的发音,这些声音绝大多数都是新生儿不能自己控制而发出的声音,因此,可以称为“非自控音”。

2.咕咕声阶段(21天—5个月)

这个阶段婴幼儿的声音听辨能力和发音能力都有较大的发展,有大量的“玩弄”声音的现象,有了最初的语音模仿和“对话”意识。这些非自控性发音听起来似鸽鸣鸠语,所以称为“咕咕声阶段”。2个月以后婴儿的哭叫声明显减少,能在放松的状态下发音,他们的发音已与情景发生关系,自控音明显成为发音的主要形式。

3.牙牙语阶段(6个月—1岁左右)

5个月时,婴儿可以把手放在嘴上“打哇哇”,音节多是同音重复。6个月以后,婴儿模仿发音的能力大为提高。在他的牙牙语中,音高的变化有许多已经颇似成人的语调。10个月以后,一些近乎词的音出现后,成人往往以为婴幼儿已经会说话了,于是同婴幼儿的语言交往增多,母语的影响也就逐渐加大。

4.学话阶段(1岁—1岁半)

这一阶段,连续音节和类似词的音节都比上一阶段多。有记录一个1岁零20天的婴儿有发出类似词的ba-ba(爸爸),jia-jia(姐姐),ma-ma(妈妈),nie-nie(捏捏),nai-nai(奶奶)等声音。随着词音节的增多和能说出一些单词,无意义的连接音节就减少了。这是一个由无意义的音节发展到词音的过渡阶段。

5.积极言语发展阶段(1岁半—6岁)

从一岁半开始,婴幼儿已由单词句、双词句向完整句发展,集中的无意义的发音现象已经消失,此时的发音已与发出的词和句子整合在一起。

(二)语音知觉发展阶段

1.声调知觉的发展

出生后的第一周,婴儿听到一个轻柔的声音便会停止他的哭叫,出生后两周的婴儿,能把语音从其他声音中区分出来,23天的婴儿对人的声音会做出凝视、微笑或停止哭叫的反应;4个月左右的婴儿能分辨出愤怒和友好的声音,也能分辨熟悉的和陌生的声音。除了对声音敏感以外,婴儿对声调也非常敏感,大约出生7周后,就能分辨升调和降调。

2.音位知觉的发展

这方面研究主要来自国外。通过实验的结果表明:婴幼儿首先区分元音和后元音,高元音和低元音；之后是学会区分辅音，辅音的区分顺序是赛音、擦音和鼻音、流音、滑音。

3.词的语音表象的建立

婴幼儿的语音记忆表象主要是按成人的发音形式来储存的，成人的发音形式在婴幼儿对词义的辨认中起优先作用。

（三）早教人员开展语音理解与语音模仿的照护指导

1.语音理解的照护指导

在婴幼儿言语发展过程中，语音感知与理解在先，正确发出语音在后。感知语音的能力是婴幼儿获得语言的基础。从对人类语音的知觉来看，正常婴儿从出生起就能够听到声音，还能把语音与其他声音区分开来，并能对其做出不同反应。

（1）0—4个月婴儿的语音理解指导

婴儿对语音的听觉非常敏感。在出生到4个月左右时间内，婴儿基本上能够掌握感知、辨别单一语音的能力。研究也发现，出生24天的婴儿能对男人和女人的声音、抚养者和不熟悉者的声音做出明显不同的反应，而且对母亲的声音表现出明显偏爱。大约在2个月之后，婴儿开始比较清楚地感知因发声位置和方法不同而造成的语音差别。研究发现，2个多月的婴儿能够从各种混合组成的话语中区分出不同的语音，并且在刚刚开始的发音活动中予以尝试。

早教人员应注意给这个阶段婴儿提供丰富的声音刺激，如自然界的声音，如风声、雨声、流水声、树叶沙沙声、动物的叫声等；人类活动的声音，如翻书声、切菜声、脚步声、电话铃声等以及各种玩具发现的声音。让婴儿多听音乐，经常播放音乐给婴儿听可以训练婴儿的听觉、乐感与注意力。如果音乐的播放能结合婴儿的生活作息进行，还有助于婴儿建立良好的生活习惯。同样，成人经常唱歌给婴儿听，不仅能训练婴儿的听觉，还能增进感情。

（2）4—10个月的婴儿的语音理解指导

这个阶段婴儿的语音感知能力发展很快，他们开始注意一句或一段话的语调，从整块语音的不同音高、音长变化中体会所感知的话语声音的社会性意义，并且能给予相应的社会性交往作用的反馈。研究发现，这个时期的婴儿能够从不同的语调中判断出交往对象的态度。如果用三种不同的语调（愉悦的、冷淡的、恼怒的）对婴儿重复同一句话："婴幼儿，你好！我好喜欢你！"4个月的婴儿对愉悦和冷淡的语调有反应，表明他们最先从不同语调中分化出自己具有较多经验的两种语调。大约6个月后，婴儿才能同时感知三种不同的语调。婴儿在整体感知语音时能分辨出不同的语调，这表明其"理解"语言的水平又提高了一步。早教人员建议父母多与婴儿说话，不要因为婴儿不能说话就不和他交流。婴儿在与他人的"咿呀"对话中，观察并学习成人是如何发音的。与婴幼儿交谈时声音要柔和、清楚、准确。可以结合日常生活的各种声音，引导婴儿寻声找声源。还可开展分辨不同事物发出不同的声音的游戏活动。

(3)10—18个月的婴儿的语音理解指导

10个月后的婴儿在感知人们说话时开始越来越多地将语音表征和语义表征联系起来,从而分辨出一定语音的语义内容。10个月的婴儿大约可理解10个左右的表示人称、物体和动作的词。这段时期的婴儿说得少,说得不清楚,说得不准确,但他们“懂得”很多,已经为正式使用语言与人交往做好了“理解在先”的准备。早教人员可以多为婴幼儿唱歌或念儿歌。歌曲与儿歌有着优美的旋律、明快的节奏,能给婴幼儿语音刺激。

2.规范发音的照护指导

练习正确发出基本语音的活动称为语音表达活动。在1岁前,主要任务是培养婴儿“说”的兴趣,为说话打下基础。

(1)0—8个月以发音练习为主

0—8个月的婴儿会经历简单音节阶段(0—3个月)和多音节阶段(4—8个月),此时的语音表达练习以积极回应婴儿的发音和鼓励婴儿发音为主。

早教人员应经常和婴儿说话。当孩子咿咿呀呀发音时,应积极回应,和他轮流“聊天”。看着婴儿的眼睛,并在离婴儿20厘米处和婴儿说话。和婴儿说话时,变换声调、表情夸张能有效吸引婴儿玩发音游戏。游戏中伴随着语言和动作,可以让婴儿情绪兴奋。当婴儿发出喉音时,早教人员可模仿婴儿的“咕咕”“dada”等声音。反复练习儿歌,配以动作,也能提高婴儿发音的兴趣。

(2)9—12个月发音练习以模范字词发音为主

早教人员应鼓励婴儿尝试发出新语音,并反复练习强化。当婴儿试着发出了一种新语音时,早教人员应用鼓掌、亲吻、抚摸、表扬等方式给予鼓励。如婴儿发音不准确时,早教人员可以通过示范正确的发音方式引导婴儿反复练习。早教人员可一边说话一边做动作,让婴儿模仿。引导婴幼儿学习常见的小动物的声音,鼓励婴儿在特定的社交场合发音。如见到别人说“好”,离开时说“拜拜”。婴儿特别喜欢节奏鲜明的儿歌,在反复的吟唱中,鼓励婴儿练习发音。

四、早教人员照护婴幼儿语言发展的上岗标准四

了解词汇发展特点,能对婴幼儿的词汇理解与表达开展相应照护指导

词是语言中能独立应用的最小意义单位,对词义的理解是婴幼儿正确使用语言和理解语音的基础,是语言发展中极为重要的方面。

(一)婴幼儿词汇发展特点

一般来说,婴幼儿只掌握基本的口语词汇,主要表现在词汇数量的增加、词类范围的扩

大,以及对词义理解的确切和加深等方面。(姜晓燕,郭咏梅.2012)

1.词汇数量不断增加

词是语言的基本单位,词汇是语言的建筑材料。词汇量的多少直接影响婴幼儿言语表达能力的发展。词汇量也是婴幼儿智力发展的标志之一。研究表明,婴幼儿智力发展水平较高,则词汇量一般也较多。

表1　词汇量随年龄的增长而增加

年龄	词汇量
1岁	10个以内
1岁—1岁半	50—100个
1岁半—2岁	300个左右
2岁—2岁半	600个左右
2岁半—3岁	1100个左右
3岁—4岁	1600个左右
4岁—5岁	2300个左右
5岁—6岁	3500个左右

从表中可以看出,3岁左右是婴幼儿词汇增长的高速期,3岁以后词汇量的增长率呈递减趋势。2—3岁婴幼儿的词汇量的增长率大约为20%,而3—4岁大约为50%,4—5岁大约为40%,5—6岁大约为34%稍强。

2.掌握词类的范围不断扩大

词汇量只能笼统地从数量方面说明婴幼儿词汇的水平,词类范围则可以在一定程度上说明婴幼儿词汇的质量。

婴幼儿先掌握实词,后掌握虚词。其中实词中最先和大量掌握的是名词,约占51%左右。其次是动词,大约占20%—25%。再次是形容词,大约占10%以上。婴幼儿使用频率最高的是助词,其次是代词,然后是副词和介词。使用动词的频率高于名词。

婴幼儿掌握名词的发展趋势是:(1)具体名词早于且快于抽象名词的发展;(2)婴幼儿掌握较早、较多的是与他们日常生活关系密切的词语;(3)抽象名词随着年龄的增长(观察、注意和思维水平的发展)而逐渐增加。

婴幼儿常用的动词,反映人物动作和行为的占80%左右,趋向动词占8%左右,心理动词占5%左右,存现动词(表示事物存在状态、增减变化和出现消失的词汇)占5%左右。关于形容词,婴幼儿最早使用形容词是描述物体特征的,大约在2岁;其次是2岁半时开始使用饿、饱、痛等关于机体知觉的形容词,再次是在3岁时开始使用描述动作和人体外形的形容词,最后才是描述个性、品质、表情、情感以及事件、情境的形容词。

3. 对词义的理解不断确切和深化

在词汇量不断增加，词类不断扩大的同时，婴幼儿掌握的每一个词的含义也逐渐地确切和深化。不同年龄段婴幼儿对同一个词含义的理解水平是不同的。

（二）早教人员开展婴幼儿词汇理解与表达的照护指导

1. 词汇理解

（1）婴儿词义理解的发展过程

婴幼儿对词汇的理解经历了语音理解、情境性理解、具体理解和概括性理解四个阶段。0—6个月的婴儿处于语音理解阶段，他们依靠敏锐的听觉对人类的语音进行感知和辨别。6—8个月的婴儿处于情境性理解阶段，他们虽然还不会说话，但能听懂一些成人的话语，婴儿此时的理解具有很强的情境性，他们并不懂得成人话语的真正含义，而只是根据成人说话时不同的语调和手势进行判断，可以看作是对成人话语的一种条件反射（即复合情境的理解）。9—18个月的婴儿处于具体理解阶段。9个月以后，婴儿能按成人的要求做出相应的动作，能准确地把词与物体或动作联系起来，说明婴儿进入了真正理解词语的阶段。1岁以后，婴儿虽能听懂很多词，但对词语的理解还不具有概括性，他们对词义的理解非常具体，具有专指性，必须与具体情境或具体事物联系起来，存在着词义泛化、窄化和特化等现象。19—24个月婴儿开始对词的概括性提高。婴儿已经认识到“狗狗”不仅指自己的玩具狗，院子里见到的各种大狗、小狗都是狗狗。“狗”一词就由具体变为概括了。2—3岁是婴儿词汇量迅速增长的时期，词的泛化、窄化和特化象明显减少，词的概括性程度进一步提高。

2. 词汇理解与表达的照护指导

词汇理解活动是指以听懂词语含义为目的学习活动。6—18个月的婴幼儿主要集中在名词、动词的理解上，由于孩子1岁左右开始说出最初的词语，所以，词汇的理解与表达应逐渐融合到一起开展。

针对6—12个月的婴儿可通过动作配合法、实物配合法、情境式对话、游戏法等方法，可建立语音和实物之间的联系。

（1）动作配合法。在与婴儿进行交谈时，配合做与话语含义相同的动作，使婴儿建立该语音与动作之间的联系。比如，成人说“走”的同时在孩子面前走动，婴儿将逐渐把“走”的动作和“走”的语音联系在一起。（2）实物配合法。在对婴儿说某个事物时，成人同时展示或指点实物让婴儿看，婴儿能很快建立语音与实物的联系。如成人指着小熊玩具对婴幼儿说：“这是小熊”，当孩子理解后问孩子“小熊在哪里”，孩子会转头看小熊或伸手指小熊。（3）情景式对话。利用生活中的场景与孩子对话，在孩子表达有困难时，成人帮助孩子表达，以促进其语言能力的发展。如：在逛超市时，成人可以说“你在看什么？你是在看奶粉吗？”(4)游戏法。常见的有指认游戏、找物品游戏、卡片游戏、听指令游戏等。可以准备一些事物的照片或图片，开始和婴儿一起看卡片，和婴儿玩找卡片的游戏。

12—18个月阶段的主要任务是扩大婴幼儿的词汇量，主要以名词、动词为主。叠音词比较容易掌握。具体的照护方式包括：(1)看图册，说名字。为图片上的物品命名是丰富婴幼儿词汇量的最好方式。(2)与孩子交谈。引导婴儿认识与日常生活相关的物品，如花草树木、交通工具、各种动物，主动告诉婴儿想要知道的事物。(3)经常给婴幼儿看图书讲故事。给这个年龄段的婴幼儿看的图书不能过于复杂，可以是立体图书。(4)向孩子提问，由简单到难，可涉及的内容包括：事物名称、动物的叫声、动作人物等。(5)玩说词汇的游戏。当婴幼儿的发音不准时，成人应以正确示范的方式引导发音。

19—24个月阶段以练习说两个词连在一起的词组为主。具体的照护方式包括：(1)帮婴幼儿把“电报句”补充完整，为婴幼儿从单词句向完整句的转变提供支持。在此阶段，需注意对婴幼儿说规范的、正确的语言。(2)多和孩子交谈，提供模仿的机会。在和婴幼儿讲话时，用词准确、发音清晰，放慢语速，重复词汇。(3)提问引导婴幼儿说完整句。日常生活中，可以通过提问引导孩子将不完整的话说完整。如婴幼儿看照片时说“骑马”，成人可以问“谁在骑马”，“爸爸”。成人可回应“对，爸爸在骑马”。(4)玩表达游戏。和婴幼儿扮演不同的角色，如通过扮演去理发、看医生、逛商场来表达词语。

五、早教人员照护婴幼儿语言发展的上岗标准五

了解句子发展特点，能对婴幼儿的句子理解与表达开展相应照护指导

(一)婴幼儿句子发展的特点

句子是由词或词组按一定规则构成的、能表达一个完整意思的语言单位。由于所学语言的不同和婴幼儿学习语言的主客观条件的不同而表现出不同程度的差异，但是有一个基本相同的发展过程和特点。

1.句型从不完整句向完整句发展

(1) 从简单句到复合句

从2岁以后，简单句逐渐增加。我国近年来的许多研究表明，婴幼儿主要使用简单句，主要类型有主谓结构句，如“宝宝坐车”。主谓双宾结构句，如“阿姨给宝宝糖”。婴幼儿复合句的主要特点首先是数量上，比例不大。其次是结构松散，缺乏连词，只是简单句意义上的结合，如“妈妈上班，我上幼儿园”。联合复句出现较早，偏正复句出现较晚。

(2) 从陈述句到非陈述句

婴幼儿最初掌握的是陈述句，在整个学前期，简单的陈述句仍然是基本的句型，婴幼儿常用的非陈述句有疑问句、祈使句、感叹句。

（3）从无修饰句到修饰句

婴幼儿最初说的句子是没有修饰语的。如“宝宝画画”“汽车走了”。2—3岁婴幼儿的语言有时出现一些修饰语的形式，如“大灰狼”“小白兔”，但是实际上他们是把修饰词和被修饰词作为一个词组来使用的，在他们的心目中“大灰狼”就是“狼”，不论那是大狼还是小狼。2岁半婴幼儿已经开始出现一定数量的简单修饰语，如“两个娃娃搭积木”。3岁婴幼儿已开始出现复杂修饰语，如“我玩的积木”。

2.语句结构处于不断发展变化之中

（1）句子结构从混沌一体到逐步分化。最初，语句表达情感的、意动的（语言和动作结合表示意愿）和指物的（叫出物体名称）三个方面的功能紧密结合而不分化。2岁和2岁半的婴幼儿经常是边做动作边说话，用动作来表达出语言没有能完全表达的意思，以后逐渐分化。最初使用语句不分词性，表现为将名词与动词混用，例如“滴滴叭叭呜”既可当名词表示“汽车”，又可当动词表示开车。以后才逐渐分化出名词和动词等词性。婴幼儿最初使用主谓不分的单词句、双词句，以后才发展出结构层次分明的句子。随着年龄增长，句子表达的内容、词性和结构层次才逐渐分化。

（2）句子结构从松散到逐步严谨。婴幼儿最初的句子不仅简单，而且常常不完整，漏缺句子成分或成分排列不当。随着年龄的增长，句子日趋完整和严谨。

（3）句子结构从压缩、呆板到逐步扩展和灵活。婴幼儿最初的语句结构不能分出核心部分和附加部分，只能说出形式上千篇一律的、由几个词组成的压缩句。稍后能加上简单修饰语，再后来加上复杂修饰语，最后达到简单修饰语和复杂修饰语的灵活语用和语句中多种成分的组合。

（二）句子理解与表达的代表性行为

句子理解活动是指以听懂语句，并逐渐培养倾听习惯为目的的活动。主要在6个月以上的婴幼儿中出现，顺序一般为：听懂并执行指令、理解简单问句、理解其他句型（除双重否定句和被动句以外的句子）。

婴幼儿执行指令的代表性行为有：听懂简单指令（如对孩子说“给妈妈再见”“拍拍手”等，大人不做动作，孩子也能做出正确反应）；能听懂禁令（如听到说“不”，立刻停止活动）；能听懂包含一个动作的指令（如“给我”“坐下”等）；能听懂包含连续两个动作的指令（如“把书拿过来，放到桌子上”）；按指示完成两个不相关的动作（如“把球捡起来，再把门关上”）。

理解简单问句的代表性行为有：能回答“是什么”的问题；能回答“××在干什么”的问题；能

回答“××在哪里”的问题;能回答“怎么办”的提问(如“渴了、累了、饿了怎么办”)。

理解各种句型的代表性行为有:能回答陈述句;理解否定句;理解疑问句;理解选择句[①]。

(三)句子理解与表达的照护指导

1.句子理解的照护指导

早教人员经常讲故事。最好选择短小、主题鲜明的故事给婴幼儿讲解。故事中包含丰富的信息,可拓展孩子对世界的认识,也可丰富孩子的想象。故事是前后有联系的语段,包含疑问句、陈述句、祈使句、被动句等多种句型,反复听故事有利于孩子对多种句型的理解。还可以多玩猜物品游戏、打电话游戏、问答游戏、传声筒游戏等来促进婴幼儿对句子的理解。分配一些婴幼儿力所能及的事情给婴幼儿,请婴幼儿帮助成人完成一些任务,这些任务能让婴儿练习倾听和理解成人的语言指令,同时孩子通过完成这些任务指令能逐步培养自信心。

2.句子表达的照护指导

早教人员应引导婴幼儿学说礼貌用语。模仿是学习礼貌用语的主要手段,礼貌用语有很强的情境性,成人应树立良好榜样,结合生活情景进行礼貌用语训练。多说复合句,帮助婴幼儿练习句子表达。创造机会,让婴幼儿叙述简单事件。婴儿运用完整的句子进行连贯表达的能力,一般经过以下四个阶段:①能看图简单描述画面;②能简单描述一件物体(物名、用途、颜色、特点等);③能简单地表达刚发生过的事(刚才在做什么);④能简单叙述发生在2—3天前的事(时间、地点、人物、经历等)。经常让孩子说说身边的事和物,是培养婴幼儿语言表达能力的有效方法。还可以通过提问的方法,借助实物、图片、情景表演等进行连贯表达训练。如让婴儿描述一个画面或一件花毛衣(说出名称、特征、用途或表情、动作等)或者说说前两天发生的事(如参观动物园)。

六、早教人员照护婴幼儿语言发展的上岗标准六

理解儿歌的价值,能借助儿歌开展相应的语言照护指导

儿歌是适合婴幼儿听、赏、念、唱的顺口易懂的短小诗歌。儿歌是婴幼儿最早接触的文学样式。儿歌语言浅显,篇幅短小,主题单纯,具体形象,富有情趣,音韵和谐,所以深受婴幼儿的喜爱。在婴幼儿文学领域,儿歌也被誉为“婴幼儿专用的精神食粮”。儿歌对婴幼儿情感的丰富、智力的发展、语言的训练、习惯的养成等都发挥着重要的作用。

早教人员可以根据不同的活动目标选择适宜的儿歌,促进婴幼儿的语言发展。

---

① 杨春华,张远丽.婴儿语言指导活动设计与组织.科学出版社,2015:75-77

(一)选择愉悦婴幼儿身心的儿歌

这类儿歌具体形象,趣味盎然,给婴幼儿带来快乐。如《鸭婆婆》:“鸭婆婆,会唱歌,一扭,一扭,跳着迪斯科。”妈妈和婴幼儿可以边念儿歌边调皮地学鸭婆婆“一扭、一扭”走路。整首儿歌幽默诙谐,富有童趣,使得婴幼儿非常乐意吟诵,在吟诵中双方都沉浸在儿歌营造的美好氛围中。

(二)选择丰富婴幼儿情感的儿歌

儿歌中真挚的情感可以陶冶并丰富婴幼儿的情感。如《小板凳》:“小板凳,真听话,和我一起等妈妈,妈妈下班回来了,我请妈妈快坐下。”这首儿歌抒发了婴幼儿对妈妈的依恋,期盼妈妈早点回家的真实情感,从而使婴幼儿学会尊重关心妈妈,表达对妈妈的爱。

(三)选择动作与语言相配合的儿歌

通过儿歌优美的旋律、和谐的节奏配以适当的动作,可以帮助幼儿语言和动作的发展。在游戏者的身体轻微接触中营造出一种轻松、欢快的氛围。如《推磨歌》:“推磨磨,磨面面,蒸馍馍,大家吃。”成人可以与孩子 搭成一个“磨”:然后一边唱,一边一推一拉地做推磨的动作。

(四)选择扩大认识范围的儿歌

不少儿歌都以某方面的知识作题材,可以形象有趣地帮助婴幼儿认识自然、认识社会,开发他们的智力,启迪他们的思维和想象能力。如《小青蛙》:“小青蛙,叫呱呱,捉害虫,保庄稼,我们大家都爱它。”这首儿歌非常简短,只有19个字,可是既描绘出青蛙鸣叫的田野风光,又告诉了婴幼儿一个常识。

(五)选择帮助数数的儿歌

数数歌是一种按照数序、结合具体事物组合成句子的儿歌,它把数学和文字巧妙地结合起来,以帮助婴幼儿掌握数的概念。如《七个阿姨来摘果》:“一二三四五六七,七六五四三二一。七个阿姨来摘果,七个花篮手中提,七个果子摆七样:苹果、桃子、石榴、柿子、李子、栗子、梨。”

(六)选择规范语音的儿歌

反复吟诵儿歌,能帮助幼儿矫正发音,培养他们语言的连贯力和表达力。如《十四和四十》:“四是四,十是十,十四是十四。四十是四十。谁说十四是四十,就打谁十四。谁说四十是十四。就打谁四十。”就是典型的矫正发音的一首绕口令。它能帮助幼儿掌握发音部位相对的难点音:舌尖后音sh和舌尖前音s。

(七)选择扩大词汇的儿歌

儿歌中的词汇含量丰富,有助于婴幼儿早期对词汇的积累。如《比尾巴》:“什么尾巴长?什么尾巴短?什么尾巴像把伞?猴子尾巴长,兔子尾巴短,松鼠尾巴像把伞!什么尾巴弯?什么尾巴扁?什么尾巴最好看?公鸡尾巴弯,鸭子尾巴扁,孔雀尾巴最好看!”

(八)选择习惯养成的儿歌

婴幼儿期是婴幼儿良好习惯(如生活习惯、行为习惯等)形成的关键期。儿歌通过其生动有趣的形式在轻松愉快的氛围中帮助婴幼儿养成良好的习惯,培养婴幼儿的道德情操等。穿裤子时的“婴幼儿自己穿裤子,好像火车钻山洞,呜呜呜,两列火车钻出洞”等。这些语言重复性强、内容生动有趣,且贴近婴幼儿的生活、符合他们的认知特点,从而使得婴幼儿愿意学、愿意说,并在不断重复倾听和吟唱中提高了生活自理能力。

七、早教人员照护婴幼儿语言发展的上岗标准七

能对婴幼儿的前阅读发展提供相应照护指导,提升家长进行绘本选择与亲子阅读的能力。

前阅读是指婴幼儿从口头语言向书面语言过渡的前期阅读准备和前期书写准备,其中包括让幼儿知道图书和文字的重要性,愿意阅读图书和辨认汉字,掌握一定的阅读和书写的准备技能等等。幼儿前阅读水平的发展包括早期识字行为、早期图书阅读行为和早期书写行为。前阅读的目的是培养幼儿对阅读和识字的兴趣,让幼儿爱读、会读、善读,激发幼儿的文字意识及其对文字符号的敏感,丰富幼儿的读写经验,让幼儿自发探索文字、尝试各种“错误”式书写。早教人员可以通过以下方式开展前阅读的照护指导。

(一)喜欢图书,愿意阅读图书。培养阅读习惯,营造阅读氛围,培养婴幼儿喜欢翻看图书的习惯,喜欢听故事的习惯。

(二)知道文字的重要性,愿意辨认文字。在阅读中帮助幼儿理解语言和文字的意义。日常生活中见到各种有文字的图案,如广告牌、路牌、包装盒等,可以充分利用这些条件教幼儿认字。

(三)增强对文字的敏感性,为书写做准备。翻书动作的训练是婴幼儿精细动作训练的重要内容,小肌肉的锻炼与发展、手眼协调都是在为以后的书写做准备。有大量的阅读积累之后,婴幼儿也建立起了对文字结构的初步理解,为以后书写文字做准备。

3岁前的婴幼儿阅读材料主要是绘本。不同年龄段的孩子,生长发育和智力发展方面有不

同的特点，对阅读的兴趣和理解也有不同。因此，为家长推荐与年龄相适宜的绘本尤为重要。

6个月以内的婴幼儿的眼睛分不清颜色、分辨率也是有限的，此时的阅读目的是为了早期的视觉刺激。这个时期选择绘本可包括某些形状，如条纹、棋盘图、曲线图等等，因为此时的婴幼儿对这样的图案会比较感兴趣。颜色不可太鲜艳，集中在黑、白、灰比较合适。可选择带有牙胶的图画书，或者厚实的纸板书。

6—12个月的婴儿，能独立坐起来，解放出了双手。这一阶段的绘本阅读以视觉刺激为目的，只是加上对不同形状和颜色的感知。此阶段可选择如数字书、字母书，形状书、对比书、触摸书、立体书、布书、塑料书、嗅觉书、洗澡书、玩具书等。此阶段的绘本主要是帮助婴儿建立对绘本的兴趣、喜欢绘本。

1—2岁的婴幼儿，生活经验的增加，他们能够学习理解简单的文学作品了。此阶段的图书选择，要考虑知识含量以外的因素，以丰富婴幼儿的生活体验，增加他对文学作品的欣赏力。13—15个月的婴幼儿喜欢有动物的书，偏爱玩具书。16—18个月的婴幼儿喜欢看主题明确、图像信息简明的绘本。19—24个月的婴幼儿喜欢看与他们有着类似生活的婴幼儿或者动物的故事。在阅读动作上，15个月的婴幼儿能一只手按着书，一只手翻页，有部分能用拇指和食指翻页。可以选择流行的、传统的经典绘本书，但在讲解时可以将故事简化。

2—3岁是早期阅读的关键期，他们开始发展以视觉为主、多感官共同合作的阅读能力，在认知上，婴幼儿开始理解事件发生的先后顺序，在成人的提示下能将听到的故事与相应的图画联系起来，理解简单的情节，自主理解图画书的部分单幅图画，在成人的帮助下能对不同的图画进行观察和理解。这个阶段的幼儿想象力日渐丰富，探索欲望越发强烈，应为他们选择题材丰富，涉猎面广，知识性强的作品，以提供发展支持。可选内容较为深刻的图书，可以经由成人的阐述和解释，帮助幼儿理解。一些浅显的寓言类作品，也适合这一阶段的幼儿。还可以选择帮助婴幼儿了解和建立基本生活习惯和生活规则的绘本。

亲子阅读是指成人和婴幼儿围绕图书展开讨论、交流的一种分享性的、个别化的阅读活动。早教人员应建议父母与婴幼儿共同阅读一本书。父母以愉快的心情念给婴幼儿听，让婴幼儿建立"阅读即快乐"的信念。阅读中可采取让幼儿接句的方法，加深语言和故事内容的关联性。阅读时抑扬顿挫的声音，互相交换的眼神，对婴幼儿是一种良好的刺激，给予他们良好的语言发展环境。这样的亲子阅读可让婴幼儿感受到美的存在，想象力和语言思维都能得到发展。阅读过程中，讲述与提问可相结合，还可适当引入角色扮演或语言游戏，例如改编情节，延续故事等方法，促进幼儿的语言表达能力，提高幼儿的语言组织能力和拓展想象空间。幼儿在表达时，早教人员应建议父母充分尊重幼儿，及时鼓励，共同完善。开展亲子阅读时，可反复讲述同一个故事，帮助婴幼儿对故事中的语言有新的感知。而且重复讲述，可以让婴幼儿对文字与语音的印象不断加深，从听懂上升为欣赏，提升语言感知力和表达力。

八、早教人员照护婴幼儿语言发展的上岗标准八

了解婴幼儿"前识字"的特点，并能开展适宜的照护指导促进发展

（一）"前识字"的特点

前识字是指婴幼儿在正式学习识字之前，在生活环境中自然萌发的对周围的文字、符号、图表等产生浓厚兴趣并习得文字，又叫"识字准备"①。专家认为，婴幼儿在接受学校教育之前，获得的有关符号和文字在功能、形式和规则上的意识及在有目的、有意义的情景中初步习得的有关符号与文字的经验，是婴幼儿"前识字"的核心经验。它包括有三个范畴：一是"符号和文字功能的意识"的核心经验，二是"符号和文字形式的意识"的核心经验，三是"符号和文字规则的意识"的核心经验。我们把聚焦幼儿文字功能的意识、文字形式的意识和文字规则的意识的核心经验发展的语言教育活动，称为"前识字"活动。

"符号和方字功能的意识"的核心经验具体表现为：知道符号和文字能够表达一定的意义；知道文字有记录的作用，能够将口头语言或意义记录下来；理解文字和符号跟口头语言之间的对应关系。

"符号和文字形式的意识" 的核心经验具体表现为：知道文字与图画和其他视觉符号是有区别的；知道汉字是方块字，由部件构成。

"符号和文字规则的意识"的核心经验具体表现为：知道文字阅读要从左到右、从上到下，文字之间有间隔；初步了解汉字的组成规律；形成利用汉字组成规律认识新字的策略，包括情景线索、语法线索和部件线索等。

从"前识字"的核心经验中不难看出，它重在对婴幼儿意识的培养而非以识字为目的。以上"前识字"核心经验中大部分对于3岁左右的婴幼儿来讲是可以习得的。

（二）为婴幼儿的"前识字"发展，提供相应的照护指导

早教人员可为婴幼儿创设丰富的"前识字"环境，让他们浸润在有意义的、功能性的文字或符号环境中，从而促进婴幼儿"前识字"经验的发展。通过张贴在教室的安全标识的认知，可以了解标识和符号的功能和意义。在逛超市活动中，让婴幼儿接触超市Logo、商品价格牌、商标等．都是发展"前识字"核心经验的重要机会。

阅读活动是发展婴幼儿的"前识字"核心经验的重要途径。早教人员应有意识地对婴幼儿"前识字"的图画书进行选择。一本优秀的婴幼儿读物能够为幼儿提供感兴趣的图、文字、符号等易于理解、表征意义强的语言环境，这些图画书的主题本身就与"前识字"的核心经验相近，比如《兔子先生去散步》《我喜欢书》《不会写字的狮子》等。在阅读图画书时，早教人员

① 刘宝根．幼儿"前识字"的核心经验及教育支持策略[J]..幼儿教育(教育教学)，2013(03)：10-13.

帮助婴幼儿将汉字与图画区分开，知道每个字都有它的意义与发音，以形成文字的概念；也可抓住图画书中的文字、符号等通过大小、样式、环绕等变化要素，帮助婴幼儿感受其所表现出的图画书中人物语气、情绪变化的功能，以形成对“符号和文字功能意识”相关的核心经验。婴幼儿“前识字”的核心经验会在婴幼儿重复阅读自己喜爱、熟悉的图画书的过程中不断发展。当婴幼儿不断阅读自己喜爱、熟悉的一本书时，他就有更多的时间来关注文字，并做出“假装阅读文字”的表现，从而形成将口头语言与书面语言的对应关系，并开始关注文字的形式和规则。

九、早教人员照护婴幼儿语言发展的上岗标准九

了解婴幼儿语言发展中的常见问题，并能协助有关人员开展相应的照护指导

（一）口吃问题及相应的照护指导

1.0—3岁婴幼儿口吃产生的原因

口吃，俗称结巴，主要表现为讲话不流畅、阻塞、重复。婴幼儿在语言发展中，怎么会出现口吃呢？婴幼儿从2岁开始，语言和心理迅速发展，词汇量不断增加，但他们还不能把自己的想法用语言良好地表达出来，在说话时容易出现停顿和重复。当他们不能自如表达时，自己也很着急，越急越表达不清楚，因此口吃现象时有发生。但绝大部分的“口吃”孩子会随着年龄的增长、词汇量的激增、语言运用能力的提高而自愈。

产生口吃现象主要有以下几个原因：(1)遗传。据统计，父母有口吃的话，其孩子口吃的发生率要比父母无口吃毛病的高很多。另有研究表明，如果母亲是口吃患者，儿子患口吃的概率要高于女儿。(2)模仿。当孩子经常与口吃患者接触，或在同伴中有口吃婴幼儿，他们会因为好奇而产生模仿行为。(3)过多矫正。当孩子说话时出现断断续续、重复和停顿等不流畅现象时，父母的过多矫正会给孩子带来心理压力。而这种心理压力会导致孩子口吃现象的出现。(4)心理压抑。这种观点来自精神分析学派弗洛伊德心理分析理论，他认为，在婴幼儿成长过程中产生的心理障碍或某种心理无法满足时，会以各种方式表现出来，口吃就是其中一种释放压力的方式。这种观点可以解释某些孩子在突然受到惊吓后会产生口吃。(5)语言编码问题。语言学派认为，口吃的出现主要是语音开头时的辅音，特别与句首词有关，如“你…你…你…好”，口吃者通常在“你”的“n”这个辅音上出现拖延现象。

2.口吃的照护指导

早教人员可以从以下几方面开展照护指导：(1)正确示范。成人念出正确的发音，让孩子逐句逐字地模仿，最好先一字字地模仿，之后再整句模仿。(2)让孩子注意听。提醒口吃的孩

子多注意听别人讲话，并鼓励他们从聆听中发现自己的错误。(3)设计动作练习。有的孩子在口吃时还伴有歪脖子、低头等动作，可以要求他站在镜子前看着自己正着脖子或抬起头来说话。(4)分散注意。教孩子在说话时用呼吸和发声练习，或做手势和头部运动，来分散其对口吃的注意力。对年龄小的幼儿，可用游戏来增加他与人交往的机会，分散对口吃的注意。(5)由易到难训练。先让孩子在小范围内与熟悉的人练习，逐步引导他与陌生人讲话。(6)参加有趣的活动。跳舞、游泳、唱歌对口吃的孩子也有很大的帮助，宜鼓励孩子参加。

（二）缄默不语及相应的照护指导

婴幼儿缄默不语是指已获得了语言功能，他们言语器官无发育性障碍和器质性病变，言语和智力发育正常，但由于种种原因，选择性保持沉默不语，经常无故一言不发或少言寡语。

1.0—3岁婴幼儿缄默不语产生的原因

(1)母婴交流缺乏。在0—3岁婴幼儿中产生缄默不语主要由于母婴交流缺乏所致。婴幼儿在出生后便有了“听”的能力，但如果不及时发展这种能力，它就会逐渐弱化甚至丧失。(2)器质性障碍。先天性耳聋是引起缄默的器质性障碍。(3)心理障碍。心理的创伤和退缩行为倾向也可能导致缄默。(4)语言发展障碍。环境中缺乏给予孩子语言倾听和表达的机会，大人包办代替等都会导致孩子不愿开口说话。

2. 缄默不语的照护指导

早教人员可以从以下几方面开展照护指导：(1)营造丰富的语言教育环境。为婴幼儿创设一个环境舒适、人际关系和谐的生活环境，让其自由表达，鼓励婴幼儿与同伴或成人进行语言交流。(2)采用行为矫正的方法。具体可根据孩子的具体情况选用正强化法、代币制、认知疗法、消退法等。(3)组织适当的教育活动。婴幼儿喜爱各类活动，教育者应该用教育的手段吸引婴幼儿参与活动，进而用语言表达自己的意愿和感受。

（三）口齿不清及相应的语言训练

0—3岁婴幼儿口齿不清指在发音时，没有处理好“嘴唇”(嘴型)、“舌头”(摆放位置)、“气流”(胸腔)这三大要素。一般分成以下四种类型：(1)省略音：发音时省略一个音，通常是将声母或是韵母省略，如“哥哥”发成“鹅鹅”。(2)替代音：以另外一个音取代原来的音，如“哥哥”发成“的的”，主要原因是无法准确地发出舌根音，所以用舌前音来取代。(3)扭曲音：语音扭曲改变，无法听清发出的是什么声音。(4)赘加音：在原发音中多加一个音，如“吃饭”发成“飞饭”。

1. 口齿不清产生的原因

(1)发音器官构造异常或发音器官感知异常。发音器官构造异常是婴幼儿牙齿、牙龈、舌和腭等发音器官构造性异常。发音器官感知异常是指婴幼儿无法及时感知发音器官的运动。(2)听力障碍。婴幼儿无法接受声音刺激,所以也不能准确分辨语音,进而造成发音不准。(3)发音器官动作不协调。临床病例来看,婴幼儿发音不准最常见的原因是无法适当运用发音器官,也就是操作上的问题。(4)心理问题。婴幼儿心理问题的表现形式之一就是说话能力异常。(5)语言环境问题。表现在家庭中语言刺激过少等。

2. 口吃不清的照护指导

早教人员可以从以下几方面开展照护指导:(1)改变环境。创造一个安全、温暖的环境,营造一个正确发音的输入环境。(2)给予正确示范和讲解。准备实物图片,示范发出清晰、正确的声音,让婴幼儿模仿练习。(3)呼吸训练。可以让婴幼儿利用吸管喝比较浓稠的饮品,如米浆。在吸管喝饮品时必须将嘴巴闭紧,并且要用嘴巴吸吮,让孩子熟悉口腔肌肉有效运作方式,还可以让婴幼儿吹漂浮在水面上的乒乓球。(4)咀嚼训练。给婴幼儿提供需要咀嚼的食物,使婴幼儿在吃食物得到咀嚼训练。(5)口腔刺激。当婴幼儿开始添加辅食之后,为其提供适当的多种食材。不同食材的粗细不同,为婴幼儿提供了不同的口腔刺激。(6)舌的运动。多练习舌头的弹力,多教孩子弹舌。在吃冰激凌时,让孩子多舔,在舔的过程中了解舌头的运作方式,也是刺激婴幼儿口腔肌肉的好方法。

第三节

早教人员照护婴幼儿语言发展的实例运用

一、照护0—1岁婴幼儿语言发展的实例运用

(一)游戏名称:追声寻物

▽ 游戏目的:对婴儿进行听觉训练,促进婴儿听觉能力的发展

▽ 游戏过程:

1. 让婴儿躺在早教人员面前的地毯上,早教人员微笑着注视婴儿并轻声念着儿歌。
2. 在婴儿视线范围内,摇动发出声响的摇铃,让婴儿用眼睛去寻找物品。

3.将发出声响的摇铃放在婴儿左后方或右后方摇动，观察婴儿扭转头寻物发声的物品。

游戏指导：在婴儿轻松、愉快的状态下进行；可以将摇铃换成其他可以发声的物体，吸引婴儿的注意力。

附儿歌：

《听一听》

听一听，叽叽叽叽，谁在唱，叽叽叽叽，小鸡唱；
听一听，喵喵喵喵，谁在叫，喵喵喵喵，小猫叫；
听一听，汪汪汪汪，谁在说，汪汪汪汪，小狗说；
听一听，小铃小铃，在哪里，叮叮叮叮，在这里。

（二）游戏名称：听声模仿

▽ **游戏目的**：利用发声的物品，激发婴儿试着模范声音

▽ **游戏过程**：

1.在婴儿面前放一个盒子，盒子里装着小鼓、摇铃、发声的玩具狗、小汽车等。

2.一边向婴儿介绍从盒子里摸出来的物品，一边鼓励听听其发出的不同声音。

3.用儿歌引导婴儿模仿这些物品发出的声音。

4.和婴儿一起用摇动或敲打这些物品，让婴儿感知不同的声音。

游戏指导：在婴儿轻松、愉快的状态下进行；先让婴儿感知不同的声音，然后成人再示范此声音。游戏中辅以有节律的儿歌，增加游戏的趣味性。

附儿歌：

《小手摸摸》

小手小手摸一摸，摸到一个什么？
小鼓小鼓，咚咚咚咚；
汽车汽车，滴滴滴滴；
小铃小铃，叮叮叮叮；
小狗小狗，汪汪汪汪。

（三）游戏名称：谁来了

▽ **游戏目的**：感知语音是获得语言的基础，游戏旨在提高婴儿的听音和发音能力。

▽ **游戏过程**：

1.游戏时，早教人员扮演小白兔，说："我是小白兔，今天要请客，敲门声响起，看看谁来了。"

2.早教人员发出"嘟嘟嘟"敲门声，做出开门动作，说："喵喵喵，我是小花猫"，让婴幼儿跟着模仿，重复念道："喵喵喵，我是小花猫。"

3.早教人员还可以扮演小青蛙，配合“呱呱呱，我是小青蛙”的台词。

游戏指导：游戏过程中，早教人员应面对着婴幼儿，面带表情配合动作，准确地发出相应的声音。可以重复多遍，直到婴幼儿能准确对应动物和拟声词。早教人员在发出声音之后，应给予婴幼儿一点时间思考。

（四）游戏名称：我的身体

▽ **游戏目的**：通过触碰婴儿身体部位，让婴儿感受语言与身体的关系，激发婴儿的语言模仿兴趣。

▽ **游戏过程**：

1.与婴儿面对面坐着。

2.一边念儿歌，一边握着婴儿的手触碰婴儿相应的身体部位。

游戏指导：游戏过程中，早教人员应面对着婴儿，面带表情配合动作，可以重复多遍。

附儿歌：

《我的身体》

我的头，我的头，

我的肩，我的肩，

我的肚子，我的肚子，

我的膝盖，我的膝盖

我的脚，我的脚。

（五）游戏名称：亲子阅读

▽ **游戏目的**：激发婴儿的阅读兴趣，感受亲子阅读的快乐。

▽ **游戏过程**：

1.画个圈圈亲一亲。早教人员张开婴幼儿的小手心，用手指在婴幼儿的掌心画个圆圈，然后用脸亲一亲。从手掌延伸到至婴幼儿的身体其他部位，再画了圆圈，再亲一亲。

2.提供不同材质、不同大小的书和图卡，供婴儿选择，早教人员可示范如何用语言提示婴儿选择图书。

3.让婴儿边看着图案、卡片等边听早教人员的讲解。

游戏指导：游戏过程中，早教人员应让婴儿在安静的情况下来感受阅读。早教人员的语言要亲切、声调要有起伏，吐字清楚，结合书的内容生动形象地与婴幼儿一起阅读。

二、照护1—2岁婴幼儿语言发展的实例运用

(一)游戏名称:手指歌

▽ **游戏目的**:激发婴幼儿对身体、数字的认识兴趣,通过朗朗上口的儿歌促进婴幼儿词汇的积累与表达。

▽ **游戏过程**:

1. 与婴幼儿面对面坐着。

2. 一边唱着儿歌,一边做着动作。

游戏指导:游戏中配合节奏感强烈的《十指歌》,在早教人员动作配合下,让婴幼儿学习对应的词汇及练习词的发音。

附儿歌:

《十指歌》

一根手指头,一根手指头,变变变,变成毛毛虫;
两根手指头,两根手指头,变变变,变成小剪刀;
三根手指头,三根手指头,变变变,变成小花猫;
四根手指头,四根手指头,变变变,变成螃蟹走;
五根手指头,五根手指头,变变变,变成小鸟飞;
六根手指头,六根手指头,变变变,变成打电话;
七根手指头,七根手指头,变变变,变成三角形;
八根手指头,八根手指头,变变变,变成神枪手;
九根手指头,九根手指头,变变变,变成小狗狗;
十根手指头,十根手指头,变变变,变成拍拍手。

(二)游戏名称:你有,我也有

▽ **游戏目的**:促进婴幼儿词汇的积累,提升灵活使用词汇的能力。

▽ **游戏过程**:

1. 采取以下对话形式:

婴幼儿说:“我有书。”

早教人员说“我有书包。”

婴幼儿说:“我有铅笔。”

早教人员说:“我有铅笔盒。”

以此类推,一组做完,早教人员与婴幼儿对换角色,帮助婴幼儿进行词语的扩展。

2. 对年龄大一点的婴幼儿,可以进行相反的词语游戏,比如婴幼儿说:“我有水。”早教人

员说:“我没有水杯。”婴幼儿说:“我有头发。”早教人员说:“我没有白头发。”以此类推,做完一组交换角色。

游戏指导:这种游戏在词语扩展的基础上增加了难度,对思维训练也有很大的帮助。应在活泼轻松的氛围中来进行对话游戏,早教人员应根据婴幼儿掌握的词汇情况来决定重复的次数,所选择的词汇应该是与婴幼儿生活息息相关的物品。

(三)游戏名称:找找我的脸

▽ 游戏目的:让婴幼儿认识五官,能说出五官的名称。

▽ 游戏过程:

早教人员指着自己的五官,说出各个器官对应的词语,如“眼睛”“鼻子”等,同时拉过婴幼儿的手在相应地方抚摸。等婴幼儿熟悉以后,说出器官名称,让婴幼儿自己来指认和抚摸。对了,亲一下;错了,刮鼻子。

游戏指导:游戏中可以配合“五官歌”,在音乐中配合动作让婴幼儿学习五官相对应的词汇。

(四)游戏名称:一问一答

▽ 游戏目的:引导婴幼儿听指令做相应的动作,提高婴幼儿对语言的理解能力。

▽ 游戏过程:

1. 与婴幼儿坐在一起,用打电话的方式与幼儿问好,让幼儿知道自己的名字,也可以鼓励幼儿与其他幼儿相互问候。

2. 早教人员示范语言和动作。“贴贴纸,贴哪里? 贴贴纸,贴衣服。”早教人员一边说,一边将手中的贴贴纸贴在衣服上。

3. 早教人员发出指令,鼓励婴幼儿一边用动作回答,一边可以发出声音。

游戏指导:2岁左右的婴幼儿已经能够听从成人的简单指令来做相应的事情,有意识地让婴幼儿去拿东西,以认识物品的名称。并鼓励婴幼儿将拿到的东西或做的事情说出来。

(五)游戏名称:有趣的卡片

▽ 游戏目的:引导婴幼儿认识卡片中的常见的物品,并试着说出它们的名字。

▽ 游戏过程:

1. 准备数张卡片,卡片中是婴幼儿常见的物品,如蔬菜、水果、动物等。

2. 活动前,早教人员可以出示一些蔬菜、水果、动物的实物,激发婴幼儿的好奇心,刺激婴幼儿的视觉体验。

3. 引导婴幼儿指指认认,激发认识各种蔬菜、水果、动物的兴趣。如“这个红红的东西是什么呀?”“这个毛茸茸的动物是什么呀?”“这是你最喜欢吃的菜,叫什么名字呢?”

游戏指导：应对婴幼儿是否听懂简单的语言保持敏感性，及时调整提问的难度，让婴幼儿体验成就感。当然，早教人员还可以对活动进行延伸，鼓励婴幼儿看着卡片说出更多词语。

三、照护2—3岁婴幼儿语言发展的实例运用

（一）游戏名称：我的家人

▽ 游戏目的：提高幼儿句子表达的能力。

▽ 游戏过程：

1. 将婴幼儿家人照片按顺序摆放后，与婴幼儿进行对话。如，问："这是谁？"然后自己回答"这是我的宝宝。"让婴幼儿在一问一答中模仿学习句子表达。

2. 指着婴幼儿的照片说："你看，这是我的宝宝。"，引导幼儿指着第二张照片，按类似语言进行介绍，如说："这是我的妈妈。"

3. 如果婴幼儿已能完成以上对话，可以进一步延伸。指着照片说："我的宝宝正在做……""我的妈妈正在做……"此类句子。

游戏指导：除了以上的语言游戏，还可以按照婴幼儿的年龄进行游戏选择。针对2岁以下的婴幼儿，"我说你做"，以简单指令引导婴幼儿进行游戏，模仿生活场景（比如超市购物），引导婴幼儿对物体现象进行名称界定；针对2岁以下的婴幼儿，循声找图、看图说话、即兴故事创作等都能起到提高婴幼儿语言的表达能力的作用。

（二）游戏名称：打电话

▽ 游戏目的：激发婴幼儿语言表达的兴趣，提高婴幼儿的句子理解能力和表达能力。

▽ 游戏过程：

1. 给婴幼儿提供一个仿真电话。

2. 早教人员扮成各种角色，如妈妈、老师、兔子妈妈、医生阿姨等，和婴幼儿打电话。例如，扮演医生阿姨，通过询问婴幼儿身体、感受等问题引发婴幼儿的说话的兴趣。

游戏指导：语言的渗透式教育活动对于年龄越小的婴幼儿尤为重要，把语言练习渗透到日常生活中，使词语和情境密切配合，使抽象符号具体化，让婴幼儿在理解词汇和语义的基础上，产生说出更多的词汇和句子的兴趣。

（三）游戏名称：绘本阅读

▽ 游戏目的：通过绘本阅读激发婴幼儿看、讲、听故事的兴趣，初步培养婴幼儿养成阅读习惯。

▽ 游戏过程：

1. 与婴幼儿面对面坐着，出示绘本，让婴幼儿按照他的意愿自主翻看绘本。

2. 提问与回答，鼓励婴幼儿讲讲感兴趣的故事，并对婴幼儿的提问给予回应。

3. 可以与婴幼儿一起翻看绘本，找到封面，说出故事的名称，按照绘本的顺序翻看和聆听故事。

游戏指导：寻找适合婴幼儿年龄的绘本，色彩鲜艳、语言有趣、故事情节精彩的绘本会受婴幼儿青睐。大人在讲故事过程中，可以适当地停下来与婴幼儿互动问答，鼓励婴幼儿思考和表达。

（四）游戏名称：我会拼句子

▽ 游戏目的：帮助婴幼儿积累词汇，学习用词汇来说出一个完整的句子，并体验其中的乐趣。

▽ 游戏过程：

1. 把各种表示物体名称、动作、人物的图片放在一起。

2. 首先示范给婴幼儿，如何拼成一个句子。例如，选择了“爸爸”“小汽车”，可以拼成一个双词句“爸爸开小汽车”。想增加游戏的难度，可以再加上一个图片“宝宝”，这时可以拼成复合句“爸爸开着小汽车去接宝宝”。如果想再增加难度，可以再加上一张图片“游乐场”，这时便可以拼成更为复杂的句子“爸爸带着宝宝开小汽车去游乐场玩”。

游戏指导：尽量选择与婴幼儿日常生活相关的图片，玩游戏时要根据婴幼儿的月龄和语言发展水平来调整难度。游戏的目的是让婴幼儿更容易掌握一些不经常使用的词和句子，鼓励婴幼儿将句子表达出来。为了增加游戏的乐趣，两三张图片可以组成不同的句子，当婴幼儿完成一个拼句时，可以适当给予表扬。

（五）游戏名称：我当小小售货员

▽ 游戏目的：掌握日常社交中的语言表达。

▽ 游戏过程：

1. 准备日常生活用品、水果、蔬菜、学习用品和玩具等一系列超市常见的物品。

2. 请1个婴幼儿当小小售货员。其他婴幼儿和成人依次到商店来购买商品。在这个过程中，婴幼儿简单介绍这个商品是什么？它的功能是什么？它的特点是什么？鼓励婴幼儿说服购买者买下此商品。

3. 游戏中还可以增加讨价还价环节。

游戏指导：游戏前，可以带婴幼儿到商店去仔细观察售货员是怎么工作。游戏中婴幼儿与婴幼儿、婴幼儿与成人之间互相调换位置，让婴幼儿体验买卖东西的乐趣。

附表 早教人员照护婴幼儿语言发展的上岗标准

早教人员照护婴幼儿语言发展的上岗标准	完全符合	比较符合	不符合
1.了解婴幼儿语言发展的基本规律，清楚婴幼儿语言发展所经历的不同阶段及特点。			
2.正确认识语言发展的本质，能引领家长重视婴幼儿语言的发展。			
3.了解语音发展的阶段特点，能对婴幼儿的语音理解和语音模仿开展相应照护指导。			
4.了解词汇发展特点，能对婴幼儿的词汇理解与表达开展相应照护指导。			
5.了解句子发展特点，能对婴幼儿的句子理解与表达开展相应照护指导。			
6.理解儿歌的价值，能借助儿歌开展相应的语言照护指导。			
7.能对婴幼儿的前阅读发展提供相应照护指导，提升家长进行绘本选择与亲子阅读的能力。			
8.了解婴幼儿“前识字”的特点，并能开展适宜的照护指导促进发展。			
9.了解婴幼儿语言发展中的常见问题，并能协助有关人员开展相应的照护指导。			

第七章

早教人员照护婴幼儿认知发展的上岗标准

第一节

早教人员照护婴幼儿认知发展上岗标准的研制意义

一、有助于早教人员系统地了解婴幼儿认知的全过程

认知是对个体认识事物整个过程的统称，也是对外界信息的接收、加工和处理的过程，包括注意、感知觉、记忆、思维等多个过程。皮亚杰的认知发展论认为认知是利用周围环境，系统地通过同化和顺化，主动地创造一个与现实世界息息相关的心理结构。信息加工理论认为认知信息在一个类似于计算机的系统内流动，个体通过收集信息，将其转化为某种信息表征，并与已有的信息进行比较，在赋予一定的含义后再加以贮存。婴幼儿在建立自身基础的认知模式以后，加工速度逐渐提高，同时也会提高对周围刺激以及编码的灵活性和全面性，最终导致婴幼儿认知容量增长，促进其认知的发展。

关于认知发生发展的相关理论提出了认知系统的两个主要问题，即婴幼儿有何认知发展的（描述性问题），以及认知系统是如何发生发展的（解释性问题）。各大理论的研究成果丰富完善了对认知系统的认识，通过对这些理论的学习，早教人员可以更好地认识婴幼儿认知系统，系统地了解婴幼儿是如何通过主动建构而认识世界的，以便在早期照护过程能够尊重婴幼儿发展规律，为优质的早期照护做好准备。

二、有助于早教人员提升认知领域照护工作的科学性

《关于促进3岁以下婴幼儿照护发展的指导意见》明确提出应重视婴幼儿照护服务的高质量发展。认知是人类最基本的心理活动，是人们获得知识并应用知识的过程。在0—3岁婴幼儿发展的过程中，他的视觉能力、听觉能力、对符号和数字的认知能力等都会有不同程度的发展。认知领域的照护工作需要早教人员了解婴幼儿的上述认知能力的规律，创设丰富的环境，让婴幼儿能够主动探索、主动学习。不同年龄段的婴幼儿其认知发展也呈现不同的特征，例如：0—6个月的婴幼儿处于感知觉与外界建立联系的阶段；6—9个月的婴幼儿处于好奇心十足、开始学坐学爬行的阶段；9—12个月的婴幼儿喜欢到处探索、对因果关系感到新奇；12—18个月婴幼儿的生活范围进一步扩大，对周围环境的探索更积极主动；18—24个月的婴幼儿处于喜欢用脚丫子思考的阶段，走到哪儿就想到哪儿；24—30个月的婴幼儿想要展示自

主性，爱唱反调又固执己见，被称为人生的第一个“叛逆期”；30—36个月的婴幼儿是喜欢尝试新事物，处于爱问为什么的阶段。

0—3岁婴幼儿的发展历程不同，每个阶段都有不同的认识表现和发展任务，早教人员上岗标准的研制将有助于早教人员系统全面了解0—3岁婴幼儿的认知发展，提高认知领域照护工作科学性。

三、有助于婴幼儿认知领域的良性发展

在新生儿刚出生的时候大脑平均只有370克重，6个月增加一倍，2岁时又增重一倍，是出生时的3倍。从大脑发育的速度来比较，3岁前是大脑发育最快的时期。感觉与知觉是婴幼儿在活动过程以及自身不断地发展中最早出现的心理现象。感觉与知觉是一切较高级、较复杂的心理现象的基础。早教人员上岗标准的研制将有助于早教人员了解婴幼儿认知发展的重要性，了解并熟悉婴幼儿感知觉的发展规律，理解0—3岁婴幼儿认知发展的核心内容和主要途径，能开展高质量的照护活动，进而促进婴幼儿认知领域的良性发展。

第二节

早教人员照护婴幼儿认知发展的上岗标准的具体内容

婴幼儿生活在这个丰富多彩的世界里，每时每刻都在对周围的客观事物进行认知，这些认识过程有赖于他们的感觉系统。通过感觉系统，婴幼儿可以认识客观事物的颜色、明暗、声音、气味、软硬程度等，也可以认识饥饿、冷暖、疼痛等自身状态，还可以感知自身所处的周围外部环境。早教人员在对0—3岁婴幼儿进行照护时，应当明白感觉系统是其一切高级、复杂心理现象和认知发展的基础，任何复杂的认知过程都必须借助于能够提供原始资料的感觉系统。

婴幼儿的七大感觉系统包括视觉、听觉、嗅觉、味觉、触觉以及前庭觉和本体觉（见表7-1：人的七大感觉系统）[①]。

表7-1 人的七大感觉系统

感觉系统分类	适宜刺激	感受器	反映属性
视觉	390—800纳米的光波	视网膜和视锥细胞和视杆细胞	黑、白、彩色

① 张瑞平，岳素萍. 学前儿童发展[M]. 武汉：华中师范大学出版社，2017：51

续表

感觉系统分类	适宜刺激	感受器	反映属性
听觉	频率为16—20000赫兹的声波	耳蜗的毛细胞	声音
味觉	溶于水的有味的化学物质	舌、咽上的味蕾的味细胞	甜、酸、苦、咸等味道
嗅觉	有气味的挥发性物质	鼻腔黏膜的嗅细胞	气味
触觉	物体机械的、温度等的作用	皮肤和黏膜上的冷点、温点、痛点	冷、温、痛、压、触
前庭觉	身体位置、方向的变化	内二、前庭和半规管的毛细胞	身体位置变化
本体觉	肌、腱、关节等运动器官	肌肉、筋腱、韧带、关节中的神经末梢	身体各部分的位置变化

知觉是人脑对直接作用于感觉器官的客观事物整体的反映,它不是对事物个别属性的反映,而是对感觉信息的整合和解释,说明作用于感觉器官的事物"是什么",感知觉是0—3岁婴幼儿认知活动的开端。在感知的基础上,婴幼儿开始对周围的环境和客观事物进一步了解,并在此过程中逐渐形成记忆、想象、思维等一系列较复杂的心理过程。

在婴幼儿认知发展的过程中,感觉和知觉既有本质的区别,又有密切的联系。首先从心理过程来讲。感觉是对事物个别属性的反映,知觉是对事物整体的反映,即对事物的各种不同属性、各个不同部分及其相互关系的综合反映。其次知觉比感觉复杂得多,不能把知觉归结为感觉的简单相加,各种感觉一经构成知觉,便有机地发生联系。知觉是直接作用于感觉器官的事物的整体属性在脑中的反映,是婴幼儿对感觉信息的组织和解释过程。知觉是有机体为了认识世界而表现出来的主动行为,知觉过程就是不断从环境中分化有效刺激的过程。最后,感觉和知觉也有着密切的关系,感觉是知觉的基础,知觉是在感觉的基础上产生的,没有感觉就没有知觉。婴幼儿在感觉过程中感觉到的事物的个别属性越多、越丰富,对事物的知觉也就越准确、越完整。

一、早教人员照护婴幼儿认知发展的上岗标准一

了解婴幼儿视觉发展的特点,能采用适宜的策略促进婴幼儿视觉发展

(一)0—3岁婴幼儿视敏度发展的特点

视敏度即视觉敏锐度,是指婴幼儿分辨细小物体或远距离物体细微部分的能力,也就是通常所称的视力,主要取决于眼睛视网膜中心对视觉图像的敏锐程度和大脑中视皮层对图像

的解析能力，一般情况下，视敏度达到1.0以上就是正常的①。婴幼儿的视敏度随着年龄的由低到高逐步发展，新生儿的视敏度在20/200到20/600的范围内，是正常人视敏度的1/10，新生儿一出生就能视物，但是因为第一眼看到的是光线，所以对强光高度敏感。6个月时，婴儿的视敏度已发展到大约20/70左右，2岁时与成人相对接近。（丁祖荫，2016）

早教人员需要了解的是，新生儿只会关注他们眼前的东西，他们还不具备像成人那样双目并视的能力，也不具备边缘视力，他们看东西好像是通过两个分开的渠道来看的。早教人员如果想要体验新生儿究竟能看到什么，可以拿一张蜡纸放在离眼睛约20厘米的地方，然后向四周看，你会发现看到的东西都比较模糊。新生儿能看到物体的整体部分，但他们并不会仔细地去看、去探究这个物体，比如一幅明暗对比明显的画，新生儿可能只会注意画的轮廓而不会注意画的内容。因此新生儿在注视人脸的时候，他们的注意力是在下巴或发型、脸部轮廓等，不会注意具体的区别。直到2—3个月大，婴幼儿才会开始注意人的整张脸。此外，在婴幼儿早期，其眼睛还不能追随快速移动的物体，他们只能看到缓慢移动的物品（如间隔出现的照片）。因此，如果早期给婴儿看连续播放的电影或录像，并不能促进婴儿认知的发展，只会损害他们的视力。

（二）0—3岁婴幼儿颜色视觉发展的特点

颜色视觉也称辨色能力，是指区别颜色细微差异的能力。人眼视网膜上有3种分别含有红、绿、蓝不同感光色素的视锥细胞，分别对红色、绿色、蓝色的光波敏感，因此红、绿、蓝三色也被称为三原色，其他颜色视觉均是由红绿蓝3种感光色素混合，并将信息传到脑中枢整合而成的②。据相关研究表明，新生儿的视网膜上已具备了全套的感光细胞，但是其颜色分辨能力的发展存在一定的滞后性，一般情况下3—4个月大的婴儿开始能分辨彩色和非彩色。随着年龄的增长，婴儿的颜色视觉发展有如下发展趋势：能初步辨认红、橙，黄、绿、蓝等基本色，但不能很好地辨认紫色等混合色或蓝与天蓝等近似色，也难以说出颜色的正确名称。逐渐的，大多数婴幼儿开始能够认识基本色，区分一些近似色，如黄色与淡棕色，并能准确说出基本色的名称。最后，婴幼儿不仅能认识颜色，而且在绘画时能够运用各种颜色调出需要的色彩，并能正确说出黑、白、红、蓝、绿、黄、灰、粉红、紫等颜色的名称。婴幼儿颜色视觉的发展，主要依靠生活经验和教育。因此，早教人员需要为婴幼儿提供色彩丰富的生活环境，并注意在日常生活或教育活动中，指导他们认识和辨别各种色彩。

（三）早教人员促进婴幼儿视觉发展的照护策略

0—3岁是婴幼儿视觉系统发展的关键期，直接影响到视觉将来发展走向。在照护工作

---

① 陈帼眉．幼儿心理学（第2版）［M］．北京：北京师范大学出版社，2017：58

② 张瑞平，岳素萍．学前儿童发展［M］．武汉：华中师范大学出版社．2017：54．

中，早教人员应首先识别婴幼儿的视觉系统是否具有缺陷。因为有视觉缺陷的婴幼儿如果在3岁前能进行有效治疗，其视觉系统可以正常发育。此外由于婴幼儿自我表达困难且生理机制不成熟，3岁前视觉缺陷一旦发生往往会造成治疗不及时，带来更大的伤害。具体来讲，早教人员可以通用以下简单的方法对婴幼儿的视觉缺陷进行初步的检查和判断。

使婴幼儿仰卧，早教人员在她的视线内走来走去，婴幼儿的眼睛能否随着早教人员移动；用鲜艳的玩具在仰卧的婴幼儿面前晃动，其不能立刻注视玩具；将颜色鲜艳的球引起婴幼儿注意后，放在与他们眼睛同一水平线上，然后松手后，让球落地，但手保持原来的姿势，婴幼儿不能立即低头寻找；用手或其他物体突然出现在婴幼儿眼前时，不能引起瞬目反射（眨眼）；看东西喜欢歪着头，医学上称"代偿头位"，将孩子的一只眼睛遮起来后，"代偿头位"减轻或消失；出现畏光现象，在阳光下常喜欢将视力差的眼闭起来；看东西过近，出现斜视（斜眼）；与同龄孩子相比，其活动范围常自我限制，动作缓慢。

早教人员还需要针对婴幼儿视敏度发展的特征，给予及时的训练与指导。在0—1个月左右，早教人员可以通过用黑白分明轮廓清晰的图案卡片进行注视练习，同时注意注视距离应该在婴儿眼前20厘米以内。早教人员也可以在有声响的玩具缓慢移动，进行追视练习。可练习过程中速度不宜过快，且红蓝绿三种颜色以从左到右，从上到下或环形移动，切忌乱晃。此外早教人员在为婴幼儿准备读物和教具时，应该结合婴幼儿视敏度的发展规律。婴幼儿年龄越小，为其提供的字、画应该越大，颜色区分度应越明显，幼儿距离他们越近，以免损伤孩子的视力。

二、早教人员照护婴幼儿认知发展的上岗标准二

了解婴幼儿听觉发展的特点，能采用适宜的策略促进婴幼儿听觉发展

（一）0—3岁婴幼儿听觉发展的特点

婴儿在出生的时候，听觉系统已基本发育完备。在辨音方向，一两个星期的新生儿就能认出爸妈的声音。因此，当婴儿哭闹的时候，相比其他人的安抚，母亲的呼唤能够使婴儿快速安静下来，这是婴儿辨音能力的体现。到2—6个月时，婴幼儿能够通过眼睛和耳朵协调来进行辨音相互协调的进步。1岁左右婴幼儿的辨音能力已全面发展，能够辨别出非常微小的声音变化，例如不同鸟儿的叫声。在频率方面，5—8个月的婴儿能够区分以2%增加或减弱的音频变化，成人只能够做到辨别1%。因此婴幼儿能够通过音频的变化感受到情绪的不同，此外5个月大的婴幼儿也能够像成人一样分辨出高频音中的细微变化（丁祖荫，2016），因此应尽量对婴幼儿说话温柔，控制声音强度，否则他们将会产生抵触情绪，并用哭闹来表达内心的不满。最后，在听觉定位能力方面，刚出生的婴幼儿能把耳朵正确转向声源方向，然而在2—3

个月中,这种反应几乎消失,只有4个月后才再次出现。一般6个月的婴儿的听觉定位能力才能达到视觉定位能力的同等水平,早教人员需明白这只是其发展过程中的正常过程。

(二)0—3岁婴幼儿听觉发展的照护策略

早教人员在照护的过程中,需首先识别婴幼儿的听觉系统是否正常,才能根据具体情况做出相应的照护策略。在婴幼儿的发展过程中,听觉技能会随着生理、心理成熟而不断提高,到青春期时达到成熟。然而听觉障碍妨碍和中断了听觉能力的正常成熟,会影响婴幼儿语言的正常发展,导致社会性发展受限。听觉障碍又称听觉受损,是指感测或理解声音的能力的完全或部分降低。由于婴儿不会主动告诉早教人员他的听力受损。因此6个月内的婴幼儿,他们即使听力受损也与正常婴幼儿的发展无异(彭妮,劳黛·纳,2010),所以听觉障碍的筛选比较困难,只有听力特别严重损失的婴儿才会在第一个月被检测出来。尽早发现婴幼儿的听觉障碍,尽早进行介入干预,可以避免因听觉障碍带来的社会沟通能力障碍,具有现实意义。早教人员可以根据以下情况确认婴幼儿是否存在听觉障碍(丁祖荫,2016):新生儿出生6—8周时还不能对声音有任何反应;12个月左右还不会发出简单的词音,学习新词汇困难。特别是在复述的时候音准度差;经常发生中耳感染,头部或耳部受伤等。

早教人员开展婴幼儿听觉的照护工作时,可以让婴幼儿多听、多感觉,引导婴幼儿去分辨声音的方位大小、长短、高低不同,提高婴幼儿对声音的敏锐度,促进婴幼儿听觉的发展。一般来说婴幼儿,比较喜欢敲打的声音,所以会经常拍手、拍桌子,甚至胡乱拿东西敲打,这种声音其实可以刺激婴幼儿的听觉系统的发展。早教人员可以建议家长遇到上述情况时,不要一味指责婴幼儿的捣乱。可以积极灵活地利用婴幼儿喜欢的声音,提高他们对声音的认知能力,促进其听觉的有效发展。

三、早教人员照护婴幼儿认知发展的上岗标准三

正确认识0—3岁婴幼儿触觉发展的特点,采用适宜的策略促进婴幼儿触觉发展

(一)0—3岁婴幼儿触觉发展的特点

触觉是皮肤受到机械刺激时产生的感觉,是皮肤感觉和运动感觉的联合,对于0—3岁婴幼儿而言,触觉是婴幼儿认识世界的重要手段,在其认知发展中占有重要地位。一般情况下,婴幼儿触觉的发展呈现以下发展阶段:0—2个月,婴儿的触觉发展以先天反射动作为主,这些反应都是为了觅食或自我保护;3—5个月,婴儿可将先天反射动作加以整合,利用嘴巴去探索,并感受到各种触觉的不同,开始懂得简单的辨别;6—9个月的婴幼儿触觉发展已经遍及全

身,会利用身体的各个部位去感受刺激、探索环境;10个月后,婴儿的触觉定位会越来越清晰,开始分别出所接触的不同材质的物品。(彭妮,劳黛·纳,2010)

0—3岁婴幼儿触觉的发展主要表现为口腔触觉和手的触觉,婴幼儿对物体的探索最早是通过口腔进行。相关研究发现,1个月的婴儿已经能凭借口腔触觉辨别不同软硬度的奶嘴,4个月的婴儿能同时辨别不同形状和不同软硬度的奶嘴。随着婴幼儿精细动作的不断协调,通过口腔触觉来认识事物的渠道逐渐退居其次,手部触觉开始占据主要位置。

手是婴儿认识外界的又一重要途径。新生儿一出生就用手进行探索,但是婴儿真正的手的触觉探索活动表现为手的触觉与视觉的协调,即手眼协调。手眼协调是婴幼儿认知发展过程中的重要标志,大约出现在出生后5个月,判断的依据是伸手抓到看见的东西。手的触觉探索是继口腔触觉探索之后婴儿认识事物的重要手段,这一阶段,婴儿看见什么都想去摸一摸、动一动。随着视觉、听觉的发展,触觉所起的作用开始减小,但是在整个0—3岁,婴幼儿主要还是依靠触觉与视觉、听觉等其他感知觉协同活动来认识外部环境。

(二)0—3岁婴幼儿触觉发展的照护策略

早教人员应积极开展丰富0—3岁婴幼儿触觉体验的照护工作,例如可以将沙子、碎石子、树叶、羽毛铺在地上,带领婴幼儿光脚从上面走过,也可以带婴幼儿到草坪、沙地等地方,让他们赤脚在上面玩耍,感受不同的触觉刺激。还可采用球池游戏、钻被子游戏、抓痒游戏、刷身游戏、寻宝游戏、吹风游戏、玩橡皮泥游戏等来丰富婴幼儿的触觉。早教人员还应学会识别触觉系统运作失调的现象。尽早识别并采取相应的措施,才能为婴幼儿的认知发展提供保障。

触觉系统失调一般主要表现为以下两方面:触觉过度敏感和触觉过度迟钝。触觉过度敏感的婴幼儿对周围环境中正常的触觉刺激都表现为不接受。尤其是当他们接受新的触觉刺激时,会表现出强烈的无法适应,同时还会出现过于依赖父母或早教人员等,不喜欢接触陌生人,讨厌喧闹拥挤的地方,自信心不强,不喜欢别人碰他,也不喜欢碰别人。早教人员如果发现婴幼儿有以下行为偏向,例如特别钟爱某种特殊感觉,偏食或喜欢吸吮手指,经常触摸生殖器官,睡眠时无法适应周围的变化,不愿意接受一些户外运动的方式,不喜欢吹电扇,不喜欢裸露身体,特别抗拒洗脸、洗脚、剪头发等,就应考虑是否为触觉过度敏感。触觉过度迟钝的婴幼儿,一般在接受环境刺激后,其反应比正常婴幼儿慢,同时学习能力、观察能力和理解能力也较低。一般情况下,触觉失调的婴幼儿会出现以下外显行为:注意力难以集中,伴有坐立不安、焦躁好动、不愿意沟通;出现学习障碍;有轻微的自闭现象。触觉失调还有可能导致人际关系障碍。(丁祖荫,2016)

知识小资料

如何进行触觉训练

多爱抚婴幼儿。情绪稳定及人际关系的建立，均依赖于安定的触觉系统，而爱抚是促进触觉系统安定的有效方法。

提供干净、自由的游戏空间。让婴幼儿能在地上自由爬行并且可以接触到周围的物品，而不是把婴儿放在学步车内，使其丧失爬行和用手触摸环境的机会。

对触觉过敏的孩子，可以在他们洗脸、洗澡或睡觉前，以柔软的毛巾轻轻地触压或按摩孩子的手、脚或背部。

对触觉过度迟钝的孩子，可用软毛刷子刷孩子的手心、手臂部，以唤醒其触觉，也可以给孩子玩毛绒的玩具，让他在玩耍中增进触觉识别能力。

对触觉过分依赖的孩子，例如依赖奶嘴、手指等，应适当地满足婴幼儿对触觉的需要，加强父母之间的亲子沟通，使他产生安全感，然后才要求他们逐渐改掉这些习惯。

四、早教人员照护婴幼儿认知发展的上岗标准四

了解婴幼儿嗅觉、味觉发展的特点，采用适宜的策略促进婴幼儿嗅觉、味觉发展

(一)0—3岁婴幼儿嗅觉、味觉发展的特点

婴儿出生以后，其嗅觉能力在短时间内迅速发展。研究表明，当婴儿还在母亲子宫的时候，他们就能闻到羊水的味道。在新生儿出生后的第1周时，新生儿就能辨别出自己母亲的气味。相比于其他五种感觉，嗅觉是最先形成的。在婴儿刚出生的时候，其视觉能力还不灵敏，不能像成人可以通过视觉来寻求熟悉感。他们什么都看不见，也无法自行移动到处触摸，因此只能靠嗅觉来辨认自己是否熟悉这个环境。对于刚出生的婴儿，给其营造熟悉的气味比营造熟悉的物品摆放更重要。这也是为什么母亲的衣服能给大哭的婴儿带来安慰的原因。

婴儿从出生起就对味觉敏感。研究发现，新生儿的舌头上已经有足够的味蕾细胞，所以他们能辨别甜、咸、苦、酸等不同味道，并且对甜味的喜爱胜过咸味。例如当把甜的液体放到婴儿嘴里时，他们表现出很轻松愉快的表情，并满意地吸吮起来，但对咸、酸或苦味液体则做出皱鼻子、噘嘴和不规则的呼吸等拒绝性反应。一般情况下，6个月到1岁这一阶段，是婴幼儿味觉的灵敏期，早教人员需抓住这一时期开始添加辅食，这将有助于婴幼儿味觉顺利发展。

(二)0—3岁婴幼儿嗅觉、味觉发展的照护策略

早教人员在开展嗅觉方面的照护工作时,可以多进行“闻气味”的活动丰富婴幼儿的嗅觉体验。例如多带婴幼儿去户外闻各种花香,还可以让婴幼儿闻一闻生活用品,如香皂、爽身粉、香水等的味道。当婴幼儿添加辅食时,可以让他闻闻不同蔬果的气味,如果嗅觉训练的过程中遇到婴幼儿很排斥或很不喜欢的味道,那也没关系,暂时先避开这些味道,过一阵子再给他们试试看。早教人员需注意在促进婴幼儿嗅觉发展时要顺其自然,给婴幼儿自己探索的空间。

早教人员在开展味觉方面的照护工作时,应注意及时增加辅食,一方面是为了满足婴幼儿身体发育的营养需求,另一方面也是为了让婴幼儿习惯于母乳或其他乳品以外的味道,早一点适应其他食品的各种味道,为以后断奶做准备。有的婴幼儿很难断奶,依恋母乳,一个重要的原因就是没有及时增添辅食,导致婴幼儿的味觉只适应母乳,而对其他食物的味道一概反感。此外,在照护过程中,还可以适当让婴幼儿尝一点除日常接触到的食物以外的味道,例如:苦、酸等,以便增加味蕾刺激。

五、早教人员照护婴幼儿认知发展的上岗标准五

了解婴幼儿前庭觉发展的特点,能采用适宜的策略促进婴幼儿前庭觉发展

(一) 0—3岁婴幼儿前庭觉发展特点

作为前庭感应器的前庭神经核,在大脑后下方脑干的前面,身体任何信息进入大脑,都必经前庭神经核过滤,前庭神经核组成的神经体系便是前庭觉体系①。前庭觉的主要功能是,接受脸部正前方视、听、嗅、味、触信息,并做过滤及辨识再传入大脑,此外前庭觉还掌握婴幼儿的平衡和空间方位的感应,如果前庭系统出现问题,婴幼儿的平衡感和空间知觉就会受到干扰,出现身体失衡或者分不清方向。同时前庭觉还与其他的感觉系统的发展密切相关。

一般情况下,婴幼儿的前庭觉发展大概在受精8—9周时就已形成,到了10—11周左右就已经能在母体中发挥作用了,到了怀孕5个月时前庭觉的发展更为完善,可以感受母体的身体活动。到出生时,胎儿的前庭觉发已臻于完善,因此刚刚出生的新生儿就可以做出明显的反应,比如,当把新生儿抱起后忽然往下放低,他就会显得很慌张,并伸出双手做出类似拥抱的动作,这是一种先天反射动作。这是他们能感受到自己身体和重力带来的感觉,从而顺应性反应。诸如此类的反应还会多次发生在1—3个月的婴儿身上,这正是其前庭觉发挥功能的表现。

① 王萍,高宏伟.家庭中感受统合训练(第2版)[M].北京:清华大学出版社,2017:18

（二）0—3 岁婴幼儿前庭觉发展的照护策略

早教人员在照护的过程中，应对婴幼儿进行细致入微的观察与了解，对婴幼儿的前庭觉发展做出判断，以便减少前庭觉失调给婴幼儿带来的问题和烦恼。如对6个月左右的婴儿，可多练习“俯卧伸展姿势”，促使婴儿同时抬头、胸，并将手臂和腿抬离地面，仅依靠肚子来平衡全身，促进前庭觉的发展。对于7—9个月的婴儿，可以协助婴儿学习“爬行”动作，并使婴儿在移动过程之间学习空间结构和距离概念。10个月以后婴幼儿，已经可以爬得较长距离了，并且和四周的环境产生更密切的关系，这个时期的婴幼儿可以倚靠前庭觉来协调肌肉关节、本体觉和视觉，进而学习用双脚来支撑与平衡身体，并练习跨步来学习行走。

前庭觉失调的婴幼儿表现为多动不安，逃避或者害怕运动，笨手笨脚，不听指挥，常撞到东西或者自己跌倒，注意力不集中，协调能力差，特别的还会引发语言发展的障碍。由于婴幼儿的前庭觉在孕期就开始发育与发展，因此母亲怀孕期间运动不足、胎位不正、羊水过多等都会造成婴幼儿前庭觉发展迟缓。在婴儿出生后，其早期活动不足，爬行不够，也能导致前庭发育不完善。因此早教人员对婴幼儿前庭觉发展的照护，可以推前至母亲的孕期。孕妈除非有安胎的必要，不用刻意减少基本活动，这样才不会剥夺婴幼儿前庭刺激的输入。

六、早教人员照护婴幼儿认知发展的上岗标准六

了解婴幼儿本体觉发展的特点，能采用适宜的策略促进婴幼儿本体觉发展

（一）0—3 岁婴幼儿本体觉发展特点

婴儿出生时本体觉并不发达，需要在前庭系统和触觉系统都发展正常的情况下，本体觉才能够顺利发展。本体觉是指肌、腱、关节等运动器官在运动或者静止时产生的感觉，因产生的位置较深，又称深度感觉。也就是说本体觉就是自己身体的一种整体感觉，婴幼儿可以通过这种感觉来对自己的身体进行有效的控制。婴幼儿的翻身，滚动，爬行，都有助于他们本体觉的发展。

（二）早期婴幼儿本体觉发展的照护策略

造成婴幼儿的本体觉失调的原因有可能有：家长对婴幼儿的过度保护、婴幼儿的爬行不足、家长过多忽视婴幼儿户外运动等。早教人员如果发现婴幼儿有以下行为表现，可考虑婴幼儿的本体觉是否失调[①]：方向感很差，空间知觉能力不足，容易迷路。害怕旋转、跳动游戏，闭上眼睛容易摔倒。不能很好地协调身体的动作，动作笨拙，常会无缘无故摔倒。速度控制较差，跑起来难以按指示停止。过分怕黑，站无站姿、坐无坐相。做事条理性不强，语言容易

① 王萍，高宏伟．家庭中的感觉统合训练（第2版）［M］．北京：清华大学出版社，2017：55.

出现障碍。不能合适地控制力量,常会因太用力而损坏玩具或因力度太小而抓不住东西。

在早期照护过程中,早教人员应提醒家长不要过早让婴幼儿使用学步车,同时需要提醒父母避免整天将婴幼儿抱在怀里。因为这会造成婴幼儿缺少本体觉的锻炼,后期出现本体觉不佳或失调等情况。早教人员还可根据婴幼儿的发展阶段,在照护过程中加入拍球、走平衡木、玩滑梯 、跳绳 、踢毽子 、打羽毛球 、游泳等活动促进婴幼儿本体觉发展。

七、早教人员照护婴幼儿认知发展的上岗标准七

正确认识婴幼儿空间知觉的发展特点,能采用适宜的策略促进空间知觉的发展

(一)0—3岁婴幼儿空间知觉发展的特点

空间知觉是视觉、听觉、本体觉等多种感觉器官联合行动的结果。一般情况下,空间知觉包括形状知觉、方位知觉、距离知觉和大小知觉等。形状知觉是对物体的轮廓及各部分组合关系的知觉,它主要以视觉为主,由触觉、运动觉等共同协同而形成的①,物体通过在视网膜上的投影,通过眼球运动,让视线沿物体轮廓移动,或者是用手指触摸物体边沿等,都会产生形状知觉。婴幼儿的形状知觉发展具有以下特点:首先,婴儿在出生后已有形状知觉。其次,婴幼儿的形状知觉能力随着年龄的逐渐增加而加强。一般情况下,婴幼儿掌握图形形状的难易程度排序为:圆形、正方形、三角形、长方形、半圆形、梯形、菱形和平行四边形。

方位知觉是指对物体的空间关系和自己身体在空间中所处的位置的知觉,例如对上、下、左、右、前、后的辨别②。成人依靠视觉、听觉、运动觉来判断方位,而婴幼儿是在后天锻炼的基础上形成的。最初,婴幼儿以自我为中心来对外界事物的方位进行定位,不能理解以他物为参照物的方位。因此婴幼儿方位知觉的发展趋势是以自身为参照物理解方位逐渐过渡到能理解以他物为参照物的方位。随着年龄的增长,婴幼儿的方位辨知能力逐渐提高,由理解里外,过渡到理解上下 、方位 、前后,最后能理解左右方位。

距离知觉是个体对物体凹凸程度和远近程度的知觉。婴幼儿的距离知觉也是随着年龄逐渐发展的。研究表明,新生儿已经能对逼近物体有初步反应了,2—3个月婴儿有了对来物的保护性闭眼反应,4—6个月有躲闪反应。著名的“视觉悬崖”试验表明6个月的婴儿已经有了深度知觉。研究还发现,早期的运动经验(如爬行)能影响深度知觉的表现。

大小知觉是指对物体长短、面积、体积大小的知觉。6个月左右的婴儿就能辨别大小了。一般情况下2—3岁的婴幼儿已经能够按语言指示准确地拿出不同大小的同一物体,3岁以后判断大小的精确度会进一步提高。

① 张瑞平,岳素萍.学前儿童发展[M].武汉:华中师范大学出版社.2017:56-57.
② 张瑞平,岳素萍.学前儿童发展[M].武汉:华中师范大学出版社.2017:56-57.

小资料

“视觉悬崖”实验：为测试婴幼儿是否有深度知觉，研究者制作了一个长方形平台的实验装置，以平台中间为界分为两半，一半上面铺着红白相间的格子图形玻璃板，视为浅侧；另一半的格子图形板面置于150 cm以下，视为深侧，但上面铺着与浅侧链接的透明玻璃平面，看上去这一半像是深陷下去的悬崖。将2—3个月大的婴儿腹部向下放在“视觉悬崖”的一边，发现婴儿的心跳速度会减慢，这说明他们体验到了物体深度。当把6个月大的婴幼儿放在玻璃板上，让其母亲在另外一边呼唤婴儿时，发现婴儿会毫不犹豫地爬过没有深度错觉的一边，但却不愿意爬过看起来像悬崖的一边。

(二)0—3岁婴幼儿空间知觉发展的照护策略

研究者为我们揭示了婴儿早期知觉发展的过程，在惊叹于婴儿所具有的敏感性和潜力的同时也启发我们，在婴幼儿时期要注重给予孩子丰富的环境刺激，发展他们的知觉能力。对于早教人员而言，鼓励婴幼儿的各项动作发展，就是促进婴幼儿的空间知觉发展。另外，生活经验的丰富会有助于婴幼儿运用各种“线索”来认识事物的大小、方位、距离等。在促进婴幼儿的空间知觉发展的照护过程中，早教人员应充分考虑婴幼儿不同年龄阶段空间知觉的发展情况，不能进行超过婴幼儿发展阶段的训练，同时也要充分考虑婴幼儿的发展特点，做出正确的示范。

八、早教人员照护婴幼儿认知发展的上岗标准八

正确认识婴幼儿数与量知觉的发展特点，能采用适宜的策略促进数与量知觉的发展

(一)0—3岁婴幼儿数与量认知发展的特点

“数”是人思维的结果，是对于现实客观事物的反映，是对事物之间关系的一种抽象。婴幼儿对数概念的获得，不能单凭简单的、直接的感知得到，还需要通过一系列的动作协调得到。婴幼儿数的概念的建立需要借助基数和序数的基础上完成。婴幼儿的计数能力的发展需要经历四个阶段：口头数数、按物点数、说出总数、按群点数。对于0—3岁的婴幼儿来说，基本都能达到口头数数的阶段。口头数数的作用就是帮助孩子认识和掌握一个社会公认的数次表，这是计数活动顺利进行的前提。孩子的口头数数能力是在环境和教育的影响下进行的，高质量的照护和引导在这个阶段显得尤其重要。

“量”表示事物存在的规模和发展的程度。婴幼儿其实从很小的时候就在日常生活中与量打交道。婴幼儿对量的认识表现出从直观感知到抽象概念的认识过程：对量的差异性感

知从明显的差异到不明显的差异；对量的理解从绝对到相对；对量的语言表述从模糊、不精确到逐渐精确①。测量的过程蕴含着比较复杂的逻辑运算。对0—3岁的婴幼儿来说，我们不需要他们掌握正式的测量。能利用身边的自然物来进行自然测量就可以了。

(二)0—3岁婴幼儿数与量认知发展的照护策略

早教人员应认识到数与量的认知是婴幼儿认知结构中最重要的基础能力之一。在婴幼儿阶段给予孩子有关数与量的感性认识和经验，他们将来学习数学就会感到有趣并且容易。而缺少数与量启蒙的婴幼儿，在面对抽象的数学学习时就会遇到困难。早教人员开展相应的照护工作时切记强行灌输，引导婴幼儿数与量的认知发展一定要注意生活化，让婴幼儿亲身经历和体验生活中的数学场景。早教人员要善于发现生活中那些生动有趣的例子，促使婴幼儿对数和量的活动产生兴趣，强行灌输只会让孩子对数学学习产生恐惧感。婴幼儿在建立数与量的认知时表现出很大的个体差异性。早教人员应耐心地根据婴幼儿的具体情况给予积极的照护指导。

九、早教人员照护婴幼儿认知发展的上岗标准九

能够丰富婴幼儿的时间体验，能采用适宜的策略促进婴幼儿时间知觉的发展

(一)0—3岁婴幼儿时间知觉发展的特点

时间知觉是对事物发展的延续性、顺序性的知觉，具体表现为对时间的分辨、对时间的确认、对持续时间的估量、对时间的预测。首先，婴儿一出生就存在于时间中，并感知着时间。但此时的时间知觉主要以人体内部的生理状态来反映时间，如“生物钟”来体验时间，例如婴儿到了吃奶的时间会自己醒来或者开始哭闹。这段时期的婴儿常常是昼夜不分，尚无真正意义上的时间概念。其次，时间是一种抽象的现象，婴幼儿看不见、摸不着，只能凭直觉体验。随着年龄的增长，婴幼儿才慢慢建立一定的时间概念。因此随着月龄越大，生活经验越丰富，婴幼儿的时间知觉越精确。再者，婴幼儿对时间的认知会逐渐与识记的事件相联系，对事件的记忆是时间知觉和时间表象的主要信息来源。如婴幼儿会把起床以后洗脸、刷牙与早上的时间概念联系起来。1岁以后，婴幼儿开始接触那些标志时间长短的量度和相应的词汇，一般先知觉和理解“一天”“一小时”这些较大的时间单元，然后才慢慢知觉和理解较小的时间单元(分、秒等)和更大的时间单元(周、月、年等)，因此婴幼儿对时间单元的知觉和理解有一个“由中间向两端、由近及远”的发展趋势。

① 文颐、石贤磊.婴儿认知指导活动设计与组织[M].北京：科学出版社，2015：50-51

（二）0—3岁婴幼儿时间知觉发展的照护策略

由于婴幼儿时间知觉发展的阶段性，早教人员在照护过程中，应根据婴幼儿的时间知觉发展特点，有针对性地对婴幼儿进行引导。对于0—1岁的婴儿而言，这个时期的时间知觉是依靠自身的生物钟来完成，如饿了会哭，尿尿了、睡醒后都会哭。早教人员应顺应他们的生物钟，按他们的生理需求来安排他的吃、喝、拉、撒、睡，并逐渐形成秩序，促使婴幼儿对时间形成良好的条件反射。特别提醒，秩序一旦形成，早教人员就不要随意改变。到了1岁左右，早教人员可以适当调整婴幼儿作息，如固定起床、玩耍、午睡、晚上睡眠的时间，让婴幼儿初步感知用玩耍、睡眠等活动来区分白天与晚上，形成初步的时间知觉。

小资料

培养宝宝生活规律时间列表

每天早晨在同一时间（比如早晨6点—7点之间）叫醒宝宝。起床后，让宝宝感受早晨的阳光。帮助宝宝认识早晨。对于无论如何都起不来的宝宝，可以在起床前一点点地调亮房间的光线。进行早晨的“仪式”，如洗脸、换衣服等。关键要养成习惯。

晴朗的日子里，在午前或午后可以适量地安排户外散步。不方便散步时，可以在阳台或庭院里晒晒太阳。帮助宝宝认识“白天”。尽量安排活泼一些的游戏，夜晚则尽量安排安静些的游戏。

晚饭和辅食尽量要在晚上7点半之前完毕。洗澡最迟要在睡觉前1个小时之内完成。夜晚睡觉时关闭不必要的电器，使寝室保持安静。进行睡觉前的“仪式”，如换睡衣、刷牙、讲故事、聊天等。养成睡觉前的这些习惯，帮助宝宝认识“夜晚”。每天尽量在同一时间进入寝室，关闭电器，使房间变得黑暗。最好有爸爸妈妈陪伴宝宝睡觉，有利于减少宝宝对睡觉的恐惧。

每天安排2小时左右的午睡。然而，午睡时间的长短是因人而异的，妈妈们要注意观察午睡是否对夜晚的睡眠有影响，以便调整适合自己宝宝的午睡时间。如果孩子不想午睡，尽量让她做些安静的事，比如看书、画画，这也是休息的一种形式。

将夜晚睡眠的时间与早晨起床的时间形成一定的比例关系。如果入睡时间略微延后，则起床时间也可以略微延后。尽管因人而异，总的来说，冬季的睡眠时间要长于夏季。冬季如果让宝宝在与夏季相同的时间起床，宝宝往往会非常抵触，所以需要妈妈们根据自己宝宝的情况，在不同季节，适当调整睡眠的时间。

对于1—2岁的婴幼儿来说，他们已经能认识一些特殊活动的时间了，如吃饭时间、睡觉时间、周末时间，但是他们还不能对早上9点，下午2点等数字化的时间有概念。早教人员可以通过动作和语言来帮助婴幼儿建立时间概念，例如饿了指着肚子说“到中午12点，肚子好饿”,以便固化婴幼儿的时间知觉。早教人员在面对2—3岁,已经有了基本的时间概念的婴幼儿时,可以借助生活中的具体事例来增强他们的时间概念,例如可以将吃饭、做游戏等活动细化到具体的时间,如“七点钟起床”“九点钟做游戏”等。

十、早教人员照护婴幼儿知觉发展的上岗标准十

了解婴幼儿观察力发展的特点,能采用适宜的策略促进婴幼儿观察力的发展

(一)早期婴幼儿观察力发展的特点

婴幼儿视力好、听觉灵敏,观察力就一定很强?不一定。观察是一种有目的、有计划、比较持久的感知活动,是知觉的高级形态。婴幼儿观察力的发展,对于他们掌握知识、形成想象力和创造力、发展心理具有重要作用。对于刚刚出生的婴儿,由于他们对事物的知觉是无意的,所以缺乏观察力,但随着年龄的增长,婴幼儿观察力会呈现一定的特点。在观察的目的性方面,婴幼儿不善于自觉、有目的地进行观察,因此他们往往会表现出东张西望,或只看一处任意乱指。但也可以依据早教人员的指导,在没有其他刺激干扰的情况下进行初步观察。同时婴幼儿的观察持续性也较短暂,很容易受客观事物,自身兴趣的影响。但随着年龄的增长,婴幼儿的观察持续时间会显著提高。在顺序性方面,对于2—3岁左右的婴幼儿,其观察的顺序性较差,常常不能按照一定的顺序,例如从左到右、从上到下、从整体到部分有组织、有条理地进行观察,他们往往碰到什么就观察什么,前后反复,也多有遗漏。在观察的细致性方面,他们往往只能观察到事物的大概轮廓,做不到全面细致,只能看到面积大的和突出的部分,很少注意到细节部分。在观察的概括性方面,2—3岁左右的婴幼儿只能看到孤立的事物或者事物之间的表面联系,看不到事物之间的内在规律性联系。

(二)早期婴幼儿观察力发展的照护策略

由于婴幼儿早期观察的目的、持续时间等都具有年龄发展的阶段性,因此早教人员需要尊重婴幼儿观察力发展的规律。首先,把婴幼儿带进大自然,帮他们拓宽视野。多接触事物丰富感性经验,是观察力发展的基本前提。等婴幼儿对周围事物感兴趣后,早教人员可以引导他们有目的地去观察。对0—3岁的婴幼儿来说,早教人员应注意引导他们从上到下、由外到内、从中间到四周,有顺序地、系统地去观察事物,大龄段的婴幼儿引导他们把观察到的简单内容用语言表达出来。在促进婴幼儿观察力发展的过程中,可以指导婴幼儿学习用多种感觉器官参与观察活动,例如,让婴幼儿观察苹果,可先让他们把苹果放在手上摸一摸,用鼻子去闻一闻苹果的香味,然后再把苹果剖开,让他们看看果肉的颜色,再闻闻是什么气味,尝尝果肉的味道。为了提升婴幼儿观察的精确性和敏锐性,还可以帮助他们学习运用比较的方法观察事物。比如,把两种形状相仿、颜色相仿的事物放在一起,让他们找出它们的相同点和不同点。

十一、早教人员照护婴幼儿认知发展的上岗标准十一

了解婴幼儿数理逻辑认知的发展特点，能采用适宜的策略促进数理逻辑认知的发展

（一）早期婴幼儿数理逻辑认知发展的特点

“数理逻辑”这个概念最早由心理学家皮亚杰提出，皮亚杰指出它是儿童认知发展的重要条件。加德纳在其多元智能理论中也提出，数理逻辑是八种智能中的一种，是与儿童整体智力发展以及学习效率相辅相成的一种能力。研究者认为数理逻辑实际上是各种逻辑关系的集中体现，数理逻辑能力即指有效地运算和逻辑推理的能力，它表现为个体对事物间的各种关系，如类比、对比、对应、序列、包含、分类、因果、逻辑等关系的敏感，以及通过数理运算和逻辑推理等进行思维的能力。其核心是发现问题和解决问题的能力①。因此，数理逻辑是0—3岁婴幼儿认知发展中的重要内容。具体来说，0—3岁婴幼儿的数理逻辑能力主要体现中对事物的观察与评估的能力和推理事物关系的能力。

刚出生的婴儿并没有能感知到复杂刺激之间因果关系的能力，只有到6个月左右，婴幼儿才会出现对这种因果关系的认知，但是一般情况下婴幼儿要发展到10—15个月才会表现出来。他们开始能够辨别拉和推的差异，并且逐渐脱离于孤立地关注事件，开始能够利用情境线索，找出可能是模棱两可情境中的因果关系，而且他们能够对单个行为进行简单的推理。随着年龄的逐渐增长和经验的不断积累，婴幼儿变得不仅仅认识到某种因果关系的存在，而且会对其中所包含的量的属性开始感兴趣。

分类能力与排序是早期婴幼儿数理逻辑认知发展的典型能力，分类能力是儿童数的概念形成及正确计数的基础。相关研究表明，在3个月时，婴儿就已经开始形成一系列不同的分类范畴，随着年龄的发展，婴儿的分类能力形成更多且进一步精细化的范畴。到12个月左右，婴儿就能够将物体按类似成人的分类标准进行分类，如将食物分成能吃的和不能吃的等。我国心理学家方富熹和方格曾经进行过一项分类能力研究，发现3岁儿童基本上都能正确分类，但不能准确说出分类的理由。说明进行分类和说出分类理由是两种水平。

排序是以比较为基础的数理逻辑能力。1岁半左右，可以进行如大和小、高和矮的比较。3岁的婴幼儿可以从数量为3的物品的排序开始，逐渐过渡到对5个、8个物品排序。

（二）早期婴幼儿数理逻辑发展的照护策略

虽然婴幼儿所知道的常常比我们认为他们能知道的多，但他们仍然不能基于人类认知和行动以获得他们所想要的东西。比如婴儿能够认识到被藏的物体依然存在，但却不会去寻找被藏的物体，能够理解基本的因果关系，但却不能组织有意义系列行动。在婴幼儿数理逻辑

① 文颐，石贤磊.婴儿认知指导活动设计与组织[M].北京：科学出版社，2015:90-91

能力的培养中，早教人员需要提供大量让婴幼儿亲自操作的机会和丰富的操作材料，重视“探索操作”的作用，让婴幼儿在动手中发现，在动手中思考，在动手中提高，并鼓励他们在探索中去独立解决问题。同时，早教人员要尽量给婴幼儿在生活中模范成人行为的机会，例如用钥匙开门、自己吃饭、照料小动物等，不要过多限制孩子的行为。如果婴幼儿的“探索”出错，早教人员应采用合理的方法，保护他们解决问题的主动性，不可粗暴地责备，更不可嘲笑、讽刺他们。

第三节

早教人员照护婴幼儿认知发展的实例运用

一、0—1岁婴幼儿认知发展照护的实例运用

(一)游戏名称：摸一摸

▽ 游戏目的：锻炼婴儿不同部位的感受，体验成人对自己的爱。

▽ 游戏过程：

1.早教人员让婴儿平躺放在床上。

2.微笑着俯视婴儿，用两只手边触摸婴儿的小脸边说：“摸一摸宝宝的小脸，摸一摸宝宝的鼻子，摸一摸宝宝的耳朵……”

3.用同样的方法触摸婴儿的肚皮、小手和小脚等部位。

游戏指导：这个游戏应在婴儿清醒并且情绪愉悦的时候进行。早教人员应做好双手的清洁卫生。

(二)游戏名称：不一样的感觉

▽ 游戏目的：刺激皮肤触觉的敏感性，发展感觉能力。

▽ 游戏过程：

1.早教人员用玩具软球吸引婴儿的注意力，逗引婴儿伸手来触摸软球。当婴儿拿到小球时，早教人员告诉婴儿：“软软的，这个球软软的。”

2.早教人员更换硬球逗引婴儿的抓握，当婴儿拿到小球时，早教人员告诉婴儿：“硬硬的，这个球硬硬的。”

3. 早教人员更换有小颗粒的小球逗引婴儿的抓握，当婴儿拿到小球时，早教人员告诉婴儿："粗粗的，这个球粗粗的。"

游戏指导：可以寻找生活中不同质地的物品让婴儿触摸，促进婴儿触觉的发展。游戏选择的材料体积不易过大，以婴儿能轻易握住为宜，也不易过于粗糙，防止在摩擦的过程中对婴儿皮肤造成损伤。早教人员还可以通过对婴儿的脚底按摩来强化他们的触觉辨识能力。

（三）游戏名称：闻一闻、尝一尝

▽ 游戏目的：促进婴幼儿的嗅觉、味觉发展。

▽ 游戏过程：

1. 早教人员准备好容器与小勺，将装有白醋的容器拿给婴儿闻一闻，加水稀释后用小勺蘸一点液体让婴儿品尝，并说："酸酸的味道。"

2. 早教人员准备好容器与小勺，将装有白糖水的容器拿给婴儿闻一闻，用小勺蘸一点液体让婴儿品尝，并说："甜甜的味道。"

3. 早教人员准备好容器与小勺，将装有盐水的容器拿给婴儿闻一闻，用小勺蘸一点液体让婴儿品尝，并说："咸咸的味道。"

游戏指导：早教人员在组织这些活动时，应注意，婴幼儿的味觉相对成人来说更加敏锐，所以液体的味道要在成人刚刚能品尝出来为宜，同时在准备液体时，不易准备味道过于刺鼻的液体，以免对婴儿造成损伤。

（四）游戏名称：躲猫猫

▽ 游戏目的：锻炼婴儿的物体恒常认知能力。

▽ 游戏过程：

1. 早教人员用双手捂上自己的眼睛，或者用手帕遮住自己的脸，对婴儿说"阿姨不见了。"

2. 早教人员过一会儿放开手或拿掉手帕，给婴儿一个笑脸，说"阿姨在这里。"

3. 可以和婴儿进行互换角色，把手帕搭在婴儿的脸上，再拿开。婴儿也会喜欢这样的游戏。

游戏指导：这个游戏可以有很多种玩法。在躲猫猫游戏中，婴儿会有一种期待，预测下一个瞬间会发生什么事情。这种期待可以帮助婴儿发展注意力和对事物的预测能力。经常玩躲猫猫游戏，可以增进婴儿和成人之间的感情。

（五）游戏名称：玩具在哪里

▽ 游戏目的：锻炼婴儿的听音辨音能力。

▽ 游戏过程：

1. 早教人员抱着婴儿坐在椅子上，用带响声的玩具和婴儿玩，将玩具掉在地上发出声音，并问婴儿："玩具呢?"

2. 早教人员和婴儿一起寻找玩具，引导婴儿把玩具捡起来。

3. 继续第一步的玩法。

游戏指导：早教人员可以更换各种带响声的物品，鼓励婴儿按所听到的声音寻找物品。找到物品后，早教人员可对婴儿进行鼓励和赞扬。

二、1—2岁婴幼儿认知发展照护的实例运用

(一)游戏名称：鞋子配对

▽ 游戏目的：促进婴幼儿配对能力的发展。

▽ 游戏过程：

1. 早教人员出示不同的几双鞋子，告诉婴幼儿："这是妈妈的鞋子，这是爸爸的鞋子，这是宝宝的鞋子。"

2. 早教人员将鞋子打乱，让婴幼儿把鞋子配对。

游戏指导：生活中可以玩配对的游戏很多，比如袜子配对、将相同的图片配对等，早教人员要在生活中发现游戏的契机，效果会更好。

(二)游戏名称：摇摇船

▽ 游戏目的：促进婴幼儿前庭觉和本体觉的发展。

▽ 游戏过程：

1. 早教人员将大龙球滚到婴幼儿面前，调动婴幼儿趴一趴的兴趣。

2. 早教人员将婴幼儿俯趴在大龙球上，扶着宝宝的腰部，轻轻地弹动宝宝的身体。如果婴幼儿的情绪很好，可以将球向前后移动。

3. 将婴幼儿背部放在球面上，轻轻上下弹动宝宝的身体，锻炼背部的力量。

游戏指导：大龙球有两种质地，一种是光面的，一种是有小颗粒的。可以先选择光面的大龙球进行游戏，待婴幼儿适应以后再选择有颗粒的球，增加游戏的趣味性。

(三)游戏名称：娃娃的脸

▽ 游戏目的：促进婴幼儿对五官的认知。

▽ 游戏过程：

1. 早教人员出示一个大洋娃娃，指着她的五官让婴幼儿说说这是什么。

2. 早教人员拿掉五官的贴纸，让婴幼儿猜猜，什么不见了。

3.早教人员出示脸型图,示范用五官贴纸贴在脸型图合适的位置上,引导婴幼儿参与。

游戏指导:玩贴纸游戏时,并不需要追求五官贴得对称美观,只要婴幼儿知道五官的位置,早教人员就应该鼓励和赞扬。

(四)游戏名称:送小动物回家

▽ 游戏目的:锻炼婴幼儿的分类能力。

▽ 游戏过程:

1.早教人员出示三种小动物的玩偶和对应贴有3种小动物头像的房子图片,吸引婴幼儿的兴趣。

2.早教人员营造动物园的情境,说:“小动物们迷路了,我们送他们回家吧。”

3.早教人员引导婴幼儿观察房子的头像,并送小动物回到自己的家中。

(五)游戏名称:听指挥的小司机

▽ 游戏目的:促进婴幼儿对快慢概念的认知。

▽ 游戏过程:

1.早教人员出示方向盘模型,吸引婴幼儿的兴趣。

2.早教人员营造开车的情境,并说:“开车需要遵守规则听指挥。”早教人员示范听到不同的指令时,手拿方向盘进行快跑和慢跑的练习。

3.鼓励婴幼儿加入游戏中,和早教人员一起参与。

三、2—3岁婴幼儿认知发展照护的实例运用

(一)游戏名称:点数1、2、3

▽ 游戏目的:练习手口一致点数。

▽ 游戏过程:

1.早教人员分发数数的操作材料,带领婴幼儿一起口头数数1—5。

2.早教人员将3个操作材料排成一列,示范伸出食指手口一致地点数1—3。

3.早教人员鼓励婴幼儿模仿成人的行为,用食指手口一致地点数1—3。待婴幼儿完成,早教人员及时鼓励。

游戏指导:这样的数数游戏最好结合生活中的物品随机进行。

(二)游戏名称:红黄蓝

▽ 游戏目的:发展婴幼儿颜色认知和分类的能力。

▽ 游戏过程：

1. 早教人员出示红色圆片、黄色圆片、蓝色圆片，以及对应颜色的小筐。

2. 早教人员示范按照红、黄、蓝三种颜色的标准，将圆片放入对应颜色的小筐中。一边操作一边说“这是红色”，“这是黄色”，“这是蓝色”。

3. 鼓励婴幼儿对早教人员行为的模仿。

游戏指导：这个游戏刚开始并不要求婴幼儿准确分类。只要婴幼儿愿意模仿，早教人员就应该鼓励和赞扬。

（三）游戏名称：送玩具回家

▽ 游戏目的：发展婴幼儿的分类能力，为自我服务做准备。

▽ 游戏过程：

1. 早教人员带领婴幼儿自主选择玩具，自由玩耍并摆弄玩具。

2. 早教人员选择适当时机，提醒婴幼儿：“玩具都累了，咱们送玩具回家吧。”启发帮助婴幼儿把玩具送回原来的地方。

3. 婴幼儿如果送错了地方，早教人员不要嘲笑，要耐心帮助婴幼儿寻找，并及时表扬婴幼儿的每一点进步。

游戏指导：可以用同样的方法让婴幼儿收拾图书或其他生活物品。

（四）游戏名称：图形捉迷藏

▽ 游戏目的：发展婴幼儿辨别图形的能力。

▽ 游戏过程：

1. 早教人员出示圆形、三角形和正方形。分别介绍图形的名称和特征。

2. 早教人员请婴幼儿把眼睛闭上，早教人员藏起一个图形，请宝宝说一说什么图形不见了。

3. 待婴幼儿熟练以后，早教人员可以同时藏起两个图形，请宝宝说一说什么图形不见了。

游戏指导：由于这个年龄段婴幼儿同时处理两种以上特征的信息比较困难，三种图形的颜色最好一致，否则会对婴幼儿辨别图形造成困扰。

（五）游戏五：大猫小猫

▽ 游戏目的：促进婴幼儿大小认知的发展。

▽ 游戏过程：

1. 早教人员出示大猫和小猫的图片，引导婴幼儿观察。

2. 早教人员设置抓鱼的情境，引导婴幼儿回答：“大猫吃大鱼，小猫吃小鱼。”

3. 早教人员鼓励婴幼儿去抓鱼分给大猫和小猫吃。

游戏指导：这个月龄的婴幼儿对大小的认知要借助具体形象的事物理解大和小的概念，并在游戏中反复练习，在多次重复中获得具体直观的体验。早教人员应鼓励婴幼儿多次重复练习。

附表　早教人员照护婴幼儿认知发展的上岗标准

早教人员照护婴幼儿认知发展的上岗标准	完全符合	比较符合	不符合
1. 了解婴幼儿视觉发展的特点，能采用适宜的策略促进婴幼儿视觉发展。			
2. 了解婴幼儿听觉发展的特点，能采用适宜的策略促进婴幼儿听觉发展。			
3. 正确认识0—3岁婴幼儿触觉发展的特点，采用适宜的策略促进婴幼儿触觉发展。			
4. 了解婴幼儿嗅觉、味觉发展的特点，采用适宜的策略促进婴幼儿嗅觉、味觉发展。			
5. 了解婴幼儿前庭觉发展的特点，能采用适宜的策略促进婴幼儿前庭觉发展。			
6. 了解婴幼儿本体觉发展的特点，能采用适宜的策略促进婴幼儿本体觉发展。			
7. 正确认识婴幼儿空间知觉发展的特点，能采用适宜的策略促进空间知觉的发展。			
8. 正确认识婴幼儿数与量知觉发展的特点，能采用适宜的策略促进数与量知觉的发展。			
9. 能够丰富婴幼儿的时间体验，能采用适宜的策略促进婴幼儿时间知觉的发展。			
10. 了解婴幼儿观察力发展的特点，能采用适宜的策略促进婴幼儿观察力的发展。			
11. 了解婴幼儿数理逻辑认知发展的特点，能采用适宜的策略促进数理逻辑认知的发展。			

第八章

早教人员照护婴幼儿情感与社会性发展的上岗标准

第一节

早教人员照护婴幼儿情感与社会性发展的上岗标准研制价值

情绪情感和社会性发展与认知、动作、语言其他部分一样，是0—3岁婴幼儿面临的重要发展课题，是保障其身心全面健康发展的重要基础。罗杰斯指出儿童有“积极关注”的需要，包括诸如温暖、爱、同情、关怀、尊敬及获得别人承认的需要，并通过其生活中的人际情感交流及社会交往过程获得。

婴幼儿自出生起就生活在社会环境中，情感和社会性发展自此开始。随着婴幼儿的生长发育，其社会情感及交往需要也越来越强烈。

一、有助于早教人员全面把握婴幼儿身心发展规律

研究并规范0—3岁婴幼儿早期教养人员（简称：早教人员）照护婴幼儿情感与社会性发展的上岗标准，有助于进一步从情绪情感及社会认知、自我控制、亲子交往、同伴交往等全面把握婴幼儿身心发展规律，对促进婴幼儿个体身体和心智的发展具有积极意义。

1. 情绪情感是婴幼儿求得生存发展的基础与动力

情绪和情感构成一个基本的动机系统，它可以驱动有机体从事活动，提高活动效率，如适当紧张和焦虑促使人们积极思考和解决问题，情绪和情感对其他心理活动具有组织、信号功能，能通过表情在人际间传递信息，沟通思想。达尔文曾指出，情绪对个体具有最初的生存适应的功能，随后其社会性价值逐渐派生出来。由于婴儿出生时不具备独立维持生存的能力，而主要依赖情绪传递信息来与成人交流，以得到成人的抚养并更好适应环境。

情绪同认知活动一样，是人脑对客观现实的反映，是人对客观事物与自身主观需求之间关系的态度和体验，反映的是主客观世界之间的关系。当客观现实满足主观需求或愿望时，个体容易获得积极愉悦的情绪体验，否则反之。人类的情绪发展始于新生儿。在0—3岁期间，婴幼儿不仅发展喜怒哀乐等基本情绪，并且逐渐建立起了害羞、内疚、嫉妒等社会情绪。当婴儿的尿布湿了而父母没能及时发现并更换时，婴儿就会用哭泣表达需求，发泄不满情绪。当父母和孩子玩躲猫猫游戏时，外界带来的新奇和刺激满足了孩子对客观世界的探索需求，孩子常被逗得咯咯大笑，这是愉悦满足情绪的表达。

2. 良好的社会性促进婴幼儿身心健康与生活适应

婴幼儿生活在社会环境中，时刻接收来自周围人、事或自身内部的种种信息，这些信息经过大脑的整理和分析，会对人的情绪情感产生影响。当一个孩子和其他小朋友和谐相处时，他会感到自己是开心、愉快的，这种开心与愉快使他的内分泌系统处于平衡状态，全身的各种腺体正常工作，这同样有利于他的生长与发育。医学专家研究表明，心平气和的孩子比生气烦躁的孩子免疫力更强、更不易患传染病。与此相反，如果有一个孩子社会性发展不良，不适应自己所生活的周围环境，总是与周围人发生冲突、对抗，那么他必然感到闷闷不乐甚至生气发火，会使自己的内分泌系统发生某种程度的紊乱，将对他的生长发育产生消极的影响。医学研究表明孩子心情紧张可导致呕吐、腹泻、发烧等，长期神经紧张还可导致孩子生长发育迟缓。

婴幼儿早期的社会性发展，对其今后的生活与社会适应具有深远影响。如何顺利地适应陌生环境，如何恰当地与其他小朋友交往，都需要以其社会认知、社会行为能力为重要基础。幼儿的社会认知是儿童自我概念形成、自我人格塑造的过程，例如如何接受成人的观念，如何记住现行社会的规则，如何做出自己的判断抉择，如何认同自己的性别角色。而早期的社会行为能力需要在充分社会交往和活动游戏中，在早期家庭生活中与父母、亲密照顾者、早教人员等成人的互动行为中，获取大量信息，活跃大脑功能，进而对新环境的信息做出适应性反应，以提高社会适应能力。

据研究表明，越早发展孩子的社会性，越有助于孩子在同伴关系中处于领导地位，形成孩子的领导气质，也有利于孩子在将来激烈的社会竞争中培养良好的心理素质；良好的情绪控制能力以及帮助孩子养成良好的学习习惯。

二、有助于早教人员有效联合亲子家庭开展科学照护工作

婴儿的情感和社会性发展在其出生前是以某种特定的形式存在的，即产前期（胎儿期）的母婴联系，普遍的胎教指导皆对此有所指向。出生后的婴儿则更是无时无刻不与亲密抚养者（主要是父母）及周围环境（主要是家庭环境）产生情感与社会性的互动。因此婴幼儿的情感和社会性发展非常受其家庭因素影响。早教人员必然需要积极获取家庭信息，有效联合、指导亲子家庭共同开展婴幼儿的科学照护工作。

有学者将婴幼儿情绪根据发展的不同阶段分为三种：第一，原始情感阶段。婴幼儿本能地通过社会互动从早期照顾者（通常是父母）那里学习到重要情绪，包括愉快和害怕。婴幼儿通过与父母情绪的交流引导出的情绪变化习得对周围环境的正确反应与适应。例如在视崖实验中，如果母亲表现出积极鼓励的表情，婴幼儿往往能够成功爬过“悬崖”，而当母亲表现出漠不关心或害怕恐惧表情时，大多数婴幼儿都因感受到更多的恐惧而不愿爬过去。第二，目标情绪阶段。婴儿的各种情绪来自对外部环境要求的满足，衍生出了生气和悲伤等情绪。例如在目标指向的活动中，婴幼儿想要母亲抱，而母亲抱或不抱可以带来婴幼儿微笑或哭泣的

情绪反应。这样的情绪反应就像个体发出的信号,只有当目的达到或者需要得到满足后才会消失。第三,社会情绪阶段。婴幼儿为达到某种特定目的而产生某种情绪,并且该目的是在社会化行为过程中形成,而不是出于个体自然的生理需求。例如害羞、内疚等社会性情绪。比如害羞往往是因为他们想要得到成年人正面的评价而不得已才产生的。

可见,婴儿情感和社会性发展是以其家庭亲子互动为根本依据的。在与亲子照顾者的相互交往过程中,婴儿不但表现出自己的情绪作为基本的交往信号,而且学会辨别他人的情绪和表情。同时婴儿开始建立与亲密照顾者之间爱的联系,即形成了依恋。婴儿开始区分不同的人,并作出不同的反应,在探索环境、认识他人的过程中,婴儿也逐渐开始了解自我,其社会性行为开始发展,道德行为有了萌芽,个体差异也随之开始展现。

值得注意的是,在早教人员参与的婴幼儿早期发展中,早教人员也是可以视为婴幼儿重要社会关系的成人角色,这个角色在婴幼儿情感与社会性发展中的重要性与亲子家庭父母角色有一定的类似。因此,在研究如何照护婴幼儿情感与社会性发展中,也要关注早教人员自身的角色问题。这部分在下面的上岗标准中将会提及。

情感和社会性是婴幼儿早期发展重要内容,两者相辅相成,相互独立又相互联系。为使早教人员照护工作更加具有针对性,本章将婴幼儿情感发展单列,主要以情绪发展的阶段特征、面部表情、早期依恋三大部分为线索进行阐述;将婴幼儿早期的社会性发展单列,主要以自我意识、社会行为两大部分为线索进行探究。

第二节

早教人员照护婴幼儿情感与社会性发展的上岗标准具体内容

一、早教人员照护婴幼儿情感与社会性发展的上岗标准一

了解婴幼儿情感特点、发展规律与发展关键内容

(一)婴幼儿情感基本特点

婴幼儿的情绪情感具有易变性、冲动性、外露性、易受暗示性等基本特点。婴幼儿情绪很容易随外界情境变化而变化,两种对立的情绪可在短期内相互转换。例如刚刚还和母亲玩得开心大笑的婴儿,下一秒母亲离开或将之交给一个不熟悉的人,他们又马上就哭泣起来,或者

两个小孩刚刚为一本图书争吵打架，转眼又玩在一起，很快和好。婴幼儿情感产生缺乏成年人稳定的自我调节控制，常常具有突发性和爆发性，比如俗话说“孩子的脸，六月的天”。幼儿不善于掩饰自己的内心体验，喜怒哀乐溢于言表，比如俗话说“童言无忌”，就是这样的意思。婴幼儿的认识直接受外界事物，成人行为影响，因此情绪情感也很容易受到周围人的暗示，例如两三个婴幼儿在一起玩，突然一个孩子惊叫或兴奋起来，其他的孩子也会注意到，并大多时候会跟随表达惊叫或兴奋的情绪。

（二）情感发展的社会性趋势

0—3岁婴幼儿的情绪是伴随其成长与环境的影响，从未分化到分化、从非社会性到社会性发展、丰富的。

新生儿从出生开始就有哭、笑、四肢蹬动等情绪表现，但这些初生情绪几乎都属于遗传本能反应，主要与其生理需要是否得到满足直接相关。例如新生儿听到巨大响声会出现惊跳反射，以表达其惊恐情绪，呈现双臂伸直，张开手指，头向后仰，双腿伸直等状态。

1岁半左右婴幼儿随着自我意识、交往以及认知的渐渐发展，面对成人的评价会逐渐产生羞愧、自豪、骄傲、内疚、同情等更高级、更复杂的情感。

2岁半左右婴幼儿的自我意识情绪开始出现。这是婴幼儿情绪社会化的一个重要标志。自我意识情绪是指，在社会情景中个体根据他人对自身或自身行为的评价所产生的情绪，即包括对自己的肯定和否定。但此时婴儿自我意识情绪化比较不稳定，主要依赖成人的监督和鼓励，也就是情绪社会性参照的发生，这个参照就是成人的面部表情。例如当婴幼儿面临陌生、不能确定的情境时，他们更倾向于从父母等亲密照顾者的脸上寻找表情线索，然后再作出相应的行为反应。

此外，婴幼儿的情绪自我调节能力也在社会生活中不断发展。出生后头几个月，婴幼儿只是能够通过让身体远离引起不愉快的物体或通过不断吮吸的方式抑制某些消极的情绪。接近1岁时，婴幼儿学会了使用意识控制和自我安慰的方式来调节自身不愉快的情绪，比如晃动自己的肢体、用嘴咬东西和远离引起不愉快的人或事物。从2岁开始，婴幼儿便开始使用一些单个的词语来表达情绪，但并不会使用完整的语言来调节自身的情绪。一直到接近3岁时，儿童会经常谈论自己的情绪，并尝试积极主动地用语言辅助情绪进行自我调节。

（三）情感发展关键内容

1.情绪与面部表情

人类情绪情感的表达除了通过生理反应和行为动作，还往往直接表现在面部表情上。婴幼儿的面部表情是其情绪表达的重要途径。婴幼儿出生后不久就有了愉快、惊奇、厌恶、悲哀等基本情绪表现。在第2—4个月中这种表情更显而易见，婴儿在不同情境下——如与母亲玩耍或与陌生人接近等——各种面部表情差异是明显的，很容易被其母亲辨识出来。有研究称，这也许正是婴儿表达情绪的途径，目的是让母亲或养护者更关心自己。

另外，在社会性交往中，面部表情起着重要的交流作用，理解他人面部表情背后的情绪意义是个体社会能力的重要反映。因而，对他人表情情绪的识别正是婴儿开始社会交往的一个重要条件。

心理学研究发现，向4—6个月婴儿呈现成人在高兴、发怒或中性（自然的、无意义的）时的面部表情，可以发现婴儿注意高兴表情比注意发怒、中性表情的时间要长，这就说明婴儿识别高兴表情的能力早于识别愤怒表情的能力；直到6个月时婴儿还不能对发怒表情做出相应的恐惧反应，恰好证实了婴儿早期情绪发展的特点主要是对积极情绪的诉求，积极情绪先于消极情绪发展。

在另一项研究中，母亲通过面部表情配合声调，向2.5个月的婴儿展示三种不同的情绪：愉快、悲伤、愤怒。研究者观察到婴儿的反应说明了他们已经能区分这些情绪并能通过自身面部表情传达交流，如对母亲的愉悦情绪报以轻松快乐的表情；母亲出现悲伤表情时，婴儿则停止微笑，转过视线，咬嘴唇或伸舌头以缓解不安的情绪；当母亲愤怒时，婴儿把头转向一边并停止动作，有些婴儿甚至开始哭泣。

对情绪的识别提高了婴儿在社会生活中的适应性。如对高兴表情的识别，可以为婴儿提供奖励和自我肯定的经验，加强亲子联系，促进双方的积极交流。同时，对情绪的识别使儿童的行为有了参照物，每当儿童遇到不能确定的情境时，他们便会从母亲面孔上寻找信息，以理解、评价情境，并确定自己的反应。有研究证明母亲对陌生人的态度会影响婴儿对陌生人产生焦虑的强度：当母亲表现出积极、友好态度时，婴儿很少表现出对陌生人的焦虑、惧怕、哭泣反应，而当母亲表现出消极、害怕时，婴儿则最容易对陌生人产生焦虑情绪。

2.情感依恋

依恋是社会性发展的最初表现。在1岁前，婴儿与其最亲密的联系人（通常是母亲）之间的依恋建立是非常关键的事件。发展心理学家认为，健康的依恋是一种积极的、充满热情的相互关系，在母亲或照顾者满足婴儿的生理需求和社会性交往的过程中，婴儿对照顾者产生了强烈的依恋，表现为婴儿寻求并企图保持与照顾者亲密的联系的倾向，例如用视觉跟踪、接近成人、追随、叫喊、啼哭等寻求身体接触；而当母亲抱起婴儿时，婴儿就会停止啼哭，对母亲发出更多的微笑，这又反过来会强化了母亲对婴儿的情感联结。

依恋反映出成人与儿童之间特殊的亲密关系，是儿童早期情绪发展和社会性发展的重要内容，建立正常的依恋关系对于儿童的发展有着极其重要的意义。鲍尔贝提出抚养者与儿童正常依恋关系的缺乏可能会导致儿童严重的心理障碍[①]。如果早期缺乏足够的社会性刺激，

① 林崇德.发展心理学[M].浙江:浙江教育出版社,2002:207

缺乏关心和爱抚，儿童就难以建立对他人的依恋，对其今后的生活带来重要影响。早期依恋的性质也对儿童的认知发展和社会适应有一定影响。马塔斯等人（Matas，1978）发现：在12—18个月时建立了安全型依恋儿的童，到其2岁时比那些早期是非安全型依恋的儿童能以更高热情和更大兴趣去适应环境、解决问题。早期依恋对同伴关系发展也具有重要意义。斯鲁夫（Sroufe，1983）对40名12个月—5岁半的儿童进行了追踪研究发现，在12个月被评定为安全型依恋的儿童比较自重、热情高、积极性情感较多、较少牢骚、攻击性较弱；对男孩来说，1岁时形成的非安全型依恋与6岁时的行为问题或适应不良存在联系。

知识小资料

依恋关系是儿童出生后逐渐发展起来的。心理学家鲍尔贝（Bowlby，1969）把婴儿依恋发展分为四个阶段，详细描述了婴儿依恋的发展过程。

①出生—3个月，情绪无差别反应时期。此时婴儿还缺乏辨别不同个体的能力，婴儿通过发出各种信号，比如哭泣、微笑等，来发动与他人的联系，没有表现出对任何人的偏爱，只是在物体和成人中变得更喜欢人，具备一定的兴奋性。

②3—6个月，情感选择性社会性反应时期。婴儿开始辨认并偏爱所熟悉的人，喜欢与熟悉的人进行接触，也更容易被他们所安抚、安慰，被引发微笑和发声。但此时婴儿并不拒绝熟悉的成人离开。

③6个月—2、3岁，情感特定依恋期。由于婴儿开始获得新的运动技能，具备更强的探索客观环境的能力，并开始主动接触成人；表现出有意识的社会行为，对依恋对象的存在极为注意，将依恋对象视为探索环境的安全基地。开始出现对陌生人的焦虑和对依恋对象的分离焦虑，当依恋对象离开，婴幼儿开始通过哭泣表示抗议。

④2、3岁以后，情感目标调整的参与期。随着婴幼儿年龄的增长和社交能力的不断提高，婴幼儿越来越主动地进行各种接触，开始理解依恋对象的目的、情感和特点并据此调整自己的行为，表现出较多的灵活性，能容忍与依恋对象之间的距离逐渐加大，逐渐善于与同伴和不熟悉的人进行交往。

（资料来源：林崇德.发展心理学[M].浙江教育出版社，2002.5：200-218.）

二、早教人员照护婴幼儿情感与社会性发展的上岗标准二

能对婴幼儿不同阶段的情感需求提供相应的照护指导

（一）出生—6个月内

新生儿的情绪来自生理本能，最初的不愉快是因为离开母体，最初的愉快表现则是享受

到温暖安静的环境。早教人员应首先注意该给婴幼儿提供一个舒适安全的环境,及时满足婴幼儿的生理需求、消除引起消极情绪的刺激。0—1岁阶段婴幼儿表达自己的主要方式是哭,所以要想及时消除引起消极情绪的刺激,早教人员需要分辨婴幼儿不同模式的哭声,因为婴幼儿哭的原因及其反映出来的身体状态是不同的,也就是他们的生理需要是不同的,主要有饥饿、引起关注、疼痛、害怕、生病等。

从出生后第5周开始,人的声音和人脸特别容易引起婴儿的微笑,但这时婴儿还不会区分哪些是对他有特殊意义的个体,因此表现为无选择的非社会性微笑,即看到任何一个靠近的人脸或者人的动作都会报以“好奇”的微笑。到第8周的时候,婴儿有选择的、用以表达积极情感的社会性微笑开始出现,反映了婴儿社会性的发展,这时婴儿对母亲,熟人、陌生人以及假面具都会发出微笑,尤其是对母亲和熟人的微笑更多一些。

4—6个月婴儿通过与母亲和其他成人的进一步交往接触,情绪逐渐从愉快和不愉快的两极——安静和哭泣状态——逐渐分化出较为复杂的情绪,如快乐、好奇、愤怒、厌恶等。婴儿逐渐可以区分不同的个体,对不同的人开始报以不同的微笑,主要对亲密抚养者(通常是母亲)笑得最多、最频繁,其次是其他家庭成员和熟人,对陌生人笑得最少。早教人员应用积极的情感反馈——微笑,灵活恰当的面部表情,以及声音、动作等加强与婴儿的情感交往,满足婴儿对积极情感和安全感的需求,同时这也非常利于加强婴儿与早教人员及婴儿父母等亲密照顾者之间的情感联系。

(二)第7—18个月

从第7个月开始,婴儿的情绪反应不再仅限于生理需要的满足,更多伴随着心理需要而产生。随着婴儿开始参与社会性活动,产生与家庭成员之外他人之间的交流,其情绪走向以社会性情绪为主。同时,此阶段也是婴幼儿与成年人早期依恋建立并发展的主要阶段,婴儿表现出对父母等主要亲密照顾者强烈的、高度积极的情绪情感(包括分离时的消极体验和痛苦表现),但对陌生人表现出更警惕的疏远情绪。例如婴儿在面临新异刺激时会出现犹豫,在面对陌生人时出现恐惧和焦虑,这是婴儿在不熟悉的环境中不安情绪的表现。部分研究还发现,婴儿在6个月的时候就已经产生了嫉妒,比如对母亲抚摸其他婴儿或洋娃娃,婴儿表示出不安焦虑的表情。13—18个月期间婴幼儿的恐惧感产生的范围扩大,既有生理上害怕巨大声响、跌落或疼痛恐惧的,也有在后天生活中通过各种体验而逐渐感受的恐惧经验,特别是来自母亲的恐惧情绪。另外,此时婴幼儿的依恋情感体验达到高峰,母亲或亲密照顾者的出现会给婴幼儿带来极大的安全感,反之离开则会带给他们极大恐惧和焦虑。

早教人员应逐步引导婴幼儿从单一的家庭环境进入到更丰富多元的外界环境,如社区、公园、婴幼儿集中区域,让其多与他人进行接触,尝试社会交往。但在这期间早教人员要密切关注婴幼儿对陌生环境和人的反应情况,在保障亲密照顾者陪伴或情感服务的基础上,尝试让婴幼儿逐步接触陌生的环境、人和物。如果发现婴幼儿对某些陌生环境和人产生焦虑和不安，不可无视婴幼儿的消极情绪、不可对婴幼儿进行责备或呵斥，更不可强迫婴幼儿与刺激对象接触，应及时给予婴幼儿情感抚慰，并将其带离刺激环境，待其情绪稳定后，再尝试用恰当的方法让婴幼儿接触。要注意保育方法对不同个体婴幼儿的适宜性和刺激环境条件的差异性。

（三）第19—24个月

此时由于婴幼儿活动性的增强，在喜欢刺激与探索世界的好奇心驱使下，他们更喜欢和父亲或男性亲密照顾者在一起。有研究称这可能是男性行为更具活动性，比如“蹦蹦”和“举高高”等游戏常常逗得婴幼儿大笑，使他们体验到更多的兴奋、愉快与满足，更加愉快、活跃、活泼、开朗。

早教人员应注意在生活中为婴幼儿安排更丰富的身体活动游戏，按婴幼儿的能力水平变换游戏内容元素、适当提高游戏任务难度，满足婴幼儿对探索新异刺激的需求，同时在游戏中要用鼓励、适当的帮助促进婴幼儿获得成功，使其获得更多的自我效能感，从而带来愉悦情绪体验。

其次，此时的婴幼儿会对秩序、规则有一定的坚持性，包括空间布局上的秩序或时间秩序上的固定。例如，成人将物品放错位置或在原有固定的吃饭时间没有吃饭，婴幼儿就会表现出不安、焦躁的情绪，甚至用哭闹、拒绝成人指令来表达。早教人员应在生活中注意发现和顺应婴幼儿的秩序倾向喜好，不可用成年人的喜好来取代。在游戏材料、玩具的安排和游戏规则、口令指导中要保持秩序感。

另外，婴幼儿在此时会发展出一定的幽默感和同情心，能感受他人情绪，安慰他人情绪，在悲伤时寻求父母帮助，这是婴幼儿情感发展与其社会性交往的一种表达。早教人员要积极关注婴幼儿的情绪体验，对其积极和消极情感都要给予共鸣，特别是在婴幼儿出现哭泣、烦躁、愤怒时，要第一时间给予包容和接纳的情感反馈，不能抱怨、斥责婴幼儿，或者置之不理，应保持耐心，用平和、温暖的情绪接纳婴幼儿。

（四）第25—30个月

由于语言能力的发展，这个阶段的婴幼儿对情绪情感的表达不再止于生理动作，而是能够通过语言来传递，例如看见妈妈生气的时候会说“不要生气”。随着婴幼儿自主能力的增强，他们已经能体验到自己成功完成一件事情的喜悦，从而能获得自我效能感这种积极情绪体验。但他们也因为自主能力增强，自我中心突出，最初的“叛逆期”“反抗期”逐渐进入教养者讨论的话题。这时候的婴幼儿认知和行为固执，想要什么就非得要，马上要，情绪急迫而激烈，这也是因为他们迎来了适应环境的新挑战。

早教人员面对婴幼儿的情绪叛逆，既不可听之任之，放任不管或者没有节制地满足和宠溺,也不可针锋对麦芒,硬碰硬,用粗暴的手段压制。早教人员应用包容的态度和情绪,用语言和动作示范的方式,引导婴幼儿情绪平静下来,教会婴幼儿学会控制和调节情绪。

(五)第31—36个月

此时的婴幼儿活动范围不断扩大,已经出现早期的社会交往、同伴交往。人们会发现这个时期里面,本来一贯大方的孩子反而会出现一些小气、自私、占有欲强、不爱分享的情况。其实这是3岁前婴幼儿自我意识开始建立,对主体和客观世界认知分化,开始对"我""我的"等概念产生认同有关,在社会交往中开始区分自己和他人,所以特别关注自己的物品,显得"小气""自私",在今后的人际交往中将得到逐步改善,习得恰当的人际互动方式。

早教人员应注意在生活中与婴幼儿通过角色扮演类的游戏活动,如早教人员可以扮演不同特点的角色,用故事情节或儿童歌谣等方式,引导婴幼儿体验早期社会交往、人际交往的规则。在故事情节中早教人员还可以增加冲突和困难问题,引导婴幼儿体验如何解决。早教人员还应注意在婴幼儿面前做好正面示范,当自身工作和生活遇到情绪问题时,要用积极健康的方式解决,给幼儿正确的示范。

知识小资料

掌握婴儿哭声类型　早教照护不再难

婴幼儿情绪多变,在生活中发生啼哭是其生活中常见的事,但由于婴幼儿的语言表达能力有限,尤其是1岁前婴儿尚不能用语言与成人沟通,啼哭起来往往让照顾者不知所措。其实,婴儿的哭声是有很多含义的,有一定的规律,不同的哭声,传达出了他们不同的需求。如果早教人员能够读懂婴儿的哭声,理解这种特殊语言,将会在照料宝宝时得心应手。

①"我饿了"

宝宝传达饥饿的哭声,是最容易识别的。它有很强的节奏感:先短促哭一声,然后有个停顿,再短哭一声,再停顿。低音、急促,像是在说"饿—饿—"一样,显得很着急。用手指触及宝宝面颊或嘴边,宝宝便马上转头寻找,张开小嘴做出找东西吃的样子,这就更加能确定宝宝是饿了。

②"我尿了"

宝宝哭声不太大,长短不一,高低不均,且哭时没有眼泪,两条小腿一个劲地蹬,这时宝宝可能是尿了,或是拉便便了,大多发生在睡醒或吃奶后。这种情况比较容易判断,可以很直观地看到,为宝宝换好干净的尿布后,宝宝也就安静下来了。

③"我困了"

宝宝困了、累了,最明显的提示就是打哈欠、揉眼睛,或者表现出很疲惫的样子。不停地扭动身躯,往照顾者怀里钻。此时的哭声一般很强烈,急躁且不连贯,有时大哭

知识小资料

几声，有时像花腔一样带着颤抖。早教人员需要做的就是赶快让周围安静下来，将灯光调暗，为宝宝营造舒适安静的睡眠环境，拍拍他，让他尽快入睡。

④“我想玩”

这时宝宝的哭声没有规律，常哭哭停停，断断续续，并且时不时地左顾右盼，通常发生在宝宝吃饱入睡前或玩耍前。照顾者抱起来他就停止哭泣，放下后又开始哭闹。此时，宝宝是感到孤单了，需要照顾者或母亲陪伴。

⑤“我的身体不舒服”

除了困、饿，宝宝身体不舒服了也会哭。这时宝宝的哭声和平时也是不一样的。通常是虚弱的呜咽声，而且表现得无精打采、食欲不振，同时还可能伴有呕吐、腹泻、发烧等症状。这种情况下，早教人员就需要抓紧时间去看医生了。

⑥“我的身体某个部位很疼”

如果宝宝哭闹时间比较长，声音较高且有力，没有出现呕吐、腹泻、无精打采等症状，并且成人所有的安抚都没有效果，这就可能是宝宝身体的某个部位疼。带宝宝去医院检查，可能会是肠绞痛。宝宝三个月大以后肠绞痛一般会不治而愈，不用过于担心。

（资料来源：https://www.bbaqw.com/cs/267090.htm）

三、早教人员照护婴幼儿情感与社会性发展的上岗标准三

能对婴幼儿表情识别能力发展提供相应的照护指导

克林勒特和坎培斯（Klinnert&Campos，1983）指出婴幼儿运用面部表情和分辨他人的情绪表情的能力是逐步递进发展的：0—2个月，无面部知觉，新生儿的自发表情和成人对他们发出的表情之间还没有什么联系。2—5个月，不具备情绪理解的面部知觉，2个月的婴儿已经能知觉到成人的面部表情，并对之报以一定的情绪反应，但他们还不能理解成人面部表情的意义，对其情绪反应没有回应；3—4个月婴儿对成人的忧愁或微笑一律报以欢快的积极情绪反应。5—7个月，对表情意义的情绪有反应，6个月婴儿对成人不同的面部表情可做出不同的反应，更精细地知觉和注意对方面容的细节变化，对面部表情认知更精确，并具有一致性的理解和情绪反应。7、8—10个月，能在因果关系参照中运用表情信息，此时婴儿不仅能分辨他人情绪表情，而且已经能善于运用这些情绪表情作为自己行动的参照，来调节、指导自己的行为反应[①]。

同时要注意，婴儿在情绪能力上的另一个技能是对面部和声音联系的识别。研究发现（Klinnert&Campos，1971），面部图形与声音相结合比单独出现面部图形或声音刺激更能吸引

① 林崇德.发展心理学.浙江：浙江教育出版社，2002：202

婴儿的注意;例如新生儿追视一个谈话的面部形象好于某个单一面部图形或声音刺激,当母亲的声音与其面部表情不一致时,新生儿会出现困惑的反应。

帮助婴幼儿正确认识情绪,辨识情绪,管理情绪,需要从早期教育做起。无论婴幼儿是否会说话,从出生起,早教人员就可以把握婴幼儿面部表情的阶段性特点,并通过各种方式对其情绪能力进行熏陶。

在日常生活中,早教人员要善于利用各类面部表情媒介,例如灵活丰富的人脸表情,或者人脸表情图卡和互动游戏,帮助婴幼儿辨识成人的情绪含义。早教人员还可以现场教学,当婴幼儿出现情绪激动时用拥抱、深呼吸、自我安慰等示范帮助他们学习情绪管理。但最重要的是早教人员自己的情绪表达和管理要合理,在婴幼儿面前做到正面的榜样而不是反面的错误示范。

早教人员要注意为婴幼儿提供积极的社会性参照,还能帮助婴幼儿习得如何正确利用这些信号指导自身的活动,发展社会适应与人际交往。积极的社会性参照是婴幼儿认知发展的载体,能够引起他们对新情境和新事物的兴趣,扩大探索范围,提高智力及能力。例如,当婴幼儿向早教人员爬过来时,发现中间有阻挡,于是产生了惧怕的情绪。如果这时候早教人员给予鼓励和支持的动作(如拍拍手、做出拥抱的姿势),示意婴幼儿可以越过阻挡爬过来,那么他们就可以爬过去。如果早教人员做出不要爬过来、害怕的表情及姿势,那么他们肯定就会放弃了,并且在今后面临相同的情景时很有可能选择退缩和逃避。

四、早教人员照护婴幼儿情感与社会性发展的上岗标准四

了解亲子依恋的类型,能为建立健康的亲子依恋提供相应的家庭教育指导

恩斯沃斯等人(Ainsworith,1978)采用陌生人情境程序的技术调查婴儿亲子依恋。研究结果发现由于父母行为影响可能形成三种形式的依恋:安全型依恋、焦虑—回避型依恋、焦虑—反抗型依恋。

1.安全型依恋。大约70%的婴幼儿属于这一类。他们在母亲在场时急于探索环境,母亲离去时表现出不安。当母亲回来时,会主动发起与母亲的互动,寻求身体接触,并很快从不安中平静下来,然后继续自己的探索行为。他们对陌生人表现出不同程度的警觉,但有时也能试图接近并向陌生人表示友好。沃斯提出,婴儿的依恋性质很大程度上取决于父母与婴儿的交往方式。当照顾者对婴儿的需要是敏感的,婴儿将从与他们的交往中得到安慰和快乐,建立安全的依恋。因而,研究发现,安全型依恋儿的母亲在生活中,往往喜欢与孩子有亲密接触,对孩子释放的需求信号、情绪表达非常敏感,能及时反馈孩子的需求,并积极鼓励孩子进行探索。

2.焦虑—回避型依恋。大约20%的婴幼儿属于这一类。这些婴幼儿和母亲进入游戏室后立即开始玩耍,没有注意或很少注意到母亲的离去,在母亲离去后仍能继续玩耍;母亲回来时,表现出回避行为,不注视母亲,而是寻找玩具,甚至对陌生人的回避比对母亲还少一些。

回避型依恋儿的母亲在生活中往往对孩子缺乏耐心，过于严厉、自我中心，经常对孩子施以拒绝的态度。当孩子打乱他们的计划和活动时，常常表示愤怒和不满，对孩子发出的信号也非常不负责任，经常传递消极情绪，并在对孩子积极反应时也倾向于克制自己的情感表达。

3.焦虑—反抗型矛盾型依恋。大约10%的婴幼儿属于这一类。这些婴幼儿一进入游戏室就表现出“痛苦”，对新奇环境相对没有兴趣；整个过程都在担心母亲的去向，在母亲离开后十分沮丧，而当母亲回来时又表现出矛盾行为，既寻求接触又抗拒接触，情绪难以平静，全程不安和痛苦。同时他们对陌生人不主动接近，在社会适应性上表现消极。矛盾型依恋的母亲在生活中也对孩子很感兴趣，并愿意进行紧密的身体接触，但他们的照顾行为风格是不统一、不一致、变化莫测的，有时对孩子过于热情，有时又冷漠，这反映出他们更多依赖自己当时的心境来对待婴幼儿，而不是根据婴幼儿的真实需求。因此，婴幼儿了解到不能完全依靠母亲而得到情感的支持与安慰，于是变得焦虑矛盾。

贝欧斯基等人（Belsky，1984）的研究发现母亲提供的刺激量对于确定依恋的类型可能具有重要意义。研究推测，过度刺激会导致回避型依恋，过少刺激则会导致矛盾型依恋，因此安全依恋的产生需要适宜的刺激。早教人员指导婴幼儿家庭建立良好健康的亲子依恋关系，根源在于指导婴幼儿父母给予婴幼儿适宜的教养刺激。具体应注意：

第一，父母亲要保障婴幼儿基本生理需求和情感满足。尤其是在婴幼儿1岁之前，父母亲应经常给予亲密拥抱和皮肤接触，在婴儿表现出消极情绪时给予愉悦或平和情绪抚慰，比如经常抚摸他们的小脑袋，牵牵他们的小手，拥抱他们，或是每天必要时长的亲子抚触操。如果是白天或大多时间无法亲自照顾婴幼儿的父母亲，应在回到婴幼儿身边后对其进行充分的陪伴和补偿亲密接触。跟婴幼儿互动时，父母要有足够的耐心和信心，比如婴幼儿扔玩具，父母给捡回来后他继续再扔，反反复复，乐此不疲，这其实是他们在探索“扔”的这个动作与玩具落地这个结果之间的联系。

第二，父母亲满足婴幼儿需求时的行为反应要恰当。首先要合理判断婴幼儿的需求，是必须马上满足，还是可以延迟满足，或者可以不满足，甚至不该满足。应满足时既不可操之过急，导致成人行为匆忙无序，对培养婴幼儿延迟满足能力造成错误示范，也不能完全置之不理、迟迟不予满足，导致其安全感获得的缺失。在满足行为的表现中，父母亲的情绪应该是平和的，行动节奏是有序的，可配合用平和语气的语言描述自己的行为步骤，传递平稳、安全、有规则的信息给婴幼儿，从而为其今后面对问题时的自我情绪调节，行为控制起到基础作用。

第三，父母亲给予婴幼儿的陪伴和情感满足应是适量的。相对过少的刺激甚至不予理睬，会使婴幼儿缺少陪伴和抚慰，过度的刺激则会表现为父母亲过于溺爱婴幼儿，对其一切情绪表达予以无条件满足。当婴儿稍微一焦虑就不忍心培养婴幼儿的独立性，例如抱睡、哄睡、对婴幼儿自我服务等活动的包办代替等都是不恰当的。在生活中，父母亲应该在婴儿情绪平静时，尝试制造一些活动，恰当地与婴儿保持合适的分离。例如，设定在5—10分钟的时间内，给婴幼儿圈出属于他自己的活动范围。在这个活动范围旁边，父母亲圈出自己的行为范围并完成自己的事情。期间父母亲并不去观察、干扰婴幼儿的活动，让婴幼儿能观察到自己和父母亲既有各自独立的空间，也让他体验到父母亲在身边的安全感。

五、早教人员照护婴幼儿情感与社会性发展的上岗标准五

具备健康情绪与自我调节能力，能科学引导亲子家庭情感建设

婴幼儿是非常敏感的，他们能感受到父母及成人的情绪变化。安全感作为一种情绪体验，是可以传递的，当父母认为周围安全时，婴幼儿便认为周围是安全的，值得信任；如果父母经常感到周围不安全，没有安全感，那么这种情绪也会潜移默化地传递给婴幼儿。比如，父母或早教人员在照看婴幼儿的时候带着烦躁、愤怒、悲伤等情绪，那么对婴幼儿来说这也是一种消极的情绪刺激。因此，作为早教人员，保持自身良好的情绪状态是帮助婴幼儿建立安全感、获得积极情感满足的重要条件。

首先，早教人员要保证自身的情感健康、情绪稳定。能做到在生活中保持良好稳定的心态，具备正确的世界观、人生观，面对不称心、不满意的事件可以自我调控情绪。早教人员在与婴幼儿接触中，出现焦虑、紧张、烦躁、抱怨、愤怒、沮丧、恐惧等消极情绪体验时，能主动用积极的自我暗示、合理作息和增加运动调节，确保自身总是以乐观、快乐、平和的情绪与婴幼儿接触。如果情绪难以控制，应提前与婴幼儿保持距离，或者暂时离开，待情绪平复后再回到工作环境中。早教人员切忌将个人情绪投射到婴幼儿身上，或者将之视作情绪宣泄的对象，从而造成严重后果。

其次，早教人员也要具备认识婴幼儿父母情绪情感的能力，能帮助父母亲疏导情绪、获得积极情感。研究发现，婴幼儿的亲子依恋性质并不是一朝形成就永远不会改变的。多数婴儿在成长中都改变了其最初的依恋关系性质。这种改变根本上来自家庭环境的影响。一方面是照顾者的心理水平。当母亲面临生活的重压，健康或者婚姻问题时，常常会忽略对婴幼儿的照顾。而当压力有所缓解时，婴幼儿就会从不安全依恋转变为安全依恋。另外，家庭关系的质量也会影响婴幼儿依恋类型。一项研究发现，安全依恋的儿童的父母都非常满足于自己的婚姻，反之，不安全依恋的儿童，其父母往往对自己的婚姻表现出极为不满的态度。

六、早教人员照护婴幼儿情感与社会性发展的上岗标准六

了解婴幼儿社会性发展核心内容及其规律

（一）自我意识发展

婴幼儿出生后，在不断与外界发生作用的过程中体验各种身体感觉。这些不断涌入的感觉，例如母亲哺乳时带来的嗅觉、味觉，与母亲或亲密照顾者身体接触时感受到的皮肤触觉，与物体相互作用的力的感觉等都会加强婴儿对自我身体的感知，令他感受到自己的存在。这

便是婴儿自我意识萌芽和发展的基础。0—3岁婴幼儿的自我意识发展主要包括自我认知和自我控制两个方面。

1. 自我认知

第一，主体知觉，即对“我是谁”的知觉。

出生头3个月内的婴儿还不能区分自己和他人，不具备对自己的主体觉察。在5个月时他们显示出对镜像的兴趣，会接近镜像，注视并抚摸它，与之咿呀对话，这叫作“感知镜像”，但此时他们还没有意识到这是自己的映像，也没有意识到自己与他人的区别。大约从第9个月开始，婴儿开始意识到自己的动作和主观感觉的关系，表现在以自己的动作与镜像动作相匹配，开始能区分自己与他人动作的区别。在第15—18个月时婴儿对自己的面部特征已经有了比较明确的认知。在一项经典研究中，成人将婴儿鼻子上涂上一点红胭脂，让他坐在镜子前，婴儿能清楚地指出不属于自己面部特征的东西，伸手去摸自己的鼻子而不是去摸镜子里的鼻子；这说明他已具备区分自己与其他物体的认知能力。到第18—24个月，婴幼儿有了用语言标示自己的能力，从了解自己名字到会使用代名词“我”“你”，开始有了对“我”的认识。从第24个月起，婴儿开始懂得“我想做”和“我应该做”的区别，做错事后知道脸红害羞。

总而言之，婴幼儿的自我认识在1.5岁以前已经获得一定的发展，2—3岁的婴幼儿开始把自己作为主体来看待。2岁的婴幼儿在表达自己的想法时总要把自己的名字——“某某”“宝宝”挂在前头，2岁后婴幼儿逐渐形成了“自我”这个概念，知道哪些东西是“我的”，表现出对物的占有欲，语言表达总是用“我”“我的”开头。

知识小资料

迪克逊关于婴儿自我认知发展的四阶段分析①

①妈妈阶段（约4个月时），对镜中自己的形象没有兴趣，一旦镜中出现妈妈的镜像，婴儿会立即认出并对之微笑，活跃起来。

②游戏伙伴阶段（4—6个月），婴儿开始对镜中自己的形象发生兴趣，但他指向自己的行为与指向其他婴儿镜像的行为并没有什么区别，只是把自己的形象当作一个可以与之进行游戏的伙伴来看待。

③镜像伴随行动阶段（7—12个月），认识到自己是镜像动作的发出者，还能把自己的镜像与他人镜像区分开，并表现出更愿意与别人镜像玩耍的行为，是主体“我”开始产生的阶段。

④区分自己与他人形象阶段（12个月以后），婴儿会毫不含糊地区分出自己和他人的形象。

① 文颐，程敏. 婴儿社会性指导活动设计与组织[M]. 北京：科学出版社，2015：32-33.

第二，性别认知，即对“我是男孩还是女孩”的知觉。

性别角色是个体社会化的重要内容之一。出生后，父母和照顾者对待婴幼儿的性别适应性方式，例如姓名、服饰、玩具、行为要求、道德准则等，都会影响婴幼儿往各自性别角色的方向发展。2个月婴儿能区分男女的声音，5个月婴儿对男女的照片有不同的反应，9个月婴儿能把性别的声音和面孔匹配起来，1岁左右幼儿开始注意到性别差异，能够正确区分爸爸和妈妈、哥哥和姐姐的称呼，2岁幼儿能把男女的照片和他们的附属物归类，3岁后幼儿的性别分化行为表现在玩具选择倾向上更明显地体现出性别爱好，例如男孩喜欢枪、汽车等玩具，女孩则喜欢洋娃娃、毛绒玩具，并且在同伴交往时也倾向于选择同性伙伴。

性别概念是婴幼儿自我意识中的重要组成部分，在0—3岁阶段进行适宜的性别角色教育有助于婴幼儿形成正确的性别角色观，健全人格。婴幼儿的性别概念包括三个方面内容：一是1.5—2岁完成性别认同，婴幼儿能用言语说出自己的性别，并表现出性别偏好和性别差异。二是3—4岁完成性别稳定，婴幼儿开始形成严格的性别角色印象，对不同性别特征具有固定的看法。三是6—7岁完成性别一致，例如5岁开始婴幼儿便逐渐将某些固定的个性特点与性别联系在一起，比如“温柔的女孩子”“坚强的男孩子”等。

对于0—3岁婴幼儿而言，最重要的是完成性别认同的健康发展。性别认同即是个体对自己所属的性别角色的认同，包括生理和心理上两方面认同。性别角色教育既要让婴幼儿了解性别生理上的差异，也要促进婴幼儿接受和认可自己生理性别与心理性别的一致性，防止性别认同混乱、障碍、分离等问题。

2. 自我控制

自我控制是指个体自主调节行为，使其与个人价值和社会期望相匹配的能力。它可以引发或制止特定的行为，如抑制冲动行为、抵制诱惑、延迟满足、制定和完成行为计划、采取适应社会情境的行为方式。自控行为是个体从幼稚、依赖走向成熟、独立的标志。早期婴幼儿自我控制最显著的表现就是对母亲或成人教养者的指示报以服从，以及做到克制对自己所渴望事物的欲望，做到延迟满足。比如婴幼儿伸手想去抓烫的铁锅，妈妈制止并禁止孩子今后继续做同类行为，孩子就乖乖把手缩回来，并且在下次遇到同类诱惑时，会想到妈妈的要求，能克制、管理自己的心理冲动。

科普（Kopp，1982）认为，婴幼儿自我控制和调节能力发展要经历5个阶段。在每一个发展过程中儿童的身心机能都能发生一些质的变化。第一阶段，胎儿晚期到出生3个月内，属于神经生理调节，新生儿的中枢神经系统发育尚未成熟，主要靠新生儿本能反射活动调节，帮助婴儿应对外界刺激。第二阶段，9—12个月，属于直觉运动调节，婴儿能根据环境的变化来调节自己的行为，主要是对成人警告性信号的反应，表现为依从的行为控制。第三阶段，1岁左右，属于外部控制，婴儿行为中具有一定的目标导向，开始辨识出照看者的要求，并抑制自己的行为。第四阶段，2岁左右，属于自我控制，婴幼儿能在没有外界控制的情况下服从照看者给予的规则，并根据他人要求延缓自己的行为。第五阶段，3岁以后，属于自我调节阶段，婴幼儿获得了关于自我的认识建立，开始把自己的行为和外界要求联系起来，用外部语言对自己的行为进行调节，比如当由于好奇而想去触摸冒着蒸汽的铁锅时，会念念有词地说“妈妈说不能摸冒烟的锅”“这样做不好”，自觉地以此调节行为。

（二）社会行为发展

1.社会交往

从出生开始，婴儿就在家庭环境中展开了亲子交往。从亲子交往到同伴交往，婴幼儿的各种社会交往的信号和技能开始形成和发展起来。

第一，亲子交往。

通常来说，母亲是婴儿的主要抚养者，母子交往是婴儿社会性行为和社会性发展的重要基础。婴儿在母亲的要求、指导下，学会了参与交往、主动发起交往、维持交往、解决交往冲突，习得了最初的交往技能，积累了初步的交往经验。许多研究表明，婴儿与母亲的关系是以后诸多社会关系形成的基础。

与父亲的交往对婴儿心理发展有不可替代的特殊作用，父婴交往表现出这些特点：交往内容上多为游戏活动，交往方式上更多是通过身体运动方式，游戏性质上多是激烈的、强刺激的身体游戏和新异性游戏。这些特征可以带来对婴儿身体感觉动作发展的更多刺激满足，更能激发婴儿大脑和身体的发育。

第二，同伴交往。

随着婴幼儿各方面能力的发展，必然走出家庭开始与同龄儿童开展同伴交往。同伴交往对婴幼儿的发展有着微妙的影响，是塑造婴幼儿个性、社会行为的主要动因。婴幼儿同伴交往主要分成下面三个阶段：

首先是单方面的社交行为。2个月婴儿能注视同伴，3—4个月婴儿能相互触摸、观望，6个月婴儿能彼此微笑和发出“咿呀”的声音，1岁左右婴幼儿能相互大小，打手势和模仿。但6个月前的婴幼儿对同伴的反应还算不上真正的社会交往，更可能是将同伴当作可活动的玩具。

其次是12—18个月大婴儿对其他婴儿的反应，开始出现“社交指向行为”（婴幼儿意在指向同伴的各种具体行为），他在发出这些行为时，总是伴随着对同伴的注意，也总能得到同伴的反应，如微笑、大笑、发声、说话、给或拿玩具、身体接触、抚摸、轻拍、推、拉等。这表示婴幼儿开始在积极地寻找自己的同伴，简单的社会交往由此产生。

最后是互补性交往行为。18个月后婴幼儿的同伴交往才真正开始，交往内容和方式也逐渐复杂。这时幼儿们之间相互影响的持续时间更长，出现了共同的游戏、互补或互惠的行为，如你追我跑，你躲我找，两人在一起共搭一个东西等。16—18个月是婴幼儿交往能力发展的转折点，在这之后其社交性游戏数量和频次迅速增加。到2岁左右，婴幼儿的社会性游戏在数量上超过了独自游戏，社会交往伙伴则逐渐由父母亲过渡到同伴。

2.社会行为

社会性行为是在交往中产生，是人在相互交往过程中对各事件、他人行为或语言表现出自己的态度和行为。根据社会性行为的动机目的，可分为亲社会行为和反社会行为两类。亲社会行为是指对他人、对社会有利的社会性行为，包括帮助、安慰、援助、分享、支持、合作和谦让等。反社会行为是指社会所不能接受的行为，在婴幼儿中最具代表性的就是攻击性行为，如打人、骂人、破坏物品等。关于婴幼儿社会行为的研究，早前多侧重于攻击性行为和侵略性行为，近年来的研究则侧重于亲社会行为，因为这更有利于促进婴幼儿积极健康的道德品质发展。

第一，亲社会行为。

总的来说，1岁以内婴儿已经有了亲社会行为萌芽。韦克斯和耶罗（Waxler & Yarrow，1982）研究发现，15—18个月婴幼儿对处于困难境的他人开始有积极反应，能主动接触、轻拍、抚慰他人。2岁婴幼儿的安慰更加精准，例如将创可贴敷在别人受伤位置，拿出自己的物品给对方，提出应该怎么办的建议。3岁婴幼儿已经能够对他人受到的伤害表现出同情和支持，出现打抱不平的行为。

霍夫曼（Holffman，1976）进一步研究了婴幼儿的同情心（或移情）。他认为，移情是一种无意识的，十分强烈的对他人情绪状态的体验，是推动人去做出有利于他人利益，甚至不惜牺牲自己利益的行为的动力。研究者曾对出生不到2天的新生儿进行试验，发现移情能力似乎是婴儿与生俱来的。母亲的情绪会影响婴儿的行为，他人的悲伤表情也会让婴儿自己变得忧伤，似乎他们能做到共情和移情。当一个18个月幼儿看到另一个孩子跌倒并哭泣，他也会跟着哭起来，或者吸吮自己的手指，看上去好像焦虑不安，非常痛苦难过的样子，这是属于一种移情反应。

第二，道德感与道德行为。

林崇德（1989）在研究中发现3岁前是婴幼儿道德萌芽产生的时期，是以“好”（或“乖”“对”“好人”）与“坏”（或“不好”“不乖”“坏人”）两极为标准的道德动机，引出合乎“好”与“坏”道德行动。3岁前婴幼儿的道德发展特点主要表现为服从，道德认知水平片面、直观，道德情感发生较早，具有外露性、易变性、冲动性，道德意志和行为的坚持性差，常与道德认识脱节。因此，这个阶段对婴幼儿的教养主要任务就是帮助他们理解“好”“坏”两类简单的规范，并做出合乎成人要求的道德行为。

在成人的教育强化下，婴幼儿逐渐产生初步的道德感，具备同情心、责任感、互动感等社会情感，1.5—2岁婴幼儿已经能关心别人的情绪和处境。随着自我意识的进一步发展，他们能对自己和他人的行为是否符合社会道德准则而产生最初的体验；当自己或别人的言行符合他所掌握的社会准则因而受到表扬时，婴幼儿便产生高兴、满足、自豪的情感体验。2—3岁婴幼儿出现了最初的爱憎情感，当看到故事书上的大灰狼会用拳头去打它，当看到小兔子战胜了大灰狼会高兴地拍手大叫。

第三，社会适应。

0—3岁婴幼儿的社会适应主要包括生活、环境与陌生人的适应。对陌生人及环境的适应体现了儿童对新环境的辨识力和适应力。生活适应能力是指婴幼儿生活自理能力的发展，包括了婴幼儿所必须具备的基本生活技能。

婴幼儿的生活适应主要包括进食、穿衣、梳洗、大小便控制等能力发展。进食方面，新生儿即有吸吮动作，之后慢慢出现伸手扶或拿奶瓶，接受勺子进食，到5个月左右可以用杯子直接喝水，15个月开始慢慢练习自己拿杯子喝水并逐渐具备不会弄洒水的能力；18个月左右会自己手握勺子吃饭。穿衣能力方面，婴儿在15个月左右基本可以自己脱帽戴帽，拉上拉下衣裤拉链，脱去外衣，穿上不用系鞋带的鞋；3岁左右学会解开或扣上衣服扣子。梳洗能力方面，幼儿模仿成人进行学习，比如吃完东西后用面巾擦嘴，自己梳头、洗脸、洗手；2岁半左右长出乳牙后逐步学会刷牙，3岁左右学会自己拧毛巾。婴幼儿生活适应能力的发展与其动作、语言等能力发展程度关系密切。婴幼儿的如厕需求随着括约肌及排泄器官发育成，加上语言成熟逐渐能用语言表达尿意、便意，18个月以前婴儿常会用特定方式，如“嗯嗯”等声音或者指向厕所的方式来表达，18个月以后婴幼儿在白天会控制大小便，排尿前会告诉成人，能自己坐在坐便器上完成（脱提裤子需要成人帮助）；研究发现大约有75%的婴幼儿在3岁左右夜里不再尿床。

婴幼儿的环境适应主要涉及面对陌生情境、陌生人或潜在危险、威胁情况时的应激反应能力。在心理学上，应激是生物体面对环境刺激尤其是危险威胁性质刺激时，表现为警觉、惊恐、紧张、躲避等一系列具有自我保护功能的适应性行为反应。随着婴儿知觉的分化和发展，7—8个月婴儿开始出现对陌生人的惧怕、警觉反应，并随年龄增长而加剧，这就是民间俗称的“认生”现象。这种行为在2—3岁时减少，确保婴幼儿能在恰当的年龄阶段进入幼儿园开展更广泛深入的社会活动。

七、早教人员照护婴幼儿情感与社会性发展的上岗标准七

能对婴幼儿自我意识的健康稳定发展提供相应的照护指导

（一）在生活渗透教育认知主体与客体分离

在3个月开始，婴幼儿对自己的脸有着特殊的好奇心。这时候早教人员可以让婴幼儿玩“照镜子”游戏，让他们在镜子中看到自己的脸，探究镜中映像与自己身体运动变化之间的关系，逐步学会辨识主体的自己和客体的镜子。早教人员可以在婴幼儿照镜子时，协助他触摸镜中的脸，触摸真实的自己的脸——“你（触摸自己的脸）笑，他（触摸镜中的娃娃脸）也笑”——帮助他们更快认识自己。

(二)无条件积极关注和接纳个体独立性

早教人员在与婴幼儿互动时,要允许和包容他们展示出自己不同于其他婴幼儿的行为风格特点,认可和尊重每个孩子都有自己的独立个性,避免有"这个孩子怎么跟别的孩子不一样""你为什么不能像别的孩子那样安静"等主观上的偏见、指责、抱怨,甚至限制婴幼儿用自己的风格去探索世界;要包容接纳婴幼儿的个性特点,耐心观察和理解婴幼儿行为表现背后的原因。

(三)正确评价和鼓励自我意识稳定发展

自我意识情绪在婴幼儿2岁半左右出现,并且只有成人在场的时候,婴幼儿才会表现出来,在很大程度上会受成人评价的影响。如果成人只是不断地给婴幼儿价值和表现的反馈——"这件事你做得真糟糕,原来我还以为你是一个好孩子",婴幼儿则倾向于在失败时感到羞愧。反之,如果成人更关注的是如何改进幼儿的表现——"你应该这样做",那么婴幼儿体验到的是一种适度的、更具有适应性和指导性的羞愧和内疚。

(四)用科学知识引导性别角色认同发展

婴幼儿从2岁起开始具备性别认同的基本概念,能确认他人和自己的性别。随着年龄慢慢增长,会认识到男性与女性在生理和行为模式上的差异。早教人员应帮助婴幼儿认识自己的性别,从生活教育中,例如如厕方式等,帮助婴幼儿区分男性和女性,并指导其形成与自身性别相对应的行为方式。

(五)避免性别刻板印象和男性教育者缺失

美国心理学家在对成年男女的调查中发现,40%以上的个体都拥有双性化的心理气质,大多数男孩或女孩天生就具有男性和女性两种特征。根据某项调查结果显示,具有"双性化"特征的男女在社会适应性、协作能力、抗挫能力以及创新能力等方面都有优异的表现。早教人员应注意避免性别刻板印象对婴幼儿的影响,注意要引导幼儿不带偏见地认识两性之间的差异,积极促进与异性同伴交往。早教人员职业角色也应"去女性化",鼓励男性早教人员的参与,为婴幼儿正确理解男性性别及其行为特点梳理真实正确的榜样。

(六)婴幼儿早期性教育

由于性意识的萌芽和好奇,大多数3岁左右的婴幼儿开始想与父母或教养者探究关于"我是从哪里来"的话题,并且对两性身体的差异感到好奇。早教人员必须掌握科学的婴幼儿性教育知识,用适宜幼儿理解的方式,如科学漫画绘本、拟物故事等回应幼儿的好奇和提问,不回避也不刻意歪曲,甚至斥责幼儿的提问是非道德的。

八、早教人员照护婴幼儿情感与社会性发展的上岗标准八

能对婴幼儿自我控制力的提高与内化提供相应的照护指导

随着年龄的增长，尤其是在3岁左右，婴幼儿根据外界要求调节自己行为的能力有显著提高。因此，尽可能早地进行3岁前外部教育引导，可以为婴幼儿在3岁后自控行为的发展奠定良好基础。

（一）恰当利用自我控制发展的影响条件

总的来看，婴幼儿自控能力的发展受三方面因素影响。

一是神经系统的成熟。越是年幼儿童，其大脑皮质兴奋机制相对抑制机制越占有优势，因而越表现出行为冲动不受控制。早教人员要认识到婴幼儿生理年龄与素质水平发展高低对其自控力发展的重要影响，在教育过程中要保持耐心，切勿对年龄较小的幼儿的自控能力给予过高要求，或对年龄较大的幼儿的自控能力没有信心。

二是父母的教养风格。早教人员要注意针对婴幼儿父母的教养风格进行科学指导，引导家长从态度上重视，从行动上调适。常见的教养风格及利弊如下："专制型教养"对孩子过于严厉，对孩子行为期待过高，要求孩子无条件服从，常用惩罚责备的方式管理孩子行为，导致儿童对外部规则过于依附，自我调节能力发展不足，自控灵活性差，适应新环境新问题困难。"放任型教养"对孩子行为过度容忍，甚至缺乏必要约束和要求，让孩子从未经历有效外部控制的阶段直接进入自我调节阶段，当然缺乏参照的标准，孩子的自控显得无所适从，往往表现出无法自控，调节，自尊心水平低，行为任性。"权威—民主型教养"对孩子既有比较严格的管理限制，也能正确引导儿童自觉规范调节行为，使得儿童更具有自信和自控，利于养成儿童良好的内在行为准则。

三是婴幼儿自身对外在规则的认知水平。婴幼儿对外部规则的认知是随年龄增长，社会活动经验丰富后，认知水平提高而不断变化的，0—3岁婴幼儿主要通过成人外部语言和行为来认知规则，因而成人的榜样示范与教育要求显得尤为重要。早教人员应多用案例故事讲述规则，用婴幼儿感兴趣的形象榜样以及以身作则为婴幼儿做好榜样教育。

（二）尽早开始对婴幼儿施以合理的延迟满足训练

自我控制其实与克制自我欲望有关。如何正确管理自己的欲望，控制好本能冲动，是必须从婴幼儿时期开始进行训练的事情。发展心理学研究中有一个经典的实验，称为"延迟满足"实验。实验者发给4岁儿童每人一颗糖，同时告诉孩子们，如果马上吃掉这颗糖的话，就不再发糖；如果等20分钟后再吃，就再发一颗。实验者观察到，有的孩子迫不及待地把糖吃了，有的孩子则耐住性子，以唱歌、休息等方式消磨时光，最终获得了两颗糖。在后来的追踪观察中，实验者发现那些能克制自己欲望以获得两颗糖的孩子，长大后表现出较强的适应性

和自信心，事业上更容易获得成功，而那些经不住诱惑的孩子则往往屈服于压力而逃避挑战。

（三）日常交往中对婴幼儿明确要求、内化规则

在日常互动中，早教人员应对婴幼儿的行为提出单个的、明确的目标及相应规则和要求，注意指令发布的语言要易于幼儿理解和执行。3岁前婴幼儿因为语言能力、注意力有限，理解并执行成年人的指令要求也较局限，所以对其发出行为规则指令要单个而明确，包括对象、程度、性质等，不能含糊不清或将多个要求含在一个指令中。另外，2岁前的婴幼儿尚处于外部规则阶段时，成人对这些规则的遵守情况对婴幼儿具有较大影响，因此早教人员对幼儿发布什么样的规则，自身也要做到做好。在2岁后婴幼儿开始探索自我内在的规则时，早教人员要开始引导幼儿自己制定规则，比如吃饭时不看电视，吃饭时不说话，吃饭用多少时间等，逐步引导婴幼儿形成内在规则意识。

九、早教人员照护婴幼儿情感与社会性发展的上岗标准九

能对婴幼儿社会交往发展提供相应的照护指导

（一）注意把握婴幼儿亲子交往的信号媒介特点

社会交往的基本信号媒介是注视和交谈。然而，对1岁以内的婴幼儿而言，他们主要是借助于非语言信号媒介来交往，主要包括视觉行为、面部表情和身体姿势，例如注视、伸手取物，模仿面部表情，视觉和动觉追踪成人。婴儿的社会性反应，如微笑、发声等进一步增加，促使他人注意他们，与之游戏和娱乐，因而有研究（Fogel，1980）发现4周左右的婴儿能识别不同的交往对象并采取相对应的行为，当同伴出现时，婴儿会产生凝视、急速转头等行为，在与母亲相对时，则出现较多的眉毛和身体的动作；大约6—8个月时，婴儿非常喜欢玩藏猫猫游戏。

为促进婴儿获得更多良好社会交往的经验，早教人员可以跟婴幼儿——或鼓励父母亲跟幼儿——经常进行信号交流，如在1岁前通过每日定时的亲子抚触按摩操，在1岁后通过日常对话、亲子阅读、亲子游戏等方式增进双方社会交往互动。

（二）指导婴幼儿积极开展恰当的同伴交往

影响婴幼儿同伴交往的因素包括亲子交往经验、玩具物品数量特征、同伴熟悉性、婴幼儿自身个性气质等。

首先，打好亲子交往经验的基础。只有在家庭亲子交往中获得良好情感满足、愉悦体验和经常被鼓励与人交往的婴儿，才能在今后面对陌生同伴时，有勇气、自信和乐观的态度主动发起交往或者乐于接受对方交往的信号。如果缺乏早期家庭亲子交往经验，或者与照顾者的交往并不愉快，消极情绪较多，情感需求得不到满足，婴幼儿是无法恰当开展同伴交往的。

其次，辨识婴幼儿个性特点，选择与之相适宜的同伴。这里的适宜性，并非简单等同于要求同伴个性相同或个性相补，而是需要建立在尊重婴幼儿自己选择的基础上。例如，对某些气质偏内向、安静的婴幼儿，早教人员可以制造机会让其与外向、热情、活动性强的婴幼儿交流互动；对某些气质敏感、害怕陌生对象的婴幼儿，不宜使用强迫的方法，应从家庭环境内部开始为其引入气质温和、活动性适中的婴幼儿同伴与之交往，慢慢引导其熟悉和适应新的交往对象，获得其自身所需的交往技巧方法。

第三，在活动中习得交往方法，遵守交往规则。早教人员应从活动游戏中，指导婴幼儿家庭亲子交往中规范社交礼仪礼貌，简单来讲就是要指导父母注意家规家风的建设，当婴幼儿开始同伴交往时，则要将正确的规则融入其中，引导孩子遵守，例如“礼貌谦让”“共同分享”等。对2岁后的婴幼儿，早教人员要给予婴幼儿内部规则的发展空间，如果婴幼儿同伴交往出现冲突、问题，早教人员不是简单的判定孰对孰错，而是要给婴幼儿独立的空间——“有矛盾要想办法”——引导他们去思考如何跟小朋友合作更愉快，跟小伙伴一起玩要注意什么问题。

十、早教人员照护婴幼儿情感与社会性发展的上岗标准十

能对婴幼儿亲社会行为和道德发展提供相应的照护指导

海等人(Hay，1979)探讨了早期社会行为，认为成人给婴幼儿行为提供的榜样和强化是非常重要的。在日常生活中，婴儿随时看到和亲身经历成人是如何满足他的需要，给他以安慰、援助，是否具有同情心、是否乐于助人、礼貌待人等。这个过程中包含了大量的习得亲社会行为的机会。今后，当婴幼儿自己遇到同类情境，一旦表现出类似亲社会行为，成人便给予强化、鼓励，婴幼儿的亲社会行为则会逐渐得以巩固，养成习惯，并逐渐形成正确的道德、观念和行为方式。

婴幼儿的道德观念、道德行为不仅会在成人的强化和要求下逐渐形成，而且会通过其生活实践得到固化。在生活中，早教人员或父母应通过亲子阅读的方式跟孩子交流描述亲社会行为的案例故事，随时利用契机向孩子示范亲社会行为，训练婴幼儿在理解故事、理解角色中获得移情、共情能力，并注意创造机会让孩子自己体验亲社会行为。例如在家中帮助家人，在社区帮助同伴或者小动物。恰当使用表扬和奖励的方式，生活中时时处处留意婴幼儿的亲社会行为，哪怕是一个很小的动作瞬间，也要及时对婴幼儿予以肯定和鼓励，主要用口头表扬，精神奖励的方式激励婴幼儿。

当婴幼儿在日常生活中做出良好的行为时，早教人员应显出愉快的表情，并且用“好”“乖”等词给予正强化，反之则用“不好”“不乖”等词给予负强化。婴儿的道德判断和评价也是在与成人的积极交往中逐渐学会的，婴儿先学会评价他人行为，进而学会评价自己。

但婴幼儿的生活范围有限，经验不足，认知水平有限，他们的道德行为只有一些萌芽表

现，行为管理不稳定，容易受情绪和周围环境影响，并不总服从于一定道德标准。比如，幼儿们在一起玩的时候知道要相互友好，“大家要一起好好地玩”，但当出现大家争抢玩具的时候，你推我，我推你，甚至动手打人，还告老师“他不给我玩”，又或明明知道“好孩子不能摘花”，但过一会儿又忍不住去摘花。总之，2—3岁婴幼儿的道德观念、道德行为还处于最初步的阶段，早教人员不应过高估计和要求，也不能对这期间的行为品质轻下定论，早教人员可做到经常提醒、鼓励和规范。

十一、早教人员照护婴幼儿情感与社会性发展的上岗标准十一

能对婴幼儿自理能力和社会适应发展提供相应的照护指导

（一）1.以良好的亲子关系为基础

0—3岁婴幼儿在逐步学会适应生活、适应环境、适应社会中首先需要从和谐健康的家庭亲子关系开始。在1—3岁期间，婴幼儿的肢体活动能力逐渐增强，这是他们适应生活，发展自理能力基础和关键阶段。此时，早教人员或婴幼儿父母，要给予婴幼儿适宜的信任和支持，应该给婴幼儿提供他们力所能及的条件去加强自理能力，同时克服包办代替，溺爱放纵等不良教养方式。

心理学家埃里克森认为个体心理发展的第二个阶段（1.5—3岁）中的重要任务就是解决“自主与害羞、怀疑的冲突”。这意味着婴幼儿在这段时间内，有发展自主意识、独立能力的需求，但因为能力有限，结果会在自主与不自信之间产生冲突。而发展中的婴幼儿必须通过具体的生活事件锻炼和经验累积去解决这种冲突，减少需求和能力之间的差异，才能顺利完成该阶段的发展，健康地进入下一个发展阶段。因此，早教人员或父母需要意识到这个冲突的存在，承认婴幼儿自我发展的需求与局限，鼓励婴幼儿发展自我服务意识，接纳婴幼儿在发展自理能力中的失败、错误现象，尽量给予婴幼儿创造条件，主动带领婴幼儿加强大小肌肉锻炼，增强动手能力，逐步提高婴幼儿自我服务能力。

（二）培养科学健康的生活节律

首先，制定合理的家庭生活制度。从新生儿开始，将婴幼儿的家庭活动节奏和时间进行科学的安排，并记录观察，持之以恒。其次，养成婴幼儿良好的饮食习惯。按月龄增长培养婴幼儿独立进食能力，从第6个月开始训练婴幼儿自己拿着奶瓶喝奶，再大一点就培养其按时进餐习惯，克服哄骗、奖励、交换、边吃边玩等进餐陋习。第三，进行睡眠习惯训练，在规定时间内创设合理适宜的睡眠条件培养婴幼儿主动入睡。最后，养成婴幼儿大小便有规律的习惯，从婴儿满月后开始训练，随生长规律减少夜尿，摸清婴幼儿排便规律，健康合理饮食，消化系统活动规律。养成清洁卫生习惯，日常家庭清洁简单到位有效。

(三)针对不同气质区别教养方法

气质是婴幼儿与生俱来的在心理活动方面的强度、速度及反应水平上的稳定性,一般不容易改变。正因为如此每个个体才能成为独立的特别的个体,也因此具有不同气质类型的儿童在适应生活和环境上表现不同。早教人员需要认识到婴儿气质特征的重要性,有针对地引导和教育幼儿发展社会适应能力。

托马斯和切斯(Tomas & Chess)根据婴儿行为的节律性、活动水平、适应性、情绪表达等方面的特点,将婴儿气质分为三种类型:容易抚育型,抚育困难型,发动缓慢型。

针对容易抚育型婴儿其生理节律规则化,情绪愉快或情绪反应适中,对新异刺激反应积极,较容易适应环境,早教人员只需要给予一般常规的刺激和关注即可。

抚育困难型婴儿,其生理节律规则性差,较难掌握其睡眠、喂食、排泄的变化,负性情绪多,情绪反应程度激烈,对新异刺激反应消极,较难适应环境,因此早教人员应注意耐心观察和记录其生物节律特点,找到相关因素联系,并尽量给予婴幼儿比较稳定中性的刺激环境,减少环境要素的变化,更改生活习惯时要提前准备好过渡阶段。

发动缓慢型婴儿由于其活动适应性和情绪反应上较缓慢,情绪反应程度低,需要早教人员给予婴幼儿更多耐心以等待其适应环境,给予比较轻松的氛围,让他慢慢适应新刺激,并多采用积极交流的方式鼓励他适应环境。

第三节

早教人员照护婴幼儿情感与社会性发展的实例运用

一、0—1岁婴幼儿情感与社会性发展照护的实例运用

(一)游戏名称:妈妈(阿姨)哪里去了[1]

▽ 游戏目的:激发婴幼儿情绪体验,增进相互情感。

▽ 游戏过程:

1. 在婴幼儿情绪平和时早教人员与婴幼儿面对面,轻轻呼唤婴幼儿的名字,吸引其注意。

2. 早教人员用双手捂住脸,问婴儿:“妈妈(阿姨)哪儿去了?”

① 改编自 https://baobao.baidu.com/article/60635f162adb4e233424d2d8f7a458cf.html?lz=0

3. 早教人员将双手拿开，对婴幼儿说："喵！妈妈（阿姨）回来了！"

4. 早教人员在游戏中可以配合儿歌："小宝宝，仔细瞧，妈妈（阿姨）怎么不见了？妈妈（阿姨）、妈妈（阿姨），我知道，你在和我藏猫猫。"

5. 在生活中可反复进行，引导母亲与婴幼儿玩此游戏。

游戏指导：

本游戏适合3个月以内的婴幼儿。这个阶段的婴幼儿特别喜欢看母亲或亲密照顾者（早教人员）的脸，但是还不能完全理解成人动作所表达的含义，需要成人通过夸张的语调，帮助他们认识到动作的特别性。反复做这个游戏，宝宝就会慢慢学会配合大人。这样的游戏有利于宝宝的情绪发展。

（二）游戏名称：笑一笑[①]

▽ **游戏目的**：引导婴幼儿进行情感表达。

▽ **游戏过程**：

1. 早教人员先抱着宝宝轻轻地前后摇摆，视其情绪放松，并引导婴幼儿将注意力放到早教人员的声音和面部表情上。

2. 随着摇摆的幅度，早教人员用食指轻轻地抚摸婴幼儿嘴边的皮肤，然后说："一、二、三、笑一笑。"

3. 当婴幼儿朝早教人员微笑时，早教人员要面露微笑，夸奖"宝宝，真棒！"不断重复这一游戏。

4. 早教人员在说话和回应婴幼儿时应表情柔和，露出微笑，并伴有愉悦的语气声调，让婴幼儿感受到咧嘴笑动作与愉悦情感的链接，从而逐渐学会愉悦情感的表情表达。

游戏指导：

本游戏适合3个月以内的婴幼儿。当成人抚摸婴幼儿嘴唇时，婴幼儿会下意识地咧开嘴笑；这时早教人员要及时回应宝宝。通过不断重复这个游戏，婴幼儿就会养成咧嘴笑的习惯。但此时婴幼儿的嘴唇皮肤很敏感，早教人员抚摸的时候要注意卫生与力度。

（三）游戏名称：表情包

▽ **游戏目的**：锻炼婴幼儿情绪表达能力。

▽ **游戏过程**：

1. 早教人员在孩子情绪平静的时候引导孩子开始游戏。

2. 首先，早教人员将抱在怀里，与其轻声聊天，将他的注意力吸引到早教人员身上，而不是左右环顾、心不在焉。

---

① 改编自https://baobao.baidu.com/article/60635f162adb4e233424d2d8f7a458cf.html?lz=0

3.随后，早教人员开始慢慢地对婴幼儿做各种表情，每做一个表情，就吸引婴幼儿跟着一起做。例如，早教人员可以做张嘴、瞪眼、噘嘴、笑、哭等多种表情，直到婴幼儿开始高兴灵活地跟着早教人员的表情变化而变化表情。

游戏指导：

本游戏适用于2—6个月的婴幼儿。在于锻炼孩子的面部肌肉，丰富孩子的表情，培养孩子开朗的性格。早教人员还应注意，为配合不同表情背后的情绪特点，可以使用不同声调、情感的哼唱、歌谣等让孩子逐渐理解表情与情绪的匹配性。

（四）游戏名称："做烧饼"亲子抚触操

▽ 游戏目的：发展婴幼儿亲子依恋情感。

▽ 游戏过程：

1.早教人员选择温度适宜、环境安静的房间，播放轻快俏皮或舒缓的背景音乐，准备好婴幼儿可以躺下的垫子或床，带婴幼儿进入房间。

2.准备姿势：对于年龄小于1岁的婴幼儿，让其俯卧在垫子上，身体舒张打开，早教人员正跪在孩子身后。对于年龄在2岁以上的婴幼儿，则让其背对早教人员坐在小凳子上，坐姿自然放松；早教人员坐在婴幼儿身后的小凳子上。

3.开始步骤与动作：

第一，"揉面团"——用双手在背部揉捏。

第二，"面团"太硬了，加点"水"进去——用双手指尖轻柔敲击背部。

第三，持续"揉面团"，面团黏在桌子上，撒点"面粉"——用指尖在空中做"撒"的动作。

第四，"擀面团"——双手从背的底部往上压，帮助面团展开。

第五，"加面粉"——用拳头在背上轻轻敲打。

第六，"擀面团，放铁盘"——重复前面的动作，最后在肩膀和脖颈处做轻柔的抚摸动作，以示"把面团的边角压一压"。

第七，"放辅料"——用手掌轻轻敲打背部，或用指尖轻快地敲击背部，或用大拇指在背部的不同部位按压。

第八，最后，"把油均匀地涂在上面"——温柔地在整个背上抚摸。

游戏指导：该活动目的在于让早教人员或婴幼儿父母亲用双手动作与力量，给婴幼儿身体、心理进行放松，同时增进亲子情感。在抚触按摩过程中，早教人员要注意手部按压的力度，注意观察幼儿情绪和身体感知情况，可以适当询问和交流关于抚触过程中儿童的感受，增进亲子交流。

（五）游戏名称：照镜子

▽ 游戏目的：引导婴幼儿发展自我认知。

▽ 游戏过程：

1. 早教人员准备一面镜子，对于婴幼儿而言镜子应大一点。

2. 和婴幼儿并肩坐在镜子面前，早教人员对着镜子做各种表情，引导孩子模仿、体验照镜子的乐趣。

3. 在婴幼儿比较熟悉照镜子后，指着镜子，带领孩子认识镜子里面的自己："镜子里有个宝宝。这是宝宝的鼻子，这是宝宝的眼睛……"

4. 待进一步熟悉照镜子后，早教人员引导婴幼儿玩指认五官的游戏："我们来看看镜子里的宝宝，他的眼睛在哪里呢？他的嘴巴在哪里呢？"

5. 对于年龄较小的婴幼儿，早教人员可尝试让婴幼儿照着镜子，指出他们自己的五官，观察婴幼儿是否能将真实的自己和镜像中的自己分开，这也是个体自我主体知觉和客体区分的信号。

游戏指导：

本游戏适合6个月以上的婴幼儿，目的是要让婴幼儿初步认识自己的脸、五官，知道自己和他人的区别，开启早期社会性自我概念的发展。早教人员在引导婴幼儿照镜子前，要先陪伴他们熟悉镜子。婴幼儿第一次照镜子，在镜像中看到自己有的会反应迟钝，有的会反应敏感，有的甚至会害怕恐惧，因此要注意陪伴婴幼儿一起照镜子，婴幼儿在镜子中看到熟悉的照顾者，情绪会更稳定。

二、1—2岁婴幼儿情感与社会性发展照护的实例运用

（一）游戏名称：表情操[①]

▽ 游戏目的：锻炼婴幼儿情绪感知能力。

▽ 游戏过程：

早教人员选择婴幼儿情绪平静，精力比较充沛的时候，用下面的歌谣操，带领婴幼儿活动：

1. "今天我呀真高兴，我要开心笑笑笑，我们一起来个微笑，我们一起来个大笑，我们一起来个拍手笑。哈哈哈真高兴！"

2. "我要开心我大笑，生气我会撅嘴巴、伤心时候泪水流，找不到妈妈真害怕。"

3. "伸出小手真灵巧，指指我的小嘴巴，嘴巴向上翘呀翘，眉毛弯弯像镰刀，你说我是啥表情？我在开心笑笑笑。"

---

① 改编自https://wenku.baidu.com/view/4028104f1ed9ad51f01df242.html

4.“这是谁的好玩具(开心的表情)！我怎么从来没见过(疑惑的表情)？它的主人会是谁(想的表情)？啊(惊讶的表情,惊讶时候猛吸一口气,控制一下再慢慢呼出)！原来是他(开心的表情)！”

5.“心情不好我好烦,眉头紧皱小嘴噘,看我表情美不美?心情不好你看见了吗?”

游戏指导:

本游戏适合1岁以上开始学习和练习发音说话的婴幼儿。注意每次选择2—3种表情轮番做操训练,如果表情变换得太快太多,婴幼儿接受比较慢,容易造成对表情认识的混淆。不同表情联系从易到难,从日常最容易出现的开心、哭泣、恐惧逐步过渡到复杂的惊讶、伤心。

(二)游戏名称:情绪挑战与应对

▽ 游戏目的:锻炼婴幼儿情绪调节能力。

▽ 游戏过程:

1.早教人员首先用愉悦的表情和语言安慰婴幼儿,令其适应环境。

2.早教人员根据婴幼儿的身体情况,合理、安全地分别将其举到肩头晃动,或者转圈飞翔,同时辅助积极的语言调节他们的情绪。

3.早教人员要随时关注婴幼儿的表情和情绪,用语言和肢体接触帮助他们化解恐惧、挫折和失望等,鼓励婴幼儿相信成人的陪伴和支持,获得积极情绪。

4.让婴幼儿父母体验上述活动。父母应学会如何带领婴幼儿挑战困难,然后给予安全支持,引导婴幼儿获得情绪调节。

游戏指导:

在本活动中重点在于成人对婴幼儿的支持性干预。在婴幼儿因为对高度、重力和运动的不适与恐惧出现消极情绪时,成人不能做出嘲讽、不屑、不耐烦或愤怒的回应。另外,成人也不能等到婴幼儿变得极度焦虑时才加以干预,应随时关注婴幼儿的情绪变化,在不良情绪出现时及时给予支持,这样的安抚才会真正让婴幼儿学会自我平复。如果婴幼儿在一开始就情绪失控,也不适宜继续该游戏。

(三)游戏名称:握握手[①]

▽ 游戏目的:促进婴幼儿情感交流与社会性发展。

▽ 游戏过程:

1.早教人员跟婴幼儿唱歌互动,在唱到“握握手”的时候,早教人员把手指放在婴幼儿手心让他握住,看着婴幼儿说“握握手,宝宝好”。

2.早教人员重复上一步,并引导婴幼儿跟着自己模仿说“握握手,宝宝好”,面对2岁左右

① 改编自https://baobao.baidu.com/article/60635f162adb4e233424d2d8f7a458cf.html?lz=0

的婴幼儿可以引导孩子说“握握手，你好”。

3.互动中早教人员双眼要看着婴幼儿，让他渐渐学会看着人的面部说话，养成良好的礼仪习惯。

游戏指导：

本游戏适合1岁左右的婴幼儿。随着早教人员与婴幼儿的互动情感培养，婴幼儿逐渐学会主动握住大人的手指，高兴地随大人上下左右摇动。游戏中早教人员要面带笑容，并且说着简单的词语。另外，要注意不要太用力地摇动婴幼儿的手，只需轻轻摇晃，让孩子感到高兴即可。

（四）游戏名称：“你好”

▽ **游戏目的**：对婴幼儿的社会交往进行启蒙。

▽ **游戏过程**：

1.早教人员经常与婴幼儿玩游戏以增进感情，并鼓励婴幼儿的父母经常带婴幼儿外出活动，让其多接触丰富多彩的大自然，接触社会，从中观察学习与人交往的经验，用文明礼貌的举止与言语对其进行熏陶。

2.早教人员先利用孩子熟悉的玩具玩偶（如小熊、小鸭、小恐龙等），利用玩偶角色和婴幼儿玩游戏。早教人员模拟婴幼儿和玩偶们的角色相互打招呼，引导婴幼儿主动发音和模仿发音，如“你好，我是宝宝。你好，我是小熊。你好，我是小鸭。”此游戏更适合7、8个月婴幼儿认生阶段高峰前后的训练。

3.早教人员可以使用人偶玩具，或小男孩、小女孩、成人或老人，跟婴幼儿一起玩上述打招呼游戏。引导孩子学习用“哥哥”“姐姐”“叔叔”“阿姨”等来称呼周围熟悉的人。

4.早教人员可以拿着玩偶扮演角色与婴幼儿互动，鼓励婴幼儿用声音或动作表情回应，当婴幼儿表示出回应，早教人员就做出十分高兴的表情鼓励他。

游戏指导：

本游戏适合1岁左右的婴幼儿。从七八个月开始，婴幼儿对人的分辨能力已较强，可以认出自己家里的人，出现认生现象，但和不认识的小朋友交往却没有这种情况，他们能在与同伴交往中获得乐趣。因此，早教人员、家长应努力创造条件、让婴幼儿多与别的幼儿伙伴接触、交往，从而促进其社会性发展。如果婴幼儿特别认生，可暂避生人，先训练其多与熟人交往，慢慢地他们对生人也能接受。

（五）游戏名称：点名游戏

▽ **游戏目的**：促进幼儿自我概念发展。

▽ **游戏过程**：

1.早教人员准备好游戏的材料，如幼儿熟悉的不同玩偶若干，如小熊、小鸭、小兔等。

2. 早教人员告诉幼儿现在进行点名游戏，点到的要鼓掌或回答“我”。然后早教人员先示范点名玩偶，如叫“小熊”，继而模仿小熊鼓掌或回答“我”。然后再重复一遍。

3. 早教人员点名幼儿，对年龄较小的幼儿可以称“宝宝”，对1.5岁以上接近2岁的幼儿叫其名字或小名，并引导幼儿应答。当幼儿应答时，早教人员要及时鼓励：“宝宝太棒了！”

游戏指导：

本游戏适合1.5岁以上的幼儿，此时幼儿自我概念中的主客体开始分化，幼儿开始区分“我”和别人，对自己的名字也逐渐熟悉。通过点名游戏可以强化幼儿对自己的认知，以及培养对他人（如参与游戏的玩偶）的认知，也为今后的同伴交往打下基础。

三、2—3岁婴幼儿情感与社会性发展照护的实例运用

（一）游戏名称：今天的我

▽ **游戏目的**：促进婴幼儿情绪表达与管理能力发展。

▽ **游戏过程**：

1. 早教人员准备好相应的游戏材料：如喜怒哀乐等不同情感的黑白卡通脸贴纸、各色橡皮泥、空白的人脸图等。

2. 早教人员跟婴幼儿聊天，主题是“今天我感到（如开心）”。早教人员先示范，然后将对应的黑白表情卡通脸贴到空白人脸图上代表自己，并描绘原因和详细的感受。示范的时候，早教人员要看着幼儿，并引导幼儿关注自己。

3. 早教人员请幼儿仿照上面的步骤动手表达并说出自己的情绪。

4. 早教人员示范如何让自己的负面情绪变成积极情绪，比如用橡皮泥捏出自己喜欢的笑脸，笑脸的造型可以比较夸张，色彩更艳丽，以便和原来单调的表情卡通脸形成对比，能更吸引婴幼儿注意力。过程中，早教人员边做边说自己的感受，如“我不喜欢我眼睛泪汪汪的样子，我捏一个黄色的眼睛，要像太阳一样明亮，小朋友都喜欢它”“我的嘴巴往上翘，笑一笑，真开心”。

5. 早教人员请婴幼儿仿照自己的行为，完成情绪“改造”，并说出是怎么做的。

游戏指导：

本游戏适合2.5岁以上语言表达能力、动手能力有所发展的婴幼儿。此阶段的婴幼儿的情绪分化非常丰富，尤其在生活事件中会因为外界、成人的评价而会产生害羞、愧疚、自责等细腻情感，也是其社会性发展中道德感发展的初期阶段。同时此阶段的婴幼儿也开始通过自我语言表达来进行情绪调节，如“宝宝不哭”，“宝宝可开心了”等。通过本游戏的外化表达与管理情绪的动作锻炼，有利于婴幼儿在今后养成自我情绪感知和管理的能力。游戏过程中，早教人员要注意用恰当的示范引领婴幼儿用语言和动作进行自我情绪管理。

(二)游戏名称:找照片

▽ 游戏目的:发展婴幼儿自我意识。

▽ 游戏过程:

1. 早教人员向婴幼儿同时展示婴幼儿自己的、其母亲的(或亲密照顾者的)、熟人的、陌生人的照片。让孩子指出哪个是他自己。

2. 待婴幼儿年龄在3岁左右,可以给出婴幼儿更小时候的各年龄段相片,引导孩子进一步认识自己的成长变化,对自我形象认知更深刻。

游戏指导:指认照片时,同一时间提供给婴幼儿的照片要适量。较小的婴幼儿,每次提供1—2张,即单独指认目标或在两张照片中选择指认目标。待婴幼儿对自己和他人分辨较清楚后,再一次性提供3张、4张照片的方式来进行游戏。自我意识更成熟的幼儿,可以在多张照片中让其指出2个及以上目标。

(三)游戏名称:找不同

▽ 游戏目的:发展婴幼儿性别认知。

▽ 游戏过程:

在早教人员带领婴幼儿做照镜子或找照片等游戏的基础上,进一步引导婴幼儿认识人脸面部特征的区别。例如眼睛、鼻子、嘴等五官以及头发、衣服等特征,甚至最后可以认识男孩与女孩外貌上的区别。

游戏指导:同上,在活动最初阶段只需要让婴幼儿完成一项目标任务,或根据反馈的婴幼儿能力水平情况而调节任务难度,遵循由少到多,由易到难,由无性别到有性别对比的原则。

(四)游戏名称:怎么办①

▽ 游戏目的:促进婴幼儿同伴交往技能发展。

▽ 游戏过程:

1. 早教人员使用玩偶来扮演其他小朋友,玩解决问题的“怎么办”游戏。

2. 早教人员抛出问题情境,如:假设孩子和玩偶娃娃同时都想要拿某个铃铛玩具玩。和婴幼儿展开互动对话。

3. 早教人员指导婴幼儿进行此游戏,或邀请其父母作为第三方一起参与。

游戏指导:

生活中早教人员应把每一次出现的人际冲突或者矛盾都当作一个找办法游戏来对待,这些事情就都是幼儿成长的台阶。所以本游戏特别适用于2岁以上语言表达能力已经有所发

---

① 改编自:http://bbs.tianya.cn/post-feeling-4483523-1.shtml

展的孩子。如果是面向年龄更小的婴幼儿，在其自主语言表达能力很有限的情况下，早教人员则需帮助婴幼儿模拟他的回答。

（五）游戏名称：故事里的我

▽ **游戏目的**：促进幼儿社会交往中的道德情感发展。

▽ **游戏过程**：

1. 早教人员在生活中利用歌谣、图片、绘本、指认周围环境等各种机会，增加幼儿的生活经验和相应的词汇量。

2. 早教人员根据上述材料和婴幼儿经验的案例，设置专门的情境主题或利用某个早期阅读的绘本，如“大卫系列”等。

3. 带领婴幼儿“读”绘本。

游戏指导：

本游戏适合2.5岁以上婴幼儿。此阶段婴幼儿已形成了最基本的道德情绪，对成人的赞许会出现满意的情感，对成人的批评会产生羞耻的情感，开始能辨别简单的是非行为。婴幼儿的道德评价能力是在大人的影响下形成的，开始他们常常只是重复父母或老师的看法，以后才慢慢学会独立分析。所以本游戏需要早教人员引导幼儿一起玩耍，在用动作、语言、表情体验故事角色的游戏中，懂得遵守一定规则。另外，在游戏过程中早教人员要注意适时激发儿童对符合社会道德的行为产生愉快、自豪、羡慕、向往的情绪体验，而对违反社会道德的行为表示厌恶、羞耻、蔑视。早教人员应及时表扬孩子好的行为，批评纠正孩子不良行为，如是否爱护玩具，有无乱扔果皮等等。

附表　早教人员照护婴幼儿情感与社会性发展的上岗标准

早教人员照护情感与社会性发展的上岗标准	完全符合	比较符合	不符合
1. 了解婴幼儿情感特点、发展规律与发展关键内容			
2. 能对婴幼儿不同阶段的情感需求满足提供相应的照护指导			
3. 能对婴幼儿表情识别能力发展提供相应的照护指导			
4. 了解亲子依恋的类型，能为健康的亲子依恋的建立提供相应的家庭教育指导。			
5. 具备健康情绪与自我调节能力，能科学引导亲子家庭情感建设			
6. 了解婴幼儿社会性发展关键内容及其规律			
7. 能对婴幼儿自我意识健康稳定发展提供相应的照护指导			

续表

早教人员照护情感与社会性发展的上岗标准	完全符合	比较符合	不符合
8.能对婴幼儿自我控制力的提高与内化提供相应的照护指导			
9.能对婴幼儿社会交往发展提供相应的照护指导			
10.能对婴幼儿亲社会行为和道德发展提供相应的照护指导			
11.能对婴幼儿自理能力和社会适应发展提供相应的照护指导			

第九章

婴幼儿早教人员观察与记录的上岗标准

第一节

早教人员观察与记录上岗标准的研制背景及意义

照护观察记录是早期照护工作的重要组成部分,它是以“观察”为基础的记录、评估工具,用以关注婴幼儿的发展情况,是了解早教人员所开展的照护工作是否适宜、是否有效的重要辅助工具,是调整和改进工作、促进婴幼儿健康快乐发展、提高教养质量的必要手段。[①]

古德温和德里斯科尔(Goodwin& Driscoll,1980)从三个方面说明了观察对早期教育的重要性。首先,观察让我们可以考查很多无法用其他方法考查的行为。很多对成人采用的测验往往依赖于他们的读写能力,或以其他方式交流复杂思想或情感的能力。但是,婴幼儿的语言和概念发展还不成熟,对于周围正在发生的事情,他们通常不能表达自己的认识和理解。因此,对于年龄较小的婴幼儿来说,访谈或纸笔测验就无用武之地了。莫里森(Morrison,1995)指出:观察能够收集到纸笔测验或向幼儿提问所收集不到的数据。莫里森说明了观察的重要性,并进一步指出:观察让专业人士直接获取信息,而相反,不用观察法就只能间接地获取信息。

其次,观察之所以重要,是因为婴幼儿往往不会像成人那样,把正式的测验程序看得非常严肃。古德温和德里斯科尔认为:成人往往会告诉婴幼儿测验是件很严肃的事情,他们必须尽可能地好好回答,而这就是一种态度,这种态度决定着正式测验的成功。但是,成人的这些建议,婴幼儿往往不会放在心上。莫里森还进一步阐述了观察对评估婴幼儿能力的重要价值,即它将决定婴幼儿在哪些领域需要额外的支持和帮助。他指出观察可用于评估婴幼儿在一段时间的行为表现。并且,观察能够让专业人士收集信息,以用于家长会以及向家长汇报婴幼儿的情况。

最后,古德温和德里斯科尔认为观察之所以重要,第三个原因是:即使婴幼儿知道自己正在被观察,但和年长一点的孩子或成人相比,他们能感觉到的危险和焦虑也相对会轻一些。而且,年幼孩子也不大可能像年长孩子或成人那样,因为别人观察而改变自己的行为。意思是说,对于年长孩子和成人来讲,如果他们知道别人正在观察自己,那么就更有可能去改变平常的行为。

根据早期教育和观察记录的特点,观察记录对早教人员的重要作用可以总结为以下三点:

① 《0—3岁婴幼儿教育资源手册》[DB/OL].http://www.docin.com/p-500703506.html

一、通过观察记录，早教人员可以了解婴幼儿的发展水平

采用观察的方法，可以深入了解婴幼儿的发展水平。通过观察可以了解婴幼儿的经验获得水平。婴幼儿通过与教师、同伴、材料、环境、家长等的互动过程，不断获取信息和积累感性经验，由于经验的获取是个体自我内化的过程，因此早教人员如果能深入到婴幼儿中去观察他们的言行，倾听他们的交谈，就能不同程度地了解近阶段婴幼儿所获得的各种经验内容、经验的来源以及对婴幼儿产生的影响。通过观察可以了解婴幼儿能力的发展。对从事教育实践的早教人员来说，观察比其他的测查方法简便易行，它更能真实地反映婴幼儿的客观状况，更能全面地了解婴幼儿的能力发展水平。通过观察可以了解婴幼儿的心理需要。观察不但可以使我们了解婴幼儿在言语表达、身体运动、社会性等认知与能力上的发展状况，还可以通过对婴幼儿外部行为特征的分析，帮助我们深入了解婴幼儿的心理状况。一般来说，婴幼儿的心理变化往往能通过语言、表情、动作等方式表露出来。通过观察还可以了解婴幼儿个体的学习方式。婴幼儿因其生理、心理基础以及教养方式的不同，有不同的兴趣、习惯和学习方式。早教人员要使即将开展的活动能吸引婴幼儿，满足婴幼儿在活动中的不同需要，使婴幼儿有机会选择适合自己活动的方式，并从中获得个体的发展，就必须通过认真细致的观察，了解婴幼儿的兴趣以及他是如何与同伴交往，如何同材料相互作用，如何表达自己的经验等个体的学习特点，从而了解每个婴幼儿个体获得信息的方式，根据婴幼儿的个别特点实施有效的教育。

二、通过观察记录，早教人员可以更好地设计适宜性活动

成人进行的观察不只是为达到某一特殊课程的标准或要求而进行的孤立的练习，也不仅仅是学业训练。任何观察，无论其详细程度如何，都应该为专业人员提供做出平衡且有依据的决策所必需的数据，例如，设计满足婴幼儿需要的特殊活动，或者是否要寻求专业人员的帮助和建议。为了保证上述目标的实现，观察资料必须满足以下条件：系统、有逻辑，详细，真实，准确，非主观判断、无偏见，得到使用许可，保密。如果观察资料满足这些标准，那么对观察资料的解释便具备了切实的证据，同时，也能为婴幼儿的发展与进步设计和提供适宜的活动。

三、观察记录是促进早教人员专业发展的重要途径之一

观察的目的并不是传统意义上的评价，更不是为了通过评价婴幼儿而评价教师的工作。其目的是为了改进教师的照护工作，努力去看、去理解在照护工作中发生着什么以及婴幼儿能怎么样，没有事先预设的期望，也没有必须要达到什么标准的框架。在观察的过程中，我们的目的是为了改进教师乃至整个托幼机构的照护工作。另一个方面，因为婴幼儿观察的过程

本身就是一个早教人员参与研究的过程，早教人员参与研究是早教人员专业发展的最重要且最有效的途径之一。早教人员将观察婴幼儿作为自己参与研究、改进教学的手段，能反思自己的教育理念和教学行为，从而感悟和提升自己的教育教学能力。早教人员在观察婴幼儿的过程中，不仅观察婴幼儿，而且往往也是一个被观察者。无论是处在哪个发展阶段的早教人员，都可以根据自己的实际需要，有针对性地进行观察婴幼儿的活动，从而获得实践知识，吸取他人的经验，改进自己的教学技能，提升自己的专业素养。教育实践工作者在正式进入角色之前，大多在师范院校学习了有关婴幼儿发展的各方面的理论，但是理论需要实践支持，观察所得的资料可以帮助相关人员理解理论观点。

第二节

早教人员观察与记录上岗标准的具体内容

一、早教人员观察与记录上岗标准一

知道婴幼儿传记法的含义、特点和运用环境，能够灵活、恰当使用婴幼儿传记法对婴幼儿进行观察记录

在所有的对婴幼儿进行观察的方法中，婴儿传记是研究婴幼儿发展最早采用的一种方法。裴斯泰洛奇（1746—1827）在1774年首创了宝宝传记法，当时他创作了《一个父亲的日记》，从父亲的角度对自己的孩子进行观察。从1890年至1920年，日记法一直是婴幼儿研究中的主要方法。达尔文曾经撰写了《一个婴儿的传略》（1900年出版），记录他自己孩子的一些情况。另一位早期婴儿传记作者是德国的普莱尔，他致力于寻求父母在记录上的帮助，于1881年发行了具有很大影响力的著作《婴幼儿的心理》。在这本著作中，普莱尔发表了大量的对三岁前婴幼儿观察后的结论，他就像达尔文一样，利用实验引导出答案，并且解释他所看见的内容。我国的婴幼儿教育家陈鹤琴先生也曾经运用日记法，以自己的孩子为观察对象，写出了《婴幼儿心理之研究》一书。

婴儿传记其实有着定性研究的特性，早教人员在观察过程中很容易加入自己的观点或感想，甚至对于婴幼儿的发展会提出一些疑问与好奇加入后续的互动中，并观察互动的结果。在实际应用上，婴儿传记有助于了解观察行为随着时间流逝的发展情形，甚至可以提供观察行

为在发展过程中的任何变化细节，有助于了解婴幼儿行为发展的复杂程度。通过此复杂程度的了解，有时候也能对婴幼儿发展提出一些重要的假定与疑问，协助前述问题顺利解决。

婴儿传记有着自身的优点。首先，婴儿传记具有翔实性。婴儿传记的翔实性，是指它能够将婴幼儿的真实行为充分记录下来，例如：

"现在是第25天，接近傍晚时，当婴儿躺在炉火边祖母的膝上，很注意地凝视着祖母。我走过去坐在旁边，使我的脸能在她的间接视线范围内。她把眼睛转向我的脸，十分注意地凝视，甚至付出一些努力——表现在眉、唇之间轻微的紧张。她的眼睛转向祖母的脸，然后再转向我的脸，如此好几次。最后她将视线移到我的肩上，那儿有从灯上照过来的强光，她注视了一会儿，带着一种新的表情——一种微弱及基本的渴望，她不再只是凝视，她真正在看了。"

这篇不太长的观察记录有着丰富的内容。婴儿出生日期：第25天。一天中的时间：接近傍晚。情境：在家中火炉旁。婴儿的身体位置：躺在祖母的膝上。婴儿的情绪状态：满足。婴儿的活动：凝视祖母的脸。早教人员的行为和婴儿的反应。早教人员的结论等。

婴儿传记的第二个优点是具有广度性。婴儿传记的广度性包括了观察对象行为发生当时的情形，以及后续的行为，显示了其进化的进程，也有利于对行为性质的定性分析。例如通过婴儿传记，可以知道婴儿如何从不会站立到能独立行走的过程。

婴儿传记的第三个优点是个别性。虽然在20世纪20年代以后，因为其他更简便的方法出现被较少运用，但是在作为个案研究方面，婴儿传记还是被很多婴幼儿心理学家所推崇。这些个案大多是用来研究一些"不一样"的孩子，因为这些孩子通常不能直接或轻易地与人沟通。因此，早教人员在发现婴幼儿内在的、真正的世界之前，必须记录大量的资料，用以对这类孩子的理解。

Mark的个案研究观察①

婴儿概况

Mark于1993年8月6日在圣米迦勒妇产医院出生。Mark的母亲Caroline当时怀孕32周，预产期为10月1日。在8个月以前，Caroline的妊娠情况一直都很正常：她有规律地做孕期检查，并且因为这是她的头一胎，她预约了床位，决定在医院待产。她也想好了，如果一切顺利，她会较早出院。

8月1日，Caroline在髋部的剧烈疼痛中醒来。她给负责探访她，负责在她分娩之前为她安排床位和办理相关手续的助产士打电话。而后，Caroline住院，医生给她开了药，试图终止阵痛。

Caroline仍持续有轻微的疼痛，直到8月5日晚间10点整，她的羊水破了。她被送入产房，并于次日凌晨3:30产下Mark。Mark立即有了呼吸，但他的体重只有1.9千克，因此他被送入早产儿保育箱里。

① Carole Sharman，Wendy Cross，Diana Vennis著．单敏月、王晓平翻译．观察儿童——实践操作指南(第三版)[M]．上海：华东师范大学出版社，2008：69-75.

Caroline恢复得很好,5天后就出院了。她的住处离医院非常近,因此她白天到医院陪伴Mark,晚上回家。Mark无力吸吮,需要用滴管喂食,因而Caroline要将奶水挤出来再喂Mark。

Mark最初体重下降,自第7天起体重逐渐增加。他仍然无力吸吮,需要滴管喂食,同时他仍然像以前一样要在充满氧气的保育箱中加以护理。

在第14天,Mark一度停止了呼吸。在恢复呼吸之后,他被检查出肺不张,其原因不明,因而医生给Mark使用呼吸机,并给他注射了抗生素作为预防措施。

5天后Mark能够自主呼吸了,但他又两度不得不再次使用呼吸机。医生对他的肺承受的压力可能带来的后期影响表示了忧虑。到9月17日,Mark6周大,他被转移到婴幼儿摇床上,首次接受Caroline的哺乳。他吃奶时常常很快就累了,并需要滴管帮助进食,但不论如何他的体重逐渐增加,并于9月26日出院。

第一次观察

时间:1993年10月1日	
开始时间:上午10:30	结束时间:上午11:00
婴幼儿姓名:Mark	环境:家中
目的:评估Mark的发展	
目标:记录Mark的发展阶段,作为婴儿个案研究的一部分。	

评估记录:

Mark仰卧在他的小床上,双臂平摊开来,头在正中间。当把他竖直地抱起来放到护理垫上时,Mark的头向后坠,需要支撑。妇产科医生脱光Mark的衣服,称他的体重——3.6千克。医生让Mark俯卧着,Mark转动头部看他的母亲。

Mark开始哭,Caroline把他翻过身来,一边给他穿衣服,一边和他说话。Mark安静下来,专注地看母亲的脸。Caroline做了一个小试验——把舌头伸出来搅动,一会儿之后Mark重复了她的动作。

Caroline准备给Mark哺乳。当母亲的乳房靠近时,Mark转头迅速含住了奶头。他吮吸了5分钟,吸得很好。在吮吸过程中,他偶尔发出哼哼声,脚趾头惬意地蜷了起来。在结束喂奶时,Mark专注于Caroline的脸,当Caroline对他说话时,他微笑了。

结论:

Mark重3.6千克。

Mark通过重复母亲的动作及微笑,对母亲作出回应。

Mark俯卧时会抬头和转头;当被竖直抱起时,他的头向后仰。

评价:

根据发展里程碑来看,Mark当前的体重相当于新生儿的平均体重。虽然他已经出生8周了，但他原本应该在本周出生。他被抱出小床时头颈部发育迟缓的表现也更接近于新生儿，而非8周的婴儿。

从妊娠期来说，Mark是个新生儿，但实际上他已出生8周。对照常规的发展里程碑，Mark的发展水平介于这两者之间。

第二次观察

时间：1994年2月7日

开始时间：下午2:45　　结束时间：下午2:50

观察记录：

Mark正俯卧在护理垫上。当他听到厨房里传出为他准备食物的声音时，他用前臂支撑起上半身环视房间。Caroline走进房间，当她抱起Mark把他放到婴儿椅上时，他发出咯咯声。在母亲的扶持下，Mark坐得相当端正。在享受母乳前，他吃下了蔬菜泥。

哺乳结束后，Caroline让Mark站在她的大腿上。Mark用双腿支撑身体的重量，在母亲的腿上小小地弹跳了几下，而后依偎在母亲的胸口。几分钟后，Mark开始扭动，于是Caroline让他再次俯卧在护理垫上，他用前臂撑起身子四处看，而后开始哭泣。Caroline让他翻身仰卧，并给了他一个摇铃。Mark拿了几秒钟，摇铃就掉下来了。他再度哭起来，于是Caroline给他换了尿布，把他放上床让他睡觉。他继续"抱怨"了一会儿便入睡了。

结论：

Mark在俯卧时能够用他的胳膊支撑起身体环视周围。

在支持下，他能够坐，并且能在扶持下支撑自身体重站立。

Mark无法翻身，也不能长时间握住摇铃。

他认识熟悉的声音，诸如准备午餐的声音。

评价：

根据发展里程碑，6个月大的婴儿在扶着站立时能够支撑自身体重，能够扶着坐稳，能识别熟悉的声音并作出反应。这些Mark都做到了。6个月大的婴儿通常还能用手掌撑起身体和翻身，能够握住摇铃并将之从一只手递到另一只手，这些Mark还做不到。

第三次观察：

日期：1994年5月5日　　年龄：9个月

开始时间：下午12:30　　结束时间：下午12:50

观察记录：

Mark刚从他上午的睡眠中醒来，他坐在小床中发出叫声。当Caroline走进房间，他停止了叫喊，并伸出胳膊以便被抱出小床。

Caroline把他放在护理垫上，拿走湿透的尿布。Mark扭动着，翻过身来。Caroline重新让他仰躺着，给了他一只玩具鸭子。Mark拿着看了一会儿，把它塞进嘴里。Caroline带他到楼下，让他坐在电视机前的地板上。Mark坐得很稳，但随后他探身去拿玩具砖块时，摔倒了，他哭了起来，以便得到帮助能再坐起来。

Caroline让他坐在高脚椅中，并给了他一片吐司。Mark拿起来开始吮吸。

结论：

Mark能够自己坐起来并发出哭声寻求注意。

他能够翻身，并在没有支持的情况下坐得很稳，但在探身取玩具时翻倒了。

他能够握住玩具并将它从一只手中递到另一只手中，他会用手拿食物进餐。

评价：

发展里程碑指出，9个月的婴儿能够大声叫以获得注意，会用嘴巴来"考察"事物，能较好地用手进餐。Mark做到了这些。

9个月的婴儿应该能够坐较长时间，并会倾斜身体去拿玩具而不会失去平衡。Mark能够坐稳，但在伸手去够一件玩具时未能保持平衡。

9个月的婴儿通常会扶着物体站立和开始爬行，但Mark尚未做到这些。从他的事实年龄看，他的发展情况略落后于同龄婴幼儿的水平。

第四次观察：

日期：1994年8月6日	年龄：1周岁
开始时间：下午2:30	结束时间：下午3:00

观察记录：

Mark坐在地板上，玩一个包起来的包裹。他努力地把包装纸拉掉，把纸片放到嘴里。他妈妈叫他，于是他转身看着她，而后爬过去，用力拉着她的裙子站起身来。他扶着靠背长椅缓缓地向前走，抓起了一个皮球。当皮球滚下长椅，他没有急着去抓，而是伏回地板上后在皮球后面爬。

敲门声响起，Mark转过身去看是谁来了。当他爸爸进门时，他发出喜悦的尖叫声，并伸出胳膊要抱抱。他在爸爸的怀中愉快地扑腾，并发出"da—da—da"的叫声。

Caroline走向门口并叫Mark，Mark停下了和爸爸的亲昵，转过头来看着她。

"你想喝饮料吗？"她问。

"饮料。"他回答。

Caroline走出房间，返回时带来用喂食杯装的一杯果汁。Mark用两只手捧着杯子喝下了果汁。

结论：

Mark善于爬行并会自己扶着站立。

有东西掉落时，他会先看看它到哪里去了，而后再爬过去追。

他发出语音，努力地想重复成人说的话。

他能对自己的名字作出回应。

评价：

根据发展里程碑，1岁的婴儿会爬行、扶墙站立和绕着家具走动。他们会扔下玩具，而后观察它们的动向。当它们滚出视线范围时，他们会看向正确的运动方向。他们咿呀学语，可能会说两三个单词。他们会用杯子喝水，只需一点点帮助。这些，Mark都做到了。

总体评价：

Mark在预产期之前8周出生，有严重的呼吸问题。满9个月以前，他都有一定程度的发展滞后，但到一周岁时他已经完全赶上其他婴幼儿的发展水平了。

婴儿传记的最后一个优点是永久性。这是指观察记录婴幼儿行为的内容，不仅是当前可用，还能与被观察婴幼儿日后的情况，或是和其他的观察资料进行比较。这种比较可以反映婴幼儿的发展状况。

二、早教人员观察与记录的上岗标准二

知道轶事记录法的含义、特点和运用环境，能够灵活、恰当使用轶事记录法对婴幼儿进行观察记录

轶事，是指独特的事件，也可以是早教人员非常感兴趣的、有意义的事件。顾名思义，轶事记录法是早教人员将自己感兴趣的，并且认为是有价值的、有意义的婴幼儿行为和反应，以及可表现婴幼儿个性的行为事件，用叙述性的语言随时记录下来，供分析婴幼儿的行为所用。

轶事记录的内容有的是有主题的，早教人员对婴幼儿某一个特定的发展范围有兴趣，因此只需要记录和这范围有关的事件。也有些轶事记录不是对某一个特定的发展范围进行记录，而是对一些特别的婴幼儿做轶事记录，以此积累一些行为事件，以便日后作分析。因为轶事记录法能够详细地记录而且保留原有资料，所以轶事记录是一种开放性的观察方法。如果在轶事记录法运用中，早教人员只记录比较特殊的行为，轶事记录就具有高度的选择性，但是如果只是记录了所感兴趣的事情，那么其选择性程度就降低了。

婴幼儿姓名:Susan　　　　　　　年龄:9个月
开始时间:下午5:15　　　　　　　结束时间:下午5:25
环境:家中的浴室
目的:观察一个9个月大的婴儿在洗澡时的表现
目标:识别并记录该婴儿的身体机能。
　　识别并记录该婴儿与成年照料者的互动。

观察记录:

奶奶将Susan平放在地板的毛巾上,开始给她脱衣服。Susan专心地看着大人的脸,看起来正在倾听她在说什么。

"我们把背心脱掉,好吗?"

奶奶把背心拉到Susan头顶并说:"呼!"Susan高兴地发出长而尖的叫声。在奶奶解开她的棉上衣并脱掉,再脱掉内衣的过程中,她一直非常安静地躺着。

Susan开始动来动去,并想翻身。奶奶给了她一个拨浪鼓,这吸引了她的注意力,在奶奶给她换尿布的时候,她安静地躺着,拿着拨浪鼓玩。

奶奶抱起她往浴室走的时候,拨浪鼓掉到了地上。

到浴缸里后,Susan拿起一块海绵放到嘴里。她吮吸着海绵,在水流下喉咙时发出噼啪声。她转身跪坐起来,双手抓着浴缸一边的扶手把自己拉起来,呈直立姿势斜靠在浴缸上。奶奶再次让她坐到水里,并给她一本塑料书看。Susan把书从一只手递到另一只手,又把书放进嘴里。她让书掉进水里,东看西看地找其他东西,奶奶将一个塑料瓶子放到水下面,让水灌进去。Susan看着冒出来的气泡大笑,而后发出"da-da-da"的叫声。

"是说爸爸快要回来了吗?"

Susan开始发脾气,用手揉眼睛,于是奶奶赶快结束了洗澡,向Susan伸出双手,Susan举起双臂以便被抱起来。

结论:

Susan在观察过程中一直很活跃,当她在地板上时她想翻身,在浴缸里时她想把自己拉起来。她能够用一只手抓住一件东西,并在两只手之间传递。

Susan会对语言作出反应,从她在洗浴的玩耍中可见一斑,到出浴时她会抬起胳膊来配合。

上述案例是围绕婴幼儿在洗澡时的身体机能和与人互动的范围进行记录的,从中可以看出轶事记录明显的优点。首先,轶事记录简单、方便和灵活,无需编制观察记录表格,也不需要安排特别的情境、范围或事件,当事情发生时,可以随时随地进行记录。其次,轶事记录运用最简略的语句将所要记录的内容描述下来,但却提供了婴幼儿行为发生的前后关系,说明了行为的背景及情境，能够提供早教人员了解婴幼儿行为的详细资料，帮助早教人员了解婴幼儿的个性特征，了解他们的成长和发展。第三，轶事记录因其记录的资料清晰，如果早教人员要根据这些记录作任何推断或解释，则无需再作客观的叙述，且轶事记录还能探讨影响婴幼儿发展的各种因素，有助于有针对性地进行干预。最后，轶事记录的资料还可以长期保留下来，为后续观察和了解孩子的情况打下基础。

三、早教人员观察与记录的上岗标准三

知道时间取样法的含义、特点和运用环境，能够灵活、恰当地使用时间取样法对婴幼儿进行观察记录

时间取样是在一个较短的固定时间段内，观察某个婴幼儿或一组婴幼儿的某一特定行为，并记录该行为是否出现的一种记录方法。早教人员必须事先做好准备，确定要观察哪种行为，观察的时间间隔，如何记录所要观察行为的出现或缺失。行为矫正中常用时间取样法。不过，即便是某类行为适合采用这种方法进行观察记录，也需要和其他评估工具一起使用（例如发展检核表），这样才能对婴幼儿有较为全面的了解。

采用时间取样法时，早教人员是记录一段时间内某一行为发生的频率。所选择观察记录的行为必须是外显的、较常出现的（至少每15分钟出现一次）。例如早教人员可以选择时间取样法观察记录婴幼儿“打人”或“哭闹”的行为，因为这些行为是可以观察到也可以计数的。“欢笑”和“助人”也是类似的外显行为。而“问题解决”则不太适合采用时间取样法，因为这种行为不容易观察，也不容易计数。

作为一种常用的观察方法，时间取样有着自身的优点。首先，从观察过程中所需时间和精力上来说，时间取样是符合经济效益的。时间取样所观察的内容和所需的时间都是事先设定好的，加上使用事先设计好的符号记录表，早教人员可以从容地做记录以搜集资料，就能使早教人员在短时间内收集大量的材料。其次，时间取样可以减少早教人员在判断和推论上的变异性，使得不同早教人员之间具有一致性，早教人员之间的内在信度也因而提高了，能提供具有代表性和可信性的资料。最后，时间取样还能结合不同的记录技巧，它可以同时使用符号记录法和描述性记录法。

婴儿哭泣行为的研究（1）

第一种记录方式：选择一分钟为一个时距，早教人员想知道这个婴儿是否有哭（哭泣行为是否发生）。

记录方式：记录三个1分钟。

记录结果：甲婴儿——哭泣3次；乙婴儿——哭泣3次。

从以上记录结果可以得知，甲、乙两名婴儿在这三个1分钟内，每次都有哭泣行为发生。但是他们是抽泣了一下，还是一直哭个不停，从这个记录中我们无从得知。如果不仅是记录

行为发生的次数，并且还记录该行为持续的时间，那就可以区分出两名婴儿啼哭行为的不同了。

婴儿啼哭行为的研究(2)

第二种记录方式：选择一分钟为一个时距，早教人员想知道这个婴儿是否发生啼哭(行为是否发生)，如果哭了，那么哭了多久(行为持续时间)。

记录方式：记录三个1分钟。

记录结果：甲婴儿——啼哭3次，每次4秒钟；乙婴儿——啼哭3次，每次1分钟。

显而易见，甲婴儿在三个1分钟的时距内，每次都有4秒的抽泣，但是这和乙婴儿整整哭了三分钟是不同的。两者都记录三次表示行为的出现，但是，若只是记录行为的出现与否，则简单的抽泣与持续性的啼哭，在记录表上就看不出什么区别了。但是一旦增加持续时间的记录，就可以清楚地看出两者的不同。

四、早教人员观察与记录的上岗标准四

知道事件取样法的含义、特点和应用环境，能够灵活、恰当使用事件取样法对婴幼儿进行观察记录

事件取样是以选定的行为或事件的发生为取样标准，从而进行观察记录的一种方法。事件取样主要用于研究某种特定行为出现的条件或出现的频率。它尤其适用于研究是什么因素诱发了某种特定的行为，如婴幼儿咬人。早教人员也可能是想要研究某种行为发生的次数，如果时间间隔或发生的时间十分重要，则可以采用时间取样。如果行为发生的时间不定或较少发生，则适宜采用事件取样。

事件取样是在自然情景中，观察婴幼儿行为事件的全貌，因为对行为及事件发生、变化、终结的情境有较为详细的描述，所以收集到的资料不孤立，也不割裂，既能了解行为是什么，也能了解行为为什么产生，这样就可能去分析行为事件的因果关系。其次，事件取样由行为和情境这样的一种“自然单位”构成。“自然单位”是指行为和情境相结合的一部分，也即在当时发生的行为及其情境是自然状态下的结合，以此可以研究行为和情境的关系。同时，事件取样能综合运用叙述性描述的记录方法，也就是文字记录的方法和符号记录的方法结合使用，因此具备了这两种记录方法的优点，即符号记录法的立即性及文字描述方法的完整性。

五、早教人员观察与记录的上岗标准五

知道等级尺度法的含义、特点和运用环境，能够灵活、恰当使用等级尺度法对婴幼儿进行观察记录

等级尺度法是表明某一个体具备某种特征或行为的程度的观察工具。它是将每种行为

的程度标记在一个从低到高(或从高到低)的连续尺度的某一点上。早教人员要判断婴幼儿的行为表现程度应该落在该尺度上的哪一点上。作为一种观察工具,等级尺度法较适合运用于观察以下的行为:表现程度有具体界定的行为,或早教人员对表现尺度很熟悉的行为,或不同刻点上的差异较为明显的行为。

这种工具在用于同时对婴幼儿若干行为表现进行诊断时较为有效。早教人员在观察婴幼儿的基础上,根据所观察到的婴幼儿当时的行为或能力的状况,在测量尺度的某一个刻度上做出标识。这种方法简便易行只需阐明要观察的行为,可以画一条直线,把直线分为若干段或在直线上标记上若干个点。最常见的方式是把一个尺度分为5段,这样,在中点两边各有相等的正向和负向间隔。

六、早教人员观察与记录的上岗标准六

知道检核表法的含义、特点和运用环境,能够灵活、恰当使用检核表法对婴幼儿进行观察记录

检核表法是将一些具体的特性或行为按一定的逻辑顺序排列而成的列表,检核表法特别适用于那些容易被清晰地具体化的行为类型。因此,在同时要观察记录很多不同指标的情况下,检核表法是一种能兼而顾之的好工具。相对于与其他观察工具一起使用而言,对某一情景的调查或问卷若与检核表法一起使用,则能发挥最好的功效。如果早教人员想要知道某一婴幼儿是否表现出某种特定的行为,则检核表法是一种可供选择的工具。

根据观察目的的不同,检核表法可有几种不同的用法。例如,假设观察的目的是为每一个婴幼儿制定个别计划,那么,对于不同的婴幼儿就可以使用不同的检核表。如果观察的目的是要根据某些特性筛选婴幼儿,那么,所有的婴幼儿都可以使用具有同样检测项目的检核表。早教人员只要记录检核表上的各个项目即可,也可加上日期和时间,这样记录就更为完整。每一次观察可以使用不同的检核表。同一个检核表也可用于对同一个婴幼儿某段时间的观察记录,但对每个观测项目都要注明观察的日期。

七、早教人员观察与记录的上岗标准七

掌握不同月龄段婴幼儿感觉发展的观察标准,选择合适的观察记录方法设计观察和记录方案

一个健康的新生儿出生伊始就已经拥有了健全的感觉器官,但是他们各种感觉能力发展却不平衡。处于胎儿期20周的胎儿已经具备初步听觉能力,25周的胎儿对声音刺激能作出身体反应。然而,出生后的新生儿的听力刚开始并不是特别好,听觉阈限比较高,对较低的声音不敏感,所以他们喜欢听妈妈而不是爸爸的声音。随着听觉阈限的下降,他们的听力越来

越好，并且开始精确定位听到的声音，但是直到4或5岁至7岁的婴幼儿对纯音的听觉阈限也高于成人2—7分贝。相较于其他各种感觉能力，新生儿的视觉能力发展水平是最低的。他们的眼睛发育不完全，并且视神经尚未成熟，视力只有成人的1/30。但是，以后的时间里，他们的视觉发育迅速，2个月以后他们开始辨别较复杂的图形，4个月的时候部分婴幼儿开始具备视觉的大小恒常性，在6个月的时候可以准确地集中视觉，3岁的时候他们已经可以将颜色和名称联系起来。

除了听觉和视觉的发展，人的触觉发展也始于胎儿期。胎儿2个月的时候唇部出现最原始的感觉细胞，7个月时会吮吸拇指，出生后，新生儿的防御反应很强，而识别反应刚刚开始。1岁前的婴儿对触觉的接收通常与其他感觉相混淆。到了1岁以后，他们的触觉辨识力得到快速发展。这个阶段婴幼儿将触摸印象与视觉影像配对，建立起正确的形状知觉。婴幼儿的味蕾比成人的味蕾发达，对各种味道的辨别力要灵敏许多。在成长的过程中，婴幼儿会逐渐形成味觉偏好，喜欢吃某一种食物而拒绝另一种食物，因此，在婴幼儿出现偏食的现象之前，需要家长正确引导，以形成良好的进食习惯。人的嗅觉是一种凭直觉反应的感觉，胎儿从第5个月开始，就有嗅觉了，新生儿对臭味会产生痛苦的表情。在最初的几个月里，婴幼儿大多靠嗅觉来找妈妈，他们已能辨别妈妈的气味。

以下表格是0—3岁各年龄段婴幼儿感觉发展的观察标准①

年龄	观察项目	具体指标
0—3个月	视觉发展	1. 能集中注意眼前的物体
		2. 喜欢颜色鲜艳的玩具
		3. 喜欢看自己手中抓着的玩具
	听觉发展	1. 对妈妈的声音反应敏感
		2. 能随着声音转动头部
	触觉发展	1. 尿布湿了会哭
		2. 牛奶太烫，拒绝入口
	味觉和嗅觉发展	1. 喜欢喝糖水
		2. 喜欢闻香气
		3. 闻到臭气会皱眉头
4—6个月	视觉发展	1. 眼睛可以灵活搜寻物体
		2. 可以注视较远的物体
		3. 会用手去抓想要的物体
	听觉发展	1. 对细微的声音有反应
		2. 听到声音会找声源

① 周念丽. 0—3岁儿童观察与评估[M]. 华东师范大学出版社，2017：11-12.

续表

年龄	观察项目	具体指标
		3. 能注意听喜欢听的声音
4—6个月	触觉发展	1. 喜欢摸、抓、咬各种东西
		2. 触摸不同物体有不同的反应
	味觉和嗅觉发展	1. 开始接受咸的食物
		2. 当吃到味道怪的食物会吐出来
7—9个月	视觉发展	1. 可以长时间地看玩具表面的细小装饰
		2. 妈妈在很远的地方，他也能看到，并有要妈妈的反应
		3. 发现一个很深的盒子时会看里面到底有什么
	听觉发展	1. 将闹钟放到柜子里他也能找到
		2. 会用眼睛追视发出声音的物体
	触觉发展	1. 喜欢摸物体表面
		2. 被拥抱、抚触时表情愉悦
	味觉和嗅觉发展	1. 会用力去咬香的固体食物
		2. 拒绝酸的食物
		3. 喜欢闻某种特定气味
10—12个月	视觉发展	1. 经常盯着物品的局部细节看
		2. 可以看懂简单的图片
		3. 看清小动物的全貌后能知道那是什么
	听觉发展	1. 对低频声音很敏感
		2. 听到欢快的音乐时会跟着晃动身体
		3. 能听懂简单的句子
	触觉发展	1. 触摸不同粗糙程度的物品时有不同反应
		2. 喜欢触摸球等类似物品，并在身体上摩擦
	味觉和嗅觉发展	1. 对一些难闻的味道表现出厌恶
		2. 不喜欢吃苦的东西
13—18个月	视觉发展	1. 可以灵活地搜寻自己想要的物体
		2. 看一个东西可以看很久
		3. 可以准确拿到自己想要的东西
	听觉发展	1. 对细微的声音也有反应
		2. 听到音乐，能有节奏地摆动身体
		3. 喜欢敲敲打打，听自己创造出来的声音
	触觉、味觉、嗅觉发展	1. 尝到甜味和酸味时能用不同表情来表达
		2. 喜欢闻花香的味道
		3. 喜欢玩水所带来的触觉体验

续表

年龄	观察项目	具体指标
		4.喜欢玩沙
19—24个月	视觉发展	1.能关注图画中的细节
		2.能根据指示拿出相应颜色的卡片
		3.能准确分辨出红、黄、蓝等不同颜色
		4.能进行三角形和正方形的匹配
	听觉发展	1.喜欢敲打锅碗瓢盆
		2.能听2—5分钟的音乐
		3.根据音乐节奏摆动身体
	触觉发展	1.能区别软和硬的物质
		2.能区分出冷水和温水
		3.喜欢毛茸茸的玩具
25—30个月	视觉发展	1.可以指认照片中熟识的人
		2.可以将同类物体归类
		3.能区分物体的大小
		4.喜欢看有故事情节的图画书
	听觉发展	1.可以遵从连续的两个指示,如"先……再……"
		2.喜欢听故事
		3.能跟着音乐哼唱
31—36个月	视觉发展	1.双眼视力达到0.5
		2.画图至少用两种颜色
		3.认识3种或3种以上颜色
		4.认识圆形,会模仿画圆形
		5.可以从一堆东西中挑出最大的

八、早教人员观察与记录的上岗标准八

掌握不同月龄段婴幼儿动作发展的观察标准,选择合适的观察记录方法设计观察和记录方案

动作发展是人能动地适应环境和社会并与之相互作用的结果,动作的发展与人的身体、智力、行为和健康发展的关系十分密切。0—3岁婴幼儿动作的发展之所以重要,是因为这种发展会影响到他们的一生,影响到他们的身心健康、人格发展、智力发展、社会化发展等。因此,人们常把动作作为测定婴幼儿心理发展水平的一项指标。

动作发展包括躯体和四肢的动作发展。从涉及的肌肉部位来看,动作可以分为上肢动作

和下肢动作；从涉及肌肉广泛性来看，动作可以分为粗大动作（或大肌肉动作）和精细动作（或小肌肉动作），这也是目前最常用的动作分类方式。研究发现，无论哪一类型的动作，都是由大肌肉群和小肌肉群共同产生的。

粗大动作是大肌肉或大肌肉群所组成的随意动作，常伴有强有力的大肌肉收缩、全身运动神经的活动以及肌肉活动的能量消耗。粗大动作主要指头颈部、躯干和四肢幅度较大的动作，比如坐、爬、站、走、跳、抬头、翻身、四肢活动、姿势反应、躯体平衡等各种运动能力。大肌肉运动技能就是由一系列的大肌肉动作构成的。

精细动作，又叫小肌肉动作，是由小肌肉所组成的随意动作，一系列小肌肉动作构成了协调的小肌肉运动技能。精细动作以运动分析器对小肌肉群的细小的小动觉的分析为基础，产生对运动效应器的细小动作的调节和控制。精细动作主要是指手的动作，以及随之而来的手眼配合能力，包括抓握、把弄、握笔画、搭积木、书写、绘画和劳作等技能技巧。

下表是0—3岁婴幼儿动作发展的观察标准。

年龄	观察项目	具体指标
0—3个月	粗大动作发展	1. 1个月左右，将婴幼儿垂直抱坐起时，头部自行竖立2—3秒
		2. 2—3个月左右，婴幼儿在俯卧时自主地向左右转头
		3. 3个月左右，将婴幼儿放于直立位置，头部自行竖立10秒以上
		4. 3个月左右，婴幼儿从俯卧位可以变到侧卧位
		5. 踢腿时很有力
	精细动作发展	1. 1个月左右，触碰婴幼儿手掌时自动将手握紧
		2. 2个月，能抓住玩具棒2—3秒
		3. 3个月，能抓住玩具棒30秒
		4. 3个月，仰卧时能将双手握在一起
		5. 3个月，放开手指摸东西
4—6个月	粗大动作发展	1. 能将头抬起90度
		2. 能翻身
		3. 依靠大人的帮助自己稳坐5秒钟以上
		4. 双手扶住婴幼儿的腋下，婴幼儿能站2秒以上
		5. 双手扶住婴幼儿的腋下，配合大人做双腿支撑跳跃运动
		6. 张开手臂以被人抱起
	精细动作发展	1. 能握住拨浪鼓并摇晃
		2. 主动够取桌面上玩具
		3. 将玩具放入口中
		4. 先后抓住2块积木
7—9个月	粗大动作发展	1. 独坐自如，不用手支撑能独坐10分钟左右
		2. 扶住双臂能站立片刻
		3. 会自己往前爬行

续表

年龄	观察项目	具体指标
		4. 自己会转换体位
	精细动作发展	1. 能用手全掌摆弄桌上的小东西并抓住
		2. 能将小积木从一只手换到另一只手中
		3. 会将两块方木对击
		4. 能用拇指配合其他手指抓住小物体
10—12个月	粗大动作发展	1. 能独自站立5秒以上
		2. 婴幼儿扶着栏杆能迈3步以上
		3. 抓住大人手能跟着大人走
		4. 能扶着栏杆蹲下捡东西
		5. 能自己变换体位
	精细动作发展	1. 用拇指和食指的指端捏起小物体
		2. 会将小物品往杯子内投
		3. 模仿将手插入孔中
13—18个月	粗大动作发展	1. 行走自如
		2. 绕过障碍物走
		3. 能手足并用爬上1—2级楼梯
		4. 过肩扔球
		5. 踢球时不摔倒
	精细动作发展	1. 搭高积木
		2. 握笔涂鸦
		3. 将小物体投进小瓶子里
		4. 用勺子取米饭
		5. 拿着杯子喝水
19—24个月	粗大动作发展	1. 能用脚后跟走路
		2. 能倒退走
		3. 可以扶着墙一阶一阶上楼梯
		4. 双脚同时离地跳起两次以上
		5. 向不同方向抛球
	精细动作发展	1. 垒五六块积木
		2. 用大拇指、食指和中指握笔
		3. 连续翻书3页以上
		4. 会穿袜子和鞋
		5. 会关门和开门
25—30个月	粗大动作发展	1. 可单脚站2秒钟以上
		2. 能自己走过平衡木，并能双脚跳下

续表

年龄	观察项目	具体指标
		3.熟练地接住并抱起离他2米远滚来的球
		4.会用手接住大人抛出的球
		5.能双足并拢连续向前跳一二米后站稳
	精细动作发展	1.能垒七八块积木
		2.能画封闭圆形或平行线
		3.能来回倒物体
		4.可用筷子夹起小物品放入盘中
		5.能解开并扣上衣服或鞋子的纽扣
31—36个月	粗大动作发展	1.听信号向指定方向跑
		2.能投沙包(或球)至2米远
		3.双脚交替跳
		4.双足向前跳三四米远
		5.能骑脚踏车
	精细动作发展	1.能垒10块积木
		2.拇指分别与其他四指对碰
		3.折长方形、正方形、三角形
		4.脱下和拉起裤子
		5.抓住和使用剪刀(剪圆)

九、早教人员观察与记录的上岗标准九

掌握不同月龄段婴幼儿认知发展的观察标准,选择合适的观察记录方法设计观察和记录方案

0—3岁婴幼儿的认知是一种复杂的心理活动或者心理过程,它包括感知、记忆、思维、想象和注意等心理因素。简言之,认知就是人对客观世界的认识活动。关于认知的确切范畴和结构,目前心理学界还没有一个统一的看法,但心理学家普遍同意认知所包括的是那些高级的智慧活动,例如思维、想象、创造、推理、概念形成、采取策略、解决问题等复杂的心理过程。这些过程之间显然并不是界限分明的,也并不是互不干涉的,它们彼此有重叠和交叉。

在认知所包括的诸多心理因素中,感知和表象等是感性认识的心理因素,通过感性认识获得了事物的初步印象,而对事物的本质及其规律性的认识是通过思维实现的。记忆是日常生活经验的积累,没有记忆就不可能发展婴幼儿的思维、情感、意志,个体也不会成长。注意是记忆的前提,无法集中注意就不可能产生记忆。心理学家们尽管对认知的结构有不同的看法,但大都同意,思维是认知的核心,记忆是认知的储备,注意是认知的途径。

下表是0—3岁婴幼儿认知发展的标准。

年龄	观察项目	具体指标
0—3个月	注意发展	1. 当有发亮的东西或色彩鲜艳的东西出现在视野内，婴幼儿会发出喜悦的声音或睁眼注视
		2. 偏好对称的物体超过不对称的物体
		3. 在清醒状态时可对周围环境中巨响、强光等刺激有反应
		4. 出生后1—3周，出现铃声会把头转向铃声
		5. 2—3周左右，会盯着眼前的人脸注视片刻
		6. 2—3周左右，会停止一切活动倾听某种声音
		7. 可以对外界进行扫视
	记忆发展	1. 哺乳期的婴幼儿，只要将他抱起来成喂奶的姿势，他就会寻找奶头
		2. 当婴幼儿注意的物体从视野中消失时，他能用眼睛去寻找
	思维发展	可以建立简单的动作与结果之间的联系
4—6个月	注意发展	1. 比较集中地注意人的脸和声音
		2. 看到色彩鲜艳的图像时，能比较安静地注视片刻，但时间很短
		3. 能直接满足婴幼儿需要或与满足需要相关的人、物都能引起他们的注意，如奶瓶、妈妈等
		4. 婴幼儿视觉注意更加发展，更加偏爱有意义的物体，如喜欢注视母亲和喜欢的食物或玩具等
		5. 较多注视数量多而小的物体，对更复杂、更细致的物体保持更长的注意时间
		6. 可看见和可操作的物体更能引起他们特别持久的注意和兴趣
	记忆发展	1. 开始认生，只愿意亲近与自己经常接触的人
		2. 婴幼儿已能记住经常抚爱自己的人，能把这些人与陌生人区别开
		3. 对妈妈高兴时的脸和不高兴时的脸有不同的反应
	思维发展	可以区别不同性别的脸
7—9个月	注意发展	1. 开始对周围色彩鲜明、发响、能活动的东西产生较稳定的注意
		2. 注意不再像以前那样只表现在视觉等方面，而是以更广泛和更复杂的形式表现在吸吮、抓握、够物、操作和运动等日常感知活动中
		3. 选择性注意越来越受知识和经验的支配
		4. 对新异事物的兴趣增加，产生探索性行为
	记忆发展	1. 能记住妈妈的模样，见到妈妈时，表现欢乐、四肢舞动、面带笑容，甚至发出笑声
		2. 能记忆离开一星期左右的熟人
		3. 出现模仿动作
		4. 搜物能力明显增强

续表

年龄	观察项目	具体指标
	思维发展	1. 会犯AB错误
		2. 当东西被挡住就不再看
10—12个月	注意发展	1. 能注视某一东西超过10秒
		2. 较前一个月龄段探索行为更加明显
	记忆发展	1. 知道常用物品摆放的地方
		2. 能找到藏在自己身边的东西
		3. 会指认熟悉人的五官
		4. 有丰富的表情模仿行为
	思维发展	1. 客体永久性开始建立
		2. 解决问题行为受材料变化影响
		3. 通过有意识地使用图式来解决感觉运动问题，如把容器里的东西晃动出来
		4. 够不到被单上的玩具时，会通过拉动被单得到玩具
		5. 可以区别镜子里的其他婴幼儿和自己
13—18个月	注意发展	1. 当大人边说边指某实物时会注意地看
		2. 对图书、图片、儿歌、电视画面更感兴趣
		3. 1岁以后，对有兴趣的书、画报能独自翻阅5分钟左右，对有兴趣的电视内容也能连续观看8分钟左右
	记忆发展	1. 能记住自己用的东西
		2. 说出某小朋友（在场）名字时会转向该小朋友
		3. 能从照片中辨认出家庭成员
		4. 模仿不在当时场景中看到的行为的出现
	思维发展	1. 婴幼儿开始对数字感兴趣
		2. 会给洋娃娃喂饭
		3. 探究因果关系，如按动按钮打开电视，敲动鼓面引起响声等
19—24个月	注意发展	1. 能安静地听成人讲5—8分钟简短的故事
		2. 对三角形、圆形等简单的图形感兴趣
		3. 逐渐能按照成人提出的要求完成一些简单的任务
	记忆发展	1. 能模仿成人的声音
		2. 容易记住那些使他们愉快、悲伤以及其他引起他们情绪反应的事物
	思维发展	1. 认识太阳和月亮
		2. 能区分物体大小
		3. 认识三种以上的颜色
		4. 会玩过家家游戏
		5. 知道三种以上常用物品的名称和用途

续表

年龄	观察项目	具体指标
25—30个月	注意发展	1.开始对周围更多的事物发生兴趣
		2.逐渐能按照成人提出的要求完成一些简单的任务
	记忆发展	1.能记住简单的儿歌
		2.父母离开几个月后再回来时,能够认出父母
	思维发展	1.开始能用词对同一类物体的主要特征进行概括
		2.以游戏的方式来模仿成年人的活动,假想自己是某一社会角色
		3.了解昨天、今天和明天的概念
		4.在成人帮助下,可以将常见两类物品进行分类
		5.会简单的平面拼图
		6.会和其他孩子玩装扮游戏
31—36个月	注意发展	1.能集中15—20分钟的时间来做一件自己感兴趣的事
		2.当成人要求他去做一件事情时,他可以保持几分钟,但一会儿注意就会转移
	记忆发展	1.能认出1个月前见过的小朋友
		2.能认出几天前看过的图片
		3.可以简单哼唱几天前教过的歌曲
	思维发展	1.对周围事物好奇、好问,好奇心、探索欲望强烈
		2.知道天冷、天热的时候应穿什么衣服
		3.会区分三角形、圆形和正方形等图形
		4.懂得日用品的用途,能将吃的、穿的、用的东西区分开
		5.对数数感兴趣

十、早教人员观察与记录的上岗标准十

掌握不同月龄段婴幼儿语言发展的观察指标,选择合适的观察记录方法设计观察和记录方案

0—3岁是人一生中掌握语言最迅速的时期,是口头语言发展的最佳时期,也是最关键的时期。婴幼儿的语言发展有着自身的规律和特点:一方面会随着神经系统、发音器官及与人交往的过程逐渐成熟,另一方面又存在着较为明显的个体差异。婴幼儿对语言的学习是自呱呱坠地起就开始的,那一声啼哭就是他们发出的最初的语言。在周围环境的浸染中,在周而复始的练习后,婴幼儿慢慢学会了听懂语言,学会了对语言作出反应,学会了自发地"咿咿呀呀"说话,学会了与成人进行语音上的互动,直至学会了简单词、复杂词,甚至能用完整的句子表达自己的想法。

0—3岁婴幼儿的语言并不丰富,甚至不能说出像样的顺畅的句子,但是在这个阶段,婴幼儿不断积累着语言的素材,不断充实着内化的信息,生理机能在不断发展。0—1岁是准备阶

段，经过一年左右的言语准备，1岁左右的婴幼儿能够模仿发音，并能听懂简单的词；经过2—3年的时间，3岁的婴幼儿初步掌握了本民族的常用语，词汇量可以达到1000个左右，用一词代替多事物的现象明显减少，对词的认识与理解也更加接近成人用词的含义。因此，0—3岁这3年是婴幼儿言语发展最迅猛的时期。

下表是0—3岁婴幼儿言语发展的标准。

年龄	观察项目	具体指标
0—3个月	言语知觉	1.当有声音出现时，他会有所反应
		2.当人声和其他声音一起出现时，更关注人声（如吮吸加快）
		3.特别喜欢听妈妈的声音，妈妈的声音能让他安静下来
		4.能够寻找声源
		5.听到突然的大声音会有惊吓的反应
	言语发音	1.在心情愉悦的时候会发出自言自语的喁喁声
		2.在与父母的游戏中能够根据父母的行为发出应答性的声音
		3.在平时可以发出类似元音的声音，如/o/、/a/等
		4.在哭声中，会发出/ei/、/ou/、/ma/的声音
	交际倾向	生理需求得到满足后，会对成人的逗弄报以微笑，发出一些简单的音节来吸引成人的注意
4—6个月	言语知觉	1.当他人用愉悦的声音和他说话时，他能够用微笑应对
		2.当他人用生气的语调对其说话时，他会做出伤心的表情
		3.会根据声音寻找说话者
		4.会特别喜欢听妈妈、爸爸或其他主要照料者的声音
	言语发音	1.能够发出连续的辅音音节，如“baba”“bubu”等
		2.哭的时候会发出“mun—mun”的声音
		3.能够模仿成人的简单发音
	言语交际	1.在交流中能以形似“一问一答”的模式喁喁作答，从而使“交流”顺利地继续下去
		2.能对成人的语言做出一些肢体动作
		3.听到自己的名字时，有转头注意的能力
7—9个月	言语知觉	1.能够理解成人的语言，目光会转向成人所指物
		2.“××东西在哪里?”能够把目光转向妈妈或手指指向××（即能辨别一些熟悉物体的名称）
	言语发音	1.会出现重复的音节，重叠音，如“mama”“baba”等
		2.在音调上有升调
		3.出现辅音，如/x/、/j/、/q/
		4.能模仿他人发出的声音
	前语言交际能力	1.有小儿语的出现，能和同伴愉快交流
		2.会用简单的叠音配合动作向成人指出想要的东西

续表

年龄	观察项目	具体指标
		3.会用简单的手势或者发音跟他人打招呼、道别
		4.出现指物现象
10—12个月	言语知觉	1.能够根据大人发出"门铃"声音后看着门铃
		2.受到成人鼓励会不断重复该动作
	言语发音	1.模仿一些非语言的声音,如咳嗽声
		2.能模仿成人发出的诸如"qi""xi"等语音
		3.高兴时会伴随"啊、哦"的声音手舞足蹈
		4.说出有意义的单词,如"妈妈"
	语言交际	1.理解一些简单的命令性语言,如"坐下"
		2.挥手向人说再见
		3.初步理解一些关于吃的、玩具、家人名字等新单词
		4.能用摇头表示不要
13—24个月	言语理解	1.能模仿成人的简单语言
		2.能够听懂5—10个常用物品的名称
		3.能够理解简单的语句,并在语句的提示下完成相应的动作,如"把杯子给妈妈"
		4.能够听懂并指出自己身体的各部分
		5.喜欢翻图画书并指点相关图片
	言语表达	1.会说8—20个单词
		2.对所看到的物体进行命名,命名的同时伴随语言泛化现象
		3.能发出含有复杂声调的几个音节
	言语交际	1.会主动跟人打招呼
		2.在有需要的时候(如饿了的时候)会用简单的语言跟妈妈说出自己的需要
19—24个月	言语理解	1.能执行有两个动作要求的命令,如"把球拿过来"
		2.能够理解一些形容词及常用词
		3.理解并能正确回答"××在哪里","这是什么"等问题
		4.能理解一两个表示方位的名词,如"下面"等
	言语表达	1.已能用20—50个词语进行日常会话
		2.能够说出由两个单词组成的句子
		3.提到自己时,能说出自己的名字
		4.开始会用"你""我"等代词
	言语交际	1.与人用语言交往
		2.能进行简单的交际会话

续表

年龄	观察项目	具体指标
25—30个月	言语理解	1.经常提出“为什么”等问题
		2.说的话未被成人听懂会有受挫感
		3.能理解成人的话
		4.喜欢反复地听一个故事
	言语表达	1.会用三词句或四词句与人交谈
		2.能重复成人说出的由4—5个单词组成的句子
		3.会使用否定句
		4.电报语现象明显
		5.喜欢模仿成人的语言
	言语交际	有事会请求成人帮忙
31—36个月	言语理解能力	1.能理解并正确回答“谁”“什么”“哪儿”等问题
		2.能初步理解一些上、下、里、外等介词
		3.能理解表达时间的词语,如“马上”
	言语表达能力	1.会说出自己的姓名、年龄、性别、喜好
		2.能说出五词句、六词句等较为复杂的句子
		3.会用语言描述物体的形状、大小和颜色等方面的特征
		4.能说出一些数量词
		5.能较为熟练地使用“我”“你”“他”等人称代词
	言语交际能力	1.会说“请”“再见”“谢谢”等礼貌用语
		2.能用语言向成人提要求

十一、早教人员观察与记录的上岗标准十一

掌握不同月龄段婴幼儿情绪发展的观察标准,选择合适的观察记录方法设计观察和记录方案

情绪是人对客观事物及对自我与他人而产生的态度体验。同认识活动一样,情绪也是人脑对客观现实的反映,情绪反映的是一种主客体的关系,是作为主体的人的需要和客观事物之间的关系。例如,当婴幼儿的尿布湿了父母没能及时更换时,婴幼儿就会用哭泣发泄不满;当父母和婴幼儿玩躲猫猫的游戏时,这种外界带来的新奇和刺激的感受往往逗得婴幼儿咯咯笑。

加拿大心理学家布里奇斯曾提出一种婴幼儿情绪发生和分化的模式。该模式认为婴幼儿刚出生的时候,无论对饥饿、病痛或尿湿尿布等,都表现为一种未分化的弥散性的情绪发作,称为“一般性激动”。从出生到3个月之间,这种原始的情绪逐渐分化发展为由需要是否

得到满足而引起的痛苦和快乐。6个月时，从痛苦中又分化出愤怒、厌恶和惧怕，12个月时又从快乐中分化出兴高采烈和喜爱。2岁左右，一般基本的情绪就都出现了。以后，随着认识的发展，情绪就日益复杂，逐渐接近成人。

下表是0—3岁婴幼儿情绪发展的观察标准。

年龄	观察项目	具体指标
0—3个月	情绪发展	1.躺在妈妈怀中，妈妈轻拍后能很快安静下来，并且露出安静的神情
		2.当尿布湿了会哭泣
		3.哭闹的时候，只要照护者抱起他就会很快停止哭闹安静下来，甚至露出开心的笑容
		4.洗澡时能保持安静或表现出愉悦的情绪，甚至会用手和腿踢水或拨水玩耍
		5.妈妈逗玩时会舞动手脚
		6.成人跟他说话或唱歌时，会很兴奋地关注成人，表现出愉悦的神态
		7.当婴幼儿与成人的脸距离在20—25cm处时，会看着成人的脸，并且有对视
		8.当成人对他笑时，会用微笑回报
		9.饿的时候会啼哭
		10.独自一个人的时候，会打量周围的世界
4—6个月	情绪表达	1.当妈妈抱着哼唱柔和的歌曲时，会安静地趴在妈妈的怀中或随着音乐手舞足蹈
		2.当照护者用玩具和婴幼儿一起游戏时，他会自然发出声音或表示高兴
		3.很专注地玩玩具时，玩具突然被收走会伤心哭泣
		4.当身边没有熟悉的照护者时，陌生人靠近时会表现出紧张的状态并哭
		5.被带到陌生的环境时，会好奇地张望周围的新鲜事物
		6.当被挠痒时会大声地笑
		7.见到熟悉的人会微笑
	情绪理解	1. 如照护者用微笑回应婴幼儿的表情或动作，会重复该表情或动作
		2.同时呈现哭和笑的图片时，注视笑脸的时间更长
	情绪管理	成人拥抱或抚慰时，能立即止住因愤怒、饥饿等引起的哭声

续表

年龄	观察项目	具体指标
7—9个月	情绪表达	1. 有双亲在场的情境下，当其他大人逗婴幼儿时，能与别人开心地玩
		2. 被带到陌生的公共场所，如广场或超市等，会粘着大人，不愿离开父母的怀抱
		3. 有双亲在场的情境下被陌生人抱起时会表现出害羞的表情
		4. 很高兴地玩玩具时被父母突然打断会显得烦躁，甚至会哭闹起来
		5. 当妈妈当着婴幼儿的面拥抱别的婴幼儿时，会哭泣以表达伤心、生气的情绪
	情绪理解	1. 当完成爬行或挥手动作，受到大人肯定赞赏时会重复该动作
		2. 在婴幼儿面前放上陌生的玩具并鼓励婴幼儿尝试去抓取，会大胆伸手去拿
	情绪管理	1. 无聊时候会主动玩玩具来自娱自乐
		2. 在陌生人面前会捂住自己的脸来掩饰害羞
		3. 当看到害怕的东西时会紧闭双眼
10—12个月	情绪表达	1. 当婴幼儿看到爸爸或妈妈时会主动伸出双臂拥抱大人
		2. 当婴幼儿吃饱喝足后，大人讲故事时，婴幼儿会依偎在父母身旁安静地聆听
		3. 当婴幼儿希望得到某物，父母没有答应他的要求时，婴幼儿经常发脾气
		4. 将婴幼儿带到陌生的地方时面对陌生人很会紧张
	情绪理解	1. 当婴幼儿完成一件事情，比如自己吃饭或者走了一段路，妈妈给予表扬时，婴幼儿很开心
		2. 当大人用言语赞美婴幼儿“你真乖”“你真棒”，会很开心
	情绪管理	1. 当婴幼儿厌烦或者无聊时会用技巧吸引大人注意
		2. 当婴幼儿一个人的时候，婴幼儿会自娱自乐
		3. 当婴幼儿感到紧张时会用吸吮手指的方式缓解
		4. 当婴幼儿感到害怕某人或某物时，会把头扭向一边或者爬离
13—18个月	情绪表达	1. 当婴幼儿与共同玩耍的伙伴离别时或者客人离开时，婴幼儿会主动挥手表示再见
		2. 当家里有陌生的来访者时，婴幼儿是否能主动打招呼或者向客人微笑示意
		3. 婴幼儿对自己害怕的物品或动物表现出惧怕

续表

年龄	观察项目	具体指标
		4. 当婴幼儿熟悉的照护者，比如妈妈离开时，婴幼儿会表现出哭闹等强烈的情绪表现
		5. 当婴幼儿与熟悉的照护者，比如妈妈重逢时，婴幼儿会出现高兴、停止哭闹等情绪表现
		6. 当婴幼儿不愿意做某事时，婴幼儿能用摆手、摇头或者用语言“不”来向父母表达自己的不满情绪
	情绪理解	1. 当婴幼儿看到其他婴幼儿难过、哭泣时，婴幼儿也会跟着难过、哭泣
		2. 当家里有陌生的来访者向婴幼儿打招呼时，婴幼儿也会以招手或微笑回应
	情绪管理	1. 当婴幼儿吃饭的时候，会拒绝成人的喂养，更愿意自己用手或者用勺子吃饭
		2. 婴幼儿是否对自己害怕的物品或动物表现出逃跑、躲避的行为
19—24个月	情绪表达	1. 当大人做出滑稽的表情时，婴幼儿会开怀大笑
		2. 当父母回家时，婴幼儿会主动迎接
	情绪理解	1. 妈妈与婴幼儿玩躲猫猫的游戏时，在看到妈妈的时候婴幼儿会开心地大笑
		2. 婴幼儿能正确指出吃惊的表情
		3. 婴幼儿能正确指出哭啼的表情
		4. 婴幼儿能正确指出生气的表情
		5. 婴幼儿能正确指出微笑的表情
	情绪管理	1. 当周围的大人开心地笑时，婴幼儿会跟着开心大笑
		2. 当有同伴伤心啼哭时，婴幼儿会通过言语或动作来安慰同伴
		3. 当婴幼儿悲伤的时候会到父母身边寻求帮助
25—30个月	情绪表达	1. 当婴幼儿不想做某事的时候会通过语言“不”来表达
		2. 当婴幼儿哭闹或者伤心的时候，能用语言表达自己的情绪，比如说出“我不开心”“我不高兴”等
		3. 婴幼儿能正确说出照片中的小朋友吃惊的表情
		4. 婴幼儿能正确说出照片中的小朋友哭泣的表情
		5. 婴幼儿能正确说出照片中的小朋友生气的表情
		6. 婴幼儿能正确说出照片中的小朋友微笑的表情
	情绪理解	1. 当婴幼儿成功完成某项任务，比如搭好积木的时候，会表现出特别兴奋的表情
		2. 对妈妈的伤心情绪表示关注

续表

年龄	观察项目	具体指标
	情绪管理	1. 婴幼儿会坚持父母不容许他做的事情
		2. 当婴幼儿发脾气家长采取不理会的态度时，婴幼儿能自己转移注意，不再哭闹
31—36个月	情绪表达	1. 当妈妈当着婴幼儿的面拥抱或者夸奖别的小朋友时，婴幼儿会生气
		2. 当妈妈当着婴幼儿的面给其他小朋友喜欢的食物时，婴幼儿会生气
		3. 婴幼儿能够较快与新朋友一起玩
		4. 可以正确说出自己在生气
	情绪理解	1. 当成人夸奖婴幼儿时，他会很高兴
		2. 当成人批评婴幼儿时，他会很难过
		3. 给婴幼儿讲兔子吃胡萝卜的故事，问婴幼儿“兔子喜欢胡萝卜，那么给兔子苹果，兔子会怎样”，婴幼儿会回答“兔子不开心”
		4. 给婴幼儿讲兔子吃胡萝卜的故事，问婴幼儿“兔子喜欢胡萝卜，那么给兔子胡萝卜，兔子会怎样”，婴幼儿会回答“兔子很开心”
	情绪管理	1. 当婴幼儿哭闹时，用其他的事物可转移婴幼儿的注意力
		2. 会在生气的时候试图转移注意力或者把情绪发泄到物品上面

十二、早教人员观察与记录的上岗标准十二

掌握不同月龄段婴幼儿社会性发展的观察标准，选择合适的观察记录方法设计观察和记录方案

婴幼儿社会性发展是婴幼儿个体社会化的内容与结果，是在社会化过程中获得的情感、性格等心理特征，也是在社会交往中处理人际关系时表现出来的心理特征。婴幼儿社会性发展是一个长期的过程，是各种因素综合发展的结果，有个体的遗传因素，也有环境的影响。但总的来说，婴幼儿天生就有一种友善地寻求与他人在一起的倾向，喜欢与他人、动物与事物互动。新生儿对人脸的图案更加敏感，他们也更加喜欢母亲温暖、柔软的怀抱。这种天生的社交能力是婴幼儿社会性发展的基石，在此基础上，婴幼儿的社会性才逐步地发展起来。

下表是0—3岁婴幼儿社会性发展的观察标准。

年龄	观察项目	具体指标
0—3个月	社会行为发展	1. 当看到人的面部表情时活动减少
		2. 哭闹时听到母亲的呼唤会安静
		3. 逗引时出现动嘴巴、伸舌头、微笑等情绪反应
		4. 2—3个月时哭的时间减少，哭声分化
		5. 当他人对着婴幼儿微笑时，婴幼儿也会微笑

续表

年龄	观察项目	具体指标
	社会适应发展	1. 看见最主要的看护者会笑
		2. 自发微笑迎人，看见人会手舞足蹈表示欢乐
		3. 哺乳期的婴幼儿，只要将他抱成喂奶的姿势，他就会寻找奶头
		4. 对婴幼儿讲话或抱着他时婴幼儿表现得安静
		5. 对婴幼儿哼出愉快的节拍，轻轻摇晃婴幼儿时，婴幼儿会表现出愉悦
4—6 个月	社会行为发展	1. 听到电视上或周围有婴幼儿的声音会转头寻找
		2. 看到妈妈时会两手伸出，期望被抱
		3. 看到妈妈表现出生气或愤怒时，会哭起来
	社会适应发展	1. 用奶瓶吃奶时，会主动抓住奶瓶
		2. 在陌生的环境里会表现出不安
		3. 见到陌生人会躲避
		4. 能够分辨出母亲和其他养育者，更喜欢与母亲在一起
	自我意识发展	1. 拿走他正在玩的玩具会表示反对
		2. 会对着镜子中的影像微笑，伸手拍拍镜子
		4. 在他看得到的地方喊他的名字，会寻找声音的来源
7—9 个月	社会行为发展	1. 懂得成人面部表情，受责骂或不高兴时会哭
		2. 会挥手再见、招手欢迎等动作
		3. 会注视、伸手去接触、摸另一个婴幼儿
		4. 喜欢交际类的游戏，会笑得非常激动
		5. 表现出喜爱家庭成员，对熟悉、喜欢他的成人要求抱
	社会适应发展	1. 对于陌生人表现出情绪不稳定，表现忧虑
		2. 可以在成人的帮助下扶着水杯喝水
	自我意识发展	1. 玩具被拿走会激烈反抗
		2. 通过面部表情和动作传达需求
		3. 当成人禁止做某件事时，能够立刻停下
10—12 个月	社会行为发展	1. 会模仿照料娃娃，如拍拍娃娃、喂水等
		2. 经常模仿大人的举动
		3. 能服从简单的指令
		4. 成人要求他做什么事情时会配合，如大人说睡觉了会主动躺下
		5. 听到表扬会重复刚刚的动作
		6. 哭闹时容易被妈妈安慰
		7. 知道妈妈要离开会哭，会寻找妈妈
		8. 与同伴一起玩玩具时，对物品有共同注意行为
	社会适应发展	看见生人会焦虑、害怕
	自我意识和独立性发展	正在做的事情被禁止或打断，会很激烈地表达不满

续表

年龄	观察项目	具体指标
13—24个月	社会行为发展	1.经提示会说“谢谢”等礼貌用语
		2.与小朋友一起玩时经常为了争夺玩具发生冲突
		3.开始能理解并遵从成人简单的行为规则和规范
		4.知道妈妈要离开会哭,会寻找妈妈
	社会适应发展	1.会依赖能带来自我安慰的东西,如毯子等物品
		2.对陌生人表示新奇
		3.看见陌生人会焦虑、害怕
	自我意识和独立性发展	1.能在镜中辨认出自己,并叫出自己的名字
		2.能够指认鼻子、眼睛等五官中的一两个或更多
		3.听从劝阻
19—24个月	社会行为发展	1.不愿把东西给别人,只知道是“我的”
		2.交际性增强,较少表现出不友好和敌意
		3.会帮助大人做事,如学着把玩具收拾好
		4.游戏时模仿父母动作,如假装给娃娃喂饭、穿衣
		5.较为听从母亲的指示,会为了让母亲高兴而听话
	社会适应发展	1.能够融入陌生环境中
		2.有一定的自理能力,如可以自己脱衣服
	自我意识和独立性发展	1.别人提到自己的名字时能意识到是在谈论自己
		2.可以从一堆照片中辨认出自己的照片
		3.较为偏爱自己所属性别所喜欢的玩具和游戏
25—30个月	社会行为发展	1.能够主动帮助同伴
		2.爱模仿家长的行为,看到家长做什么,也要去做
		3.与同伴的交往增加,交往中会护着自己的东西
		4.主动表达自己的需要,说出自己想要的东西
		5.同伴交往中出现一定的合作行为,如将物品递给同伴等
		6.能主动发起同伴交往
	社会适应发展	1.能自己穿衣服
		2.不再怕生人,在新环境中能很快适应
	自我意识发展	1.有一定的自我控制能力,能够遵从一定的规则
		2.能够从一堆照片中挑出自己的照片
31—36个月	社会行为发展	1.游戏时能理解简单的游戏规则
		2.乐于和其他婴幼儿一起游戏,并能够不打扰其他婴幼儿
		3.知道如何排队,并耐心等待
		4.开始学习和同龄伙伴分享玩具
		5.能遵从简单的行为规则,并养成习惯

续表

年龄	观察项目	具体指标
	社会适应发展	1.能自己穿衣、收拾玩具
		2.能主动和陌生人打招呼
		3.能帮助妈妈做简单的家务
	自我意识发展	1.开始能够正确的表达失望的情绪,有一定的自我控制能力
		2.能区分自己和他人的性别

第三节

早教人员设计观察记录方案的实例运用

一、0—3岁婴幼儿感觉发展观察记录的实例运用

(一)0—3个月婴幼儿颜色视觉的观察记录

为观察评估0—3个月婴幼儿的颜色视觉的发展,早教人员可通过选择特定颜色的材料来进行。早教人员可以将不同颜色的玩具挂在躺着的婴幼儿的视野里,在婴幼儿清醒的状态下观察其注视什么颜色的玩具时间较长,并将观察结果写入表中。

0—3个月婴幼儿注视不同颜色玩具的时间记录表

玩具	注视时间	玩具换位后注视时间
红色		
蓝色		
白色		

通过上表,可推知婴幼儿的颜色偏好,而通过下表的记录,可知道其能否追视物体。

0—3个月婴幼儿注视不同颜色小球移动的时间记录表

小球	注视时间	路线一致性(好、中、差)
红色		
白色		

(二)7—9个月婴幼儿听觉发展的观察记录

观察目标:听声音找声源的能力。

准备:可以自动发声的玩具,如音乐盒、闹铃等。

观察方法:让婴幼儿听音乐盒的声音,对其说:“听听,这是什么声音?”然后将玩具放到婴幼儿看不见的地方,距离由近及远。抱着婴幼儿,按照婴幼儿的指引去寻找,记录找到所花费的时间(见下表)。

位置	是否找到(是,否)	寻找时间
婴幼儿所坐的椅子下		
旁边的衣柜上		
门外的桌子上		
隔壁房间的箱子里		

(三)19—24个月婴幼儿触觉发展的观察记录

观察目标:是否能够准确判断不同质地的物体。

准备:将不同质地的玩具和物品放在一个不透明的口袋里,如鞋刷、毛绒玩具、乒乓球(或其他表面光滑的球)等。

观察方法:要求婴幼儿拿取上述玩具中的一个,让19—24个月的婴幼儿伸手进袋子拿出相应的玩具。

玩具	是否正确拿出(是,否)	几次尝试
毛绒玩具		
乒乓球		
气球		
鞋刷		

二、0—3岁婴幼儿动作发展观察记录的实例运用

(一)4—6个月婴幼儿头部动作的观察记录

观察目标:将婴幼儿俯卧在床上,脸朝下趴着,用玩具逗引婴幼儿抬头,婴幼儿能否自行将头抬离床面,且面部与床面成90度。

环境:选择在家中安全地方,如床上或其他可活动的地方。

观察路径:运用下表,观察记录4—6个月婴幼儿头部转动动作。

观察次数	行为记录		
	抬头持续时间	是否用手臂支撑	其他
第一次			
第二次			
第三次			
第四次			
……			

(二)13—18个月婴幼儿上下楼梯的观察记录

观察目标:13—18个月婴幼儿能否手足并用爬1—2级楼梯以及牵着大人的手一阶一阶上下楼梯。

观察路径:可运用下表观察记录13—18个月婴幼儿爬楼梯动作。

方式	观察记录
手足并用爬楼梯	1. 爬楼梯阶数 2. 动作是否迅速、协调
牵大人手上楼梯	1. 是否用一只手牵大人的手 2. 上楼梯阶数 3. 动作是否迅速、协调
牵大人手下楼梯	1. 是否用一只手牵大人的手 2. 下楼梯阶数 3. 动作是否迅速、协调

(三)31—36个月婴幼儿骑脚踏车动作的观察记录

观察目标:婴幼儿能否在不同情境下骑脚踏车。

观察记录:运用下表,观察记录31—36个月婴幼儿骑脚踏车动作。

观察情境	是否在他人帮助下做到	能够自己独自做到	动作是否协调灵活
平地上前进			
平地上后退			
躲过前面的石头			
听指令拐弯			

三、0—3岁婴幼儿认知发展观察记录的实例运用

(一)10—12个月婴幼儿思维的观察记录

观察目标	观察与记录方法
观察该时期婴幼儿客体永久性的建立	同上一月龄段中客体永久性的观察方法
观察材料变化对婴幼儿解决问题行为的影响	将一件玩具置于被单或其他物品之上,观察婴幼儿是否可以在材料变化的情况下解决问题
观察该时期婴幼儿使用工具的能力	使用小棍够取远处或高处的玩具(或使用小凳子),将详细情况以文字形式记录下来
观察婴幼儿是否可以区别镜子中的自己和其他婴幼儿	在婴幼儿额头上点上红点,再让婴幼儿和未点红点的其他孩子一起来照镜子,看看婴幼儿是不是去摸自己的额头

(二)13—18个月婴幼儿注意的观察记录

观察目标	观察与记录方法
观察该时期婴幼儿对词语的注意倾向	家长观察婴幼儿一日生活,并使用表1对能够引起婴幼儿注意的词语进行记录
观察该时期婴幼儿注意偏好1	将图书、图片、玩具、食具等物体均摆放于婴幼儿视线内触手可及的地方,观察婴幼儿的选择
观察该时期婴幼儿注意偏好2	每次给婴幼儿一件物品或让他注意某一种物品(如电视),观察其独自玩耍及有成人陪同、互动情况下,分别可坚持集中注意多长时间。记录见表2
观察该时期婴幼儿注意集中时间	观察婴幼儿在不同情况下注意一个事物的坚持时间。如表2所示,计算每个纵向维度及横向维度的平均时间,以及总的平均时间。

表9-1　13—18个月婴幼儿注意发展观察表

语调内容		妈妈或主要照料者说出	其他家庭成员说出	不熟悉的人说出
人称	妈妈或主要照料者			
	其他家庭成员			
物品	衣物类			
	玩具类			
	食物类			
	食具类			

表9-2 13—18个月婴幼儿注意集中时间记录表

注意或操作物品	独自玩耍	有成人陪伴	平均时间
电视			
图书			
图片			
玩具			
平均时间			

(三)19—24个月婴幼儿思维的观察记录

通过观察19—24个月婴幼儿对不同媒介及语言表征能力来评估其思维发展水平。

观察目标:观察该时期婴幼儿对不同媒介的认知理解能力。

观察方法:观察该时期婴幼儿对不同媒介的二维平面及三维媒体的理解能力,图片内容见表9-3。

表9-3 19—24个月婴幼儿思维发展水平观察表

媒介	提问
图片(小朋友吃饭)	1.这张图片上小朋友在干什么?
	2.他在用什么吃饭?
	3.我们家里面有没有这个东西?
	4.拿来比较一下,是不是一样?
视频片段(小朋友吃饭)	1.这个小朋友在干什么?
	2.他在用什么吃饭?
	3.我们家里面有没有这个东西?
	4.拿来比较一下,是不是一样?
	5.你看看,什么东西是我们家里有的?

四、0—3岁婴幼儿言语发展观察记录的实例运用

(一)10—12个月婴幼儿言语发音的观察

观察目标:观察婴幼儿是否会模仿简单词语的发音。

观察环境和条件:婴幼儿清醒并愉悦的情况下。

观察步骤:

(1)家长坐在椅子上,把婴幼儿放在腿上,面对面坐着,用双手抱住他的同时慢慢地像骑马一样上下颠。

(2)边颠边念儿歌“滴滴滴,哒哒哒,宝宝骑马滴滴哒哒”。

(3)反复念儿歌,并观察婴幼儿是否愿意模仿。

(二)13—18个月婴幼儿言语理解的观察

观察目标	观察环境和条件	观察步骤
观察婴幼儿是否有听辨能力、理解指令能力、名词理解能力	婴幼儿清醒时	1.家长给婴幼儿听录音,让婴幼儿猜猜是哪种小动物的叫声。 2.家长拿出图片,请婴幼儿找出刚才录音机里发出叫声的小动物的图片是哪一张。 3.在婴幼儿拿出图片后,问婴幼儿这个小动物是如何叫的。让婴幼儿学小动物的叫声。
观察婴幼儿对动词的理解能力	婴幼儿清醒时	1.把各种玩具放在婴幼儿周围,保证婴幼儿能看到每一件玩具。 2.给婴幼儿发出指令:“把小兔子递给妈妈好吗?”观察婴幼儿是否选对兔子,并且执行递交的动作。 3.再次给婴幼儿发出指令:“把小兔子带到沙发上去睡觉好吗?”观察婴幼儿是否会正确理解所说的含义。 4.用同样的方法用不同的玩具反复进行,观察婴幼儿的反应。
观察婴幼儿的语言理解能力	婴幼儿清醒时	分别问婴幼儿嘴巴、鼻子、眼睛、耳朵、头发在哪里,观察婴幼儿是否能指出自己相应的部位。
观察婴幼儿对图书的指认能力	婴幼儿清醒时	1.拿出一本图画书放在婴幼儿面前,翻开,再合上。观察婴幼儿是否对书有兴趣。 2.指认书上的一些动物,观察婴幼儿是否注意看。 3.家长说出图画中具体的人物、动物名称,观察婴幼儿是否能将目光注视到妈妈所说的事物,并指出来。

(三)31—36个月婴幼儿言语表达的观察

观察目标:观察婴幼儿的描述能力。

观察环境和条件:婴幼儿清醒时。

观察步骤:家长学一些小动物的动作,观察婴幼儿是否可以用流畅的语言描述出小动物的特征和在做的事。在此过程中,要观察婴幼儿的复合句使用情况以及婴幼儿对于“什么”“谁”“哪里”等问题的理解能力。

五、0—3岁婴幼儿情绪发展观察记录的实例运用

(一)10—12个月婴幼儿情绪管理的观察记录

婴幼儿自我安慰和逃避焦虑的手段越来越多,比如吸引成人关注,自娱自乐,吸吮手指,吸吮玩具,逃离引起焦虑的环境等。

观察目标	观察环境和条件
观察婴幼儿厌烦、无聊时的表现。 当婴幼儿厌烦或者无聊时,是否会用技巧吸引大人注意。比如,冲大人微笑或者挥舞着手臂召唤大人。	环境安静舒适,周围无其他的刺激物。
观察婴幼儿是否能够自己一个人玩耍。 当婴幼儿一个人的时候,婴幼儿是否会自我娱乐。	环境安静舒适,最好是婴幼儿熟悉的环境,周围无其他的刺激物。
观察婴幼儿自我安慰的行为。 当婴幼儿感到紧张时是否会用吸吮手指的方式缓解。	环境安静舒适,周围无其他的刺激物。
观察婴幼儿自我安慰的行为。 当婴幼儿感到害怕某人或某物时是否会通过把头扭向一边或者爬离这些害怕源的方式来缓解。	环境安静舒适,周围无其他的刺激物。

(二)19—24个月婴幼儿情绪表达的观察记录

父亲角色在婴幼儿的情绪世界中扮演的角色越来越重要,与父亲在一起时的婴幼儿情绪表现是这一阶段的观察重点。

观察目标	观察环境和条件
观察婴幼儿情绪转换速度。 当婴幼儿啼哭或伤心时成人是不是容易安慰。	环境安静舒适,周围无其他的刺激物。
观察婴幼儿与爸爸的情感互动。 当爸爸回家时,婴幼儿会不会主动迎接。	环境安静舒适,周围无其他的刺激物。
观察婴幼儿与爸爸的游戏表现。 当婴幼儿与爸爸游戏时是否表现出愉悦的表情。	环境安静舒适,周围无其他的刺激物。

(三)31—36个月婴幼儿情绪理解的观察记录

婴幼儿除了可以通过成人的语言理解情绪外,还可以通过简单的故事推测他人的情绪反应。

观察目标	观察环境和条件
观察婴幼儿对成人夸奖的反应。 当成人夸奖婴幼儿时,他是否很高兴。	环境安静舒适,周围无其他的刺激物。
观察婴幼儿对成人批评的反应。 当成人批评婴幼儿时,婴幼儿是否会很难过。	环境安静舒适,周围无其他的刺激物。
观察婴幼儿对情绪的推测能力。 给婴幼儿讲兔子吃胡萝卜的故事,问婴幼儿“兔子喜欢胡萝卜,那么给兔子苹果,兔子会怎么样?”观察婴幼儿会不会回答“兔子不开心”。	环境安静舒适,周围无其他的刺激物。

六、0—3岁婴幼儿社会性发展观察记录的实例运用

(一)0—3个月婴幼儿社会适应发展的观察记录

观察目标:观察婴幼儿对熟悉的人和陌生的人的逗引,是否有相同反应。

观察环境:宝宝清醒状态下,情绪较好的时候。

观察方法:使用观察记录表,记录下熟悉的人和陌生的人用相同的动作逗引宝宝时宝宝的反应。

0—3个月婴幼儿对相同动作反应的观察记录表

逗引	熟悉的人	陌生的人
例:对着婴幼儿做鬼脸		

(二)13—18个月婴幼儿社会行为的观察记录

观察目标:观察有别的婴幼儿在场时,婴幼儿是否对他们表示友好和亲近。

观察环境:有别的婴幼儿在的场合。

观察方法:记录与其他婴幼儿在一起玩耍时婴幼儿的互动行为。

13—18个月婴幼儿的同伴互动行为观察记录表

发生时间	对象	主动接近	触碰身体	碰触他人手中玩具	争夺玩具	独自玩耍
例:9:05			√			

(三)19—24个月婴幼儿自我意识的观察记录

观察目标	观察环境和条件	方法
观察婴幼儿是否会重复大人的话,同时修正自己的行为	各种生活场景中,成人给婴幼儿提出要求之后	在观察记录表中记录婴幼儿的各种行为表现
观察婴幼儿的无理要求被拒绝后,成人能否通过一定的策略转移其注意力或延迟其满足	熟悉的生活情境中,婴幼儿提出的无理要求被成人拒绝时	记录婴幼儿的无理要求及被拒绝后的应对策略,以及婴幼儿能否有一定的自我控制行为,如能够自我控制,则标记为√

19—24个月婴幼儿自我控制行为的观察记录表

事件序列	发生时间	具体内容	应对策略	延迟满足或自我控制
事件1				
事件2				
事件3				
……				
事件N				

附表　早教人员观察与记录的上岗标准

早教人员观察与记录的上岗标准	完全符合	比较符合	不符合
1. 知道婴儿传记法的含义、特点和运用环境，能够灵活、恰当使用婴儿传记法对婴幼儿进行观察记录。			
2. 知道轶事记录法的含义、特点和运用环境，能够灵活、恰当使用轶事记录法对婴幼儿进行观察记录。			
3. 知道时间取样法的含义、特点和运用环境，能够灵活、恰当使用时间取样法对婴幼儿进行观察记录。			
4. 知道事件取样法的含义、特点和运用环境，能够灵活、恰当使用事件取样法对婴幼儿进行观察记录。			
5. 知道等级尺度法的含义、特点和运用环境，能够灵活、恰当使用等级尺度法对婴幼儿进行观察记录。			
6. 知道检核表法的含义、特点和运用环境，能够灵活、恰当使用检核表法对婴幼儿进行观察记录。			
7. 掌握不同月龄段婴幼儿感觉发展的观察标准，选择合适的观察记录方法设计观察和记录方案。			
8. 掌握不同月龄段婴幼儿动作发展的观察标准，选择合适的观察记录方法设计观察和记录方案。			
9. 掌握不同月龄段婴幼儿认知发展的观察标准，选择合适的观察记录方法设计观察和记录方案。			
10. 掌握不同月龄段婴幼儿语言发展的观察标准，选择合适的观察记录方法设计观察和记录方案。			
11. 掌握不同月龄段婴幼儿情绪发展的观察标准，选择合适的观察记录方法设计观察和记录方案。			
12. 掌握不同月龄段婴幼儿社会性发展的观察标准，选择合适的观察记录方法设计观察和记录方案。			